U0737778

普通高等教育机电类系列教材

金 属 切 削 原 理

第 2 版

主编　陈日曜

参编　饶国定　肖诗纲　刘培德
　　　曾宪唐　杨荣福　丁儒林
　　　艾　兴　赵芝眉

主审　周泽华

机 械 工 业 出 版 社

本书根据 1990 年新教学大纲，在 1985 年出版并已再版七次的《金属切削原理》教材基础上修订改写而成。全书分绪论、基本定义、刀具材料、金属切削的变形过程、切削力、切削热和切削温度、刀具磨损破损和刀具耐用度、材料切削加工性、切削液、已加工表面质量、刀具合理几何参数选择、切削用量制订以及磨削等部分；新增内容有非金属材料的切削加工性、切削力的计算机辅助测试及预报、刀具耐用度分布、金属切削数据库、加工自动化及柔性化对切削用量选择的影响以及金刚石砂轮的磨损等。

本书可供大学机械制造（冷加工）类专业本科作教材使用，也可供从事机械制造的科学技术人员参考。

图书在版编目（CIP）数据

金属切削原理/陈日曜主编. —2 版. —北京：机械工业出版社，
2002.1（2025.6 重印）
普通高等教育机电类系列教材
ISBN 978-7-111- 03641-8

Ⅰ. 金…　Ⅱ. 陈…　Ⅲ. 金属切削-高等学校-教材　Ⅳ. TG501

中国版本图书馆 CIP 数据核字（2002）第 002336 号

机械工业出版社（北京市百万庄大街 22 号　邮政编码 100037）
责任编辑：刘小慧　王勇哲　　版式设计：张　佳
责任校对：霍永明　　　　　　责任印制：单爱军
保定市中画美凯印刷有限公司印刷
2025 年 6 月第 2 版第 40 次印刷
184mm×260mm · 15 印张 · 356 千字
标准书号：ISBN 978-7-111-03641-8
定价：47.00 元

电话服务　　　　　　　　网络服务
客服电话：010-88361066　机 工 官 网：www.cmpbook.com
　　　　　010-88379833　机 工 官 博：weibo.com/cmp1952
　　　　　010-68326294　金 书 网：www.golden-book.com
封底无防伪标均为盗版　　机工教育服务网：www.cmpedu.com

前　言

　　本书根据高等学校机械制造工艺与设备专业教材编审委员会修订通过的"金属切削原理"教学大纲编写而成；全书共分绪论、基本定义、刀具材料、切屑的形成、切削力、切削热和切削温度、刀具磨损和刀具耐用度、工件材料的切削加工性、切削液、已加工表面质量、刀具合理几何参数的选择、切削用量的制订以及磨削等十三个部分。

　　根据新修订的教学大纲的精神，本书与过去切削原理教材相比较，新增了位错概念在金属切削加工中的应用、刀具的破损、精密切削的表面质量、切削加工优化概念、切削用量的多目标选择及计算机优化、砂轮表面形貌、磨粒的磨损和砂轮的修整等内容，对切削力的理论公式及切削温度的分布进行了较系统的论述。编者们注意了除应讲清基本概念外，力求正确地反映国内外的先进水平，体现专业基础课教材的时代性；在内容的表达和份量的安排上，注意了有利于学生自学能力的培养。但教师们选用本教材时，可以根据本身的教学经验，作适当的删繁就简或作一定的补充。

　　本书经刀具教材编审组织织，由陈日曜（华中科技大学）同志主编，周泽华（华南理工大学）、傅佑同（天津大学）两同志主审；参加编写人员按所编写各章顺序有陈日曜（绪论、磨削等章）、华中科技大学饶国定（基本定义一章）、重庆大学肖诗纲（刀具材料、刀具合理几何参数选择、切削用量的制订等章）、华侨大学刘培德（切屑的形成一章）、成都科技大学曾宪唐（切削力一章）、哈尔滨工业大学杨荣福（切削热和切削温度、工件材料的切削加工性等章）、山东大学艾兴（刀具磨损和刀具耐用度、切削液等章）和东南大学赵芝眉（已加工表面质量一章）等同志。

　　本书在初审和定稿讨论中，刀具教材编审组周泽华、张幼桢、许香谷、楼希翱、于启勋等编委及参加会议各同志提出了很多宝贵的修改意见，张鸿海同志参加了部分整理和配图等工作。我们在此谨致衷心的谢意。

　　本书经高等学校机械制造工艺与设备专业教材编审委员会刀具教材编审组第三次编委（扩大）会议审查通过，供本专业大学四年制及五年制作教材使用，也可供从事机械制造专业的科技人员参考。

　　由于编者等水平有限，编写时间也较为仓促，书中缺点错误必然难免；为了共同提高今后教材质量，敬请读者率直批评指正，以便在再版时加以改进，不胜感激之至。

编　者

于武昌

再 版 前 言

本书根据 1990 年 4 月高等学校机械制造工艺与设备专业教学指导委员会提出的"金属切削原理"教学大纲,在机械工业出版社出版的原用教材基础上改编而成;全书共分绪论,基本定义,刀具材料,金属切削的变形过程,切削力,切削热和切削温度,刀具磨损、破损和刀具耐用度,工件材料的切削加工性,切削液,已加工表面质量,刀具合理几何参数的选择,切削用量的制订,以及磨削等 13 个部分。

根据新教学大纲指出的教学内容要不断更新的精神,本书各章均进行了修改,与原版相比较除作了一定的精简外,新增了非金属材料的切削加工性,切削力的计算机辅助测试,切削力的预报及估算,刀具耐用度的分布,超精密切削表面质量和金刚石砂轮磨粒的磨损等内容。编者们注意了教材上"少而精"要求,并且十分重视除应讲清基本概念保证教学基本要求外,还要正确地反映国内外的先进水平和科学的发展趋势,体现专业基础课教材的时代性;在内容的表达和份量的安排上,注意了有利于学生自学能力的培养和引导。但教师们选用本教材时,仍然可以根据自身的教学经验和授课学时有限的具体情况,对某些部分作适当的删繁就简或作一定的补充。

本书目录中及章节前附加星号(*)的部分,在讲课学时较紧时,可由学生自学,教师可不在课堂上讲授或者略去。

1990 年 10 月《GB/T12204—90 金属切削 基本术语》新标准开始实施,本教材根据机制专业教学指导委员会意见,在本教材修订中尽量向新标准靠拢,对部分内容采取适当的过渡。为便于读者了解和掌握新旧代号及名词术语,特在书前列出了"主要符号和名词术语新旧用法对照表"。

本书经教学指导委员会组织,仍由陈日曜(华中理工大学教授)任主编,由周泽华(华南理工大学教授)主审;参加修订人员按所编写各章的顺序有陈日曜(绪论、磨削等章),华中理工大学汉口分校饶国定(基本定义一章),重庆大学肖诗纲(刀具材料,刀具合理几何参数选择,切削用量的制订等章),大连理工大学刘培德(金属切削的变形过程一章),成都科技大学曾宪唐(切削力一章),哈尔滨工业大学杨荣福、丁儒林(切削热及切削温度,材料的切削加工性等章),山东工业大学艾兴(刀具磨损、破损和刀具耐用度,切削液等章)和东南大学赵芝眉(已加工表面质量一章)等教授。

本书在修订中,曾得到各校教师提出的很多宝贵意见,使修订工作有了重要的依据,因此本教材的修改工作量是比较大的,在内容上较原书有所充实和提高。在此,谨致衷心的谢意。

本书可供本专业大学 4 年及 5 年制作教材使用,也可供从事机械制造专业的科技人员参考。

由于编者等水平有限,改编时间也较仓促,书中缺点错误仍然难免;敬请读者率直批评指正,不胜感激之至。

编 者

1992 年 10 月于武昌

本书所用符号的说明

A 陶瓷结合剂；当相对滑移为 1 时的材料
剪切屈服强度

A_c （国标为 A_D）切削面积

A_α 主后刀面

A_γ 前刀面

A_α' 副后刀面

a_c 切削厚度（国标为 h_D）

a_{ch} 切屑厚度

a_d 砂轮修整深度

a_{gc} 磨粒切削厚度

$a_{g_{ce}}$ 磨粒当量切削厚度

a_{gw} 磨粒切削宽度

a_k 材料韧性的冲击韧值

a_p 背吃刀量；磨削深度

a_w 切削宽度（国标为 b_D）

b 工件磨削宽度；柏氏向量

b_s 砂轮宽度

$b_{\gamma 1}$ 前刀面负倒棱宽度

b_ε 过渡刃长度（国标称为倒角刀尖长度）

C 每个工件的工序成本

C_t 磨刀成本（刀具成本）

$C_1 ; C_2$ 工件材料的热容

d 直径

d_g 磨粒平均直径

d_m 工件直径；工件待加工表面的直径

d_s 砂轮直径

d_{se} 砂轮等效直径

d_w 工件待加工表面的直径

E 加工精度；刀具、工件材料组合的活性
化能量；弹性模量

E_s 刀杆材料的弹性模量

E_w 工件材料的弹性模量

F_a 轴向切削力

F_f 切屑与前刀面间的摩擦力

F_{fa} 刀具后刀面与已加工表面间的摩擦力

F_m 机床进给机构强度允许的进给力

F_n 法向力

F_{ns} 剪切面上的正压力

F_γ 切削合力（国标为 F）

F_s 剪切力

F_x （国标为 F_f）进给力

F_y （国标为 F_p）背向力

F_z （国标为 F_c）切削力

f 进给量；工件允许的弯曲度

f_a 轴向进给量

f_d 砂轮修整进给量

f_r 径向切入进给量

G 磨削比

H 已加工表面的显微硬度

H_0 金属基体的显微硬度

h_d 硬化层深度

I 惯性矩

J 金属结合剂；能量单位焦耳

K 绝对温度，开尔文；常数；工件装夹方法
系数

K_0 粘结强度系数，单位粘结力与刀具材料抗
拉强度之比

K_v 相对加工性

K_{Ic} 材料断裂韧性值

KT 前刀面月牙洼磨损深度

k 导热系数；直线 $\xi - \Gamma$ 的截距

k_0 假定屈服剪切应力

k_{GM} 机床刚度

L 滑动距离；断屑台宽度

l 试件长度；热源宽度；平均位移

l_c 切削层长度；磨粒切削刃与工件的接触弧
长度

l_{cb} 切屑长度

l_f 刀—屑接触长度；砂轮实际切入进给量

l_m 切削路程

l_w 工件切削部分长度

M 力矩；某工序单位时间内所分担的全厂开支

m 曲线的斜率

N 硬化程度；冲击次数

NB　刀具径向磨损量

N_{ch}　单位时间内磨出的切屑数

N_{eff}　砂轮单位表面积上的切削刃数

n　材料的强化系数

n_s　砂轮转速

n_w　工件转速

P　生产率

P_E　机床电动机功率

$P_{E'}$　机床有效功率

P_f　假定工作平面

P_m　切削功率（国标为 P_c）

P_n　法平面

P_o　正交平面

P_p　背平面

P_r　基面

P_s　切削平面；单位切削功率（国标为 P_c）

p　单位切削面积上的切削力（国标为 K_c）

$\bar{p}$　磨粒磨损平面与工件间的平均接触压力

Q　青铜结合剂；能通量（单位面积上通过的能量）

q　剪切热输入工件的部分；砂轮与工件的线速度比

q_e　传入切屑的热

q_d　滚轮线速度与被修整的砂轮线速度之比,或称修整速比

q_s　剪切面上单位时间单位面积上由塑性变形功转换成的热量

q_t　传入刀具的热

q_w　传入工件的热

q_r　前刀面上单位时间、单位面积上的摩擦热

R　耐热冲击系数

R_a, R_z　工件表面粗糙度

R_{aw}　磨削加工表面粗糙度

R_n　断屑槽槽底圆弧半径（国标为 r_{Bn}）

R_{ts}　砂轮表面有效粗糙度

R_1　剪切热传入切屑的比例

R_2　摩擦热传入切屑的比例

r_c　切削比

r_β　刀刃钝圆半径（国标为 r_n）；磨粒刃端圆半径

r_ε　刀尖圆弧半径

S　树脂结合剂

T　刀具耐用度；砂轮耐用度

T_c　最低成本耐用度

T_p　最高生产率耐用度

t　卷屑台高度（国标为 h_B）

t_c　磨粒与工件的接触时间；磨削时间

t_{ct}　换刀一次所需时间

t_m　切削工时

t_{ot}　除换刀时间外的辅助工时

t_{sd}　砂轮修整时间

t_w　单件工序时间

U_s　剪切面上单位时间消耗的功

U_s'　剪切面上单位时间、单位面积消耗的功

u_s　单位切削体积的剪切功

u_t　单位切削体积的摩擦功

$\bar{u}_c$　比磨削能，磨下单位体积金属时所消耗的能量

V_B　结合剂体积

V_k　磨料体积

V_0　磨削时未变形切屑的平均体积

V_p　气孔体积

V_s　砂轮体积；砂轮磨损体积

V_w　金属磨除体积

V_w'　单位砂轮宽度的金属磨除体积

VB　后刀面磨损高度

v　切削速度

v_c　经济切削速度

v_{cb}　切屑速度

v_f　进给速度

v_o　最佳切削速度

v_p　最高生产率切削速度

v_s　剪切面上的剪切速度；砂轮线速度

v_T　刀具耐用度为 T 时的允许切削速度

v_w　工件表面线速度

v_{60}　刀具耐用度 60min 的允许切削速度

W　总磨损量

w　卷屑槽宽度

w_R　耐磨性

X　橡胶结合剂

y　弹性退让

Z_w　单位时间内的金属切除量；金属切除率（国标用 Q_z 表示）

Z'　砂轮单位宽度的金属切除率

z　齿数

α　热膨胀系数

α_f 侧后角

α_n 法后角

α_o 后角

$\alpha_o{}'$ 副后角

α_{oe} 工作后角

α_{ol} 后刀面消振棱后角

α_p 背后角；比例因子

β 摩擦角；形状参数

β_f 侧楔角

β_n 法楔角

β_0 楔角

β_p 背楔角

Γ ξ 和 γ_o 的函数

γ 位置参数

γ_f 侧前角

γ_n 法前角

γ_o 前角

γ_{oe} 工作前角

γ_{ot} 前刀面倒棱前角

γ_p 背前角

Δ 加工余量

δ 延长率；伸长率；过切量

ε 相对滑移；剪应变

ε_w 弯曲应变

ε_r 刀尖角

η_m 机床传动效率

θ 决定于积屑瘤大小的附加角度；前刀面接触区的平均温度

θ_A 磨粒磨削点的温度

θ_{av} 磨削区平均温度

θ_0 环境温度

$\bar{\theta}_f$ 切屑摩擦引起的温度

θ_s 切屑在剪切面上的平均温度

θ_t 前刀面的温度

κ_r 主偏角

$\kappa_r{}'$ 副偏角

κ_{r_e} 工作主偏角

$\kappa_{r_e}{}'$ 工作副偏角

λ 导热系数

λ_s 刃倾角

μ 摩擦系数；泊松比

ρ 工件材料的密度；切屑卷曲半径

σ 应力；主应力

σ_{av} 平均正应力

σ_b 抗拉强度

σ_{bt} 刀杆材料允许的抗弯强度

σ_f 已加工表面进给方向的残余应力

σ_N 正应力

σ_0 假定屈服强度

σ_s 剪切面上的正应力

σ_v 已加工表面切削速度方向的残余应力

σ_r 前刀面上的正应力

τ 切应力；抗剪强度；剪应力

τ_F 时间常数

τ_s 材料剪切屈服强度

τ_r 切向应力

ϕ 剪切角

ψ 晶粒伸长方向与滑移方向的夹角：切削合力与剪切面间的夹角；收缩率

ψ_r 余偏角

ψ_s 磨粒与工件的接触角

ψ_λ 流屑角

ξ 变形系数

ω 作用角；导温系数

主要符号和名词术语新旧用法对照表

原书所用		新 GB 用		本书所用	
A_c	切削面积	A_D	切削层公称横截面积	A_c	切削面积
A_α	主后刀面	A_α	后面	A_α	主后刀面
A_α'	副后刀面	A_α'	副后面	A_α	副后刀面
a_c	切削厚度	h_D	切削层公称厚度	a_c	切削厚度
a_p	切削深度	a_{s_p} (a_p)	背吃刀量	a_p	背吃刀量
a_w	切削宽度	b_D	切削层公称宽度	a_w	切削宽度
b_ε	过渡刃长度	b_ε	倒角刀尖长度	b_ε	过渡刃长度
F_c	切削合力	F	一个切削部分总切削力	F_v	切削合力
F_x	进给抗力	F_f	进给力	F_x	进给力
F_y	切深抗力	F_p	背向力	F_f	背向力
F_z	主切削力	F_e	切削力	F_z	切削力
P_f	进给剖面	P_f	假定工作平面	P_f	假定工作平面
P_m	切削功率	P_c	切削功率	P_m	切削功率
P_n	法剖面	P_n	法平面	P_n	法平面
P_o	主剖面	P_o	正交平面	P_o	正交平面
P_p	切深剖面	P_o	背平面	P_p	背平面
P_s	单位切削功率	P_c	单位材料切除率的切削功率	P_s	单位切削功率
p	单位切削面积上的切削力				
R_n	断屑槽槽底圆弧半径	K_c	切削层单位面积切削力	P	单位切削面积上的切削力
r_β	刀刃钝圆半径	R	断屑槽半径	R_n	断屑槽底圆弧半径
t	卷屑台高度	r_n	切削刃钝圆半径	r_β	刀刃钝圆半径
Z	金属切除率	h_B	断屑台高度	t	卷屑台高度
α_f	进给后角	Q_z	材料切除率	Z	金属切除率
α_n	法向后角	α_f	侧后角	α_f	侧后角
α_p	切深后角	α_n	法后角	α_n	法后角
β_f	进给楔角	α_p	背后角	α_p	背后角
β_n	法向楔角	β_f	侧楔角	β_f	侧楔角
β_p	切深楔角	β_n	法楔角	β_n	法楔角
γ_f	进给前角	β_p	背楔角	β_p	背楔角
γ_n	法向前角	γ_f	侧前角	γ_f	侧前角
γ_p	切深前角	γ_n	法前角	γ_n	法前角
		γ_p	背前角	γ_p	背前角

目　录

绪　　论

一、本课程的性质和任务

金属切削原理是研究金属切削加工的一门技术科学。材料的切削加工是用一种硬度高于工件材料的单刃或多刃刀具，在工件表层切去一部分预留量，使工件达到预定的几何形状、尺寸准确度、表面质量以及低加工成本的要求。切削过程牵涉到刀刃前端工件材料的大塑性变形（剪切应变约为 $2\sim8$）、高切削温度（可达或超过 1000℃）、新鲜的具有化学敏感性的切出表面、刀具以及加工表面的相当高的机械应力和热应力和刀具的磨损或破损[2]。因此，这门科学与金属物理学、金属工艺学、力学、热学、化学、弹塑性理论、工程数学、计算技术、电子学和生产管理与经济学等有着密切的联系。

根据"机械制造工艺与设备专业"教学计划及本课程教学大纲的规定[6]，本课程是一门专业基础课。它为这一专业的培养目标即培养机械制造方面的工程师服务，并为本专业的后续课程如"金属切削刀具"、"金属切削机床"、"机械制造工艺学"和其他专业选修课等以及专业课课程设计、毕业设计提供必要的基础知识。

学生通过本课程的教学、实验、并配合生产实习，应达到下列要求：

在基本理论方面，掌握金属切削及磨削过程中切削变形，切削力，切削热及切削温度，刀具磨损、破损以及砂轮磨损的基本理论与基本规律。

在基本知识方面，掌握常用刀具材料的种类、性能及其应用范围；掌握材料加工性及加工表面质量的评定标志、影响因素和提高加工性及加工表面质量的主要措施等知识；掌握切削用量的选用原则，并初步了解切削液的种类、作用和选用。

在基本技能方面，应具有根据加工条件合理选择刀具材料、刀具几何参数的能力；应具有根据加工条件，和用资料、手册及公式，计算切削力和切削功率的能力；应具有根据加工条件，从最大生产率或最低加工成本出发，合理选择切削用量的能力；应初步具有利用常用仪器设备进行切削变形、切削力、切削温度、刀具磨损和砂轮磨损等测试的技能，并具有对实验数据进行处理和分析的能力。

此外，还应初步了解国内外在金属和非金属切削（磨削）方面的新成就和发展趋势，对国内切削加工的生产实践有一定的了解，有初步的对生产上提出的切削加工问题进行试验研究的能力。

二、切削加工的地位、种类和发展

金属的机器零件可能经过的加工方式[3]可分塑性加工、加热加压成形加工、机械加工、高能加工、电及化学加工等几大类。塑性加工又可分热锻加工（Forging）、轧压加工（Rolling）、冷拔加工（Drawing）、挤压加工（Extrusion）、冷锻加工（Cold Forging）、剪切加工（Shearing）和弯曲加工（Bending）。加热加压成形加工又可分铸造（Casting）、模型铸造（Die Casting）、注入成形（Injection Moulding）、焊接（Welding）、摩擦焊（Friction Welding）、钎焊（Brazing）、金属喷镀（Metalizing）、粉末冶金（Powder Metallurgy）。机械加工又可分为用刀具加工——切削加工（Cutting），用磨料加工和液压喷射加工（Hydrojet

2

Machining）。用磨料加工还可分为磨削（Grinding）、珩磨（Honing）、超精加工（Superfinishing）、研磨（Lapping）、抛光（Buffing）、滚筒加工（Barrel Finishing）、超声波加工（Supersonic Machining）和喷射加工（Blasting）。高能加工可分为火焰切割（Flame Cutting）、等离子加工（Plasma Machining）、放电加工（Electrical Discharge Machining）、电子束加工（Electron Beam Machining）、离子束加工（Ion Beam Machining）和激光束加工（Laser Beam Machining）。电及化学加工可细分为电化学加工（Electrochemical machining）、电解抛光（Electrolytic Polishing）、电镀（Plating）、电铸（Electroforming）、化学加工（Chemical Machining）和化学抛光（Chemical Polishing）等。

在上述各种加工方法中，机械加工中的切削加工和磨削加工，在机械制造过程中所占比重最大，用途最广，属于本课程的研究范围。目前机械制造中所用工作母机有80%～90%仍为金属切削机床。日本近年来每年消费在与切削加工有关的费用超过10000亿日元[3]；美国每年消耗在切削加工方面的费用近年达1000亿美元[2]。在工业发达国家中，国民经济中创造物质财富部分[1]，制造业占2/3；而其它如农业、林业、渔业、矿业和建筑业等共占1/3。在各种制造业中，机械制造业占着主导地位；而且各个经济部门都必须有相当的机械制造力量。由上面所列数据可知：机械制造业的切削加工在国民经济发展中处于十分重要的地位。

切削加工方法的种类很多[3]，例如可分端面车削、外圆车削、立车加工、锥度车削、成形车削、螺纹车削、切槽、切断、套螺纹、镗孔、内螺纹车削、在车床上钻孔、铰孔、攻螺纹，龙门刨或牛头刨刨削，插削，拉削，在钻床上钻孔、锪孔，锯削，端铣刀铣削、棒铣刀铣削、盘铣刀铣削、成形铣削和齿轮展成切削等等。其实，不同的切削加工方法使用着不同形状和结构的刀具，而且刀具、工件和机床间的运动关系和所用机床设备等也有所不同；比较常用的主要切削加工方法是：（1）制作圆柱形表面的车削加工；（2）制作平面和复杂几何型面的铣削和刨削加工；（3）制作圆孔的钻削、镗削和铰削加工和（4）各种形式的磨削加工。本课程将介绍带有共性的切削加工的一般规律。影响切削加工的主要因素有：刀具的性能和刀具的磨损或破损，工件材料的特性包括硬度、强度和加工性等，对加工表面粗糙度、精度和加工表面状态的要求，机床的性能（包括型号规格、功率、刚度等）和与加工有关的成本或经济效益。这些问题，在本课程中都会接触到。

人类的文明是随着生产工具的发展而发展的。我们的祖先曾经经历过石器时代、铜器时代和铁器时代，在历史上也曾经有过作为刀具使用的石器、铜器和铁器。根据历史记载，我国在商代已采用各种青铜工具如刀、钻等；在公元前8世纪的春秋时代，已采用锯、凿等铁制工具；在1668年已使用过马拉铣床和脚踏砂轮机[5]。18世纪60年代，英国James Watt发明了蒸汽机，1775年J.Wilkinson研制成了加工蒸汽机汽缸的镗床，这是英国的第一部机床。1818年美国Eli Whitney发明了铣床。在1865年巴黎国际博览会前后，各式车床、镗床、刨床、插床、齿轮机床和螺纹机床等就相继出现。1851年法国Cocquilhat研究了钻削石头、铜、铁时所需的功。1864年法国Joessel研究了刀具几何形状对切削力的影响。1870～1877年俄国的 И.А.ТИМе 研究了切屑的形成和切屑的种类。1906～1907年美国F.W.Taylor发表了"关于金属切削技术"及刀具耐用度与切削速度的关系式。这些是金属切削方面主要的早期研究成果。

应该指出：社会生产力的发展对机械制造业不断提出了提高劳动生产率、提高加工质量和降低加工成本的要求。这一要求和新的加工材料的出现促进了刀具材料的发展。自1780年至1898年期间，刀具材料主要用碳素工具钢和合金工具钢，切削速度一般为6～12m/min。1898年Taylor和White发明了高速钢，切削速度可较前提高2至6倍，1927年德国出现了Widia牌硬质合金，其切削速度又比高速钢刀具提高2～5倍。1932年美国出版了切削用量手册，1950年前后前苏联先后出版了高速钢切削用量手册和高速切削用量手册。1960年以后，高强度、高抗磨损性、高抗腐蚀性、低热传导、高抗高温性的难加工材料相继出现。许多新的刀具材料如变型硬质合金，单晶金刚石，各种TiC、TiN、Al_2O_3、HfC或HfN涂层硬质合金刀具及陶瓷刀具和各种新型磨料如立方氮化硼等也相继出现，使刀具耐用度、砂轮耐用度和切削、磨削速度有更大幅度地提高，出现了高速切削、高速磨削、强力磨削，在加热或冷冻情况下的强力磨削。在飞机制造业中已突破了切削热的限制，实现了超高速切削。在非传统的加工方法方面，1947年前苏联Lazarenko和美国Williams发明了放电加工(EDM)法。随后各国又发展了电化学加工（ECM）、化学加工、超声加工、电子束加工、等离子加工、激光束加工、水柱喷射加工、爆炸成形、放电成形、电磁成形等[1]。新型工程材料的出现和发展必然产生巨大影响；可以看到，将来在传统的切削加工方法在新型材料的切削机理、微电子技术在切削加工中的应用和提高制造精度上不断取得进展的同时，以微电子技术及信息自动化技术的应用为基础的各种复合加工工艺也必然有很大的发展。

从历史上看，有代表性的切削加工机床和测量仪器的可达精度和发展简况如图0-1所示。

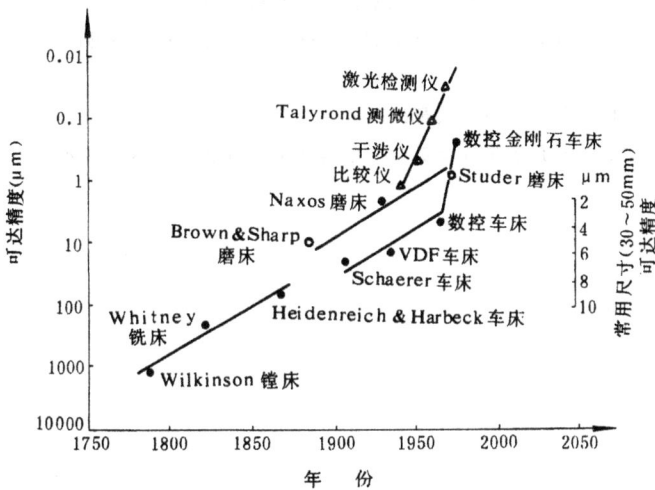

图0-1　各种切削加工机床和测量仪器的可达精度及发展简况

我国自1949年解放以来，各高等工科院校相继进行了金属切削和刀具方面的科学研究；机械工业部建立了工具研究所、机床研究所和磨料、磨具、磨削研究所，进行了有组织的科研工作；在1963年、1979年和1982年第一届、第二届和第三届全国机械加工学会年会上，在1963年广州举行的第一届高等工科院校校际金属切削学术讨论会上，在1981年5月成立的中国高校金属切削研究会成立大会上，共先后宣读了切削和刀具方面的论文约200篇以上；1983年又在广州举行了第一届国际金属切削会议，宣读和讨论了科研论文20篇，其中由我国国内人员提出的有 13 篇，香港地区 2 篇，国外学者提出 5 篇。其后此一国际会议每两年开会一次，且研究内容不断扩大。建国以来，我国机械制造业的发展比较迅速，切削速度已由解放前用碳素工具钢刀具的 10m/min 左右提高到目前用硬质合金刀具的 100m/min 以上，高速切削及磨削、强力切削及磨削和先进刀具及磨具得到推广。工人同志在刀具方面的创造发明例如"群钻"等的出现及其不断改进，促进了我国机械制造业的发展，也得到国际上的好评。在金属切削和磨削理论，积屑瘤和鳞刺，精密加工表面质量，难加工材料的加工，新型刀具材料和磨料的研制及其切削磨削性能研究，以及刀具磨损及破损等方面，均取得相当显著的研究成果；在刀具材料、刀具品种和质量方面，有些已跃入世界先进列。近年来，我国培养的机械制造专业博士生日益增多，在切削、磨削方面，取得了不少达到世界水平的成果。可以预期，随着我国科技现代化进程中新兴技术的应用的扩大，我国的金属切削学科必然将有更加蓬勃的发展。

如所周知，金属切削机床的数控化和柔性化，和集成制造系统的研究和应用是现代机械制造的发展方向；亚微米级精密加工和超高速切削也将日益受到重视。因此，可以认为，切削机理及技术的研究可能将伴随着材料科学、人工智能科学的发展以及信息和自动化技术对传统机械制造业的改造而日益取得丰硕成果。

参 考 文 献

1　中国机械工程学会秘书处编．机械学会动态（第 113 期）北京：中国机械工程学会，1982

2　Komanduri R．，Desai JD．，Tool Materials for Machining．Aug，1982

3　〈日〉竹山秀彦．切削加工．韩步愈译，咸阳：机器制造学校，1982

4　Tönshoff H - K．，Fertigungstechnische Forschung —— ein Faktor zur Zukunftssicherung．IFW Kolloquium Mai，1980

5　陶乾．金属切削原理．北京：高等教育出版社，1957

6　机械制造工艺与设备专业教学指导委员会．金属切削原理教学大纲，1990

第一章 基 本 定 义

金属切削过程是工件和刀具相互作用的过程。刀具要从工件上切去一部分金属，并在保证高生产率和低成本的前提下，使工件得到符合技术要求的形状、尺寸精度和表面质量；为了实现这一切削过程，必须具备以下三个条件：(1) 工件与刀具之间要有相对运动，即切削运动；(2) 刀具材料必须具有一定的切削性能；(3) 刀具必须具有适当的几何参数，即切削角度等。本章的内容主要是阐明和切削运动及刀具切削角度有关的基本概念和定义，为在后续各章学习和研究切削过程基本理论及其应用作准备。

第一节 切削运动与切削用量

一、切削运动

外圆车削和平面刨削是金属切削加工中常见的加工方法，现以它们为例来分析工件与刀具间的切削运动。图1—1表示外圆车削时的情况，工件旋转，车刀连续纵向直线进给，于是形成工件的外圆柱表面。图1—2表示的是在牛头刨床上刨平面时的情况，刀具作直线往复运动，工件作间歇的直线进给运动。

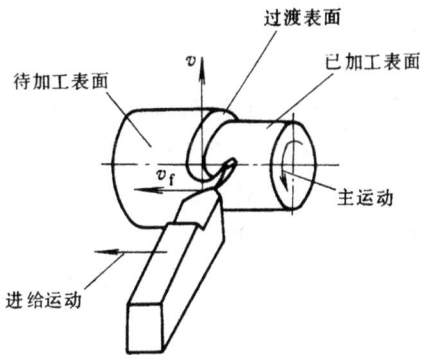

图1—1　外圆车削的切削运动与加工表面

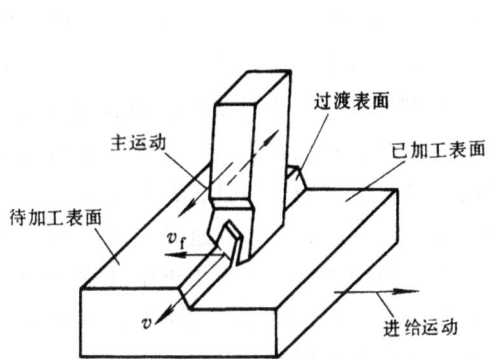

图1—2　平面刨削的切削运动与加工表面

在其它各种切削加工方法中，刀具或工件同样必须完成一定的切削运动。通常切削运动按其所起作用可分为以下两种：

1. 主运动　使工件与刀具产生相对运动以进行切削的最基本的运动，称为主运动。这个运动的速度最高，消耗功率最大。例如，外圆车削时的工件旋转运动和平面刨削时的刀具直线往复运动(图1—1和图1—2)，都是主运动。其它切削加工方法中的主运动也同样是由工件或刀具来完成的，其形式可以是旋转运动或直线运动，但每种切削加工方法的主运动通常只有一个。

2. 进给运动　使主运动能够继续切除工件上多余的金属，以便形成工件表面所需的运动，称为进给运动。例如外圆车削时车刀的纵向连续直线进给运动（图1—1），和平面刨削时工件的间歇直线进给运动（图1—2）。其它切削加工方法中也是由工件或由刀具来完成进给运动的，但进给运动可能不只一个。它的运动形式可以是直线运动、旋转运动或两者的组合，但无论哪种形式的进给运动，它消耗的功率都比主运动要小。

总之，任何切削加工方法都必须有一个主运动，可以有一个或几个进给运动。主运动和进给运动可以由工件或刀具分别完成，也可以由刀具单独完成（例如在钻床上钻孔或铰孔）。

二、工件上的加工表面

在切削过程中，通常工件上存在三个表面，以图 1-1 的外圆车削和图 1-2 的平面刨削为例，它们是：

1. 待加工表面　它是工件上即将被切去的表面，随着切削过程的进行，它将逐渐减小，直至全部切去；

2. 已加工表面　它是刀具切削后在工件上形成的新表面，并随着切削的继续进行而逐渐扩大；

3. 过渡表面　它是刀刃正切削着的表面，并且是切削过程中不断改变着的表面，但它总是处在待加工表面与已加工表面之间。

上述这些定义也适用于其它类型的切削加工。

三、切削用量

所谓切削用量是指切削速度、进给量和背吃刀量三者的总称。它们分别定义如下：

1. 切削速度 v　它是切削加工时，刀刃上选定点相对于工件的主运动的速度。刀刃上各点的切削速度可能是不同的。

当主运动为旋转运动时，刀具或工件最大直径处的切削速度由下式确定：

$$v = \frac{\pi d n}{1000} \text{(m/s 或 m/min)}$$

式中　d——完成主运动的刀具或工件的最大直径（mm）；

　　　n——主运动的转速（r/s 或 r/min）。

2. 进给量 f　它是工件或刀具的主运动每转或每一行程时，工件和刀具两者在进给运动方向上的相对位移量。例如外圆车削时的进给量 f 是工件每转一转时车刀相对于工件在进给运动方向上的位移量，其单位为 mm/r；又如在牛头刨床上刨削平面时，则进给量 f 是刨刀每往复一次，工件在进给运动方向上相对于刨刀的位移量，其单位为 mm/双行程。

在切削加工中，也有用进给速度 v_f 来表示进给运动的。所谓进给速度 v_f 是刀刃上选定点相对于工件的进给运动的速度，其单位为 mm/s。若进给运动为直线运动，则进给速度在刀刃上各点是相同的。

3. 背吃刀量 a_p　对外圆车削（图 1-1）和平面刨削（图 1-2）而言，背吃刀量 a_p 等于工件已加工表面与待加工表面间的垂直距离；其中外圆车削的背吃刀量

$$a_p = \frac{d_w - d_m}{2} \quad \text{mm}$$

式中　d_w——工件待加工表面的直径（mm）；

　　　d_m——工件已加工表面的直径（mm）。

第二节　刀具的几何参数

用于不同切削加工方法的刀具，种类很多，但是它们参加切削的部分在几何特征上却具有共性。外圆车刀的切削部分可以看作是各类刀具切削部分的基本形态；其它各类刀具，包

括复杂刀具，根据它们的工作要求，都是在这个基本形态上演变出各自的特点。所以本节将以外圆车刀切削部分为例，给出刀具几何参数方面的有关定义。

一、刀具切削部分的表面与刀刃

图 1-3 所示是外圆车刀的切削部分，它具有下述表面和刀刃：

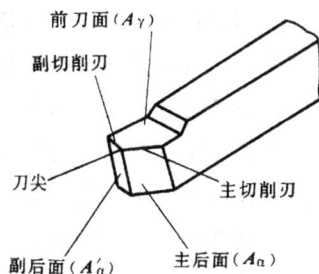
图 1-3 车刀的切削部分

前刀面（A_γ）——切下的切屑沿其流出的表面。

主后刀面（A_α）——与工件上过渡表面相对的表面。

副后刀面（A_α'）——与工件上已加工表面相对的表面。

主切削刃（主刀刃）——前刀面与主后面相交而得到的边锋，用以形成工件的过渡表面，它完成主要的金属切除工作。

副切削刃（副刀刃）——前刀面与副后面相交而得到的边锋，它协同主切削刃完成金属切除工作，以最终形成工件的已加工表面。

过渡刃——主切削刃和副切削刃连接处的一段刀刃，它可以是小的直线段或圆弧，如图 10-13a、b 所示。通常还把主切削刃与副切削刃连接处称为"刀尖"。

二、确定刀具切削角度的参考平面

刀具要从工件上切下金属，就必须使它具备一定的切削角度，也正是由于这些角度才决定了刀具切削部分各表面的空间位置。如图 1-4 中标出的宽刃刨刀的 γ_o、α_o 角，就确定了刨刀前刀面 A_γ 和主后刀面 A_α 的位置。但是刨刀的 γ_o 与 α_o 角则需在选定适当的参考平面作为坐标的基础上才能表明其大小。图 1-4 中所示的基面 P_r 和切削平面 P_s 就是选作坐标的平面。切削平面 P_s 是刨刀直线刀刃在切削过程中沿切削速度 v 方向切出的平面，它在这里与工件过渡表面相重合。基面 P_r 是通过直线刀刃并与切削速度 v 方向相垂直的平面。显然，切削平面 P_s 和基面 P_r 是互相垂直的，而刨刀的 γ_o 和 α_o 角正是用这两个参考平面作坐标来表示的。

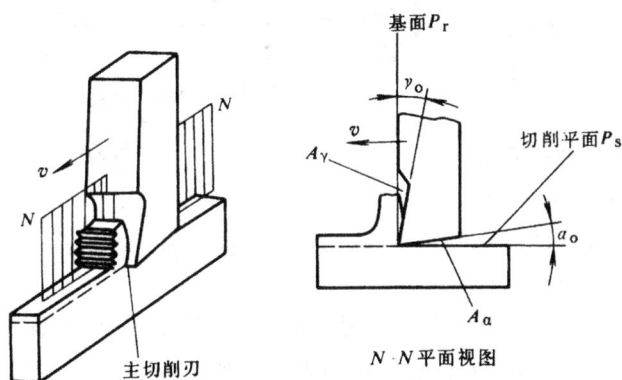
图 1-4 宽刃刨刀的参考平面

图 1-4 中刨刀是几何参数较为简单的刀具，它的刀刃是直线，前刀面与后刀面均为平面，切削时只有主运动而没有进给运动的影响，并且过渡表面也是平面。对于较为复杂的刀具，其刀刃可能是曲线，前刀面与后刀面可能是曲面，切削时除主运动外还有进给运动的影响，过渡表面大多数不是平面，而是曲面。考虑到这后一种情况，作为刀具切削角度参考平面的切削平面和基面定义如下：

1. 切削平面是通过刀刃上选定点，切于工件过渡表面的平面。在切削平面内包含有刀刃在该定点的切线，和由主运动与进给运动合成的切削运动向量（简称合成切削运动向量）。

2. 基面是通过刀刃上选定点，垂直于该点合成切削运动向量的平面。显然，刀刃上同一点的基面与切削平面是互相垂直的。

应该指出，上述切削平面和基面的定义是在刀具与工件的相对运动状态下给出的。根据上述定义分析刀具角度时，对于同一刀刃上不同点，可能有不同的切削平面和基面，因而同一刀刃上各点切削角度的数值也就不一定相等。

三、刀具标注角度的参考系

刀具的标注角度是制造和刃磨刀具所需要的，并在刀具设计图上予以标注的角度。标注角度也应该有参考平面作为坐标；但与刀具工作时的切削角度不同，标注角度的切削平面与基面可以不考虑进给运动的影响，只考虑主运动即切削速度方向；因而这时切削平面内只包含有刀刃在其选定点的切线与切削速度向量；基面则是通过该点而垂直于切削速度向量的平面。除此之外，为了便于刃磨和检验刀具的标注角度，还应尽可能使标注角度的参考平面和刀具的刃磨检验基准面一致；所以要根据不同刀具的情况，对刃磨检验时刀具的安装定位面作出某些规定；例如图 1-4 的刨刀，可以规定其刀杆底面垂直于切削平面（或平行于基面）。

实际上，除了由上述切削平面和基面组成的参考平面系以外，还应该有一个平面作为标注和测量刀具前、后刀面角度用的"测量平面"。图 1-4 中标注刨刀角度 γ_o、α_o 的 $N-N$ 平面就是测量平面，它就是垂直于刨刀直线刀刃的法平面。通常根据刃磨和测量的需要与方便，可以选用不同的平面作为测量平面。在刀刃上同一选定点测量其角度时，如果测量平面选得不同，刀具角度的大小也就不同。

测量平面和参考平面系就组成了所谓的刀具标注角度参考系。目前各个国家由于选用的测量平面不同，所以采用的刀具标注角度参考系也不完全统一。现在以常用的外圆车刀为例，来说明几种不同的刀具标注角度参考系。

我们先按照刀具标注角度的参考平面系的定义，分析一下外圆车刀的切削平面和基面（图 1-5）。在不考虑进给运动影响的情况下，并假定主切削刃选定点 A 安装于工件中心高度上，刀杆中心线垂直于进给方向，如图 1-5 所示，这时过主切削刃上 A 点的切削平面 P_s 与工件的过渡表面相切，并包含主切削刃（它是直线）和切削速度向量 v；A 点的基面 P_r 垂直于切削速度向量 v 或切削平面，它与车刀底面平行。

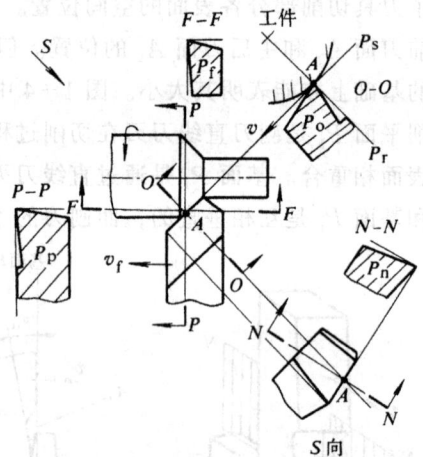

图 1-5　车刀标注角度参考系

车刀标注角度参考系可以随所选测量平面而不同，然而无论选用哪一个平面作测量平面，各个标注角度参考系的切削平面 P_s 和基面 P_r 却是共同的。一般用作标注前、后刀面角度的测量平面有三种：

1. 正交平面 P_o　它是过主切削刃上选定点，并垂直于切削平面 P_s 与基面 P_r 的平面，如图 1-5 中所示的 $O-O$ 剖面，因此正交平面 P_o 垂直于主切削刃在基面的投影。P_o、P_s 与 P_r 三个平面构成一个空间直角坐标系（见图 1-6）。

2. 法平面 P_n　它是过主切削刃上选定点并垂直于主切削刃或其切线的平面，如图 1-5 所示 $N-N$ 剖面。

3. 背平面 P_p 和假定工作平面 P_f　由图 1-5 可知，背平面 P_p 是通过主切削刃上选定点，平行于刀杆轴线并垂直于基面 P_r 的平面，它与进给方向 v_f 是垂直的；假定工作平面 P_f 是通过主切削刃上选定点，同时垂直于刀杆轴线及基面 P_r 的平面，它与进给方向 v_f 平行。P_f、P_p 与 P_r 也构成空间直角坐标系（见图 1-8）。

因此，刀具标注角度参考系对刀刃上同一选定点来说可以有三种，如表 1-1 和图 1-6、图

1-7、图1-8所示。

表1-1　刀具标注角度参考系

参 考 系	参 考 平 面	符 号
正交平面参考系	基　面	P_r
	切 削 平 面	P_s
	正 交 平 面	P_o
法平面参考系	基　面	P_r
	切 削 平 面	P_s
	法 平 面	P_n
背平面和假定工作平面参考系	基　面	P_r
	背 平 面	P_p
	假定工作平面	P_f

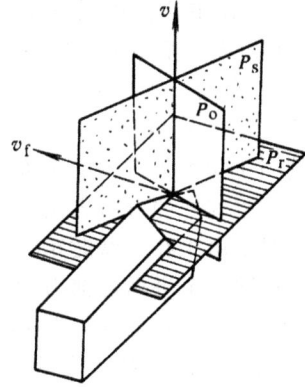

图1-6　正交平面参考系

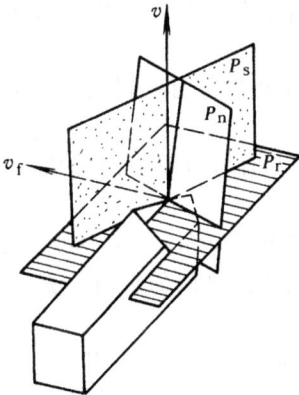

图1-7　法平面参考系

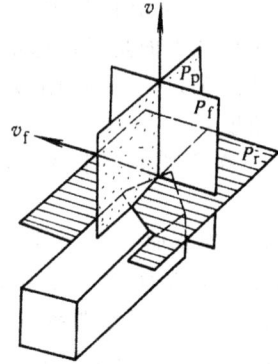

图1-8　背平面、假定工作平面参考系

四、刀具的标注角度

刀具的标注角度是指刀具工作图上需要标出的角度。它用于刀具的制造、刃磨和测量。这些角度将保证刀具在使用时得到必需的切削角度。刀具标注角度的参考系有上述三种，它们的选用，与生产中实际采用的刀具角度刃磨方式和检测夹具的构造及调整方式有关。我国过去多采用正交平面参考系，近年来参照国际标准ISO的规定，逐渐兼用正交平面参考系和法平面参考系。背平面、假定工作平面参考系则常见于美、日文献中。

（一）刀具在正交平面参考系中的标注角度

刀具标注角度的内容包括两个方面：一是确定刀具上刀刃位置的角度；二是确定前刀面与后面位置的角度。以外圆车刀为例（图1-9），确定车刀主切削刃位置的角度有二：

主偏角 κ_r　它是在基面 P_r 上，主切削刃的投影与进给方向的夹角。

刃倾角 λ_s　它是在切削平面 P_s 内，主切削刃与基面 P_r 的夹角。当刀尖在主切削刃上为最低的点时，λ_s 为负值；反之，当刀尖在主切削刃上为最高的点时，λ_s 为正值。必须指出，λ_s 正负号的这个规定，是根据ISO标准，同过去某些书上关于正负号的规定是恰好相反的。

车刀前刀面 A_γ 与主后刀面 A_α 在正交平面参考系中的位置由以下两角度确定：

前角 γ_o 在主切削刃上选定点的正交平面 P_o 内，前刀面与基面之间的夹角。

后角 α_o 在同一正交平面 P_o 内，后刀面与切削平面之间的夹角。

除上述与主切削刃有关的角度外，对于副切削刃也可以用同样的分析方法，得到相应的四个角度，但是由于在刃磨时车刀主、副切削刃常常磨出在同一个平面型前刀面上，当主切削刃及其前刀面已由上述四个基本角度 κ_r、λ_s、γ_o、α_o 确定之后，副切削刃上的副刃倾角 λ_s' 和副前角 γ_o' 即随之确定，故在刀具工作图上只需标注副切削刃上的下列角度：

图 1-9 外圆车刀正交平面参考系的标注角度

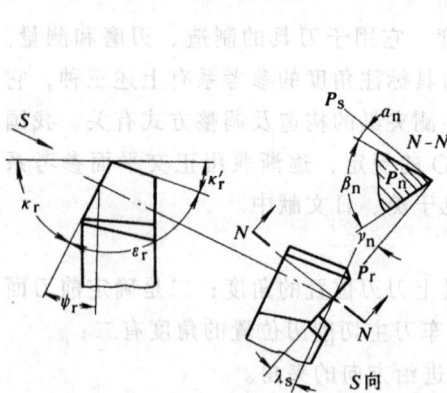

副偏角 κ_r' 它是在基面上，副切削刃的投影与进给方向的夹角。

副后角 α_o' 它是在副切削刃上选定点的副正交平面 P_o' 内，副后刀面与副切削平面之间的夹角。副切削平面是过该选定点并包含切削速度向量的平面。

以上是外圆车刀主、副切削刃上所必须标注的六个基本角度。有时根据实际需要，还可再标出以下角度：

楔角 β_o 在主切削刃上选定点的正交平面 P_o 内，前刀面与后刀面的夹角，$\beta_o = 90° - (\alpha_o + \gamma_o)$。

刀尖角 ε_r 在基面 P_r 上，主切削刃和副切削刃的投影之间的夹角，$\varepsilon_r = 180° - (\kappa_r + \kappa_r')$。

余偏角 ψ_r 在基面 P_r 上，主切削刃的投影与进给方向垂线之间的夹角，$\psi_r = 90° - \kappa_r$。

（二）刀具在法平面参考系中的标注角度

刀具在法平面参考系中要标注的角度，基本上是和上面相类似的。在基面 P_r 和切削平面 P_s 内表示的角度 κ_r、κ_r'、ε_r、ψ_r 和 λ_s 是相同的，只需将正交平面 P_o 内的 γ_o、α_o 与 β_o，改为在法平面 P_n 内的法前角 γ_n，法后角 α_n 与法楔角 β_n（图 1-10）。

（三）刀具在背平面和假定工作平面参考系中的标注角度

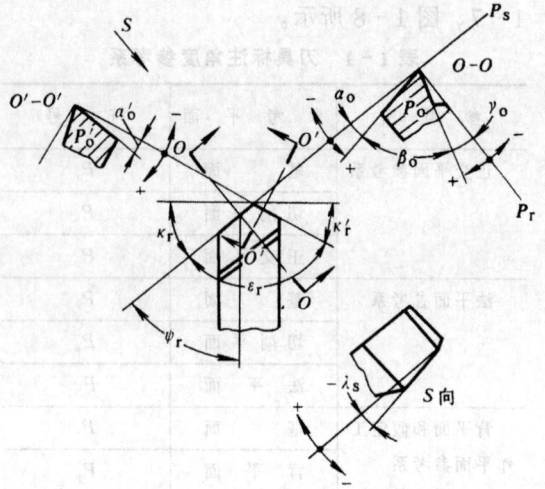

图 1-10 外圆车刀法平面参考系标注角度　　图 1-11 外圆车刀背平面、假定工作平面参考系标注角度

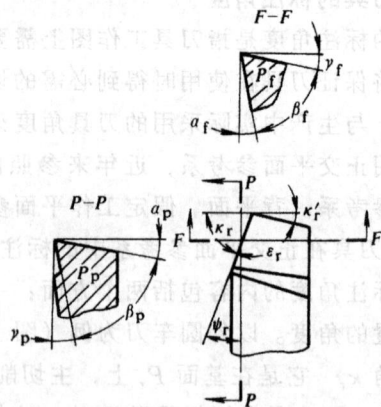

除基面上表示的角度与上面相同外，前角、后角和楔角是分别在背平面 P_p 和假定工作平

面 P_f 内标出的,故有背前角 γ_p、背后角 α_p、背楔角 β_p 和侧前角 γ_f、侧后角 α_f、侧楔角 β_f 等角度(图 1-11)。

以上是举外圆车刀为例来说明其标注角度的,对于其它多刃刀具或非直线刃刀具,也可在各个刀刃的选定点上,参照前述有关定义的内容和分析方法,确定它们在不同参考系中的标注角度。

五、刀具的工作角度

上面讲到的刀具标注角度,是在忽略进给运动的影响,而且刀具又按特定条件安装的情况下给出的。刀具在工作状态下的切削角度,即刀具的工作角度,应该考虑包括进给运动在内的合成切削运动和刀具的实际安装情况,因而刀具工作角度的参考系也就不同于标注角度参考系,各参考平面的空间位置也相应地有了改变。下面就进给运动和刀具安装对工作角度的影响分别加以讨论。

(一)进给运动对刀具工作角度的影响

1.横向进给运动的影响 对工件切断和切槽时,进给运动是沿横向进行的。如图 1-12 所示,当不考虑进给运动时,车刀刀刃上某一定点 O 在工件表面上的运动轨迹是一个圆,因此切削平面 P_s 是过 O 点切于此圆的平面,基面 P_r 是过 O 点垂直于切削平面 P_s 的平面,它与刀杆底面平行。γ_o 与 α_o 为正交平面 P_o 内的标注前角与后角。当考虑进给运动后,刀刃上任一点 O 在工件上的运动轨迹为阿基米德螺线,切削平面改变为过 O 点切于该螺线的平面 P_{se},

基面则为过同一 O 点垂直于切削平面 P_{se} 的平面 P_{re},它不平行于刀杆底面或标注角度的基面 $P_{ro}P_{se}$,与 P_{re} 均相对于原来的 P_s 与 P_r 倾斜了一个角度 μ,但工作正交平面 P_{oe} 与原来的 P_o 是重合的,仍为图面。因此,工作角度参考系〔P_{re}、P_{se}、P_{oe}〕内的刀具工作前角 γ_{oe} 和工作后角 α_{oe} 应为:

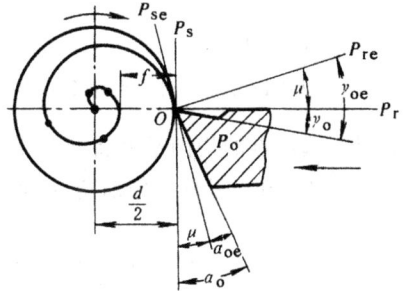

图 1-12 横向进给运动对工作角度的影响

$$\gamma_{oe} = \gamma_o + \mu \qquad \alpha_{oe} = \alpha_o - \mu$$

$$\text{tg}\mu = \frac{f}{\pi d}$$

式中 f ——工件每转一周时刀具的横向进给量;

d ——刀刃上选定点 O 在横向进给切削过程中相对于工件中心所处的直径,也就是 O 点在工件上切出的阿基米德螺线对应点的直径,它在切削过程中是一个不断改变着的数值。

由上式可知,刀刃愈近工件中心,d 值愈小,则 μ 值愈大。因此在一定进给量下,当刀刃接近工件中心时,μ 值急剧增大,工作后角 α_{oe} 将变为负值。横向进给量 f 的大小对 μ 值也有很大影响,f 增大则 μ 值增大,也有可能使工作后角变为负值,因而对于横向切削的刀具,不宜选用过大的进给量 f,或者应适当加大标注(刃磨)后角 α_o。

2.纵向进给运动的影响 一般外圆车削时,由于纵向进给量 f 较小,它对车刀工作角度的影响通常均忽略不计;但在车螺纹,尤其是车多头螺纹时,纵向进给的影响就不可轻视了。如图 1-13 车螺纹时的情况,因车刀的 $\lambda_s = 0$,当不考虑纵向进给时,切削平面 P_s 垂直于刀杆底面,而刀杆底面是与基面 P_r 平行的,在假定工作平面内标注角度 γ_f 与 α_f,在正交平面内标注角度 γ_o 与 α_o;当考虑进给运动之后,切削平面 P_{se} 改为切于圆柱螺旋面的平面,基面 P_{re} 垂直于切削平面 P_{se},故与刀杆底面不再平行,它们分别相对于 P_s 或 P_r 倾斜了同样的角度，这个角度在假定工作平面 P_f 中为 μ_f，在正交平面 P_o 中为 μ_o。因此刀具在上述假定工作平面内的工作角度将为：

$$\gamma_{fe} = \gamma_f + \mu_f \qquad \alpha_{fe} = \alpha_f - \mu_f$$

$$tg\mu_f = f/\pi d_w$$

式中　f——纵向进给量，或被切螺纹的导程，对于单头螺纹，f 等于螺距；

　　　d_w——工件直径，或螺纹的外径。

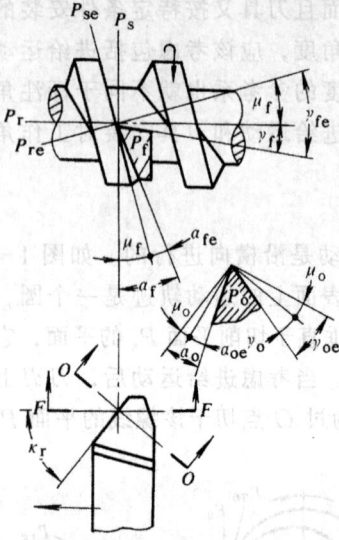

图 1-13　纵向进给运动对工作角度的影响

在正交平面内，刀具的工作角度为：

$$\gamma_{oe} = \gamma_o + \mu_o \qquad \alpha_{oe} = \alpha_o - \mu_o$$

$$tg\mu_o = tg\mu_f sin\kappa_r = f sin\kappa_r/\pi d_w$$

由以上各式可知，μ_f 与 μ_o 值是和进给量 f 及工件直径 d_w 有关的。f 愈大或 d_w 愈小，μ_f 与 μ 值均增大。值得注意的是，以上是分析车右螺纹（图示运动状况）时的车刀左侧刀刃，此时右侧刀刃的 μ_f 及 μ_o 值的符号（正、负号）是相反的，因此对车刀右侧刃工作角度的影响也正好相反。这说明车削右螺纹时，车刀左侧刀刃应注意适当加大刃磨后角，而右侧刀刃却应设法增大刃磨前角。

（二）刀具安装位置对工作角度的影响

1. 刀具安装高低的影响　如图 1-14 所示，假定车刀 $\lambda_s = 0$，则当刀尖装得高于工件中心时，主切削刃上选定点的切削平面将变为 P_{se}，它切于工件过渡表面；基面 P_{re} 保持与 P_{se} 垂直；因而在背平面 P_p 内，刀具工作前角 γ_{pe} 增大，工作后角 α_{pe} 减小；两者角度的变化值均为 θ_p，即

$$\gamma_{pe} = \gamma_p + \theta_p \qquad \alpha_{pe} = \alpha_p - \theta_p \qquad tg\theta_p = h\left/\sqrt{\left(\frac{d_w}{2}\right)^2 - h^2}\right.$$

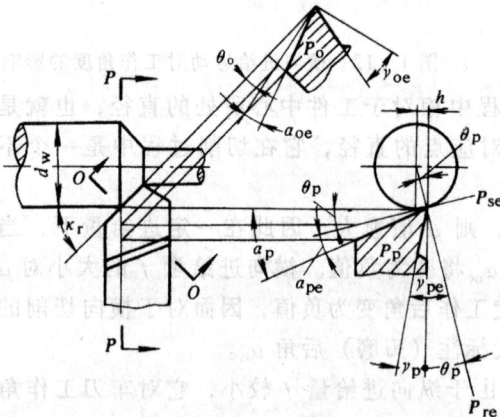

图 1-14　装刀高低对工作角度的影响

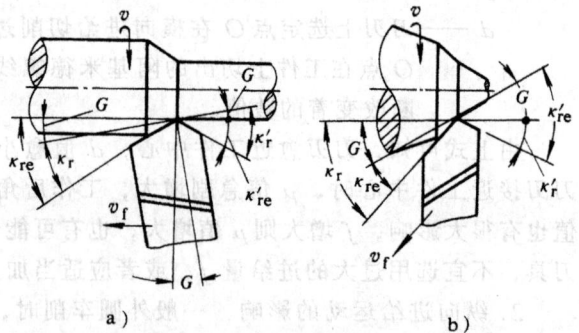

a)　　　　　　　　　b)

图 1-15　刀杆中心线不垂直于进给方向

式中　h——刀尖高于工件中心线的数值；

　　　d_w——工件直径。

在正交平面 P_o 内，刀具工作前角 γ_{oe} 和工作后角 α_{oe} 的变化情况也与上面类似，即

$$\gamma_{oe} = \gamma_o + \theta_o \quad \alpha_{oe} = \alpha_o - \theta_o$$

$$\mathrm{tg}\theta_o = \mathrm{tg}\theta_p \cos\kappa_r$$

式中 θ_o——正交平面内工作角度的变化值。

如果刀尖低于工件中心，则上述工作角度的变化情况恰好相反。内孔镗削时装刀高低对工作角度的影响也是与外圆车削相反的。

2. 刀杆中心线与进给方向不垂直时的影响 如图 1-15 所示，车刀刀杆中心线安装得与进给方向垂直时，工作主偏角与工作副偏角都等于车刀标注（刃磨）主偏角 κ_r 与副偏角 κ_r'。当车刀刀杆中心线与进给运动方向不垂直时，则工作主偏角 κ_{re} 将增大（或减小），而工作副偏角 κ_{re}' 将减小（或增大），其角度变化值为 G，即

$$\kappa_{re} = \kappa_r \pm G \qquad \kappa_{re}' = \kappa_r' \mp G$$

式中"＋"或"－"号由刀杆偏斜方向决定；G 为刀杆中心线的垂线与进给方向的夹角。

第三节　刀具标注角度的换算

刀具在不同参考系中的标注角度，也就是在正交平面、法平面、背平面和假定工作平面参考系中的标注角度，有时由于设计和制造的需要，须在相互之间进行必要的换算。

1. 法平面与正交平面内前、后角的关系 如图 1-16 所示，车刀的刃倾角为 λ_s，主切削刃上任意点的法前角和正交平面内的前角分别为 γ_n 和 γ_o。$\overline{oa}$ 是法平面 P_N、正交平面 P_o 与基面 P_r 的公共交线，ob 与 oc 分别为 P_o 及 P_N 和车刀前刀面交线的延长线。

γ_n 和 γ_o 有下述关系式：

$$\mathrm{tg}\gamma_n = \mathrm{tg}\gamma_o \cos\lambda_s \qquad (1-1)$$

此式可证明如下：$\mathrm{tg}\gamma_n = \dfrac{\overline{ac}}{\overline{oa}}$，$\mathrm{tg}\gamma_o = \dfrac{\overline{ab}}{\overline{oa}}$，故

$$\frac{\mathrm{tg}\gamma_n}{\mathrm{tg}\gamma_o} = \frac{\overline{ac}}{\overline{oa}} \cdot \frac{\overline{oa}}{\overline{ab}} = \frac{\overline{ac}}{\overline{ab}} = \cos\lambda_s;$$

可得 $\mathrm{tg}\gamma_n = \mathrm{tg}\gamma_o \cos\lambda_s$。同理，车刀的法后角 α_n 与正交平面内的后角 α_o 也可求得如下关系式：

$$\mathrm{ctg}\alpha_n = \mathrm{ctg}\alpha_o \cos\lambda_s \qquad (1-2)$$

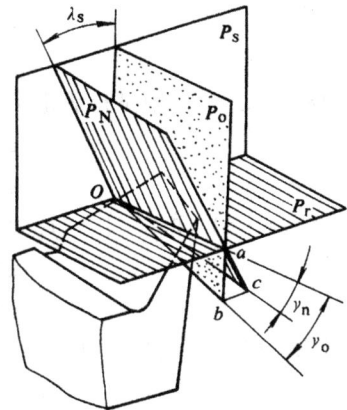

图 1-16　车刀的法前角 γ_n

2. 任意剖面与正交平面内前、后角的关系 求任意剖面内前、后角的目的，是为了进一步求得其它剖面（如背平面等）的角度。这里所谓的任意剖面是指通过车刀主切削刃上任意点 O 所作的垂直于基面的剖面 P_i（图 1-17）。这个剖面 P_i 并不与主切削刃在基面上的投影相垂直，它与包括主切削刃在内的切削平面 P_s 的夹角为 τ_i。为了求得剖面 P_i 内前角 γ_i 与正交平面内前角 γ_o 的关系式，可推导如下。如图 1-18 所示，$\overline{oa}$、$\overline{od}$ 分别为剖面 P_i 及正交平面 P_o 与基面 P_r 的交线，而 $\overline{oc}$ 及 $\overline{oe}$ 则分别为它们与前刀面交线的延长线，因此由图示

$$\mathrm{tg}\gamma_i = \frac{\overline{ac}}{\overline{oa}} = \frac{\overline{ab} + \overline{bc}}{\overline{oa}} = \frac{\overline{de} + \overline{bc}}{\overline{oa}}$$

$$= \frac{\overline{od} \cdot \mathrm{tg}\gamma_\mathrm{o} + \overline{be} \cdot \mathrm{tg}\lambda_\mathrm{s}}{\overline{oa}} = \frac{\overline{od}}{\overline{oa}}\mathrm{tg}\gamma_\mathrm{o} + \frac{\overline{be}}{\overline{oa}}\mathrm{tg}\lambda_\mathrm{s}$$

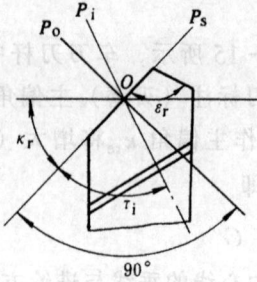

图 1-17 车刀在基面上的投影与任意剖面 P_i

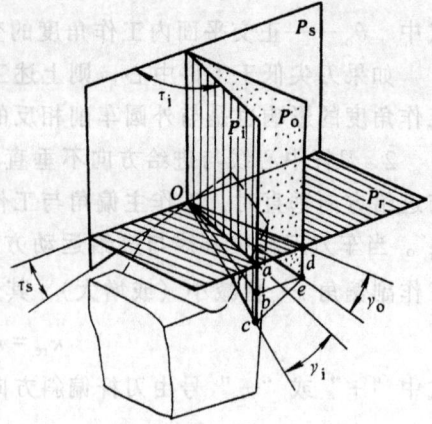

图 1-18 任意剖面 P_i 内的前角 γ_i

因为 $\angle oda = 90°$，$\angle oad = \tau_\mathrm{i}$，且 $be = ad$，故

可得

$$\mathrm{tg}\gamma_\mathrm{i} = \mathrm{tg}\gamma_\mathrm{o}\sin\tau_\mathrm{i} + \mathrm{tg}\lambda_\mathrm{s}\cos\tau_\mathrm{i} \tag{1-3}$$

同理，也可求出任意剖面 P_i 内的后角 α_i 与正交平面内后角 α_o 的关系式

$$\mathrm{ctg}\alpha_\mathrm{i} = \mathrm{ctg}\alpha_\mathrm{o}\sin\tau_\mathrm{i} + \mathrm{tg}\lambda_\mathrm{s}\cos\tau_\mathrm{i} \tag{1-4}$$

3. 背平面与假定工作平面内的角度 利用式（1-3）和（1-4），当 $\tau_\mathrm{i} = 90° - \kappa_\mathrm{r}$ 时，可得背平面 P_p 内的前角 γ_p 和后角 α_p：

$$\mathrm{tg}\gamma_\mathrm{p} = \mathrm{tg}\gamma_\mathrm{o}\cos\kappa_\mathrm{r} + \mathrm{tg}\lambda_\mathrm{s}\sin\kappa_\mathrm{r} \tag{1-5}$$

$$\mathrm{ctg}\alpha_\mathrm{p} = \mathrm{ctg}\alpha_\mathrm{o}\cos\kappa_\mathrm{r} + \mathrm{tg}\lambda_\mathrm{s}\sin\kappa_\mathrm{r} \tag{1-6}$$

当 $\tau_\mathrm{i} = 180° - \kappa_\mathrm{r}$ 时，则可得假定工作平面 P_f 内的前角 γ_f 和后角 α_f。

$$\mathrm{tg}\gamma_\mathrm{f} = \mathrm{tg}\gamma_\mathrm{o}\sin\kappa_\mathrm{r} - \mathrm{tg}\lambda_\mathrm{s}\cos\kappa_\mathrm{r} \tag{1-7}$$

$$\mathrm{ctg}\alpha_\mathrm{f} = \mathrm{ctg}\alpha_\mathrm{o}\sin\kappa_\mathrm{r} - \mathrm{tg}\lambda_\mathrm{s}\cos\kappa_\mathrm{r} \tag{1-8}$$

由上述式（1-5）和式（1-7），变换形式可得：

$$\mathrm{tg}\gamma_\mathrm{o} = \mathrm{tg}\gamma_\mathrm{p}\cos\kappa_\mathrm{r} + \mathrm{tg}\gamma_\mathrm{f}\sin\kappa_\mathrm{r} \tag{1-9}$$

$$\mathrm{tg}\lambda_\mathrm{s} = \mathrm{tg}\gamma_\mathrm{p}\sin\kappa_\mathrm{r} - \mathrm{tg}\gamma_\mathrm{f}\cos\kappa_\mathrm{r} \tag{1-10}$$

同样，将式（1-6）和式（1-8）变换形式，可得

$$\mathrm{ctg}\alpha_\mathrm{o} = \mathrm{ctg}\alpha_\mathrm{p}\cos\kappa_\mathrm{r} + \mathrm{ctg}\alpha_\mathrm{f}\sin\kappa_\mathrm{r} \tag{1-11}$$

$$\mathrm{tg}\lambda_\mathrm{s} = \mathrm{ctg}\alpha_\mathrm{p}\sin\kappa_\mathrm{r} - \mathrm{ctg}\alpha_\mathrm{f}\cos\kappa_\mathrm{r} \tag{1-12}$$

4. 最大前角 $\gamma_{\max}$ 和最小后角 $\alpha_{\min}$ 的确定 车刀主切削刃上的最大前角和最小后角，可以用式（1-3）和式（1-4）的微分求极值的方法分别求得：

$$\mathrm{tg}\gamma_{\max} = \sqrt{\mathrm{tg}^2\gamma_\mathrm{o} + \mathrm{tg}^2\lambda_\mathrm{s}} = \sqrt{\mathrm{tg}^2\gamma_\mathrm{f} + \mathrm{tg}^2\gamma_\mathrm{p}} \tag{1-13}$$

$$\mathrm{ctg}\alpha_{\min} = \sqrt{\mathrm{ctg}^2\alpha_\mathrm{o} + \mathrm{tg}^2\lambda_\mathrm{s}} = \sqrt{\mathrm{ctg}^2\alpha_\mathrm{f} + \mathrm{ctg}^2\alpha_\mathrm{p}} \tag{1-14}$$

其中最大前角 $\gamma_{\max}$ 与最小后角 $\alpha_{\min}$ 所在的剖面与主切削刃在基面上的投影，即与切削平面 P_s 间的夹角 $\tau_{\max}$ 和 $\tau_{\min}$（参见图 1-17）分别为：

$$\mathrm{tg}\tau_{\max} = \mathrm{tg}\gamma_\mathrm{o}/\mathrm{tg}\lambda_\mathrm{s} \tag{1-15}$$

$$\mathrm{ctg}\tau_{\min} = \mathrm{tg}\lambda_\mathrm{s}/\mathrm{ctg}\alpha_\mathrm{o} = \mathrm{tg}\lambda_\mathrm{s}\mathrm{tg}\alpha_\mathrm{o} \tag{1-16}$$

5. 副切削刃上副前角 γ_o' 和副刃倾角 λ_s' 的确定 设主、副切削刃在同一个平面型的前刀

面上，利用式（1-3），当 $\tau_i = \epsilon_r - 90°$ 时（图 1-17），则 P_i 剖面成为和副切削刃垂直的剖面，得

$$\mathrm{tg}\gamma_o' = -\mathrm{tg}\gamma_o\cos\epsilon_r + \mathrm{tg}\lambda_s\sin\epsilon_r \qquad (1-17)$$

当 $\tau_i = \epsilon_r$ 时，则 P_i 剖面成为副切削刃的切削平面，

故
$$\mathrm{tg}\lambda_s' = \mathrm{tg}\gamma_o\sin\epsilon_r + \mathrm{tg}\lambda_s\cos\epsilon_r \qquad (1-18)$$

第四节　切削层参数与切削方式

一、切削层参数

在切削过程中，刀具的刀刃在一次走刀中从工件待加工表面切下的金属层，称为切削层。切削层参数就是指的这个切削层的截面尺寸，它决定了刀具切削部分所承受的负荷和切屑的尺寸大小。现以外圆车削为例来说明切削层参数的定义。如图 1-19 所示，车外圆时，车刀主切削刃上任意一点相对于工件的运动轨迹是一条螺旋线，整个主切削刃切出一个螺旋面。工件每转一周，车刀沿工件轴线移动一个进给量 f 的距离，主切削刃及其对应的工件过渡表面也在连续移动中由位置 I 移至相邻位置 II，因而 I、II 之间的一层金属被切下；这一切削层的参数，通常都在过切削刃上选定点并与该点主运动方向垂直的平面内，即不考虑进给运动影响的基面内观察和度量。

1. 切削厚度（国标为"切削层公称厚度"）a_c（国标为 h_D）在主切削刃选定点的基面内，垂直于过渡表面度量的切削层尺寸，称为切削厚度 a_c。车外圆时，若车刀主切削刃为直线，（见图 1-19），切削层截面的切削厚度为

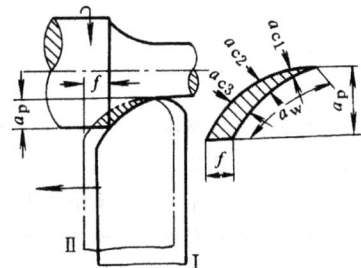

$$a_c = f\sin\kappa_r$$

由此可见，f 或 κ_r 增大，则 a_c 变厚。

若车刀主切削刃为圆弧或任意曲线（图 1-20），则对应于主切削刃上各点的切削厚度是不相等的。

2. 切削宽度（国标为"切削层公称宽度"）a_w（国标为 b_D）　在主切削刃选定点的基面内，沿过渡表面度量的切削层尺寸，称为切削宽度 a_w。当车刀主切削刃为直线时，外圆车削的切削宽度（见图 1-19）为：

$$a_w = a_p/\sin\kappa_r$$

由上式可知，当 a_p 减小或 κ_r 增大时，a_w 变短。

3. 切削面积（国标为"切削层公称横截面积"）A_c（国标为 A_D）　在主切削刃选定点

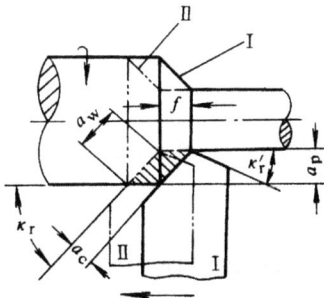

图 1-19　切削层参数　　　　　图 1-20　曲线刃工作时的 a_c 与 a_w

的基面内的切削层截面面积，称为切削面积 A_c，车削时

$$A_c = a_c a_w = f a_p$$

二、切削方式

1. **自由切削与非自由切削** 刀具在切削过程中，如果只有一条直线刀刃参加切削工作，这种情况称之为自由切削。其主要特征是刀刃上各点切屑流出方向大致相同，被切金属的变形基本上发生在二维平面内。图 1-4 的宽刃刨刀，由于主切削刃长度大于工件宽度，没有其它刀刃参加切削，且主切削刃上各点切屑流出方向基本上都是沿着刀刃的法向，所以它是属于自由切削。

反之，若刀具上的刀刃为曲线，或有几条刀刃（包括主切削刃和副切削刃）都参加了切削，并且同时完成整个切削过程，则称之为非自由切削。其主要特征是各刀刃交接处切下的金属互相影响和干扰，金属变形更为复杂，且发生在三维空间内。例如外圆车削时除主切削刃外，还有副切削刃同时参加切削，所以它是属于非自由切削方式。一般情况下，多刃刀具切削时大都是这种非自由切削。

2. **直角切削与斜角切削** 直角切削是指刀具主切削刃的刃倾角 $\lambda_s = 0$ 时的切削，此时主切削刃与切削速度方向成直角，故又称它为正交切削。如图 1-21a 所示为直角刨削简图，它是属于自由切削状态下的直角切削，其切削流出方向是沿刀刃的法向。非自由切削的直角切削是同时有几条刀刃参加切削，但主切削刃的刃倾角 $\lambda_s = 0$。例如图 1-2 所示平面刨削，若其主切削刃的 $\lambda_s = 0$，就属于这种情况。这时主切削刃上切屑流出方向受邻近刀刃的影响，将偏离主切削刃的法向。

斜角切削是指刀具主切削刃的刃倾角 $\lambda_s \neq 0$ 时的切削，此时主切削刃与切削速度方向不成直角。如图 1-21b 所示即为斜角刨削，它也是属于自由切削状态。一般斜角切削方式，无论它是在自由切削或非自由切削状态下，主切削刃上的切屑流出方向都将偏离其法向。

实际切削加工中的大多数情况是属于斜角切削方式，而在以前的理论和实验研究工作中，则比较常用直角切削方式。

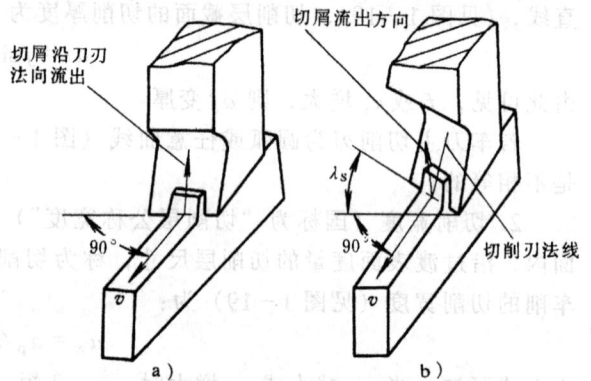

图 1-21 直角切削与斜角切削

思考题与练习题

1. 试用本章阐述的基本定义，分析用麻花钻在钻床上钻孔时的主运动、进给运动、工件上的加工表面和麻花钻的各刀面与刀刃。

2. 列举外圆车刀在不同参考系中的主要标注角度及其定义。

3. 试述刀具的标注角度与工作角度的区别。为什么横向切削时，进给量不能过大？

4. 请设法证明式 (1-2) $\quad \mathrm{ctg}\alpha_n = \mathrm{ctg}\alpha_o \cos\lambda_s$ 和式 (1-4) $\quad \mathrm{ctg}\alpha_i = \mathrm{ctg}\alpha_o \sin\tau_i + \mathrm{tg}\lambda_s \cos\tau_i\hat{}$

5. 设外圆车刀的 $\lambda_s = 5°$，$\gamma_o = 15°$，$\alpha_o = 8°$，$\kappa_r = 45°$，求 γ_f、γ_p、α_r 及 α_{oo}

6．试分析钻孔时的切削厚度、切削宽度及其与进给量、背吃刀量的关系。

7．试分析每分钟金属切除量与切削层参数的关系。

参 考 文 献

1 陶乾 金属切削原理．北京：机械工业出版社，1961

2 华南工学院，甘肃工业大学主编 金属切削原理及刀具设计．上海：上海科学技术出版社，1981

3 金属切削理论与实践下册第一分册，北京：北京出版社，1980

4 布思罗伊德 G．著 金属切削加工的理论基础．山东工学院机制教研室译．济南：山东科学技术出版社，1980

5 臼井英治著 切削磨削加工学 高希正，刘德忠译 北京：机械工业出版社，1982

6 Ящерицын П И Основы Резания Материалов и Режущий Инструмеит Изд《Высшэйщаяшкола》，1981

第二章 刀 具 材 料

用刀具切削金属时，直接负担切削工作的是刀具的切削部分。刀具切削性能的好坏，取决于构成刀具切削部分的材料、切削部分的几何参数及刀具结构的选择和设计是否合理。切削加工生产率和刀具耐用度的高低，刀具消耗和加工成本的多少，加工精度和表面质量的优劣等等，在很大程度上都取决于刀具材料的合理选择。

刀具材料的发展受着工件材料发展的促进和影响。

第一节 刀具材料应具备的性能

刀具在工作时，要承受很大的压力。同时，由于切削时产生的金属塑性变形以及在刀具、切屑、工件相互接触表面间产生的强烈摩擦，使刀具切削刃上产生很高的温度和受到很大的应力，在这样的条件下，刀具将迅速磨损或破损。因此刀具材料应能满足下面一些要求：

一、高的硬度和耐磨性

硬度是刀具材料应具备的基本特性。刀具要从工件上切下切屑，其硬度必须比工件材料的硬度大。切削金属所用刀具的切削刃的硬度，一般都在 60HRC 以上。

耐磨性是材料抵抗磨损的能力。一般来说，刀具材料的硬度越高，耐磨性就越好。组织中硬质点（碳化物、氮化物等）的硬度越高，数量越多，颗粒越小，分布越均匀，则耐磨性越高。但刀具材料的耐磨性实际上不仅取决于它的硬度，而且也和它的化学成分、强度、显微组织及摩擦区的温度有关。

考虑到材料的品质因素（不考虑摩擦区温度及化学磨损等影响），可用下式表示材料的耐磨性 W_R：

$$W_R = K_{Ic}^{0.5} E^{-0.8} H^{1.43}$$

式中　H ——材料硬度（GPa）。硬度愈高，耐磨性愈好；

　　　K_{Ic} ——材料的断裂韧度，（MPa·m$^{\frac{1}{2}}$）。K_{Ic} 愈大，则材料受应力引起的断裂（脆性材料的磨损主要是通过显微裂纹过程进行的）愈小，故耐磨性愈好；

　　　E ——材料的弹性模量（GPa）。E 小时，由于磨粒引起的显微应变，有助于产生较低的应力，故耐磨性提高。

二、足够的强度和韧性

要使刀具在承受很大压力，以及在切削过程中通常要出现的冲击和振动的条件下工作，而不产生崩刃和折断，刀具材料就必须具有足够的强度和韧性。不同刀具材料的强度及断裂韧度见表 2-1。

三、高的耐热性（热稳定性）

耐热性是衡量刀具材料切削性能的主要标志。它是指刀具材料在高温下保持硬度、耐磨性、强度和韧性的性能。图 2-1 表示各种刀具材料在不同温度下的硬度。刀具材料的高温硬

表 2-1 各种刀具材料的物理力学性能

材料种类 性能	高速钢	硬质合金		TiC（N）基硬质合金	陶瓷			聚晶立方氮化硼	聚晶金刚石
		K系（WC-Co）	P系（WC-TiC-TaC-Co）		Al_2O_3	Al_2O_3-TiC	Si_3N_4		
密度 g/cm³	8.7~8.8	14~15	10~13	5.4~7	3.90~3.98	4.2~4.3	3.2~3.6	3.48	3.52
硬度 HRA	84~85	91~93	90~92	91~93	92.5~93.5	93.5~94.5	1350~1600 HV	4500HV	>9000HV
抗弯强度 MPa	2000~4000	1500~2000	1300~1800	1400~1800	400~750	700~900	600~900	500~800	600~1100
抗压强度 MPa	2800~3800	3500~6000		3000~4000	3500~5500		3000~4000	2500~5000	7000~8000
断裂韧度 K_{lc} （MPa·m$^{1/2}$）	18~30	10~15	9~14	7.4~7.7	3.0~3.5	3.5~4.0	5~7	6.5~8.5	6.89
弹性模量 GPa	210	610~640	480~560	390~440	400~420	360~390	280~320	710	1020
导热系数 W/（m·K）	20~30	80~110	25~42	21~71	29	17	20~35	130	210
热膨胀系数 （×10^{-6}/K）	5~10	4.5~5.5	5.5~6.5	7.5~8.5	7	8	3.0~3.3	4.7	3.1
耐热性 ℃	600~700	800~900	900~1000	1000~1100	1200	1200	1300	1000~1300	700~800

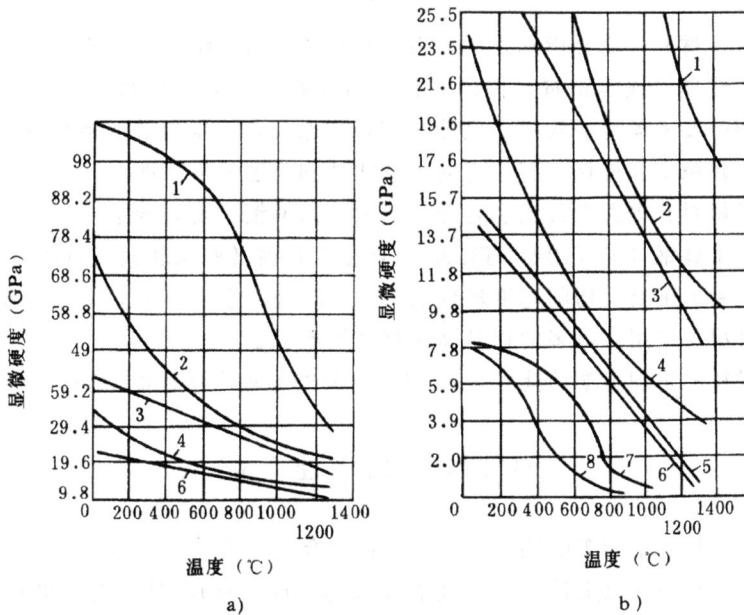

图 2-1 不同刀具材料的硬度与温度的关系（显微硬度坐标轴比例不同）[8]

1—金刚石 2—立方氮化硼 3—碳化硅 4—氧化铝陶瓷 5—YT15 硬质合金 6—YG8 硬质合金 7—W18Cr4V 高速钢 8—T12 高碳钢

度愈高，则刀具的切削性能愈好，允许的切削速度也愈高。

除高温硬度外，刀具材料还应具有在高温下抗氧化的能力以及良好的抗粘结和抗扩散的能力，即刀具材料应具有良好的化学稳定性。

四、良好的热物理性能和耐热冲击性能

刀具材料的导热性愈好，切削热愈容易从切削区散走，有利于降低切削温度。

刀具在断续切削（如铣削）或使用切削液切削时，常常受到很大的热冲击（温度变化剧烈），因而刀具内部会产生裂纹而导致断裂。刀具材料抵抗热冲击的能力可用耐热冲击系数

R 表示，R 的定义式为：

$$R = \frac{\lambda \sigma_b \, (1 - \mu)}{E\alpha}$$

式中　λ ——导热系数；

σ_b ——抗拉强度；

μ ——泊松比；

E ——弹性模量；

α ——热膨胀系数。

导热系数大，使热量容易散走，降低刀具表面的温度梯度；热膨胀系数小，可减少热变形；而弹性模量小，可以降低因热变形而产生的交变应力幅度；它们均有利于材料耐热冲击性能的提高。

耐热冲击性能好的刀具材料，在切削加工时可使用切削液。

五、良好的工艺性能

为便于刀具制造，要求刀具材料具有良好的工艺性能，如锻造性能、热处理性能、高温塑性变形性能、磨削加工性能等等。

六、经济性

经济性是刀具材料的重要指标之一，刀具材料的发展应结合本国资源。有的刀具（如超硬材料刀具）虽然单件成本很贵，但因其使用寿命很长，分摊到每个零件的成本不一定很高。因此在选用时要考虑经济效果。此外，在切削加工自动化和柔性制造系统中，也要求刀具的切削性能比较稳定和可靠，有一定的可预测性和高度的可靠性。

常用的刀具材料有碳素工具钢、合金工具钢、高速钢、硬质合金、陶瓷、金刚石、立方碳化硼等。碳素工具钢（如 T10A、T12A）、合金工具钢（如 9SiCr、CrWMn），因耐热性较差，仅用于一些手工工具及切削速度较低的刀具；陶瓷、金刚石和立方氮化硼仅用于有限的场合；目前刀具材料中用得最多的仍是高速钢和硬质合金。

不同刀具材料的物理力学性能见表 2-1，材料的物理力学性能不同，其用途也各异。

第二节　高　速　钢

高速钢是一种加入了较多的钨、钼、铬、钒等合金元素的高合金工具钢。

高速钢具有较高的热稳定性，在切削温度高达 500～650℃ 时，尚能进行切削。与碳素工具钢和合金工具钢相比，高速钢能提高切削速度 1～3 倍，提高刀具耐用度 10～40 倍，甚至更多。它可以加工从有色金属到高温合金的范围广泛的材料。

高速钢具有高的强度（抗弯强度为一般硬质合金的 2～3 倍，为陶瓷的 5～6 倍）和韧性，具有一定的硬度（63～70HRC）和耐磨性，适合于各类切削刀具的要求，也可用于在刚性较差的机床上加工。

高速钢刀具制造工艺简单，容易磨成锋利切削刃，能锻造，这一点对形状复杂及大型成形刀具非常重要，故在复杂刀具（钻头、丝锥、成形刀具、拉刀、齿轮刀具等）制造中，高速钢仍占主要地位。

高速钢材料性能较硬质合金和陶瓷稳定，在自动机床上使用较可靠。

因此，尽管各种新型刀具材料不断出现，高速钢仍占现用刀具材料的一半以上。

按用途不同，高速钢可分为通用型高速钢和高性能高速钢。

按制造工艺方法不同，高速钢可分为熔炼高速钢和粉末冶金高速钢。

常用的几种高速钢的力学性能见表 2－2。

表 2－2　高速钢的力学性能

钢　　号	常温硬度 HRC	抗弯强度 GPa	冲击韧度 MJ/m²	高温硬度 HRC	
				500℃	600℃
W18Cr4V	63～66	3～3.4	0.18～0.32	56	48.5
W6Mo5Cr4V2	63～66	3.5～4	0.3～0.4	55～56	47～48
9W18Cr4V	66～68	3～3.4	0.17～0.22	57	51
W6Mo5Cr4V3	65～67	3.2	0.25	—	51.7
W6Mo5Cr4V2Co8	66～68	3.0	0.3	—	54
W2Mo9Cr4VCo8	67～69	2.7～3.8	0.23～0.3	～60	～55
W6Mo5Cr4V2Al	67～69	2.9～3.9	0.23～0.3	60	55
W10Mo4Cr4V3Al	67～69	3.1～3.5	0.2～0.28	59.5	54

一、通用型高速钢

这类高速钢含碳量为 0.7%～0.9%。按钢中含钨量的不同，可分为含 W12% 或 18% 的钨钢，含 W6% 或 8% 的钨钼系钢，含 W2% 或不含钨的钼钢。

这类钢按其耐热性可称为是中等热稳定性高速钢。它经 4h 加热到 615～620℃ 后，仍可保持硬度为 60HRC。由于这类钢具有一定的硬度（63～66HRC）和耐磨性，高的强度和韧性，良好的塑性和磨加工性，因此广泛用以制造各种复杂刀具，成为切削硬度在 250～280HBS 以下的大部分结构钢和铸铁的基本品种，应用最为广泛，占高速钢总产量的 75%～80%。

通用型高速钢刀具的切削速度一般不太高，切削普通钢料时常不高于 40～60m/min。

通用型高速钢一般可分钨钢、钨钼钢两类：

1. 钨钢　这种钢的典型牌号是 W18Cr4V（简称 W18），它含 W18%，Cr4%，V1%，具有较好的综合性能（见表 2－2），在 600℃ 时的高温硬度为 48.5HRC，可用以制造各种复杂刀具。

W18 钢的优点是淬火时过热倾向小；由于含钒量较少，故磨加工性好；由于碳化物含量较高，因而塑性变形抗力较大。

W18 钢的缺点是：碳化物分布较不均匀；强度和韧性显得不够，不宜做大截面的刀具；热塑性较差。

W18 钢以前使用得较多，由于以上缺点及国际市场上钨价较贵，有的国家已基本上不使用这种牌号了。

2. 钨钼钢　钨钼钢是将钨钢中的一部分钨用钼代替所获得的一种高速钢。如果钨钼钢中的钼不多于 5%，钨不少于 6%。而且满足 Σ（W+1.4～1.5Mo）＝12%～13% 时，则可保证钼对钢的强度和韧性具有有利的影响，而又不致损害钢的热稳定性。

钨钼钢的典型牌号是 W6Mo5Cr4V2（简称 M2），它含 W6%，Mo5%，Cr4%，V2%。这种钢的碳化物分布细小均匀，具有良好的力学性能（表 2－2），它的抗弯强度比 W18 钢高 10%～15%，韧性高 50%～60%，而且大截面的工具也具有这种优点，因而可做尺寸较大、承受冲击力较大的刀具。

M2 钢的热塑性特别好，故特别适于在轧制或扭制钻头等热成形工艺中使用。

M2 钢的磨加工性也很好，目前是各国使用得较多的一种通用型高速钢。

M2 钢的热稳定性稍低于 W18 钢，在较高速度（$v > 40m/min$）切削时，切削性能稍逊于 W18 钢；在较低速度时，则二者完全一样。

M2 钢的主要缺点是热处理时脱碳倾向较大，较易氧化，淬火温度范围较窄。

我国生产的另一种钨钼钢为 W9Mo3Cr4V（简称 W9），它具有良好的力学性能，其热稳定性略高于 M2 钢。这种钢的碳化物均匀性优于 W18 而接近于 M2 钢，具有良好的热塑性、易锻、易轧，热处理温度范围宽，脱碳倾向比 M2 钢小得多（略高于 W18 钢），磨加工性也很好，刀具耐用度也有一定程度的提高。

二、高性能高速钢

高性能高速钢是指在通用型高速钢成分中再增加一些含碳量、含钒量及添加钴、铝等合金元素的新钢种。如高碳高速钢 9W6Mo5Cr4V2，高钒高速钢 W6Mo5Cr4V3，钴高速钢 W6Mo5Cr4V2Co5、W18Cr4VCo5 及超硬高速钢 W2Mo9Cr4VCo8、W6Mo5Cr4V2Al 等，它们的力学性能见表 2-2。

这类钢按其耐热性可称为高热稳定性高速钢。加热到 $630 \sim 650℃$ 时仍可保持 60HRC 的硬度，因此具有更好的切削性能，这类高速钢刀具的耐用度约为通用型高速钢刀具的 1.5~3 倍。它们适合于加工奥氏体不锈钢、高温合金、钛合金、超高强度钢等难加工材料。在用中等速度加工软材料时，优越性就不很显著。

这类钢的不同牌号只有在各自的规定切削条件下使用才可达到良好的切削性能。例如高碳高速钢的强度和韧性较通用高速钢低，高钒高速钢的磨加工性差，含钴高速钢的成本较高等，都限制了它们只适于在一定范围内使用。

超硬高速钢是指硬度能达到 67~70HRC 的高速钢，其含碳量比相似的通用高速钢高 0.20%~0.25%。就其成分而言，可分为含钴的超硬高速钢和不含钴的超硬高速钢。

1. W2Mo9Cr4VCo8（M42）　这是一种应用最广的含钴超硬高速钢，具有良好的综合性能。硬度可达 67~70HRC，600℃ 时的高温硬度为 55HRC，比 W18 钢高 6.5HRC，因而能允许较高的切削速度。这种钢有一定的韧性，由于含钒量不高，故磨加工性很好。用这种钢做的刀具在加工耐热合金、不锈钢时，耐用度较 W18 和 M2 钢有明显提高。加工材料的硬度愈高，效果也愈显著。这种钢由于含钴量较多，成本较贵。

2. W6Mo5Cr4V2Al（501）　这是一种含铝的超硬高速钢，在 600℃ 时的高温硬度也达到 54HRC，但由于不含钴，因而仍保留有较高的强度和韧性。501 钢的抗弯强度为 2.9~3.9GPa，冲击韧性为 $0.23 \sim 0.3MJ/m^2$，具有优良的切削性能。在多数场合，其切削性能与 M42 钢相同。这种钢立足于我国资源，与钴钢比较，成本较低，故已逐渐推广使用。但与 W18 钢比较，这种钢的磨加工性较差，热处理温度也较难控制。

三、粉末冶金高速钢

粉末冶金高速钢（简称粉冶钢）是用高压氩气或纯氮气雾化熔融的高速钢钢水，直接得到细小的高速钢粉末，然后将这种粉末在高温高压下压制成致密的钢坯，最后将钢坯锻轧成钢材或刀具形状的一种高速钢。

用粉末冶金法制造的高速钢有下列优点：

（1）可有效地解决一般熔炼高速钢在铸锭时要产生的粗大碳化物共晶偏析,得到细小均匀的结晶组织。晶粒尺寸小于 $2\sim3\mu m$,而不是一般熔炼钢的 $8\sim20\mu m$。这就使这种钢有良好的力学性能。由于粉冶钢的碳化物分布比较均匀,在轻度变形条件下,粉冶钢的强度和韧性分别是熔炼钢的 2 倍和 $2.5\sim3$ 倍;在大变形状态下（如锻件或轧制毛坯在直径方向的压下量达 $20\sim30mm$),则粉冶钢与熔炼钢相比,强度和韧性分别提高 30%～40% 和 80%～90%。

（2）这种钢的磨加工性很好,不会由于增加钒含量（为提高高速钢的耐磨性而加入）而降低磨加工性。含钒 5% 的粉冶钢的磨加工性相当于含钒 2% 的熔炼钢的磨加工性。粉冶钢的磨削效率比熔炼钢高 $2\sim3$ 倍,磨削表面粗糙度可显著减小。

（3）由于粉冶钢物理力学性能的高度各向同性,可减小淬火时的变形（只及熔炼钢的 $1/2\sim1/3$)。

（4）由于碳化物颗粒均匀分布的表面积较大,且不易从切削刃上剥落,故粉冶钢的耐磨性可提高 20%～30%。

此外,粉冶钢热成形时具有高的合格率。这种方法还提供了在现有高速钢成分中加入大量碳化物（为增加钢的热稳定性和耐磨性而不使力学性能变坏）,制成用旧方法无法生产的新钢种,和性能介于现有高速钢与硬质合金之间的新材料的可能性。

粉冶钢适于制造切削难加工材料的刀具及大尺寸刀具（如滚刀、插齿刀),也适于制造精密刀具和磨加工量大的复杂刀具,对于高压动载荷下使用的刀具（如断续切削刀具）以及小截面、薄刃刀具和成形刀具也可适用。

第三节 硬 质 合 金

一、硬质合金的特点

硬质合金是由难熔金属碳化物（如 WC、TiC、TaC、NbC 等）和金属粘结剂（如 Co、Ni 等）经粉末冶金方法制成的。

由于硬质合金成分中都含有大量金属碳化物,这些碳化物都有熔点高、硬度高、化学稳定性好、热稳定性好等特点,因此,硬质合金的硬度、耐磨性、耐热性都很高。常用硬质合金的硬度为 $89\sim93HRA$,比高速钢的硬度（$83\sim86.6HRA$）高。在 $800\sim1000℃$ 时尚能进行切削。在 $540℃$ 时,硬质合金的硬度为 $82\sim87HRA$,相当于高速钢的常温硬度,在 $760℃$ 时仍能保持 $77\sim85HRA$。因此,硬质合金的切削性能比高速钢高得多,刀具耐用度可提高几倍到几十倍,在耐用度相同时,切削速度可提高 $4\sim10$ 倍。

常用硬质合金的抗弯强度为 $0.9\sim1.5GPa$,比高速钢的强度低得多,断裂韧度也较差（见表 2-1)。因此,硬质合金刀具不能像高速钢刀具那样能够承受大的切削振动和冲击负荷。

硬质合金中碳化物含量较高时,硬度较高,但抗弯强度较低;粘结剂含量较高时,则抗弯强度较高,但硬度却较低。

硬质合金由于切削性能优良,因此被广泛用作刀具材料（有的国家使用量已达刀具材料总量的一半)。绝大多数的车刀和端铣刀都采用硬质合金制造;深孔钻、铰刀等刀具也广泛地采用了硬质合金;就连一些复杂刀具如拉刀、齿轮滚刀（特别是整体小模数硬质合金滚刀和加工淬硬齿面的滚刀）也都采用了硬质合金。硬质合金刀具还可用来加工高速钢刀具不能切削的淬硬钢等硬材料。

二、常用硬质合金的分类及其性能

ISO（国际标准化组织）将切削用硬质合金分为三类：

P类，用于加工长切屑的黑色金属，相当于我国的 YT 类。

K类，用于加工短切屑的黑色金属、有色金属和非金属材料，相当于我国的 YG 类。

M类，用于加工长或短切屑的黑色金属和有色金属，相当于我国的 YW 类。

下面分别介绍上面提到的三类硬质合金和 TiC（N）基硬质合金：

1. WC-Co（YG）类硬质合金 这类合金是由 WC 和 Co 组成。我国生产的常用牌号有 YG3X、YG6X、YG6、YG8 等，含 Co 量分别为 3%、6%、6%、8%，主要用于加工铸铁及有色金属。这类合金的硬度为 89~91.5HRA，抗弯强度为 1.1~1.5GPa。

YG 类硬质合金有粗晶粒、中晶粒、细晶粒和超细晶粒之分。一般硬质合金（如 YG6，YG8）均为中晶粒。细晶粒硬质合金（如 YG3X、YG6X）在含钴量相同时比中晶粒的硬度和耐磨性要高些，但抗弯强度和韧性则要低一些。细晶粒硬质合金适用于加工一些特殊的硬铸铁、奥氏体不锈钢、耐热合金、钛合金、硬青铜、硬的和耐磨的绝缘材料等。超细晶粒硬质合金的 WC 晶粒在 $0.2~1\mu m$ 之间，大部分在 $0.5\mu m$ 以下，由于硬质相和粘结相高度分散，增加了粘结面积，在适当增加钴含量的情况下，能在较高硬度时获得很高的抗弯强度，如表 2-3 中的 YS2（YG10H）合金的抗弯强度达到 2.2GPa。这类硬质合金特别适合于在较低切削速度（$v \leqslant 50m/min$）下工作，适于制造小尺寸刀具；可用以加工高强度钢、耐热合金等难加工材料。

为了提高 WC-Co 合金的常温、高温硬度及耐磨性，可在其成分中加入 1%~3% 的 TaC（NbC），组成 WC-TaC（NbC）-Co 合金，如表 2-3 中的 YG6A 和 YG8N，可用以加工硬铸铁和不锈钢等。

2. WC-TiC-Co（YT）类硬质合金 这类合金中的硬质相除 WC 外，还含有 5%~30% 的 TiC。常用牌号有 YT5、YT14、YT15 及 YT30，TiC 含量分别为 5%、14%、15% 和 30%，相应的钴含量为 10%、8%、6% 及 4%，主要用于加工钢料。这类合金的硬度为 89.5~92.5HRA，抗弯强度为 0.9~1.4GPa。随着合金成分中 TiC 含量的提高和 Co 含量的降低，硬度和耐磨性提高，抗弯强度则降低。与 YG 类硬质合金比较，YT 类合金的硬度提高了，但抗弯强度、特别是冲击韧度却显著降低了。例如，含 Co 量为 6% 的 YT15 与 YG6 比较，抗弯强度降低了 0.3GPa，硬度则提高了 1.5HRA。此外，YT 类合金的导热性能、磨削性能及焊接性能均随 TiC 含量的增加而显著降低；因此，在焊接及刃磨时要注意防止过热而使刀片产生裂纹。

YT 类硬质合金的突出优点是耐热性好。YT15 在 850℃ 时的硬度约为 620HV，而 YG6 只约为 560HV。含 TiC 愈高时，耐热性也愈好。因此，当要求刀具有较高的耐热性及耐磨性时，应选用 TiC 含量较高的牌号。当刀具在切削过程中受冲击和振动而易引起崩刃时，则选用 TiC 含量低的牌号。

3. WC-TiC-TaC（NbC）-Co（YW）类硬质合金 这是在上述硬质合金成分中加入一定数量的 TaC（NbC），常用牌号有 YW1 和 YW2。在 YT 类硬质合金中加入 TaC（NbC）可提高其抗弯强度、疲劳强度和冲击韧度，提高合金的高温硬度和高温强度，提高抗氧化能力和耐磨性。这类合金既可用于加工铸铁及有色金属，也可用于加工钢，因此常称为通用硬质合金。这类合金如适当增加含钴量，强度可很高，能承受机械振动和由于温度周期性变化而引起的

表 2-3 硬质合金的化学成分及力学性能

类别	牌号	化学成分(%)				物理性能			硬度 HRA	力学性能				相近的 ISO 牌号
		WC	TiC	TaC (NbC)	Co	密度 g/cm³	导热系数 W/(m·℃)	热膨胀系数 ×10^{-6} (1/℃)		抗弯强度 GPa	抗压强度 GPa	弹性模量 GPa	冲击韧度 kJ/m²	
WC + Co	YG3X	96.5		<0.5	3	15.0~15.3		4.1	91.5	1.1	5.4~5.63			K01
	YG6X	93.5		<0.5	6	14.6~15.0	79.6	4.4	91	1.4	4.7~5.1		~20	K05
	YG6	94			6	14.6~15.0	79.6	4.5	89.5	1.45	4.6	630~640	~30	K10
	YG8	92			8	14.5~14.9	75.4	4.5	89	1.5	4.47	600~610	~40	K20
	YS2 (YG10H)	90			10	14.3~14.6			91.5	2.2				K30
WC + TiC + Co	YT30	66	30		4	9.3~9.7	20.9	7.00	92.5	0.9	3.9	400~410	3	P01
	YT15	79	15		6	11.0~11.7	33.5	6.51	91	1.15		520~530		P10
	YT14	78	14		8	11.2~12	33.5	6.21	90.5	1.2	4.2		7	P20
	YT5	85	5		10	12.5~13.2	62.8	6.06	89.5	1.4	4.6	590~600		P30
WC + TaC (NbC) + Co	YG6A	91		3	6	14.6~15			91.5	1.4				K05
	YG8N	91		<1	8	14.5~14.9			89.5	1.5				K25
WC + TiC + TaC (NbC) + Co	YW1	84	6	4	6	12.8~13.3			91.5	1.2				M10
	YW2	82	6	4	8	12.6~13			90.5	1.35				M20
TiC (N) 基	YN05	8	71		Ni-7 Mo-14	5.9			93.3	0.95				P01
	YN10	15	62	1	Ni-12 Mo-10	6.3			92	1.1				P01

热冲击，可用于断续切削。许多用于铣削的专用硬质合金都含有 TaC（NbC）。近年来这类合金发展的新牌号很多。它们主要用以加工难加工材料。有的国家已基本上不用 WC-TiC-Co 合金，加工一般钢料时也用这种硬质合金。

以上三类硬质合金的主要成分都是 WC，故可统称为 WC 基硬质合金。

4. TiC（N）基硬质合金　TiC（N）基硬质合金是以 TiC 为主要成分（有些加入了其它碳化物和氮化物）的 TiC-Ni-Mo 合金。TiC（N）基硬质合金的硬度很高（90～94HRA），达到了陶瓷的水平。这种合金有很高的耐磨性和抗月牙洼磨损能力，有较高的耐热性和抗氧化能力，化学稳定性好，与工件材料的亲和力小，摩擦系数较小，抗粘结能力较强，因此刀具耐用度可比 WC 基硬质合金提高几倍。可用以加工钢，也可用以加工铸铁。总的来说，目前这类合金的抗弯强度和韧性还赶不上 WC 基合金，因此主要用于精加工和半精加工（国外也有一些粗加工的牌号），尤其是加工那些较大较长零件、要求表面粗糙度小和尺寸精度较高的零件，效果特别好。由于这类合金的抗塑性变形能力和抗崩刃性能差，故不适于重切削及断续切削。

为提高 TiC 基合金的性能，常加入一定量的 TiN 和 TaN，有时还加入 WC 及其它元素而形成 TiCN 基硬质合金，其性能比 TiC 合金的性能更好，使用量日益增多。

三、硬质合金的选用

YG 类硬质合金主要用于加工铸铁、有色金属及非金属材料。加工这类材料时，切屑呈崩碎块粒，对刀具冲击很大，切削力和切削热都集中在刀尖附近。YG 类合金有较高的抗弯强度和冲击韧性，可减少切削时的崩刃。同时，YG 类合金的导热性也较好，有利于从刀尖传出切削热，降低刀尖温度。在从低速到中速范围内切削时，YG 类硬质合金刀具耐用度比 YT 类合金高。然而，由于 YG 类合金的耐热性较 YT 类合金差，切铸铁时如果切削速度太高，则反不如 YT 类合金（图 2-2b）。此外，由于 YG 类合金的磨加工性较好，可以磨出较

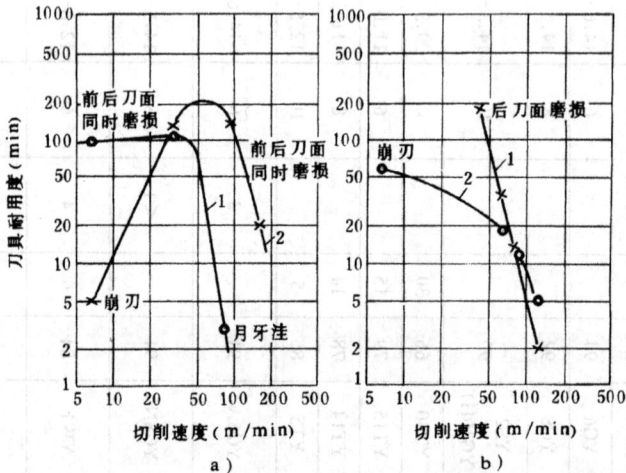

图 2-2　硬质合金刀具在不同切削速度下切钢和切铸铁的磨损[6]

　　a）切钢，$\sigma_b = 0.95$GPa，$a_p = 2$mm，$f = 0.63$mm/r

　　b）切灰铸铁，200HBS，$a_p = 2$mm，$f = 0.11$mm/r

　　1—WC95% + Co5%　2—WC80% + TiC15% + Co5%

锐的切削刃，因此适于加工有色金属和纤维层压材料。

　　YT 类硬质合金适于加工钢料。加工钢料时，金属塑性变形很大，摩擦很剧烈，切削温度很高。YT 类合金具有较高的硬度和耐磨性，特别是有高的耐热性，抗粘结扩散能力和抗氧化能力也很好，在加工钢时，刀具磨损较小，刀具耐用度较高。然而在低速切削钢料时，由于切削过程不太平稳，YT 类合金的韧性较差，容易产生崩刃，这时反不如 YG 类合金（图 2-2a）。因此，在不允许高速切削钢料的情况下，例如在多轴自动机床上加工小直径棒料时，则宁可选用 YG 类合金。

　　硬质合金中含钴量增多（WC、TiC 含量减少）时，其抗弯强度和冲击韧度增高（硬度及耐热性降低），适合于粗加工；含钴量减少（WC、TiC 含量增加）时，其硬度、耐磨性及耐热性增加（强度及韧性降低），适合于作精加工用。

　　在加工含钛的不锈钢（如 1Cr18Ni9Ti）和钛合金时，不宜采用 YT 类硬质合金。因为这类硬质合金中的钛元素和加工材料中的钛元素之间的亲和力会产生严重的粘刀现象。这时切削温度高、摩擦系数也不小（图 2-3），因而会加剧刀具磨损。如选用 YG 类合金刀具加工，则切削温度较低，刀具磨损较小，加工表面粗糙度较小。

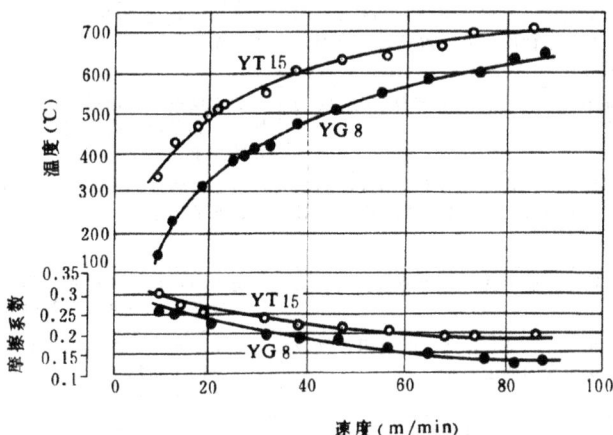

图 2-3　不同硬质合金与钛合金摩擦时在不同摩擦速度时的摩擦系数与温度的变化[7]

　　在加工淬硬钢、高强度钢、奥氏体钢和高温合金时，由于切削力很大，切屑与前刀面接触长度很短，切削力集中在切削刃附近，易造成崩刃，因而这时不宜采用强度较低、脆性较大的 YT 类合金，而宜采用韧性较好的 YG 合金。同时，这类加工材料的导热性差，热量易集中在刀尖处，YG 类合金的导热性较好，有利于热量的传出和降低切削温度。

　　YW 类硬质合金则主要用于加工耐热钢、高锰钢、不锈钢等难加工材料。

　　不同硬质合金牌号的使用范围见表 2-4。

表 2－4　硬质合金的用途

牌　号	使　用　性　能	使　用　范　围
YG3X	属细晶粒合金，是 YG 类合金中耐磨性最好的一种，但冲击韧度较差	适于铸铁、有色金属及其合金的精镗、精车等。亦可用于合金钢、淬硬钢及钨、钼材料的精加工
YG6X	属细晶粒合金，其耐磨性较 YG6 高，而使用强度接近于 YG6	适于冷硬铸铁、合金铸铁、耐热钢及合金钢的加工，亦适于普通铸铁的精加工，并可用于制造仪器仪表工业用的小型刀具和小模数滚刀
YG6	耐磨性较高但低于 YG6X、YG3X，韧性高于 YG6X、YG3X，可使用较 YG8 为高的切削速度	适于铸铁、有色金属及其合金与非金属材料连续切削时的粗车，间断切削时的半精车、精车，小断面精车，粗车螺纹，旋风车螺纹，连续断面的半精铣与精铣，孔的粗扩和精扩
YG8	使用强度较高，抗冲击和抗振性能较 YG6 好，耐磨性和允许的切削速度较低	适于铸铁、有色金属及其合金与非金属材料加工中，不平整断面和间断切削时的粗车、粗刨、粗铣，一般孔和深孔的钻孔、扩孔
YS2（YG10H）	属超细晶粒合金，耐磨性较好，抗冲击和抗振动性能高	适于低速粗车、铣削耐热合金及钛合金、作切断刀及丝锥等
YT5	在 YT 类合金中，强度最高，抗冲击和抗振动性能最好，不易崩刃，但耐磨性较差	适于碳钢及合金钢，包括钢锻件、冲压件及铸件的表皮加工，以及不平整断面和间断切削时的粗车、粗刨、半精刨、粗铣、钻孔等
YT14	使用强度高，抗冲击性能和抗振动性能好，但较 YT5 稍差，耐磨性及允许的切削速度较 YT5 高	适于碳钢及合金钢连续切削时的粗车，不平整断面和间断切削时的半精车和精车，连续面的粗铣，铸孔的扩钻
YT15	耐磨性优于 YT14，但抗冲击韧度较 YT14 差	适于碳钢及合金钢加工中，连续切削时的半精车及精车，间断切削时的小断面精车，旋风车螺纹，连续面的半精铣及精铣，孔的精扩及粗扩
YT30	耐磨性及允许的切削速度较 YT15 高，但使用强度及冲击韧度较差，焊接及刃磨时极易产生裂纹	适于碳钢及合金钢的精加工，如小断面精车、精镗、精扩等
YG6A	属细晶粒合金，耐磨性和使用强度与 YG6X 相似	适于硬铸铁、球墨铸铁、有色金属及其合金的半精加工；亦可用于高锰钢、淬硬钢及合金钢的半精加工和精加工
YG8N	属中颗粒合金，其抗弯强度与 YG8 相同，而硬度和 YG6 相同，高温切削时热硬性较好	适于硬铸铁、球墨铸铁、白口铁及有色金属的粗加工；亦适于不锈钢的粗加工和半精加工
YW1	热硬性较好，能承受一定的冲击负荷，通用性较好	适于耐热钢、高锰钢、不锈钢等难加工钢材的精加工，也适于一般钢材和普通铸铁及有色金属的精加工
YW2	耐磨性稍次于 YW1 合金，但使用强度较高，能承受较大的冲击负荷	适于耐热钢、高锰钢、不锈钢及高级合金钢等难加工钢材的半精加工，也适于一般钢材和普通铸铁及有色金属的半精加工
YN05	耐磨性接近陶瓷，热硬性极好，高温抗氧化性优良，抗冲击和抗振动性能差	适于钢、铸钢和合金铸铁的高速精加工，及机床—工件—刀具系统刚性特别好的细长件的精加工
YN10	耐磨性及热硬性较高，抗冲击和抗振动性能差，焊接及刃磨性能均较 YT30 为好	适于碳钢、合金钢、工具钢及淬硬钢的连续面精加工。对于较长件和表面粗糙度要求小的工件，加工效果尤佳

第四节　涂层刀具

涂层刀具是在韧性较好的硬质合金基体上，或在高速钢刀具基体上，涂覆一薄层耐磨性高的难熔金属化合物而获得的。涂层硬质合金一般采用化学气相沉积法（CVD 法），沉积温度 1000℃左右；涂层高速钢刀具一般采用物理气相沉积法（PVD 法），沉积温度 500℃左右。

常用的涂层材料有 TiC、TiN、Al$_2$O$_3$ 等，TiC 的硬度比 TiN 高，抗磨损性能好。对于要产生剧烈磨损的刀具，TiC 涂层较好。TiN 与金属的亲和力小，润湿性能好，在空气中抗氧化性能比 TiC 好，在容易产生粘结的条件下，TiN 涂层较好。在高速切削产生大热量的场合，以采用 Al$_2$O$_3$ 涂层为好，因为 Al$_2$O$_3$ 在高温下有良好的热稳定性能。

涂层可采用单涂层，也可采用双涂层或多涂层，如 TiC – TiN、TiC – Al$_2$O$_3$、TiC – Al$_2$O$_3$ – TiN 等。

涂层刀具有比基体高得多的硬度，在硬质合金基体上 TiC 涂层厚度为 4～5μm 时，其表层硬度可达 2500～4200HV；在高速钢钻头、丝锥、滚刀等刀具上涂覆 2μm 厚的 TiN 涂层后硬度可达 80HRC。涂层刀具在高的抗氧化性能和抗粘结性能，因而有高的耐磨性和抗月牙洼磨损能力。涂层具有低的摩擦系数，可降低切削时的切削力及切削温度，可大大提高刀具耐用度。涂层硬质合金刀片的耐用度至少可提高1～3倍；涂层高速钢刀具的耐用度则可

提高 2～10 倍以上；加工材料的硬度愈高，则涂层刀具的效果愈好。此外，涂层硬质合金的通用性广，一种涂层刀片可代替几种未涂层刀片使用，因而可大大简化刀具的管理。近几年来随着机夹可转位刀具的广泛使用（有的国家已达硬质合金刀片的 90%），涂层硬质合金也得到越来越多的应用（为可转位刀片的 30%～50%）。高速钢刀具一般都要重磨，重磨后的涂层刀具切削效果虽有降低，但仍比未涂层刀具效果好得多。涂层刀具性能的提高见图 2－4。

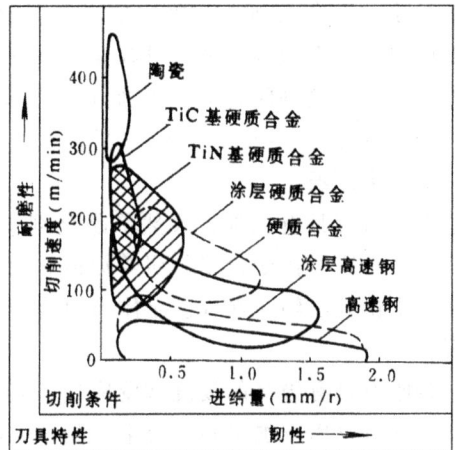

图 2－4 不同刀具材料的切削用量范围

涂层硬质合金虽有上述优点，但由于其锋利性、韧性、抗剥落和抗崩刃性能均不及未涂层刀片，故在小进给量切削、高硬度材料和重载切削时，还不太适用。

目前涂层刀具，特别是高速钢涂层刀具的成本还比较贵。

第五节　其它刀具材料

一、陶瓷

常用的刀具陶瓷有两种：Al$_2$O$_3$ 基陶瓷和 Si$_3$N$_4$ 基陶瓷。Al$_2$O$_3$ 基陶瓷刀具具有下列特点：

有很高的硬度和耐磨性。陶瓷的硬度达到 91～95HRA，高于硬质合金。在使用良好时，有很高的刀具耐用度。

有很高的耐热性。在 1200℃ 以上还能进行切削。在 760℃ 时的硬度为 87HRA，在 1200℃ 时还能维持在 80HRA。切削速度可比硬质合金提高 2～5 倍。

有很高的化学稳定性。陶瓷与金属的亲和力小，抗粘结和抗扩散的能力较好。

有较低的摩擦系数，切屑与刀具不易产生粘结，加工表面粗糙度较小。

陶瓷刀具可用于加工钢，也可用于加工铸铁。对于高硬度材料（硬铸铁和淬硬钢）、大

件及高精度零件加工特别有效。不仅可用于车削加工，还可用于铣削加工。

Al_2O_3 基陶瓷的最大缺点是抗弯强度很低，冲击韧度很差。冷压纯 Al_2O_3 陶瓷的抗弯强度仅 0.5GPa 左右。近来，由于制造方法的改进（改冷压为热压或热等静压），采用细晶粒及在 Al_2O_3 中加入 TiC（及其它金属碳化物）和其它金属（如 Ni、Mo 等）等方法，使陶瓷的强度提高到 0.8～1.0GPa，但仍嫌不足。因此，目前 Al_2O_3 陶瓷还主要用于高速精车和半精车铸件及调质结构钢工件，而 Al_2O_3 - TiC 混合陶瓷由于强度硬度较高，耐磨性好，则可用于粗、精加工冷硬铸铁轧辊、淬硬合金钢轧辊以及精铣大平面。

在 Al_2O_3 中加入 ZrO_2 或 SiC 晶须（SiC_w）而组成的 Al_2O_3 - ZrO_2 及 Al_2O_3 - SiC_w 陶瓷的强度及韧性均有明显提高，切削性能也显著改善。

80 年代进入刀具市场的 Si_3N_4 基陶瓷具有高的强度和韧性（表 2 - 1），其抗弯强度可达 1GPa，有的牌号达 1.5GPa，因而使这种刀具能承受较大的冲击负荷。Si_3N_4 基陶瓷有较高的热稳定性，在 1300～1400℃ 的温度下能进行切削。由于 Si_3N_4 陶瓷具有较高的导热系数、较低的热膨胀系数及小的弹性模量，其耐热冲击性能也大大优于 Al_2O_3 基陶瓷，故切削时可使用切削液。这种陶瓷刀具在加工铸铁及镍基合金时均取得良好效果，其代表牌号是赛隆（Sialon，成分为 Si_3N_4 - Al_2O_3 - Y_2O_3）。

二、金刚石

金刚石刀具有三种：天然单晶金刚石刀具，整体人造聚晶金刚石刀具及金刚石复合刀片。天然金刚石由于价格昂贵等原因，用得较少。人造金刚石是通过合金触媒的作用，在高温高压下由石墨转化而成。金刚石复合刀片是在硬质合金基体上烧结一层约 0.5mm 厚的金刚石。

金刚石具有极高的硬度和耐磨性，其显微硬度达到 10000HV，是目前已知的最硬物质。因此，它可以用于加工硬质合金、陶瓷、高硅铝合金及耐磨塑料等高硬度、高耐磨的材料，刀具耐用度比硬质合金可提高几倍到几百倍。

金刚石的切削刃非常锋利（这对切下极小断面的切屑是很重要的），刃部粗糙度很小，摩擦系数又低，切削时不易产生积屑瘤，因此加工表面质量很高。加工有色金属时，表面粗糙度可达 $0.012\mu m$，加工精度可达 IT5（孔为 IT6，旧标准 1 级）以上。

金刚石目前主要用于磨具及磨料，用作刀具时多用于在高速下对有色金属及非金属材料进行精细车削及镗孔。

金刚石的热稳定性较低，切削温度超过 700～800℃ 时，就会完全失去其硬度。

金刚石刀具不适于加工钢铁材料，因为金刚石（C）和铁有很强的化学亲和力，在高温下铁原子容易与碳原子作用而使其转化为石墨结构，刀具极易损坏。

三、立方氮化硼

立方氮化硼是由软的六方氮化硼在高温高压下加入催化剂转变而成的。它是 70 年代才发展起来的一种新型刀具材料。

立方氮化硼刀具有两种：整体聚晶立方氮化硼刀具及立方氮化硼复合刀片。后者是在硬质合金基体上烧结一层厚度约为 0.5mm 的立方氮化硼而成。

立方氮化硼有很高的硬度及耐磨性，其显微硬度为 8000～9000HV，已接近金刚石的硬度。

立方氮化硼有比金刚石高得多的热稳定性（达 1400℃），因此可用来加工高温合金。

立方氮化硼的化学惰性很大，它和金刚石不一样，与铁族金属直至 $1200\sim1300℃$ 时也不易起化学作用，因此立方氮化硼刀具可用于加工淬硬钢和冷硬铸铁。

立方氮化硼刀具可以用硬质合金刀具加工普通钢及铸铁的切削速度对淬硬钢、冷硬铸铁、高温合金等进行半精加工和精加工，加工精度可达 IT5（孔为 IT6，即旧标准 1 级），表面粗糙度可小至 $R_a 0.8\sim0.2\mu m$，可代替磨削加工。在精加工有色金属时，表面粗糙度可接近 $R_a 0.05\mu m$。立方氮化硼刀具还可用于加工某些热喷涂（焊）件及其它特殊材料。

第六节 刀具材料的发展

百余年来，刀具材料由碳素钢、高速钢、硬质合金、涂层刀具材料、陶瓷而至超硬刀具材料的发展使车削加工的切削速度提高了 100 多倍，而且主要新刀具材料出现的周期也越来越短（图 2-5）。例如，从高速钢发展到硬质合金大约经过了 25 年，但最近却每隔几年就有重要的新刀具材料问世。

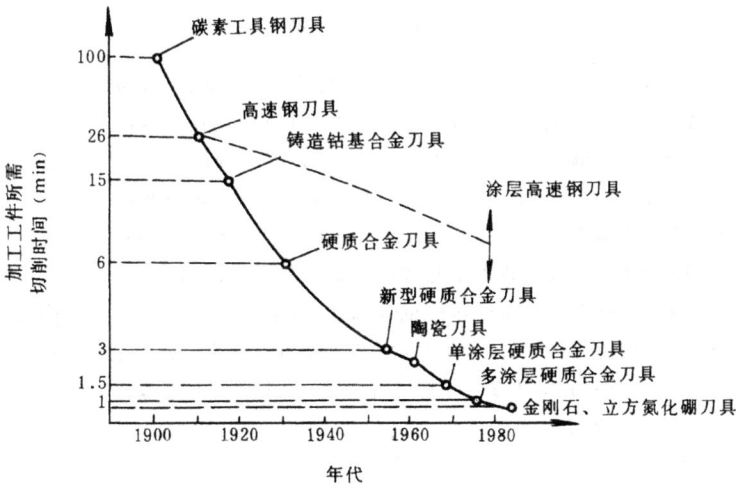

图 2-5 不同时代刀具材料的发展及切削生产率的提高[9,13]

例如，近 20 年出现的涂层硬质合金和近 10 年出现的涂层高速钢刀具就是刀具材料取得的一次突破性进展，大大提高了刀具的切削性能。

Si_3O_4、$Al_2O_3 - SiC_w$ 及超级 ZrO_2 陶瓷都是在 80 年代才得到开发和应用的，陶瓷刀具在最近 5 年的发展和改进方面所作的工作超过了过去的 40 年。

金刚石和立方氮化硼刀具由整体聚晶烧结体发展到在硬质合金基底上烧结一层超硬材料的复合刀片，也是最近十几年的事情。

实践证明，以高的切削效率切削难加工材料的理想刀具材料应该同时具有金刚石那样高的硬度和耐磨性，立方氮化硼或陶瓷那样高的热稳定性和化学惰性，硬质合金那样高的强度和抗冲击性能，但在可预见的将来还不可能找到具有这样理想性能的刀具材料。目前使用的主要刀具材料仍然是硬质合金及高速钢，但其内部构成比将有明显变化，传统的非涂层牌号及品种将会减少，耐磨涂层品种和牌号及其在柔性加工和集成制造系统中的应用将进一步增加。同时，这两类刀具材料将会受到陶瓷及超硬刀具材料的激烈竞争，它们所占比重将有较快增长。在相当长的时期内，各种刀具材料将仍然是相互补充，相互竞争。

思考题与练习题

1．刀具在什么条件下工作？刀具切削部分材料必须具备哪些性能？为什么？

2．高速钢、硬质合金、陶瓷、金刚石、立方氮化硼各有何性能特点？适用于何处？

3．常用高速钢有哪些牌号？其化学成分及性能特点如何？目前通过哪些途径来提高高速钢的切削性能？

4．常用硬质合金有哪几类？各有哪些常用牌号？其性能特点如何？加工钢料和加工铸铁、粗加工和精加工应如何选择硬质合金？为什么？

5．涂层硬质合金有些什么优点？常用涂层材料有哪些？

6．试分析加工不锈钢、奥氏体耐热钢、淬硬钢、高锰钢、钛合金时刀具材料的选择。

7．按下列条件选择刀具材料类型或牌号：（1）45 钢锻件粗车；（2）HT200 铸件精车；（3）低速精车合金钢蜗杆；（4）高速精车调质钢长轴；（5）高速精密镗削铝合金缸套；（6）中速车削淬硬钢轴；（7）加工 65HRC 冷硬铸铁。

参 考 文 献

1　肖诗纲编刀具材料及其合理选择（第二版）．北京：机械工业出版社，1990

2　机械工程手册（第 47 篇）．金属切削刀具．北京：机械工业出版社，1981

3　北京市金属切削理论与实践编委会．金属切削理论与实践（上册）．北京：北京出版社，1979

4　Филиппов г РРежущий Инструмент．Ленинград：Мащино Строение，1981

5　盖勒　约著．工具钢．周偶武，丁立铭译．北京：国防工业出版社，1983

6　科曼多瑞 R 编．硬质材料工具技术进展．北京：冶金工业出版社，1982

7　Резников Н И．Производительвная обработка Нержавеющнх И жаропрочных Материалов．Мащтиз，1960

8　洛拉得泽　Т Н 著．切削刀具的强度和耐磨性．艾兴等译．北京：机械工业出版社，1988

9　凯恩　G　E 编．切削刀具新的发展方向．赵广兴等译．北京：机械工业出版社，1987

10　Станки и инструмент，1988.2

11　应用機械工学（日文）1989.1

12　杉田忠彰等著．基础切削加工学（日文），共立出版株式会社，昭和 59 年

13　Graham T．Smith．Advanced Machining：The Handbook of Catting Technology，IFS Publication UK，1989

14　肖诗纲编著．现代刀具材料．重庆：重庆大学出版社，1991

第三章 金属切削的变形过程

本章将阐述：研究切削变形的意义和方法，金属切削层的变形，前刀面的挤压与摩擦，积屑瘤的形成，切屑变形规律，切屑的类型、卷曲与折断，位错理论在金属切削中的应用以及脆硬材料的切削过程等问题。

第一节 研究金属切削变形过程的意义和方法

一、研究金属切削变形过程的意义

我们要掌握金属切削的规律，以提高切除效率，降低成本和保证质量，如果不懂得切屑是怎样被切下来的，则对金属切削加工中各种物理现象，如切削力、刀具磨损和加工表面质量等就无从研究起，更不用说解决生产实践中的许多问题了。因此金属切削变形过程的研究，是金属切削基础理论研究的一个根本问题。随着宇航事业的迅速发展，难加工材料的应用愈来愈多，对零件的质量要求亦不断提高；同时，切削加工自动化和微电子技术等在机械制造中的应用近年来也渐趋广泛；这些都要求我们更加深入地掌握金属切削过程的规律，以便创造出更加先进的切削方法和高效率的刀具，以适应生产发展的需要。

早在 19 世纪后期，1870 年，俄国学者基麦（И.А.Тиме）即以古典力学为基础，根据实验观察，提出金属切削过程是由挤压而产生的剪切过程。随后 1913～1916 年，乌沙丘夫（Я.Г.Усачёв）利用金相显微镜研究了切削层金属结构组织的变化，用热电偶测量了切削区的温度，使人们对切削过程的认识，由外部逐渐深入到内部。在此时期美国泰勒（F.W.Taylor）又对刀具耐用度与切削速度的关系进行了实验研究，提出了著名的泰勒公式。1941 年美国的恩斯特和麦钱特（Ernst and Merchant）又在剪切理论的基础上推导了剪切角的公式，使对切削过程的认识又前进了一大步。但金属切削过程主要是一个塑性变形过程，这个变形不但应变大，而且常常是在高速、高温情况下产生的，涉及到塑性理论及金属物理等学科的范围。当前对金属切削过程的研究工作已深入到塑性力学、有限元法、位错理论以及断裂力学的范畴，在实验方法上也采用电子显微镜、高速摄影机等设备，从单因素试验进入多因素综合试验，从静态观测进入动态观察，从宏观研究进入微观研究。根据本课程的要求，学习本章主要是对金属切削变形过程有一个基本的认识，在此基础上能运用金属切削规律去分析和研究生产实践问题[1~4]。

二、研究金属切削变形过程的实验方法

1. 侧面变形观察法　最简便的方法是用显微镜直接观察在低速直角自由切削时工件侧面切削层的金属变形状况。可以在刨床或铣床上进行。如果在金相显微镜上加上摄象机和监视器（电视），则可随切削过程的进行在电视屏幕上映出连续的动态变形过程。为了对金属切削层各点的变形观察得更准确，可以将工件侧面抛光，划出细小方格，察看切削过程中这些方格如何被扭曲，从而获知刀具前方变形区的范围以及金属颗粒如何流向切屑。根据变形图像和塑性力学可以计算出各点的应力状态，这就是图像—塑性法（图 3-1）。

34

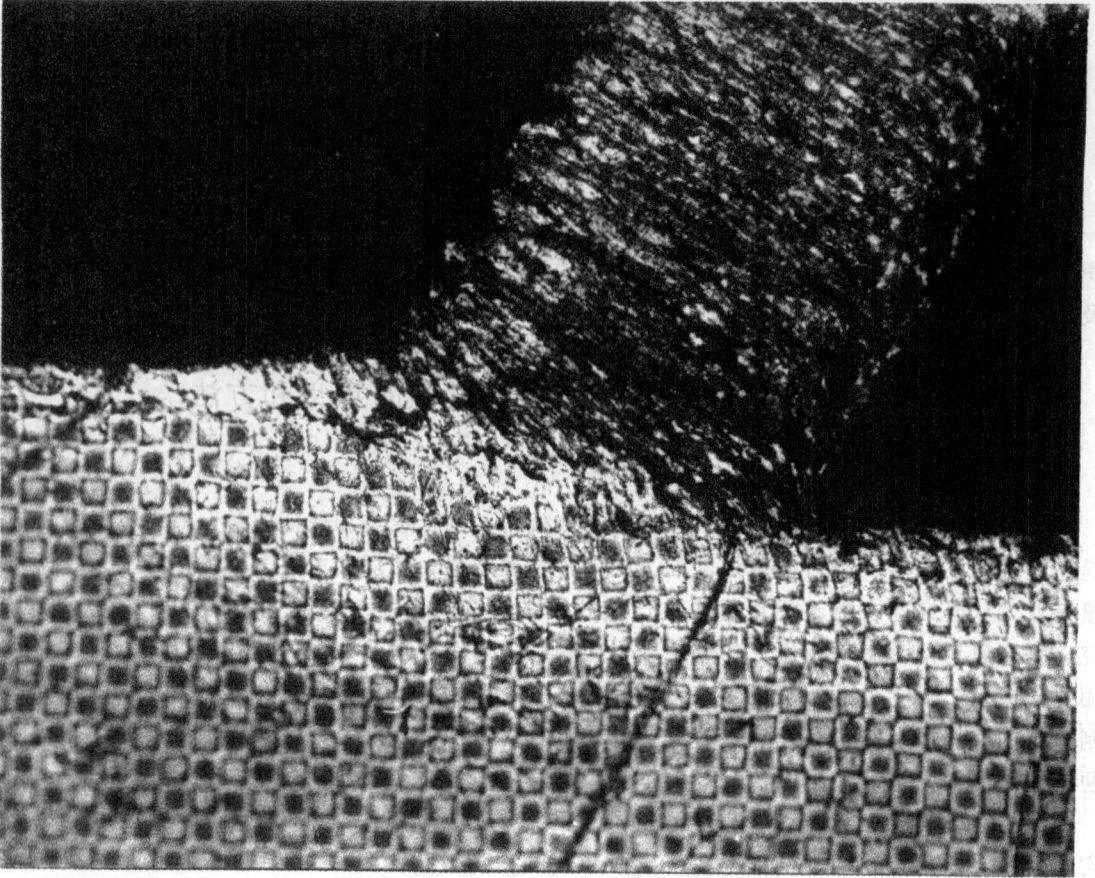

图 3-1 金属切削层变形图象（吴雪松提供）

工件材料：Q235A $v=0.01\text{m/min}$，$a_c=0.15\text{mm}$，$\gamma_o=30°$

2．高速摄影法 要观察高速切削情况下金属的变形过程，目视就较困难，可用高速摄影机拍摄。常用的高速摄影机每秒可拍几百幅到万幅以上。拍摄时要用显微镜头或具有放大作用的长焦距镜头，并且要有强的光源。

3．快速落刀法 为了探索在不同切削条件下的切削变形特征，可用"快速落刀法"取得在该切削条件下的变形区和切屑根部标本。所谓"快速落刀法"就是使刀具以尽可能快的速度脱离工件，把切削过程冻结起来，把留下的切屑根部做成金相标本，以供观察。

图 3-2 是一种弹簧式车削快速落刀装置。刀头可绕小轴转动，在切削时它被半月形销轴所固定。要刀头脱离工件时，可扳动大齿轮，通过小齿轮转动半月形销轴。当销轴脱开刀头末端时，刀头即被弹簧快速掣回。这种装置在 100m/min 的切削速度下可获得满意的结果。

如要进一步加快落刀速度，可采用爆炸式落刀装置，使车刀能以例如 $3\times10^5\text{m/s}^2$ 的加速度脱离工件。

4．在线瞬态体视摄影系统[5] 图 3-3a 是用在线瞬态体视摄影系统所摄得的实时流线照片[5]，它只要在工件侧面刻若干细线，用体视显微镜、照相机和闪光源等即可组成（图 3-4）。从流线图即可求得剪切角 ϕ 和变形区厚度 S，如图 3-3b 所示。这个摄影系统的关键在于要选择有足够光强度的闪光源和足够短的闪光时间，以保证高速切削时图像清晰。

5．扫描电镜显微观察法 扫描电子显微镜是一种电子光学显微镜，其放大倍率可以调节到 20 万倍，分辨率可以高达 5nm，能观察极微小的表面和裂纹，常用以观察分析试件表面形貌，还可以分析试件表面的化学成分。它可用于观察切屑的断口型式，属于剪切破坏或拉伸破裂，刀具的磨损机理以及切屑的变形过程。

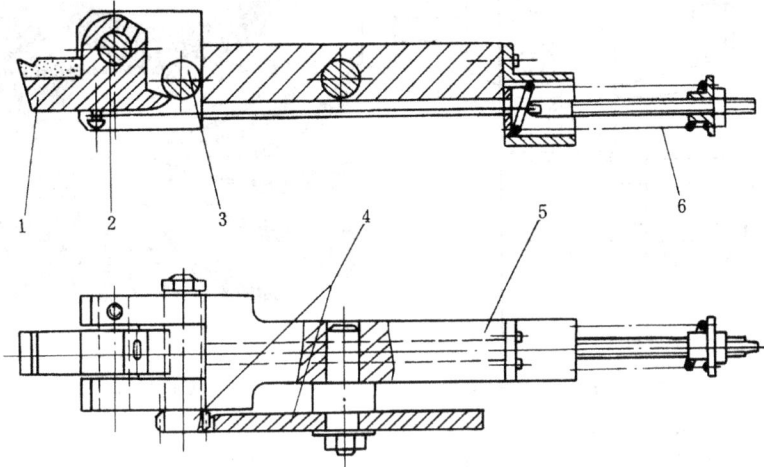

图 3-2　弹簧式落刀装置的结构
1—刀头　2—刀头轴　3—半月形销轴　4—齿轮增速机构　5—刀架体　6—弹簧

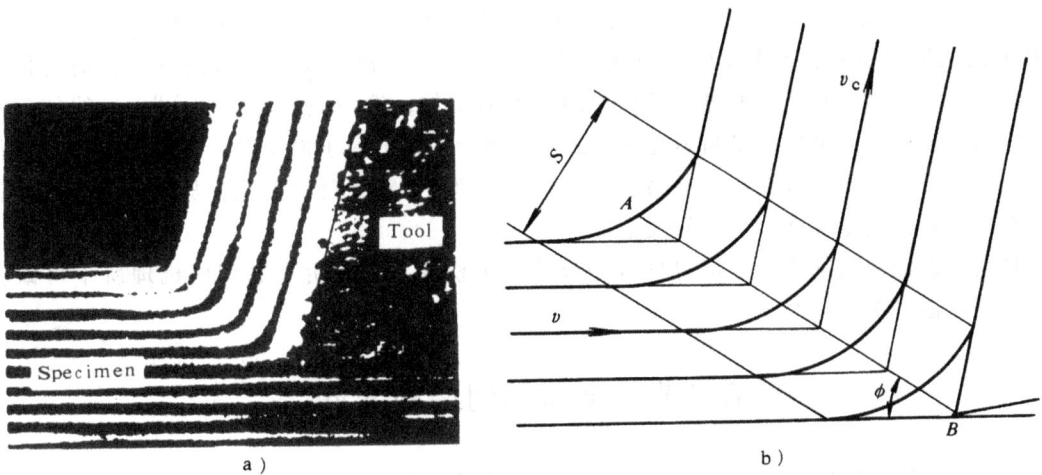

图 3-3　流线图和剪切角与变形区厚度求法
a）流线图　b）剪切角与变形区厚度求法

　　6.光弹性、光塑性试验法　在实验观察金属切削过程的基础上，为了分析金属变形区的应力情况，对切削刃前方的金属可进行弹性力学和塑性力学的研究和实验。图 3-5 是一幅用偏光镜对切削过程进行光弹试验的照片[6]。图中的黑白条纹表示在切削力作用下工件材料内的等切应力曲线，在切削刃前方的正应力是压应力，在它的后方则为拉应力，在这两族等切应力曲线之间有一条分隔的中线（图中未标明）。塑性金属在切削过程中，刃前区实际上产生塑性变形，而且是很大的塑性变形，所以研究它的应力情况应该作光塑性试验。随着光塑性理论的完善和新型光塑性材料的出现，已能用光塑性法研究二维切削过程。浙江大学已成

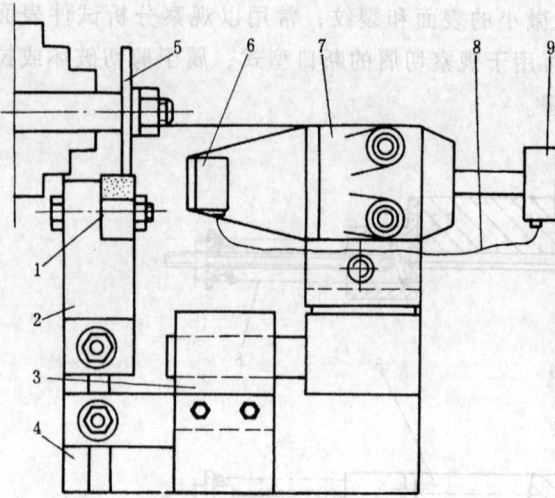

图 3-4 切削过程在线体视显微摄影系统

1—车刀 2—刀架 3—显微镜托架 4—底板 5—工件
6—闪光源 7—体视显微镜 8—同步线 9—照相机

图 3-5 模拟切削过程的光弹试验照片

工件材料：聚碳酯类的双折射塑料；
刀具材料：高速钢；刀具前角 $\gamma_o = 40°$；
切削用量：$a_c = 0.76mm$，$v = 0.013m/s$

功地以聚碳酸酯作工件模型，获得模拟正交切削时以切应力差法求得的刃前区应力分布的干涉条纹。

7. 其它试验方法　除上述几种方法之外，用显微硬度计测定切屑标本的显微硬度，以及用 X 线衍射仪研究加工表面层的塑性变形，都是常用的测试切屑变形的方法。前者依据的原理是：当金属变形后，其硬度随变形的程度而增加，这叫做"加工硬化"。X 线衍射法的实质是：X 射线光束照在多晶体金属表面上，由于晶体的原子面反射，在照相底片上就得出干涉环系。金属经塑性变形后晶格发生变化，因而干涉环也随之变化，从光环图的对比就可以看出晶粒的变形和残余应力的大小。

其它用以测量切削力、切削温度等的仪器和方法也都是研究金属切削机理所不可缺少的，将在后面有关各章介绍。

第二节　金属切削层的变形

下面以塑性材料的切屑形成为例，来说明金属切削层的变形。

一、变形区的划分

根据图 3-1 的金属切削层图片，可绘制如图 3-6 所示的金属切削过程中的滑移线和流线示意图[2]。流线表示被切削金属的某一点在切削过程中流动的轨迹。图中可见，可大致划分为三个变形区。

1. 第一变形区　从 OA 线开始发生塑性变形，到 OM 线晶粒的剪切滑移基本完成。这一区域（Ⅰ）称为第一变形区。

2. 第二变形区　切屑沿前刀面排出时进一步受到前刀面的挤压和摩擦，使靠近前刀面处金属纤维化，基本上和前刀面相平行。这部分叫做第二变形区（Ⅱ）。

3. 第三变形区　已加工表面受到切削刃钝圆部分与后面的挤压和摩擦，产生变形与回

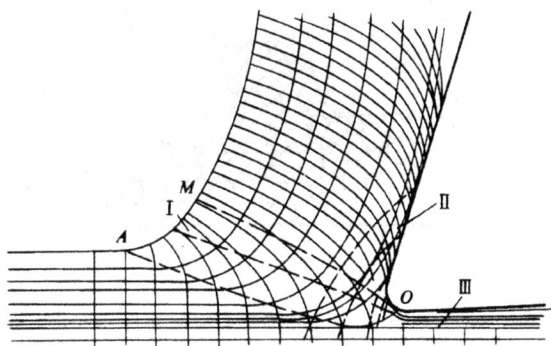

图 3-6 金属切削过程中的滑移线和流线示意图

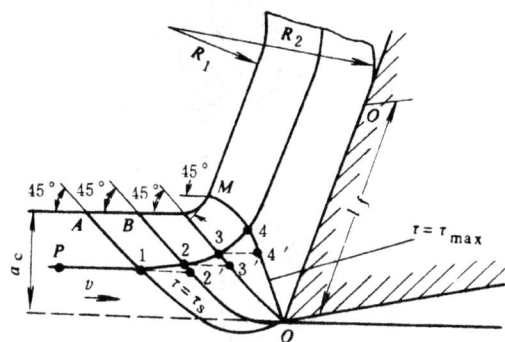

图 3-7 第一变形区金属的滑移

弹，造成纤维化与加工硬化。这一部分的格子变形也是较密集的，称为第三变形区（Ⅲ）。

这三个变形区汇集在切削刃附近，此处的应力比较集中而复杂，金属的被切削层就在此处与工件本体材料分离，大部分变成切屑，很小一部分留在已加工表面上。所以我们研究切削过程，不但要研究三个变形区的变形情况，而且要研究刃前区的应力状态[2]。

由于第三变形区同已加工表面质量有较直接的联系，将在另一章详细叙述，本章仅着重讨论二维切削时的第一和第二变形区。

二、第一变形区内金属的剪切变形

图 3-6 中的 OA、OM 虚线实际上就是图 3-5 中的等切应力曲线。如图 3-7 中所示[1]，当被切削层中金属某点 P 向切削刃逼近，到达点 1 的位置时，此时其切应力达到材料的屈服强度 τ_s，点 1 在向前移动的同时，也沿 OA 滑移，其合成运动将使点 1 流动到点 2。2'-2 就是它的滑移量。随着滑移的产生，切应力将逐渐增加，也就是当 P 点向 1、2、3、…各点流动时，它的切应力不断增加，直到点 4 位置，此时其流动方向与前刀面平行，不再沿 OM 线滑移。所以 OM 叫终滑移线，OA 叫始滑移线。在 OA 到 OM 之间整个第一变形区内，其变形的主要特征就是沿滑移线的剪切变形，以及随之产生的加工硬化。在切削速度较高时，这一变形区较窄。

沿滑移线的剪切变形，从金属晶体结构的角度来看，就是沿晶格中晶面的滑移。我们可用图 3-8[7]的模型来说明。工件原材料的晶粒，可假定为圆的颗粒（图 3-8a）；当它受到剪应力时，晶格内的晶面就发生位移，而使晶粒呈椭圆形。这样，圆的直径 AB 就变成椭圆的长轴 A'B'（图 3-8b）。A"B"就是晶粒纤维化的方向（图 3-8c）。可见晶粒伸长的方向即纤维化的方向，是与滑移方向即剪切面方向不重合的。它们成一夹角 ψ，如图 3-9 所示。图中的第一变形区较宽，代表切削速度很低的情况。在一般切削速度范围内，第一变形区的宽度仅约 0.2～0.02mm，所以可用一剪切面来表示。剪切面和切削速度方向的夹角叫做剪切角，以 ϕ 表示。

根据上述的变形过程，我们可以把塑性金属的切削过程粗略地模拟为如图 3-10 的示意图。被切材料好比一叠卡片 1'、2'、3'、4'、…等，当刀具切入时，这叠卡片受力被撅到 1、2、3、4、…等位置，卡片之间发生滑移，这滑移的方向就是剪切面的方向。

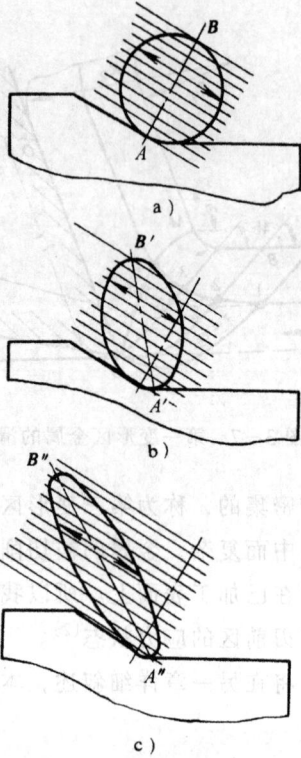

图 3-8 晶粒滑移示意图[7]

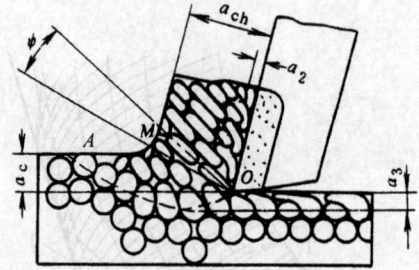

图 3-9 滑移与晶粒的伸长

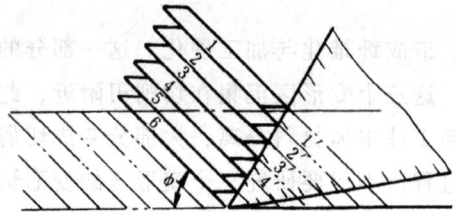

图 3-10 金属切削过程示意图

三、变形程度的表示方法

实验证明剪切角 ϕ 的大小和切削力的大小有直接联系。对于同一工件材料，用同样的刀具，切削同样大小的切削层，当切削速度高时，ϕ 角较大，剪切面积变小（见图 3-11），切削比较省力，说明剪切角的大小可以作为衡量切削过程情况的一个标志。我们可以用剪切角作为衡量切削过程变形的参数。由此可知，剪切变形是切削塑性材料时的重要特征。

切削过程中金属变形的主要形式既然是剪切滑移，现在让我们找出剪切角 ϕ 和剪应变即相对滑移 ε 的关系。

如图 3-12 所示，当平行四边形 OHNM 发生剪切变形后，变为 OGPM，其相对滑移为

$$\varepsilon = \frac{\Delta s}{\Delta y}$$

由图可见，剪切面 NH 被推到 PG 的位置，

$$\Delta s = NP, \quad \Delta y = MK$$

$$\varepsilon = \frac{\Delta s}{\Delta y} = \frac{NP}{MK} = \frac{NK + KP}{MK}$$

$$\varepsilon = \text{ctg}\phi + \text{tg}\ (\phi - \gamma_\circ) \qquad (3-1)$$

$$\varepsilon = \frac{\cos\gamma_\circ}{\sin\phi\cos\ (\phi - \gamma_\circ)} \qquad (3-2)$$

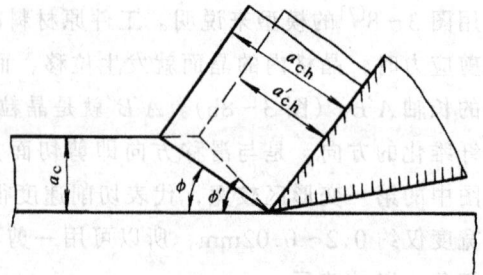

图 3-11 ϕ 角与剪切面面积的关系

用剪切角 ϕ 衡量变形大小，必须用快速落刀装置获得切屑根部图片，才能量出，比较麻烦；一般可用变形系数 ξ 来度量。变形系数的概念是基于这样的事实：在切削过程中，刀

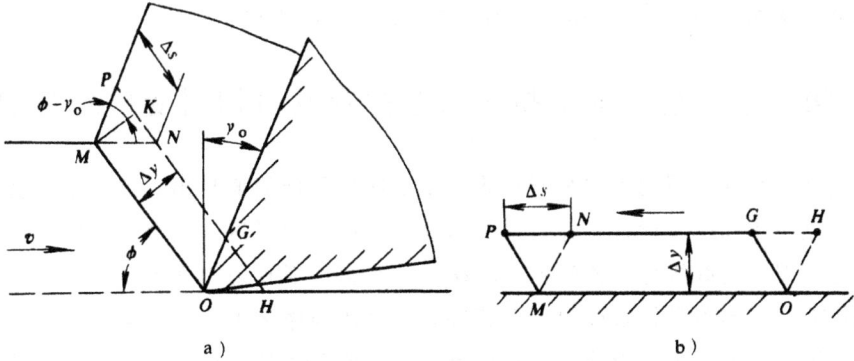

图 3-12 剪切变形示意图

具切下的切屑厚度 a_{ch} 通常都要大于工件上切削层的厚度 a_c（国标为 h_D），而切屑长度 l_{ch} 却小于切削层长度 l_c，如图 3-13 所示。切屑厚度与切削层厚度之比称为厚度变形系数 ξ_a（我国国家标准称此为"切屑厚度压缩比"，A_h）；而切削层长度与切屑长度之比称为长度变形系数 ξ_L，即

$$\xi_a = \frac{a_{ch}}{a_c} \qquad (3-3)$$

$$\xi_L = \frac{l_c}{l_{ch}} \qquad (3-4)$$

由于工件上切削层的宽度与切屑平均宽度的差异很小，切削前和切削后的体积可以看作不变，故

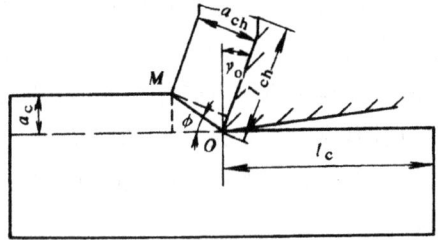

图 3-13 变形系数 ξ 求法

$$\xi_a = \xi_L = \xi \qquad (3-5)$$

变形系数 ξ 是大于 1 的数，在前苏联叫做收缩系数，在英美则以其倒数用 r_c 表示，r_c 称为"切削比"。

变形系数直观地反映了切屑的变形程度，并且容易测量。l_c 是试件长度，为已知，l_{ch} 可用细铜丝量出。ξ 值越大，表示切出的切屑越厚越短，变形越大。

由图 3-13 可推导出 ξ 与 ϕ 的关系如下：

$$\xi = \frac{a_{ch}}{a_c} = \frac{OM\sin(90 - \phi + \gamma_o)}{OM\sin\phi} = \frac{\cos(\phi - \gamma_o)}{\sin\phi} \qquad (3-6)$$

上式经变换后也可写成：

$$\mathrm{tg}\phi = \frac{\cos\gamma_o}{\xi - \sin\gamma_o} \qquad (3-7)$$

将式（3-7）代入式（3-1），可得 ξ 和 ε 的关系：

$$\varepsilon = \frac{\xi^2 - 2\xi\sin\gamma_o + 1}{\xi\cos\gamma_o} \qquad (3-8)$$

剪切角 ϕ，相对滑移 ε 和变形系数 ξ 是通常用以表示切屑变形程度的三种方法。它们是根据纯剪切的观点提出的。但切削过程是复杂的，既有剪切，又有前刀面对切屑的挤压和摩擦作用（第二变形区），用这些简单的方式不能反映全部的变形实质。例如 $\xi=1$ 时，$a_{ch}=a_c$，似乎表示切屑没有变形，但实际上有相对滑移存在。式（3-8）表示变形系数 ξ 与相对

滑移 ε 之间的关系，也只有当 $\xi>1.5$ 时，ξ 与 ε 基本成正比。

第三节　前刀面的挤压与摩擦及其对切屑变形的影响

前面提到，塑性金属切削层材料经第一变形区后沿前刀面排出。这时由于受前刀面的挤压和摩擦而进一步加剧变形，在靠近前刀面处形成第二变形区。这个变形区的特征是：使切屑底层靠近前刀面处纤维化，流动速度减缓，甚至会停滞在前刀面上；切屑弯曲；由摩擦而产生的热量使切屑与刀具接触面温度升高等等。挤压与摩擦不仅造成第二变形区的变形，而且反过来对第一变形区也有影响。不难理解，如果前刀面的摩擦很大，切屑不易排出，则第一变形区的剪切滑移将加剧。所以研究第一变形区的变形，不能不考虑前刀面的摩擦及其对剪切角的影响。对此问题人们作了大量研究工作，现在作一些介绍。

一、作用在切屑上的力

为了研究前刀面摩擦对塑性金属切屑变形的影响。先要分析作用在切屑上的力的情况。在直角自由切削下，作用在切屑上的力有：前刀面上的法向力 F_n 和摩擦力 F_f，在剪切面上也有一个正压力 F_{ns} 和剪切力 F_s，如图 3-14 所示。这两对力的合力应该互相平衡。如果把所有的力都画在切削刃前方，可得如图 3-15 的各力的关系。图中 F_r 是 F_n 和 F_f 的合力，又称切屑形成力；ϕ 是剪切角；β 是 F_n 和 F_r 的夹角，又叫摩擦角；γ_o 是刀具前角；F_z（国标为 F_c）是切削运动方向的切削分力，F_y（国标为 F_p）是和切削运动方向垂直的切削分力；a_c 是切削厚度。

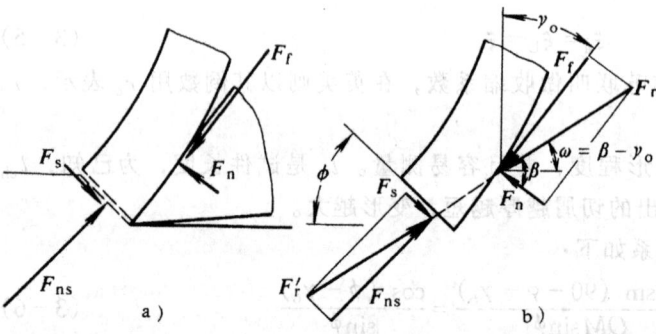

图 3-14　作用在切屑上的力　　　　图 3-15　直角自由切削时力与角度的关系

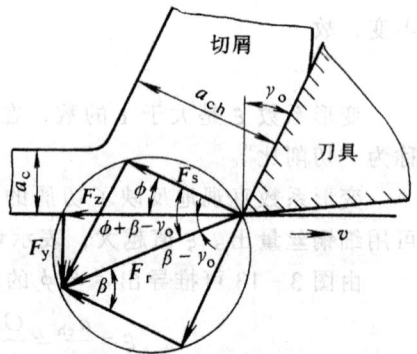

令 a_w（国标为 b_D）表示切削宽度，A_c（国标为 A_D）表示切削层的剖面积（$A_c = a_c a_w$），A_s 表示剪切面的剖面积 $\left(A_s = \dfrac{A_c}{\sin\phi} \right)$，$\tau$ 表示剪切面上的切应力，则

$$F_s = \tau A_s = \frac{\tau A_c}{\sin\phi}$$

$$F_s = F_r \cos(\phi + \beta - \gamma_o)$$

$$F_r = \frac{F_s}{\cos(\phi + \beta - \gamma_o)} = \frac{\tau A_c}{\sin\phi \cos(\phi + \beta - \gamma_o)} \tag{3-9}$$

$$F_z = F_r\cos(\beta - \gamma_o) = \frac{\tau A_c \cos(\beta - \gamma_o)}{\sin\phi\cos(\phi + \beta - \gamma_o)} \qquad (3-10)$$

$$F_y = F_r\sin(\beta - \gamma_o) = \frac{\tau A_c \sin(\beta - \gamma_o)}{\sin\phi\cos(\phi + \beta - \gamma_o)} \qquad (3-11)$$

式（3-10）、（3-11）说明了摩擦角 β 对切削分力 F_z（国标为 F_c）和 F_y（国标为 F_p）的影响。反过来，如果用测力仪测得 F_z（国标为 F_c）和 F_y（国标为 F_p）的值而忽略后面上的作用力，则可以从下式求得 β：

$$\frac{F_y}{F_z} = \text{tg}(\beta - \gamma_o)$$

$\text{tg}\beta$ 即等于前刀面的平均摩擦系数 μ。这就是通常测定前刀面摩擦系数 μ 的方法。

二、剪切角 ϕ 与前刀面摩擦角 β 的关系

现在我们从图 3-14 和图 3-15 来分析剪切角 ϕ。F_r 是前刀面上 F_n 和 F_f 的合力，它是在主应力方向。F_s 是剪切面上的剪切力，它是在最大剪应力方向。这两者的夹角，根据材料力学应为 $\pi/4$。从图可知，F_r 和 F_s 的夹角为 $(\phi + \beta - \gamma_o)$，故有

$$\phi + \beta - \gamma_o = \frac{\pi}{4}$$

或
$$\phi = \pi/4 - (\beta - \gamma_o) = \frac{\pi}{4} - \omega \qquad (3-12)$$

式（3-12）就是李和谢弗（Lee and Shaffer）根据直线滑移线场理论推导出的近似剪切角公式[3]，式中 $(\beta - \gamma_o)$ 表示合力 F_r 与切削速度方向的夹角，称为作用角，用 ω 来表示。

根据这个公式，可知：

1. 当前角 γ_o 增大时，ϕ 角随之增大，变形减小。可见在保证切削刃强度的前提下，增大刀具前角对改善切削过程是有利的。

2. 当摩擦角 β 增大时，ϕ 角随之减小，变形增大。所以提高刀具的刃磨质量，施加切削液以减小前刀面上的摩擦对切削是有利的。

式（3-12）与实验结果在定性上是一致的，但在定量上则有出入，其原因较多，主要有以下几点：前刀面上的摩擦情况很复杂，用一个简单的平均摩擦系数 μ 来表示，不尽符合实际；在以上分析中把第一变形区作为一个假想的平面，把刀具的切削刃看作是绝对锋利的，把加工材料看成是各向同性的，不考虑加工硬化以及切屑底面和刀具的粘结等现象，都和实际情况有出入。

三、前刀面上的摩擦

现在来考察前刀面上的实际摩擦情况。

在塑性金属切削过程中，由于切屑与前刀面之间的压力很大，可达 $2\sim3\text{GPa}$，再加上几百度的高温，可以使切屑底部与前刀面发生粘结现象。这粘结现象即一般生产中所遇见的"冷焊"，如轴颈与轴瓦间润滑失效时发生的胶着。在粘结情况下，切屑与前刀面之间就不是一般的外摩擦，而是切屑和刀具粘结层与其上层金属之间的内摩擦。这内摩擦实际就是金属内部的滑移剪切，它与材料的流动应力特性以及粘结面积大小有关，所以它的规律与外摩

擦不同。外摩擦力的大小与摩擦系数以及压力有关，而与接触面积无关。如果我们沿用外摩擦的概念去套用在金属切削方面，问题就说不清楚。图 3-16 表示刀屑接触面有粘结现象时的摩擦情况。刀屑接触面分二个区域：在粘结部分为内摩擦，这部分的单位切向力等于材料的剪切屈服强度 τ_s；粘结部分之外为外摩擦，即滑动摩擦，该处的单位切向力 τ_γ 由 τ_s 逐渐减小到零。图中也表示出在整个接触区域上的正应力 σ_γ 分布情况，在刀尖处最大（假定刀具绝对锋利，切削厚度较小），逐渐减小到零。由此可见，如果以 $\tau_\gamma/\sigma_\gamma$ 表示摩擦系数，则前刀面上各点的摩擦系数是变化的，而且内摩擦的概念与外摩擦也有所不同。我们沿用 $\mu = \mathrm{tg}\beta$ 这一方法来描述前刀面的摩擦情况是过于简单化了。金属的内摩擦力显然要比外摩擦大得多。这里在分析问题时，要着重考虑内摩擦。

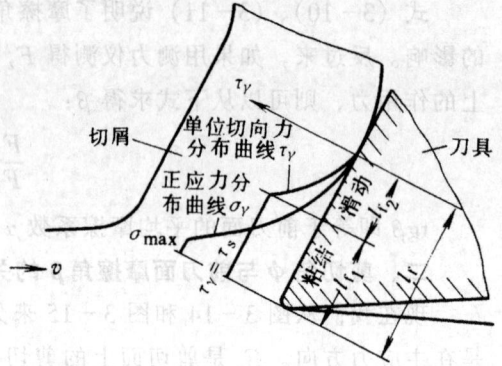

图 3-16 切屑和前刀面摩擦情况示意图

令 μ 代表前刀面上的平均摩擦系数，则按内摩擦的规律，

$$\mu = \frac{F_f}{F_n} \approx \frac{\tau_s A_{f1}}{\sigma_{av} A_{f1}} = \frac{\tau_s}{\sigma_{av}} \tag{3-13}$$

上式中 A_{f1} 表示内摩擦部分的接触面积，σ_{av} 表示该部分的平均正应力。τ_s 是工件材料的剪切屈服强度，随切削温度升高而略有下降；σ_{av} 则随材料硬度、切削厚度、切削速度以及刀具前角而变化，其变化范围较大。因此 μ 是一个变数，这也说明其摩擦系数变化规律和外摩擦的情况很不相同。

四、影响前刀面摩擦系数的主要因素

根据习惯的摩擦系数表示方法，我们可以作实验，探索前刀面上摩擦系数的变化规律。主要的影响因素有四个：工件材料、切削厚度、切削速度和刀具前角。兹分别叙述如下：

1. 工件材料　几种不同工件材料在相同切削条件下它们的摩擦系数变化情况如表 3-1 所示[8]：

表 3-1　几种不同材料在各种切削厚度时的摩擦系数 μ

工 件 材 料	抗弯强度 σ_b, GPa	硬 度 HBS	切 削 厚 度 a_c （mm）			
			0.1	0.14	0.18	0.22
铜	0.216	55	0.78	0.76	0.75	0.74
10 钢	0.362	102	0.74	0.73	0.72	0.72
10Cr 钢	0.48	125	0.73	0.72	0.72	0.71
1Cr18Ni9Ti	0.634	170	0.71	0.70	0.68	0.67

由表 3-1 可以看出，总的趋势是工件材料的强度和硬度愈大，则 μ 略有减小。这是由于材料的硬度和强度大时，当切削速度不变时，切削温度增高，故摩擦系数下降。

2. 切削厚度　切削厚度增加时，正应力随之增大，μ 也略为下降。表 3-1 的数据和图 3-17 的实验曲线都说明了这一规律[8]。

3. 切削速度 切削速度对摩擦系数的影响见图 3-18[4]。当切削速度在某一速度以下时（在图3-18条件下约为30m/min），切削速度愈高，摩擦系数愈大。这是因为切削速度低

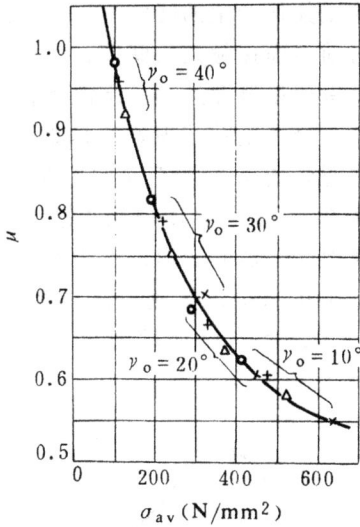

图 3-17 切削厚度对前刀面上摩擦系数的影响

工件材料：40钢；刀具材料：高速钢；刀具前角：
$\gamma_o=10°、20°、30°、40°$；

切削厚度：曲线上○号 $a_c=0.05mm$，+ 号 $a_c=0.1mm$，△号 $a_c=0.2mm$，×号 $a_c=0.4mm$

时，切削温度较低，前刀面与切屑底层不易粘结，粘结情况随速度或温度增高而发展，使摩擦系数上升。当切削速度超过上述数值后，温度进一步升高，使材料塑性增加，流动应力减少，故摩擦系数下降。

4. 刀具前角 在一般切削速度范围内，前角愈大，则 μ 值愈大，如图 3-19 所示，这是因为增大前角使正应力减小，材料剪切屈服强度与正应力之比增加。

以上所介绍的摩擦系数变化规律，不但对切屑变形有直接影响，而且对切削力、切削热、积屑瘤等现象都有很大关系。

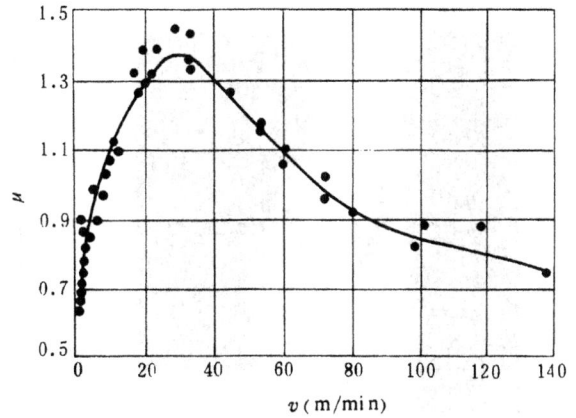

图 3-18 切削速度对摩擦系数的影响
刀具材料：18-4-1高速钢 工件材料：30Cr
切削用量：$a_c=0.149mm$ $a_w=5mm$
刀具前角：$\gamma_o=30°$

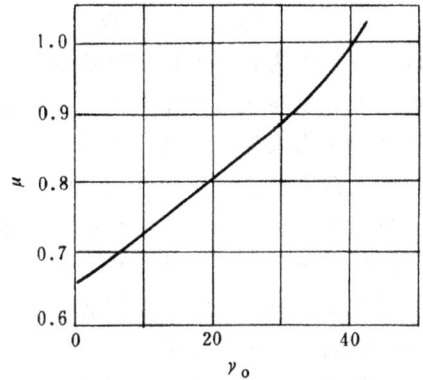

图 3-19 前角对摩擦系数的影响
工件材料：30Cr；切削用量：$a_c=0.14mm$，
$a_w=5mm$，$v=80m/min$

第四节 积屑瘤的形成及其对切削过程的影响

在切削速度不高而又能形成连续性切屑的情况下，加工一般钢料或其它塑性材料时，常常在前刀面切削处粘着一块剖面有时呈三角状的硬块。它的硬度很高，通常是工件材料的2～3倍，在处于比较稳定的状态时，能够代替刀刃进行切削。这块冷焊在前刀面上的金属称为积屑瘤或刀瘤。积屑瘤剖面的金相磨片见图3-20。这是用 $\gamma_o=0$ 的 YT15 刀具车削 Q235A 软钢时的切屑根部照片，切削速度103.8m/min，切削厚度0.085mm。由图可见，这三角状

的金属经强烈变形而纤维化，顶部与切屑相连，底部在取样时脱离前刀面，三角体在前端与尾部均有裂缝。这三角体的形状及大小将随切削条件不同而变化。

积屑瘤是如何产生的呢？

切屑对前刀面接触处的摩擦，使后者十分洁净。当两者的接触面达到一定温度，同时压力又较高时，会产生粘结现象，亦即一般所谓"冷焊"。这时切屑从粘在刀面的底层上流过，形成"内摩擦"。如果温度与压力适当，底层上面的金属因内摩擦而变形，也会发生加工硬化，而被阻滞在底层，粘成一体。这样粘结层就逐步长大，直到该处的温度与压力不足

图 3-20 积屑瘤

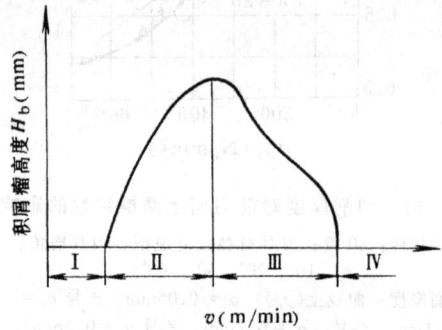

图 3-21 积屑瘤高度与切削速度关系示意图

以造成粘附为止。所以积屑瘤的产生以及它的积聚高度与金属材料的硬化性质有关，也与刃前区的温度与压力分布有关。一般说来，塑性材料的加工硬化倾向愈强，愈易产生积屑瘤；温度与压力太低，不会产生积屑瘤；反之，温度太高，产生弱化作用，也不会产生积屑瘤。对碳素钢来说，约在 $300 \sim 350℃$ 时积屑瘤最高，到 $500℃$ 以上时趋于消失。在切削深度和走刀量保持一定时，积屑瘤高度与切削速度有密切关系，如图 3-21 所示。在低速范围区 I 内不产生积屑瘤；在区 II 内积屑瘤高度随切削速度增高而达最大值；在区 III 内积屑瘤高度随切削速度增加而减小；在区 IV 积屑瘤不再生成。由于切削用量 v、f、a_p 中切削速度对切削温度的影响最大（参考切削温度一章），该图实际上反映了积屑瘤高度与切削温度的关系。

积屑瘤对切削过程有积极的影响，也有消极的影响：

1. 实际前角增大　积屑瘤粘附在前刀面上比较典型的情况如图 3-22 所示，它加大了刀具的实际前角，可使切削力减小，对切削过程起积极的作用。积屑瘤愈高，实际前角愈大。

2. 增大切削厚度　如图所示，积屑瘤使切削厚度增加了 Δa_c。由于积屑瘤的产生、成长与脱落是一个带有一定的周期性的动态过程（例如每秒钟几十至几百次），Δa_c 值是变化的，因而有可能引起振动。

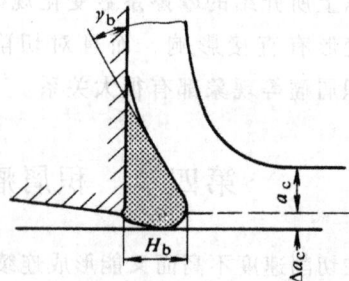

图 3-22 积屑瘤前角 γ_b 和伸出量 Δa_c

3. 使加工表面粗糙度增大　积屑瘤的底部相对稳定一些，其顶部很不稳定，容易破裂，

一部分连附于切屑底部而排除，一部分留在加工表面上，积屑瘤凸出刀刃部分使加工表面切得非常粗糙，因此在精加工时必须设法避免或减小积屑瘤。

4．对刀具耐用度的影响　积屑瘤粘附在前刀面上，在相对稳定时，可代替刀刃切削，有减少刀具磨损，提高耐用度的作用。但在积屑瘤比较不稳定的情况下使用着硬质合金刀具时，积屑瘤的破裂有可能使硬质合金刀具颗粒剥落，反而使磨损加剧。

防止积屑瘤的办法主要是：

（1）降低切削速度，使温度较低，使粘结现象不易发生；

（2）采用高速切削，使切削温度高于积屑瘤消失的相应温度；

（3）采用润滑性能好的切削液，减小摩擦；

（4）增加刀具前角，以减小刀屑接触区压力；

（5）提高工件材料硬度，减少加工硬化倾向。

第五节　切屑变形的变化规律

在分析了切削过程中第一和第二变形区的变形及摩擦情况之后，我们可以看出，要获得比较理想的切削过程，关键在于减小摩擦和变形。在本章第三节中我们已经介绍了影响前刀面摩擦系数的主要因素，其着眼点仍然是研究摩擦系数对变形的影响。现在我们可以来归纳一下影响切屑变形的主要因素，以便利用这些规律性，来创造更加先进的切削方法和刀具。我们仍以直角自由切削的试验研究为基础，从工件材料、刀具前角、切削厚度和切削速度四个方面来分析。

一、工件材料对切屑变形的影响

工件材料强度愈高，切屑变形愈小（图3-23）[4]。这是因为工件材料强度愈高，摩擦系数愈小。根据式（3-12）和式（3-6），可知 μ 减小时剪切角 ϕ 将增大，变形系数 ξ 将减小。图3-23的实验结果证明了这一点。

二、刀具前角对切屑变形的影响

刀具前角愈大，切屑变形愈小（参见图3-24）[1]。前角对切屑变形的影响可从图3-14和图3-15看出：前角影响切屑流出方向，也影响切削合力 F_r 的方向，也就是影响 F_r 与切削速度 v 的夹角，即作用角 $\omega = \beta - \gamma_o$。当前角增大时，作用角减小，根据式（3-12）可知 ϕ 角增加。当 γ_o 增

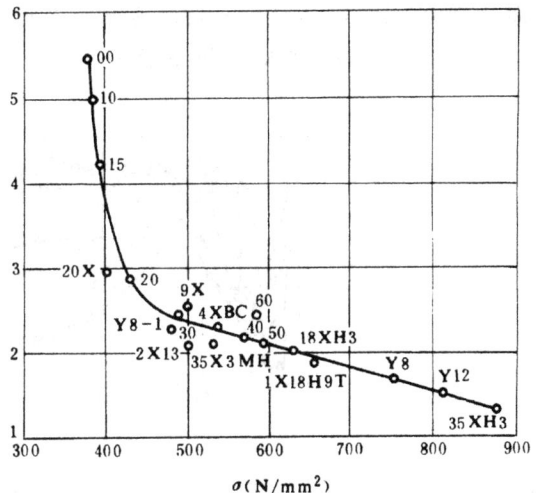

图3-23　工件材料强度对变形系数的影响
20X相当于20Cr；Y8相当于T8；9X相当于9Cr；2X13相当于2Cr13；4XBC相当于4CrWSi；35X3MH相当于35Cr3MoNi；18XH3相当于18CrNi3；1X18H9T相当于1Cr18H9Ti；Y12相当于T12；35XH3相当于35CrNi3

加时，β 虽也增加，但不如 γ_o 增加得多，结果 ω 还是减小，从而使 ϕ 增加。例如从图3-19的实例中可以看出，当前角从0°增加到20°时，μ 从0.66增至0.8，相当于 β 从33°增加到39°，结果使 ω 从33°减小到19°。

三、切削速度对切屑变形的影响

在无积屑瘤的切削速度范围内，如图3-24所示，切削速度愈大，则变形系数愈小。这有两方面的原因：一方面是因为塑性变形的传播速度较弹性变形的慢。即当切削速度低时，金属始剪切面为 OA，但当切削速度增高时，金属流动速度大于塑性变形速度，亦即在 OA 线上尚未显著变形就已流到 OA' 线上，使第一变形区后移，剪切角 ϕ 增大（见图3-25）。另一方面是因为 v 对摩擦系数 μ 有影响。除低速情况外，v 愈大，则摩擦系数愈小，因此变形系数减小。

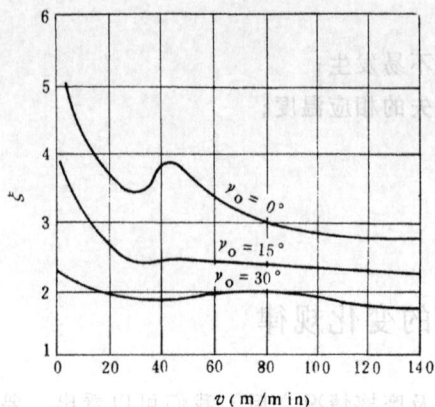

图3-24 前角对变形系数的影响

工件材料：5120；刀具材料：高速钢；

切削用量：$a_c = 0.31 \sim 0.36$mm；$a_w = 0.8 \sim 0.9$mm

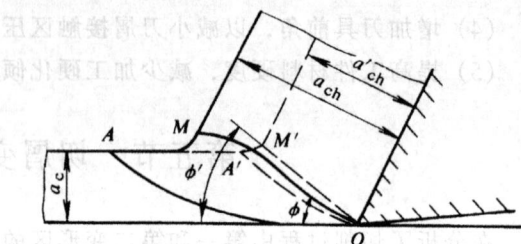

图3-25 切削速度对剪切角的影响

四、切削厚度对切屑变形的影响

在本章第三节中提到，当切削厚度增加时，前刀面上的摩擦系数减小，使 β 与 ω 减小，因而 ϕ 增大。图3-26[4]表示切削速度 v 及进给量 f 对变形系数 ξ 的影响。可见在无积屑瘤情况下，f 愈大（a_c 愈大），则 ξ 愈小。

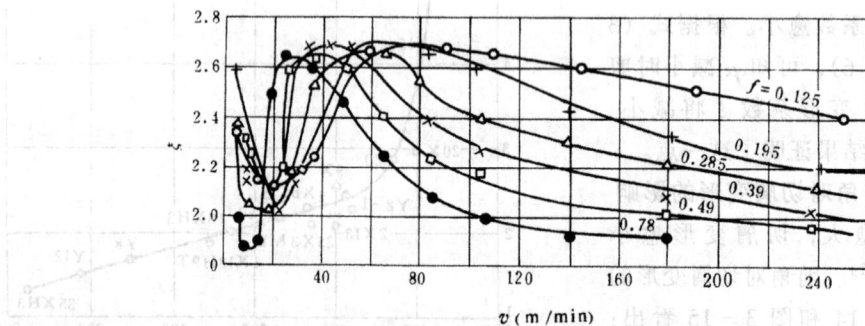

图3-26 切削速度及进给量对变形系数的影响

工件材料：30钢；切削深度：$a_p = 4$mm

在有积屑瘤的切削速度范围内，切削速度的影响主要是通过积屑瘤所形成的实际前角来影响切屑变形。在积屑瘤增长阶段中，积屑瘤随 v 的增加而增大，积屑瘤愈大，其实际前角愈大，因而 v 增加时 ξ 减小。在积屑瘤消退阶段中，积屑瘤随 v 的增加而减小，积屑瘤愈小，实际前角也愈小，变形随之增大，所以 v 愈大，则 ξ 愈大。积屑瘤消失时 ξ 达最高值。积屑瘤最大时 ξ 达最小值。

根据以上分析，可知减小切屑变形和改善切屑与刀具的摩擦情况是革新刀具、提高切削加工水平的重要方法。

第六节　切屑的类型及其变化

由于工件材料不同，切削过程中的变形情况也就不同，因而所产生的切屑种类也就多种多样。主要的有以下四种类型，如图 3-27 所示。

图 3-27 中从左至右 a、b、c、d 前三者为切削塑性材料的切屑，最后一种为切削脆性材料的切屑。

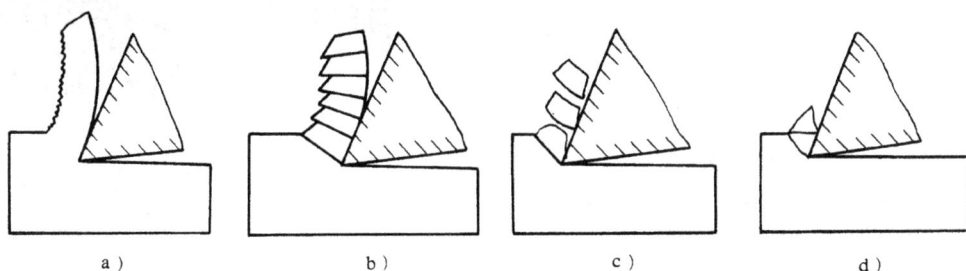

a）　　　　　b）　　　　　c）　　　　　d）

图 3-27　切屑类型

a）带状切屑　b）挤裂切屑　c）单元切屑　d）崩碎切屑

一、带状切屑

这是最常见的一种切屑（见图 3-28）。它的内表面是光滑的，外表面是毛茸的。如用显微镜观察，在外表面上也可看到剪切面的条纹，但每个单元很薄，肉眼看来大体上是平整的。这种切屑的形成过程已如图 3-10 所示。加工塑性金属材料，当切削厚度较小，切削速度较高，刀具前角较大时，一般常常得到这类切屑。它的切削过程较平稳，切削力波动较小，已加工表面粗糙度较小。

二、挤裂切屑

如图 3-29 所示，这类切屑的外形与带状切屑不同之处在外表面呈锯齿形，内表面有时有裂纹。这幅照片上的方点是经过显微硬度检查后留下的凹坑。这类切屑之所以呈锯齿形，是由于它的第一变形区较宽，在剪切滑移过程中滑移量较大。由滑移变形所产生的加工硬化使剪切力增加，在局部地方达到材料的破裂强度。这种切屑大都在切削速度较低，切削厚度较大，刀具前角较小时产生。

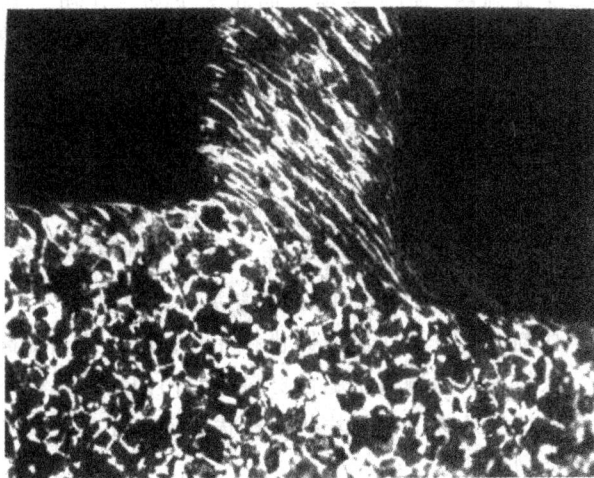

图 3-28　带状切屑

工件材料：45 钢；刀具前角：$\gamma_o = 0°$；$\gamma_{o1} = -30°$，$b_{\gamma1} = 0.2mm$

切削用量：$a_p = 0.5mm$，$v = 100m/min$，$f = 0.15mm/r$

三、单元切屑

如果在挤裂切屑的剪切面上，裂纹扩展到整个面上，则整个单元被切离，成为梯形的单元切屑，如图 3 – 30 所示[9]。

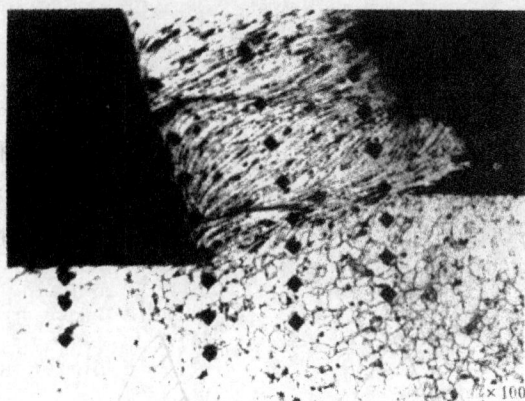

图 3 – 29　挤裂切屑

工件材料：1Cr18Ni9Ti 不锈钢；刀具前角：$\gamma_o = 15°$；

切削用量：$a_c = 0.1$mm，$v = 1.71$m/min

图 3 – 30　单元切屑

以上三种切屑中，带状切屑的切削过程最平稳，单元切屑的切削力波动最大。在生产中最常见的是带状切屑，有时得到挤裂切屑，单元切屑则很少见。假如改变挤裂切屑的条件：进一步减小前角，减低切削速度，或加大切削厚度，就可以得到单元切屑；反之，则可以得到带状切屑。这说明切屑的形态是可以随切削条件而转化的。掌握了它的变化规律，即可以控制切屑的变形、形态和尺寸，以达到断屑和卷屑的目的。

四、崩碎切屑

这是属于脆性材料的切屑。它的形状与前三者不同，如图 3 – 31 所示[9]。这种切屑的形状是不规则的，加工表面是凹凸不平的。从切削过程来看，切屑在破裂前变形很小，也和塑性材料不同。它的脆断主要是由于材料所受应力超过了它的抗拉极限。这类切屑发生于加工脆硬材料，如高硅铸铁、白口铁等，特别是当切削厚度较大时。由于它的切削过程很不平稳，容易破坏刀具，也不利于机床，已加工表面又粗糙，因此在生产中应该力求避免。其办法是

图 3 – 31　崩碎切屑

减小切削厚度，使切屑成针状和片状；同时适当提高切削速度，以增加工件材料的塑性。

灰铸铁和脆铜属于脆性材料，它们的切屑也是不连续的。但一般灰铸铁的硬度不大，在通常的切削条件下得到片状和粉状切屑，在高速切削时甚至可成松散的带状切屑，这可算作中间类型的切屑。

有经验的操作工人能够从切屑的形状和颜色来判断切削情况是否正常。除了要考虑切屑变形、切削力、切削温度和刀具磨损外，还要求切屑能够安全地卷曲和折断。这一问题，我们将在下节中进行讨论。

第七节　切屑的卷曲与折断

在生产实践中我们常常见到，排出的切屑常常打卷，到一定长度自行折断；但也有切屑成带状直窜而出，特别在高速切削时切屑很烫，对人身很不安全，应该设法使之折断。有时切屑碎成小片，四处飞溅，也是不安全的。在自动化生产中，切屑的处理往往成为生产的关键问题。因此研究卷屑和断屑的机理与方法对生产具有重要意义。图3－32表示切屑的各种形状,其中C形屑对数控机床和自动线来说是一种较佳形式的切屑,它不伤人,也不缠在工件

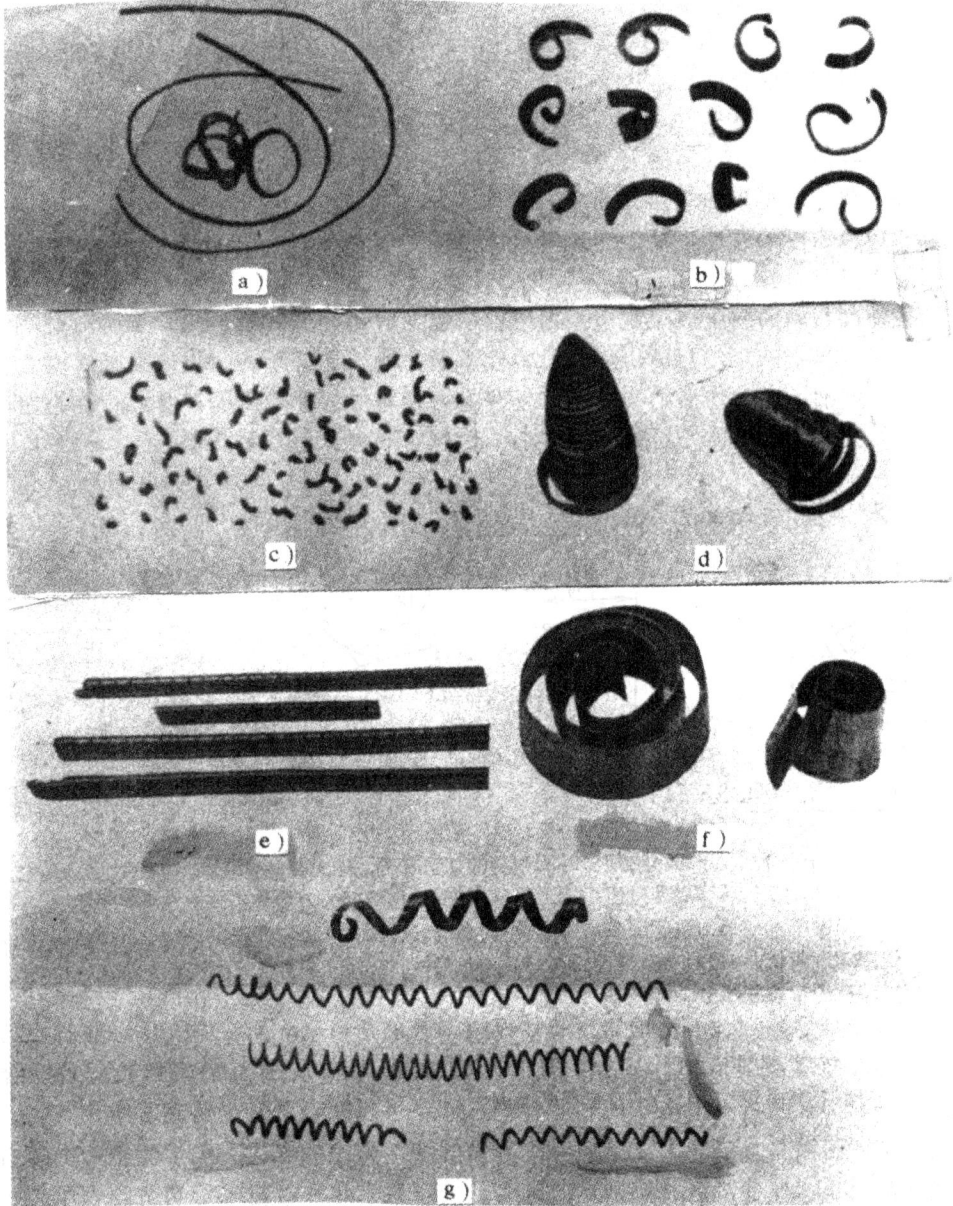

图 3－32　切屑的各种形状

a）带状屑　b）C形屑　c）崩碎屑　d）宝塔状切屑　e）长紧卷屑　f）发条状切屑　g）螺卷屑

和刀具上，但 C 形屑是撞在车刀的后刀面或工件表面上折断的，故对切削过程的平稳性及工件表面的粗糙度有一定影响。一般说来，切屑卷曲半径小时，比较容易处理。在重型车床上，因切屑又宽又厚，为安全起见，希望形成发条状切屑。

在切削过程中金属材料受到变形，如变形程度超过了材料的断裂应变，则切屑将自行折断。但多数情况下，只靠切削过程中的卷曲变形不足以使切屑折断，必须采用断屑器（如卷屑台等）使切屑得到附加变形，撞到工件表面或刀具后面折断，如图 3-33 所示。

切屑流向卷屑台时得到进一步的卷曲变形，其卷曲半径 ρ 由卷屑台尺寸决定（见图 3-34）。根据几何计算，可知切屑的卷曲半径 ρ 为：

$$\rho = \frac{(W_n - l_f)^2}{2t} + \frac{t}{2} \qquad (3-14)$$

式中 l_f——刀屑接触长度；

W_n——卷屑台宽度；

t——卷屑台高度（国标为 h_B）。

切屑经卷屑台获得附加塑性变形后，还将部分弹性恢复，所以实际的卷曲半径比上式算出的大些。

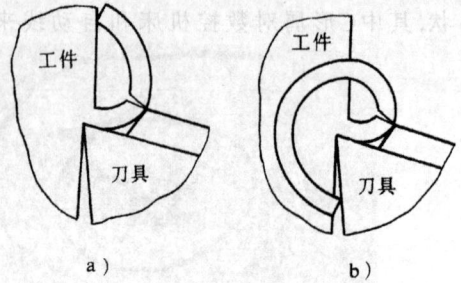

图 3-33　由断屑器进行断屑

根据力学分析可知[13]：

（1）被切削材料的屈服极限愈小，则弹性恢复少，愈容易折断。（2）被切削材料的弹性模量大时，也容易折断。（3）被切削材料塑性愈低，愈容易折断。（4）切削厚度愈大，则应变增大，容易断屑，而薄切屑则难断。（5）背吃刀量增加，则断屑困难增大。（6）切削速度提高时，断屑效果降低。（7）刀具前角愈小，切屑变形愈大，容易折断。

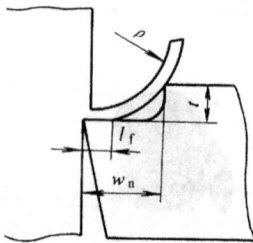

图 3-34　切屑的卷曲

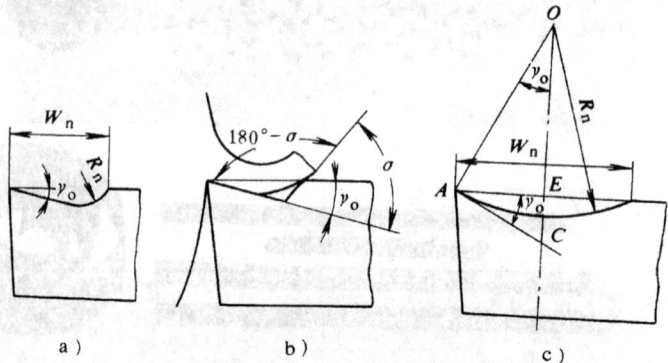

图 3-35　卷屑槽形状
a）直线圆弧型　b）直线型　c）全圆弧型

图 3-35 表示几种常用的卷屑槽形状：直线圆弧型、直线型与全圆弧型。直线圆弧型和直线型卷屑槽适用于切削碳素钢，合金结构钢，工具钢等，一般前角在 5°～15°的范围内。全圆弧型适用于切削紫铜、不锈钢等高塑性材料，其前角可增大至 25°～30°。卷屑槽的参数对其断屑性能和断屑范围很有关系，必须正确选择。目前广泛推行机夹可转位硬质合金刀片，不同型号的刀片具有不同形状的卷屑槽和尺寸，可供在不同切削情况下选用。

控制切屑的折断是自动化生产中的一个关键问题。解决的方法一般常凭经验试凑断屑台的尺寸或切削用量，往往难以获得满意的效果。近年来刘培德教授等对切屑的卷曲和折断机理进行了较深入的研究。下面对其所提断屑机理作简要的介绍[5]：

切屑的卷曲根据图像—塑性法可以证明是由于在切削过程中存在弯矩，如图 3-36 所示。

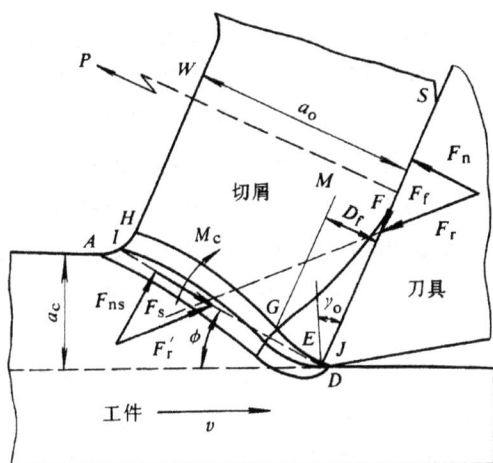

图 3-36 带弯矩的切削模型　　　　图 3-37 切屑撞后刀面后反向折断

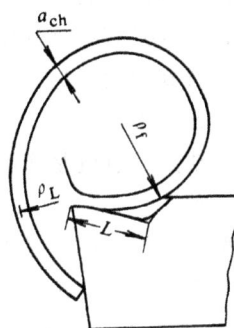

这个新模型与图 3-15Merchant 模型不同之处是：前刀面上的切削合力 F_r 与剪切面上的切削抗力 F_r^1 是大小相等，方向相同，但不共线，而组成弯矩 M_c。此弯矩使切屑卷曲，并影响它的折断。切屑在自然切削过程中的变形往往不足以使它折断，采用断屑台后切屑受到附加变形，有可能使它折断。经断屑台后立即折断时，切屑碎小，切削力较大，刀具耐用度不高，不够理想。较好的办法是让它碰到工件或刀具后面，经反向弯曲变形折断，如图 3-37 所示。

　　设 ρ_f 为切屑经断屑台后的流出半径，ρ_L 为切屑反向折断时的切屑半径，如图 3-37 所示，则正向弯曲应变

$$\varepsilon_{wp} = \pm \frac{a_{ch}}{2\rho_f}$$

反向折断时的弯曲应变

$$\varepsilon_{wnb} = \frac{a_{ch}}{2}\left(\frac{1}{\rho_f} - \frac{1}{\rho_L}\right)$$

切屑的折断是由于正向弯曲应变，再加上反向弯曲应变的综合结果，故弯曲断裂应变

$$\varepsilon_{wb} = \varepsilon_{wp} + \varepsilon_{wnb} = \frac{a_{ch}}{2}\left(\frac{2}{\rho_f} - \frac{1}{\rho_L}\right) \tag{10}$$

当弯曲断裂应变大于一定的临界值时，切屑将反向折断。

当弯曲断裂应变达到什么临界值时，切屑就会反向折断呢？这就是切屑折断的判别准则。

根据文献〔11〕的研究：ε_{wb} 的临界值并非常数，它随 ε_{wp} 的增大而增大；说明切削过程中的变形大小影响弯曲断裂应变的临界值。ε_{wnb} 也非常数，它随 ε_{wp} 的增加而减小。

那末在设计断屑台时怎样选择断屑台宽度 L 呢？可使 ε_{wp} 略大于某一临界值，达到此临界值时，切屑末端受到可靠的反向弯曲就能折断。这样，切屑变形不大，而又易于反向折断，同时可获得较高的刀具耐用度。这一临界值可通过少量试验求得。对于 45 钢，这一临界值约为 0.044。这里有一个最佳的 L 值，此时切削过程的剪切变形最小。

第八节　位错理论在金属切削中的应用

金属切削学这门学科至今不过一百多年的历史，四五十年来有较大发展，但过去主要是运用材料力学等知识来研究金属切削过程中的切屑形成机理。当前弹性和塑性力学的研究对象也是连续体，假设金属材料是均匀的、各向同性的，但实际的金属材料不但是不均匀的、各向异性的，而且具有各种缺陷，如杂质、裂纹、空穴等。我们观察切削铸铁的高速摄影金相照片，就可看到切削层的分离往往就沿着变形的石墨条纹裂开。这说明了用连续体力学研究实际工程问题的不足。位错理论正是根据这一观点提出的。所谓"位错"就是金属晶体中存在的一种线缺陷，也就是实际晶体结构和理想的点阵结构沿一条线上发生的偏差，其最简单的组态有二种：

（1）刃型位错，也称边缘位错。在晶体内部有原子平面中断，这个原子平面中断处的边沿 *BC* 就是刃型位错（图3-38a）。*BC* 右侧的晶体其上半部相对于下半部沿滑移方向平移了一个位移 *b*，叫作柏氏矢量 *b*，它的大小和方向取决于晶体结构。在刃型位错中柏氏矢量与位错线垂直。

（2）螺型位错，也称螺旋位错。原子平面沿一根轴线（垂直于该原子平面），盘旋上升（图3-38b）。每绕轴线一周，原子面上升一个位移 *b*。在原子平面的中央轴线处即为螺型位错，位错线与柏氏矢量平行。

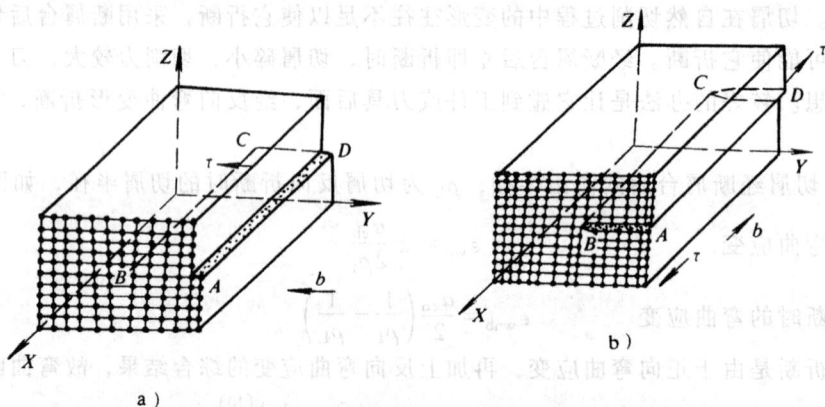

图3-38　刃型位错与螺型位错

a) 刃型位错　b) 螺型位错

当位错线既不垂直于柏氏矢量（刃型位错），又不平行于柏氏矢量（螺型位错）时，则产生由部分刃型位错和部分螺型位错组成的混合位错。

位错线在金属晶体中的运动使金属产生塑性变形。金属晶体中的位错沿滑移面运动的临界阻力是很小的（约为完整金属晶体理想强度的千分之几）。在外力的切应力分力的作用下，大量位错沿滑移面运动，产生宏观的剪切变形。

剪切应变 ε 与位错运动存在如下关系：

$$\varepsilon = \rho b l$$

式中　　b——柏氏向量；

l ——位错线扫过距离的平均位移；

ρ ——位错密度，即单位体积内位错线的总长度。借助高倍率电子显微镜可以观察位错活动，并计算位错密度。

当用刀具切削金属时，与刀尖处相接触的金属晶体的位错源被开动，在前刀面挤压下位错被密集起来，沿剪切面运动，形成剪切阵面。带状切屑的层状结构即由许多剪切阵面所形成。

利用位错理论可以建立金属切削过程中的许多数学模型，例如变形系数、相对滑移等可以用位错密度和位错运动速度来表征；已加工表面的冷硬程度和冷硬深度可以用位错密度及其变化来表示。还可以根据切削过程的位错模型探讨改善刀具材料的切削性能与研制新型刀具材料；以及探讨改善难加工材料切削过程的途径与解决优化切削过程问题等[12]、[13]、[14]、[15]、[18]。

用位错力学理论研究金属切削机理还只是一个开端，但为切屑形成机理的研究从宏观到微观开辟了新的途径。

第九节　脆硬材料的切削过程*

前面讲的金属切削变形过程及其机理主要以延性金属为对象，形成的切屑以带状切屑为典型。对于脆性金属如铸铁，这些理论已不尽适合；因为铸铁在切削过程中剪切滑移变形很小，形成的切屑为不连续切屑；但仍有一些共同规律可遵循。对于脆硬的铸铁如高硅铸铁，则形成崩碎切屑，其切削过程与延性金属迥然不同。由于崩碎切屑在生产中遇见较少，过去对它的切削机理较少研究。近年来由于工程陶瓷、玻璃以及石材等脆硬非金属材料在空间技术、机械加工及建材行业等领域应用愈来愈广，这类难加工材料的加工已成为人们关注的中心，我国在这些方面的研究日益增多[16][17][18][19]，因此在本节中，选定以石材为典型作扼要的介绍。

石材属非金属材料，有软岩、中硬岩及硬岩之分。其中以硬岩最难加工，刀具磨损严重，一般用金刚石刀具切削或磨削。为阐明岩石的切削机理，现以硬岩中相对较软的辉绿岩作工件材料，在刨床上以 YG8 刀具切削的特征作为典型，加以说明[16]。

开始切削时，产生细粉切屑，同时刀尖周围对石材起了一定的印压作用，产生了侧裂纹，如图 3-39a 所示。细粉切屑逐渐从前刀面流出，伴有小块碎屑。当切深达到一定值时，

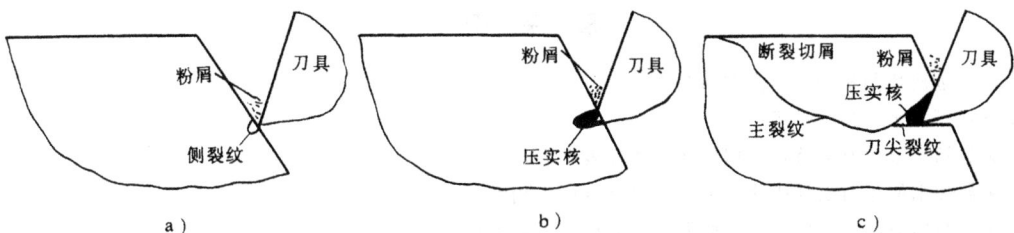

图 3-39　辉绿岩切削过程基本特征示意图

a) 粉屑、侧裂形成　b) 压实核形成　c) 主裂纹扩展及大块断屑形成

刀尖前出现材料压实核。压实核逐步增大，最终代替刀尖切削（图 3 - 39b）。

切削主裂纹在刀尖上部产生，并沿压实核前表面扩展；刀尖处也随即产生裂纹，与主裂纹交叉，使压实核成楔形。主裂纹的失稳扩展产生大块断裂切屑（图 3 - 39c）。

图 3 - 40 表示辉绿岩切削过程中的切削力—位移曲线，可见崩碎切屑形成过程中力的波动很大。

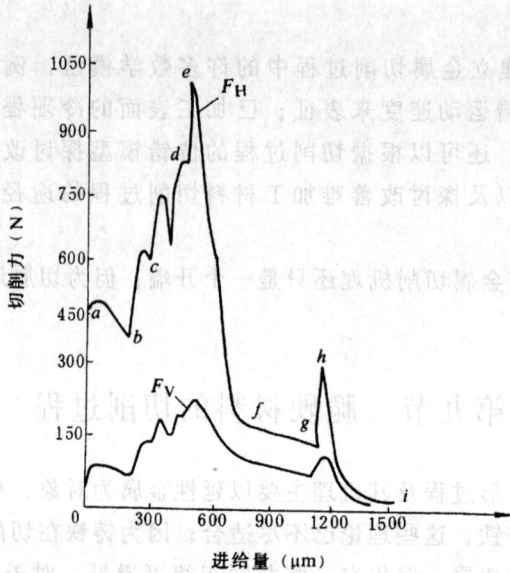

图 3 - 40　辉绿岩切削过程中的力—位移曲线

$a_p = 0.6mm$，$\gamma_o = 0°$

崩碎切屑的脱落主要是由于所受应力超过了材料的抗拉强度，与带状切屑形成的性质不同。由于切削力波动大，宜选择韧性好的刀具材料，采用负前角刀具，以小的切削厚度进行切削。切削速度则决定于刀具的耐用度。

现在脆硬材料加工多采用磨削方法。粗磨的性质仍然以脆性破坏为主，精磨则兼有塑性迁移。有人认为，当切削厚度小于一定值时，脆性破坏将向塑性破坏过渡[17]。

对工程陶瓷（99% $\alpha - Al_2O_3$ 等）进行精磨的研究[18]表明：陶瓷精磨表面加工变质层中接近母材的晶体内部存在有大量的复杂位错，其密度远远大于陶瓷母材晶体内部的位错密度；这种位错增殖现象证明了陶瓷精磨过程中发生了塑性变形。

我国在上述方面的研究，可说为脆硬材料的精加工理论提供了一些理论基础。

思 考 题

1. 研究金属切削机理对生产有何意义？
2. 怎样研究金属切削过程？
3. 金属切削过程有何特征，用什么参数来表示和比较？
4. 金属切削原理对设计机床、工艺和刀具有何应用意义？
5. 切屑与前刀面的摩擦对第一变形区的剪切变形有何影响？
6. 分析积屑瘤产生的原因及其对生产的影响。
7. 影响切屑卷曲与折断的因素有哪些？
8. 延性金属加工与脆硬材料加工有哪些不同的特征？

参 考 文 献

1 陶乾·金属切削原理（上、下册），哈尔滨：哈尔滨工业大学，1963

2 臼井英治·切削、研削加工学，日本：共立出版株式会社，1971

3 Boothroyd G. Fundamental of Metal Machining and Machine Tools, Scripta Book Company, Washington, D. C, 1975

4 Зорев HH. Вопрос Механика Процесса Резания Металлов. МАШГИЗ, 1956

5 刘培德等著·切削力学新篇，大连：大连理工大学出版社，1991

6 Ramalingham S, Lehn L L A Photoelastic Study of Stress Distribution During Orthogonal Cutting, Trans. A. S. M. E Series B, vol. 93, No.2.

7 Глебов С Ф. Станки и Инструмент, No. 7 1949

8 Крагельский Й. В., Винограбова И. Э., Коэффиценты Трения Стрбз, 1955

9 Клушин MH, Резание Металлов, Машгиз, 1958.

10 张弘弢·金属切削过程中剪切角切削力的预报及切屑卷曲折断机理研究．博士论文．大连：大连理工大学，1988

11 刘培德，胡荣生，张弘弢，吴雪松．切屑为什么弯曲？——带弯矩的切削新模型．中国高校金属切削研究会第四届会国学术年会论文集．北京：机械工业出版社，1991

12 Turkovich BF. Dislocation Theory of Shear Stress, Strain Rate in Metal Cutting. Advances in Machine Tool Design and Research, P531. 1967

13 Старков ВК. Дислокац ионные Представления О резание Металлов. Мащ и ностроение, 1979

14 毛安等．位错在金属切削中的应用．西安：西安交通大学科学技术报告，1987/9

15 万光珉，范继美．位错理论及其在金属切削中的应用．上海：上海交通大学出版社，1991

16 王成勇．岩石切削加工研究，博士论文．大连：大连理工大学，1989

17 李享德．岩石磨削、抛光机理及工艺研究．博士论文．大连：大连理工大学，1990

18 殷 玲．工程陶瓷材料磨削加工机理及技术的研究．博士论文．武汉：华中理工大学，1990

19 杨晓斌．玻璃印压断裂及切削机理的研究，博士论文．广州：华南理工大学，1989

第四章 切 削 力

切削力对切削机理的研究，对计算功率消耗，对刀具、机床、夹具的设计，对制定合理的切削用量，优化刀具几何参数，都具有非常重要的意义。在自动化生产中，还可通过切削力来监控切削过程和刀具工作状态，如刀具折断、磨损、破损等。

第一节 切削力的来源，切削合力及其分解，切削功率

一、切削力的来源

金属切削时，刀具切入工件，使被加工材料发生变形成为切屑所需的力，称为切削力。

按第三章的分析可知，切削力来源于三个方面（图 4-1）：

1. 克服被加工材料对弹性变形的抗力；
2. 克服被加工材料对塑性变形的抗力；
3. 克服切屑对刀具前刀面的摩擦力和刀具后刀面对过渡表面和已加工表面之间的摩擦力。它们分别用 F_f 和 F_{fa} 表示。

二、切削合力及其分解

上述各力的总和形成作用在车刀上的合力 F_r（国标为 F）。为了实际应用，F_r 可分为相互垂直的 F_x（国标为 F_f）、F_y（国标为 F_p）和 F_z（国标为 F_c）三个分力（图 4-2）。

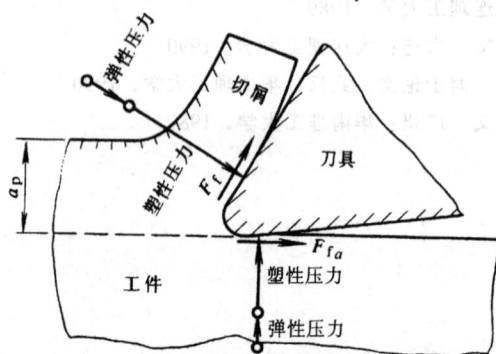

图 4-1　切削力的来源[3]　　　　　图 4-2　切削合力和分力

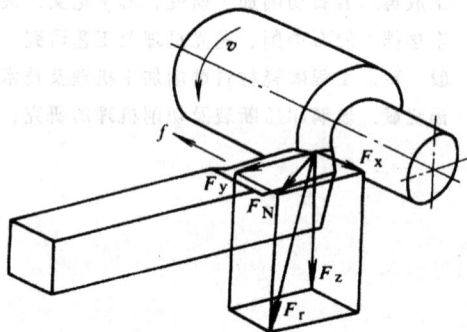

在车削时：

F_z（国标为 F_c）——切削力或切向力。它切于过渡表面并与基面垂直。F_z 是计算车刀强度，设计机床零件，确定机床功率所必需的。

F_x（国标为 F_f）——进给力、轴向力或走刀力。它是处于基面内并与工件轴线平行与走刀方向相反的力。F_x 是设计走刀机构，计算车刀进给功率所必需的。

F_y（国标为 F_p）——切深抗力、或背向力、径向力、吃刀力。它是处于基面内并与工件轴线垂直的力。F_y 用来确定与工件加工精度有关的工件挠度，计算机床零件和车刀强度。它也是使工件在切削过程中产生振动的力。

由图 4-2 可以看出

$$F_r = \sqrt{F_z^2 + F_N^2} = \sqrt{F_z^2 + F_x^2 + F_y^2} \tag{4-1}$$

根据实验，当 $\kappa_r = 45°$，$\lambda_s = 0$ 和 $\gamma_o \approx 15°$ 时，F_z、F_x 和 F_y 之间有以下近似关系[7]：

$$F_y = (0.4 \sim 0.5)F_z;$$
$$F_x = (0.3 \sim 0.4)F_z$$

代入式（4-1）得

$$F_r = (1.12 \sim 1.18)F_z$$

随车刀材料、车刀几何参数、切削用量、工件材料和车刀磨损等情况的不同，F_z、F_x 和 F_y 之间的比例可在较大范围内变化。

三、切削功率

消耗在切削过程中的功率称为切削切率 P_m（国标为 P_c）。切削功率为力 F_z 和 F_x 所消耗功率之和，因 F_y 方向没有位移，所以不消耗动力。于是：

$$切削功率\ P_m = \left(F_z v + \frac{F_x n_w f}{1000}\right) \times 10^{-3} kW \tag{4-2a}$$

式中　F_z——切削力（N）；

　　　v——切削速度（m/min）；

　　　F_x——进给力（N）；

　　　n_w——工件转速（r/s）；

　　　f——进给量（mm/r）。

式（4-2a）等号右侧的第二项是消耗在进给运动中的功率，它相对于 F_z 所消耗的功率来说，一般很小，可以略去不计（<1%~2%），于是

$$P_m = F_z v \times 10^{-3} kW \tag{4-2b}$$

若单位制取：F_z——kgf，v——m/min，F_x——kgf，n_w——r/min，f——mm/r时，P_m 按下式计算：

$$P_m = \frac{F_z v + (F_x n_w f) \times 10^{-3}}{75 \times 60 \times 1.36} kW \tag{4-2c}$$

如不计 F_x 所消耗的功率，则：

$$P_m = \frac{F_z v}{75 \times 60 \times 1.36} kW \tag{4-2d}$$

按上式求得切削功率后，如要计算机床电机的功率以便选择机床电机时，还应将切削功率除以机床的传动效率，即：

$$机床电机功率\ P_E \geq \frac{P_m}{\eta_m} \tag{4-3}$$

式中　η_m——机床的传动效率，一般取为 0.75~0.85，大值适用于新机床，小值适用于旧机床。

切削力的大小，可采用测力仪进行测量，也可通过经验公式或理论分析公式进行计算。

第二节　切削力的测量及切削力的计算机辅助测试

一、测定机床功率及计算切削力

用功率表测出机床电机在切削过程中所消耗的功率 P_E 后，可按式（4-3）算出切削功率 P_m，即：

$$P_m = P_E \eta_m \qquad\qquad (4-4)$$

式中　η_m——机床传动效率。

在切削速度 v 为已知的情况下，将 P_m 代入式(4-2b)或式(4-2d)即可求出主切削力 F_z。

这种方法只能粗略估算切削力的大小，不够精确，所以通常采用测力仪直接测量。

二、用测力仪测量切削力

测力仪的测量原理是利用切削力作用在测力仪的弹性元件上所产生的变形，或作用在压电晶体上产生的电荷经过转换后，读出 F_z（国标为 F_c）、F_x（国标为 F_f）和 F_y（国标为 F_p）之值。

为了测量数据可靠，要求测力仪具有高灵敏度、足够刚度、高自振频率、良好的动态特性，能同时测出各个分力，且其相互干扰小、响应快、结构简单、使用方便等特点。近代先进测力仪常与微型计算机配套使用，直接处理数据，自动显示力值和计算切削力的经验公式。在自动化生产中，还可利用测力传感装置产生的信号优化和监控切削过程。

按测力仪的工作原理可以分为机械、液压和电气测力仪（电阻、电感、电容、压电或电磁式测力仪）。目前常用的是电阻式测力仪和压电测力仪。以下分别进行介绍。

1. 电阻应变片式测力仪　这种电阻式测力仪有灵敏度较高，量程范围较大，即可用于静态，也可用于动态测量，测量精度较高等特点。

这种测力仪常用的电阻元件叫做电阻应变片（图 4-3）。将若干电阻应变片紧贴在测力仪的弹性元件的不同受力位置，分别联成电桥。在切削力作用下，电阻应变片随着弹性元件发生变形，使应变片的电阻值改变，破坏了电桥的平衡，于是电流表中有与切削力大小相应的电流通过，经电阻应变仪放大后得电流示数。再按此电流示数从标定曲线上可以读出三向切削力之值。

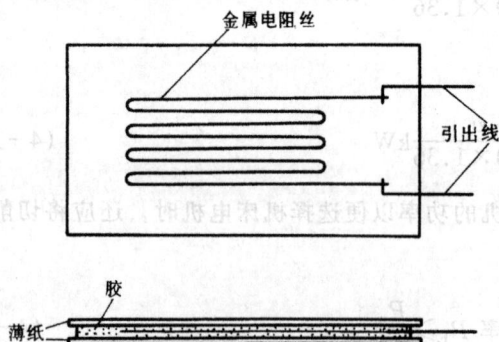

图 4-3　金属丝式电阻应变片

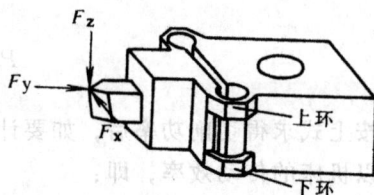

图 4-4　八角环三向车削测力仪

图 4-4 为一种常见的电阻应变片式测力仪——八角环形三向车削测力仪。图 4-5 是其电桥联线图。

2．压电式测力仪　这是一种灵敏度高，刚度大，自振频率高，线性度和抗相互干扰性都较好且无惯性的高精度测力仪，特别适用于测动态力及瞬时力。其缺点为易受湿度的影响，对连续测量稳定的或变化不大的切削力时，会产生电荷泄漏，使零点飘移，以致影响测量精度。

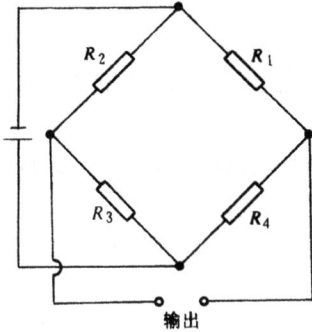

图 4-5　电桥联线图

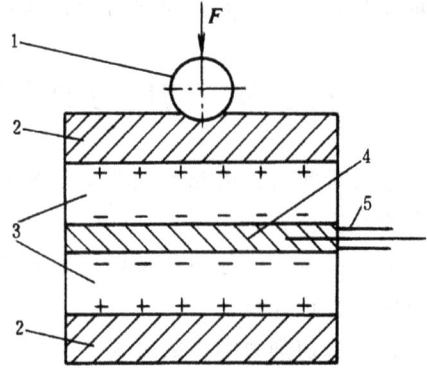

图 4-6　压电传感器的原理图

压电测力仪的工作原理是利用某些材料（石英晶体或压电陶瓷等）的压电效应。在受力时，它们的表面将产生电荷，电荷的多少与所施加的压力成正比而与压电晶体的大小无关。用电荷放大器转换成相应的电压参数，从而可测出力的大小。图 4-6 为单一压电传感器的原理图。压力 F 通过小球 1 及金属薄片 2 传给压电晶体 3。在压电晶体之间有电极 4，由压力产生的负电荷集中在电极上，由绝缘的导体 5 导出。正电荷通过金属片 2 或测力仪体接地。由 5 输出的电荷通过电荷放大器后由记录仪记录下来，按预制的标定图就可知道切削力的大小。测力仪体中沿 F_z、F_x 和 F_y 三个方向都各装有传感器，分别测出三个分力。

近代常采用多向力传感器，把几个石英元件按次序机械地排列在一起。加在传感器上的力作用在石英片上。由于石英晶体的切割方向选择得不同，所以各受力方向上的灵敏度不同，故能分别测出各个切削分力。其结构图示于图 4-7。

三、切削力的计算机辅助测试

目前，在切削力、切削温度、刀具磨损……等切削实验中，常由人工结合计算器完成实验数据的采集和处理并建立指数公式。这个工作繁琐、费时，且容易出错。随着电子计算机的普及，单板机和微机常用来辅助实验，以减少人工劳动。在实验过程中，可用计算机自动采集和处理数据并能分析实验数据的可靠性，如发现有错误数据，还可及时作补充实验。

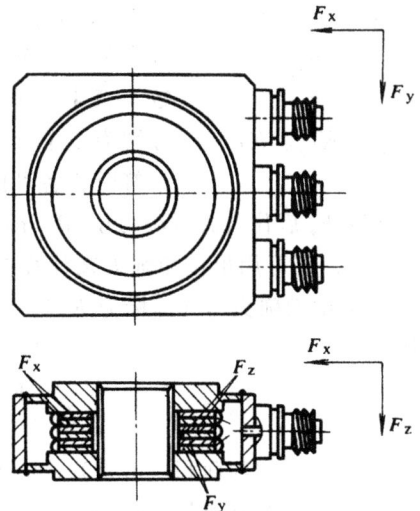

图 4-7　压电三分量传感器

如上所述，在切削力实验中，常用的传感器是测力仪。测力仪把被测的三个切削分力的物理量转换为易于测量的电模拟信号并通过A/D转换器转换为数字信号输入计算机。于是，计算机按所编制的程序对这些数字信号进行分析处理。通过程序编制还可以消除实验过程中对检测结果有不利影响的仪器零点飘移或测力仪三向干扰等。数据处理结果可以同时通过机打印和绘图机绘出切削力波形曲线。

关于使用单板机或微机的切削力数据采集和处理系统可参阅文献〔13〕。

在生产实际中需要知道切削力的具体数值时，不可能每种情况都进行测量而需要有一种在各种切削条件下都能对切削力进行估算的通用公式，因此出现了计算切削力的经验公式。

第三节　切削力的指数公式和切削力的预报及估算

通过大量实验，由测力仪测得切削力后，所得数据用数学方法进行处理，即可得出计算切削力的经验公式。

目前，在生产实际中计算切削力的经验公式约可分为两类：一类是指数公式；一类是按单位切削力进行计算。

一、计算切削力的指数公式

用指数公式计算切削力，在金属切削中得到广泛的应用。常用的指数公式的形式如下：

$$\left.\begin{array}{l} F_z = C_{Fz} a_p^{x_{Fz}} f^{y_{Fz}} v^{n_{Fz}} K_{Fz}; \\ F_y = C_{Fy} a_p^{x_{Fy}} f^{y_{Fy}} v^{n_{Fy}} K_{Fy}; \\ F_x = C_{Fx} a_p^{x_{Fx}} f^{y_{Fx}} v^{n_{Fx}} K_{Fx}; \end{array}\right\} \tag{4-5}$$

式中　　F_z——切削力；F_z 的国标为 F_c；

F_y——背向力；F_y 的国标为 F_p；

F_x——进给力；F_x 的国标为 F_f。

C_{Fz}、C_{Fy}、C_{Fx}——决定于被加工金属和切削条件的系数（表4-1）；

x_{Fz}、y_{Fz}、n_{Fz}、x_{Fy}、y_{Fy}、n_{Fy}、

x_{Fx}、y_{Fx}、n_{Fx}——分别为三个分力公式中，背吃刀量 a_p、进给量 f 和切削速度 v 的指数（表4-1）；

K_{Fz}、K_{Fy}、K_{Fx}——分别为三个分力计算中，当实际加工条件与所求得经验公式的条件不符时，各种因素对切削力的修正系数的积（表4-2～表4-4）。

求得 F_z 后代入式（4-2b、d）即可计算出切削功率 P_m（国标为 P_c）。

另外，也可用单位切削力来计算单位切削功率。

1. 单位切削力 p（国标为 K_c）　单位切削力 p（国标为 K_c）是指单位切削面积上的切削力。

$$p = \frac{F_z}{A_c} = \frac{F_z}{a_p f} = \frac{F_z}{a_c a_w} \quad N/mm^2 \tag{4-6}$$

式中　A_c——切削面积（mm^2）（A_c 的国标为 A_D）；

a_p——背吃刀量（mm）；

f——进给量（mm/r）；

a_c——切削厚度（mm）（a_c 的国标为 h_D）；

a_w——切削宽度（mm）（a_w 的国标为 b_D）。

如单位切削力为已知，则可由式（4-6）计算出切削力 F_z。

表 4-1 车削时的切削力及切削功率的计算公式[6]

计 算 公 式		
切削力 F_z（或 F_c）	$F_z = 9.81 C_{Fz} a_p{}^{x_{Fz}} f^{y_{Fz}} (60v)^{n_{Fz}} K_{Fz}$　　N	
背向力 F_y（或 F_p）	$F_y = 9.81 C_{Fy} a_p{}^{x_{Fy}} f^{y_{Fy}} (60v)^{n_{Fy}} K_{Fy}$　　N	式中 v 的单位为 m/s
进给力 F_x（或 F_f）	$F_x = 9.81 C_{Fx} a_p{}^{x_{Fx}} f^{y_{Fx}} (60v)^{n_{Fx}} K_{Fx}$　　N	
切削时消耗的功率 P_m	$P_m = F_z v \times 10^{-3}$　　kW	

公 式 中 的 系 数 和 指 数

加 工 材 料	刀具材料	加 工 型 式	公 式 中 的 系 数 及 指 数											
			切削力 F_z（或 F_c）				背向力 F_y（或 F_p）				进给力 F_x（或 F_f）			
			C_{Fz}	x_{Fz}	y_{Fz}	n_{Fz}	C_{Fy}	x_{Fy}	y_{Fy}	n_{Fy}	C_{Fx}	x_{Fx}	y_{Fx}	n_{Fx}
结构钢及铸钢 $\sigma_b = 0.637\text{GPa}$	硬质合金	外圆纵车、横车及镗孔	270	1.0	0.75	-0.15	199	0.9	0.6	-0.3	294	1.0	0.5	-0.4
		切槽及切断	367	0.72	0.8	0	142	0.73	0.67	0	—	—	—	—
		切螺纹	133	—	1.7	0.71	—	—	—	—	—	—	—	—
	高速钢	外圆纵车、横车及镗孔	180	1.0	0.75	0	94	0.9	0.75	0	54	1.2	0.65	0
		切槽及切断	222	1.0	1.0	0	—	—	—	—	—	—	—	—
		成形车削	191	1.0	0.75	0	—	—	—	—	—	—	—	—
不锈钢 1Cr18Ni9Ti，141HBS	硬质合金	外圆纵车、横车及镗孔	204	1.0	0.75	0	—	—	—	—	—	—	—	—
灰 铸 铁 190HBS	硬质合金	外圆纵车、横车及镗孔	92	1.0	0.75	0	54	0.9	0.75	0	46	1.0	0.4	0
		切螺纹	103	—	1.8	0.82	—	—	—	—	—	—	—	—
	高速钢	外圆纵车、横车及镗孔	114	1.0	0.75	0	119	0.9	0.75	0	51	1.2	0.65	0
		切槽及切断	158	1.0	1.0	0	—	—	—	—	—	—	—	—
可 锻 铸 铁 150HBS	硬质合金	外圆纵车、横车及镗孔	81	1.0	0.75	0	43	0.9	0.75	0	38	1.0	0.4	0
	高速钢	外圆纵车、横车及镗孔	100	1.0	0.75	0	88	0.9	0.75	0	40	1.2	0.65	0
		切槽及切断	139	1.0	1.0	0	—	—	—	—	—	—	—	—
中等硬度不均质铜合金 120HBS	高速钢	外圆纵车、横车及镗孔	55	1.0	0.66	0	—	—	—	—	—	—	—	—
		切槽及切断	75	1.0	1.0	0	—	—	—	—	—	—	—	—
铝及铝硅合金	高速钢	外圆纵车、横车及镗孔	40	1.0	0.75	0	—	—	—	—	—	—	—	—
		切槽及切断	50	1.0	1.0	0	—	—	—	—	—	—	—	—

注：1. 成形车削深度不大，形状不复杂的轮廓时，切削力减小 10%～15%；

　　2. 切螺纹时切削力按下式计算

$$F_z = \frac{9.81 C_{Fz} t_1{}^{y_{Fz}}}{N_0{}^{n_{Fz}}} \quad \text{N}$$

　　式中　t_1——螺距；

　　　　　N_0——走刀次数。

　　3. 加工条件改变时，切削力的修正系数见表 4-2～表 4-4。

表 4-2　铜及铝合金的物理力学性能改变时切削力的修正系数 K_{mF}[6]

铜合金的系数 K_{mF}						铝合金的系数 K_{mF}			
不均匀的		非均质的铝合金和含铝不足10%的均质合金	均质合金	铜	含铝大于15%的合金	铝及铝硅合金	硬　　铝		
中等硬度120HBS	高硬度>120HBS						$\sigma_b=0.245$ GPa	$\sigma_b=0.343$ GPa	$\sigma_b>0.343$ GPa
1.0	0.75	0.65~0.70	1.8~2.2	1.7~2.1	0.25~0.45	1.0	1.5	2.0	2.75

表 4-3　钢和铸铁的强度和硬度改变时切削力的修正系数 K_{mF}[6]

加工材料	结构钢和铸钢	灰　铸　铁	可　锻　铸　铁
系数 K_{mF}	$K_{mF}=\left(\dfrac{\sigma_b}{0.637}\right)^{n_F}$	$K_{mF}=\left(\dfrac{HBS}{190}\right)^{n_F}$	$K_{mF}=\left(\dfrac{HBS}{150}\right)^{n_F}$

上列公式中的指数 n_F

	车削时的切削力						钻孔时的轴向力 F 及扭矩 M		铣削时的圆周力 F_z	
	F_z（或 F_c）		F_y（或 F_p）		F_x（或 F_f）					
加工材料	刀　具　材　料									
	硬质合金	高速钢	硬质合金	高速钢	硬质合金	高速钢	硬质合金	高速钢	硬质合金	高速钢
	指　　　　　　数　　 n_F									
结构钢及铸钢：$\sigma_b \leqslant 0.588$GPa	0.75	0.35	1.35	2.0	1.0	1.5	0.75		0.3	
$\sigma_b>0.588$GPa		0.75								
灰铸铁及可锻铸铁	0.4	0.55	1.0	1.3	0.8	1.1	0.6		1.0	0.55

表 4-4　加工钢及铸铁时刀具几何参数改变时切削力的修正系数[6]

参　　数		刀具材料	修　　正　　系　　数			
名　称	数　值		名　称	切　　削　　力		
				F_z（或 F_c）	F_y（或 F_p）	F_x（或 F_f）
主偏角 κ_r°	30	硬质合金	$K_{\kappa_{rF}}$	1.08	1.30	0.78
	45			1.0	1.0	1.0
	60			0.94	0.77	1.11
	75			0.92	0.62	1.13
	90			0.89	0.50	1.17

（续）

参　　数		刀 具 材 料	修　　正　　系　　数			
名　　称	数　　值		名　　称	切　　　削　　　力		
				F_z（或 F_c）	F_y（或 F_p）	F_x（或 F_f）
主偏角 κ_r°	30	高速钢	$K_{\kappa_{rF}}$	1.08	1.63	0.7
	45			1.0	1.0	1.0
	60			0.98	0.71	1.27
	75			1.03	0.54	1.51
	90			1.08	0.44	1.82
前角 γ_o°	−15	硬质合金	$K_{\gamma_{oF}}$	1.25	2.0	2.0
	−10			1.2	1.8	1.8
	0			1.1	1.4	1.4
	10			1.0	1.0	1.0
	20			0.9	0.7	0.7
	12～15	高速钢		1.15	1.6	1.7
	20～25			1.0	1.0	1.0
刃倾角 λ°	+5	硬质合金	K_{λ_F}	1.0	0.75	1.07
	0				1.0	1.0
	−5				1.25	0.85
	−10				1.5	0.75
	−15				1.7	0.65
刀尖圆弧半径 r_ε（mm）	0.5	高速钢	$K_{r_{\varepsilon F}}$	0.87	0.66	1.0
	1.0			0.93	0.82	
	2.0			1.0	1.0	
	3.0			1.04	1.14	
	5.0			1.0	1.33	

2. 单位切削功率 P_s（国标为 P_c）　单位时间内切除单位体积的金属所消耗的功率称为单位切削功率 P_s。

$$P_s = \frac{P_m}{Z_w} \quad \text{kW/(mm}^3 \cdot \text{s}^{-1}\text{)} \tag{4-7}$$

式中　Z_w（国标为 Q_z）——单位时间内的金属切除量

$$Z_w \approx 1000 v a_p f \quad \text{mm}^3/\text{s}$$

P_m（国标为 P_c）——切削功率

$$P_m = F_z v \times 10^{-3} = p a_p f v \times 10^{-3} \quad \text{(kW)}$$

将 Z_w 和 P_m 代入式（4-7），得

$$P_\mathrm{s} = \frac{p a_\mathrm{p} f v \times 10^{-3}}{1000 v a_\mathrm{p} f} = p \times 10^{-6} \tag{4-8}$$

式中的 p 为单位切削力（N/mm²）。

通过实验求得 p 后即可通过式（4-8）和式（4-7）求出 P_m，再求出 F_z。

表 4-5 中介绍几种常用的单位切削力，可供参考。

表 4-5　硬质合金外圆车刀切削几种常用材料的单位切削力[1]

工　件　材　料				单位切削力 （N/mm²）	实　验　条　件		
名称	牌号	制造、热处理状态	硬度 HBS		刀　具　几　何　参　数		切削用量范围
钢	45 钢	热轧或正火	187	1962	$\gamma_\mathrm{o} = 15°$ $\kappa_\mathrm{r} = 75°$ $\lambda_\mathrm{s} = 0$	$b_\mathrm{r1} = 0$	$v = 1.5 \sim 1.75\mathrm{m/s}$ （90～105m/min） $a_\mathrm{p} = 1 \sim 5\mathrm{mm}$ $f = 0.1 \sim 0.5\mathrm{mm/r}$
		调质（淬火及高温回火）	229	2305		$b_\mathrm{r1} = 0.1 \sim 0.15\mathrm{mm}$ $r_\mathrm{o1} = -20°$ 前刀面带卷屑槽	
		淬硬（淬火及低温回火）	44 （HRC）	2649			
	40Cr	热轧或正火	212	1962		$b_\mathrm{r1} = 0$	
		调质（淬火及高温回火）	285	2305		$b_\mathrm{r1} = 0.1 \sim 0.15\mathrm{mm}$ $r_\mathrm{o1} = -20°$	
灰铸铁	HT200	退　火	170	1118	$b_\mathrm{r1} = 0$ 平前刀面，无卷屑槽		$v = 1.17 \sim 1.42\mathrm{m/s}$ （70～85m/min） $a_\mathrm{p} = 2 - 10\mathrm{mm}$ $f = 0.1 \sim 0.5\mathrm{mm/r}$

由上表可见，对于不同材料，单位切削力不同。即使是同一材料，如果切削用量，刀具几何参数不同，p 值也不相同。因此，在计算 F_z 和 P_m 时，如切削条件与表列条件不同，也应引入修正系数加以修正。各修正系数之值可参考〔1〕。

表 4-1 和表 4-5 的数据来源不同，实验条件也不相同，因此所求得的结果可能有较大的差异。但每个经验公式对于求出它的具体条件来说都是正确的。

二、指数公式的建立

建立计算切削力的指数公式的方法很多，有单因素实验法和多因素实验法等。实验数据的处理方法也很多，如图解法、回归分析法和用计算机进行数据采集、处理和预报等。下面仅介绍较简单的以单因素实验法为基础的图解法和最小二乘法，以说明指数公式的建立过程。

1. 图解法　影响切削力的因素很多，但当被加工材料确定后，影响切削力的主要因素有背吃刀量 a_p 和进给量 f。一般将主要因素纳入经验公式，而将其他次要因素作为经验公式的修正系数。

当进行切削力实验时，保持所有影响切削力的因素不变，如只改变 a_p 进行实验，用测力仪测得不同 a_p 时的若干切削分力的数据，将所得数据画在双对数坐标纸上，则近似为一条直线（图 4-8），其数学方程为：

$$Y = a + bX \tag{4-9}$$

式中　$Y = \lg F_\mathrm{z}$——主切削力 F_z 的对数；

$X = \lg a_\mathrm{p}$——背吃刀量 a_p 的对数；

$a = \lg C_{ap}$——对数坐标上 $F_z - a_p$ 直线的纵截距（图 4-8）；

$b = \mathrm{tg}\alpha = x_{Fz}$——双对数坐标上 $F_z - a_p$ 直线的斜率。

a 和 α 均可由图 4-8 上直接测得。

于是，式（4-9）可改写为：

$$\lg F_z = \lg C_{ap} + x_{Fz}\lg a_p$$

经整理后得：

$$F_z = C_{ap}a_p^{x_{Fz}} \qquad (4-10)$$

同理可得切削力 F_z 与进给量 f 的关系式

$$F_z = C_f f^{y_{Fz}} \qquad (4-11)$$

式中 C_f——双对数坐标上，$F_z - f$ 直线的纵截距；

y_{Fz}——$F_z - f$ 直线的斜率。

综合式（4-10）和式（4-11）以及各次要因素对 F_z 的影响之后，就可以得出计算切削力的经验公式

$$F_z = C_{Fz}a_p^{x_{Fz}}f^{y_{Fz}}K_{Fz} \qquad (4-12)$$

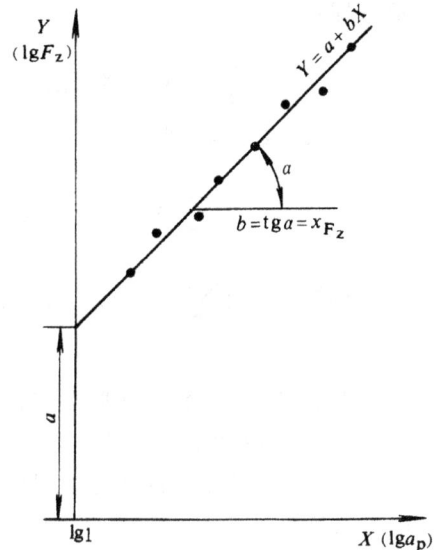

图 4-8 图解法求 $F_z - a_p$ 的经验公式

式中 C_{Fz}——决定于被加工材料和切削条件的系数；可用实际实验数据代入公式后求得。

K_{Fz}——实际加工条件与所求得经验公式的条件不符时，各种影响因素对切削力的修正系数之积。

用上法同样可以求出计算进给力 F_x 和背向力 F_y 的经验公式。

图解法求计算切削力的经验公式，比较简单、直观，但误差较大。以下介绍一种较精确的经验公式求法。

2. 最小二乘法　按上述图解法建立计算切削力的经验公式是基于各实验点在双对数坐标上近似为一条直线，但实际上所有各实验点并不可能都位于直线上而有较大的分散性（图 4-9）。因此，也可利用各实验点与直线间距离的偏差（d_i）的平方和为最小的最小二乘法原理拟合出较为精确的回归直线，求出回归系数 a 和 b，从而得出计算切削力的经验公式。具体方法如下：设有 n 个实验点，各点在双对数坐标上的坐标为：$(X_1，Y_1)$，$(X_2，Y_2)$，$(X_3，Y_3)$，……，$(X_i，Y_i)$。与之拟合的回归直线方程为：

$$\hat{Y} = a + bX \qquad (4-13)$$

式中各代号的意义同前。

各实验点与回归直线的偏差（图 4-9）为：

$$d_1 = Y_1 - \hat{Y}_1 = Y_1 - a - bX_1$$
$$d_2 = Y_2 - \hat{Y}_2 = Y_2 - a - bX_2$$
$$d_3 = Y_3 - \hat{Y}_3 = Y_3 - a - bX_3$$
$$\vdots$$
$$d_i = Y_i - \hat{Y}_i = Y_i - a - bX_i$$

各点的偏差平方和为：

$$Q(a,b) = \sum_{i=1}^{n}(Y - Y_i)^2 = \sum_{i=1}^{n}(Y_i - a - bX_i)^2 \qquad (4-14)$$

按极值原理，如将式（4-14）分别对 a 和 b 求偏微商并令其为零，即可求得 Q 的最小值，即：

$$\frac{\partial Q}{\partial a} = 0; \quad \frac{\partial Q}{\partial b} = 0。$$

由式（4-14）得：

$$\begin{cases} \dfrac{\partial Q}{\partial a} = -2\sum_{i=1}^{n}(Y_i - a - bX_i) = 0 \\ \dfrac{\partial Q}{\partial b} = -2\sum_{i=1}^{n}(Y_i - a - bX_i)X_i = 0 \end{cases}$$

$$(4-15)$$

由上式可得一组二元联立方程式，经处理后，可得 b 值和 a 值，从而求得回归直线方程。按和图解法中相同的方法即可求得计算切削力的经验公式。

此外，在求得回归方程之后，还应检查试验点对回归直线的离散程度，即还需进行显著性检验，以判断 Y 与 X 有无明显的线性关系。

如果在计算切削力的经验公式中纳入的主要影响因素为三个或三个以上时，一般应采用

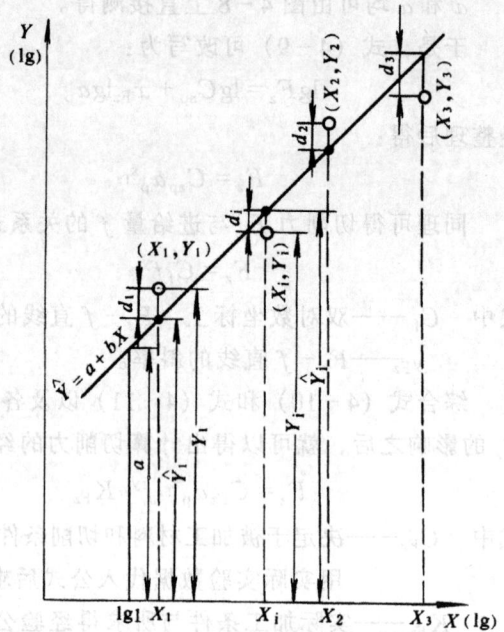
图 4-9　散点图及回归直线

正交设计来设计实验，采用多元回归分析来处理各变量之间的相互关系，列出多变量公式。

关于以上这些问题可以参考〔13〕。

三、关于切削力的预报和估算

切削力的预报可以通过微型计算机来进行即按上述通过试验求指数公式的方法，在计算机上进行数据采集和处理，建立回归方程，来进行外推预报。

对于切削力的预测，也可按金属切削分析的方法来进行，此法可参考文献〔12〕。

在生产实际中，有时工程技术人员在制定加工方案时，希望事先知道切削力的大小。这时，如果加工对象已经明确，如已知被加工工件材料、使用的刀具及其几何形状和切削条件等，就可按式（4-5）至式（4-8）和表（4-1）至表（4-5）用经验公式或单位切削力和单位切削功率的公式估算出切削力和切削功率之值。如果需要比较几种加工方案的切削力或功率消耗，则可先假定加工条件，利用上述公式及表格进行计算和比较。

第四节　影响切削力的因素

一、被加工材料的影响

从本章第三节中可以看出：被加工材料的物理力学性质，化学成分，热处理状态和切削前材料的加工状态都对切削力的大小产生影响。

一般地说，被加工材料的强度愈高，硬度愈大，切削力就愈大。但切削力的大小不单纯地受材料原始强度和硬度的影响，它还受到材料的加工硬化能力大小的影响。如奥氏体不锈钢的强度、硬度都较低，但强化系数大，加工硬化能力大，较小的变形就会引起硬度大大提

高，从而使切削力增大。又如在加工镍铬铝钴基的热强钢时，虽然其强度、硬度都不那么大，但切削力却很大，单位切削力可达4GPa。

化学成分会影响材料的物理力学性能，从而影响切削力的大小，如碳钢中含碳量的多少，是否含有合金元素都会影响钢材的强度和硬度，影响切削力，这已为大家所熟知。此外，在正常钢中增加了含硫量或添加了铅等金属元素的易削钢，在钢中存在的这些杂质引起结构成份间的应力集中，容易形成挤裂切屑，其切削力约比正常钢减小20%～30%。

同一材料的热处理状态不同、金相组织不同也会影响切削力的大小。如45钢，从表4-5中可以看出正火、调质、淬火状态下的硬度不同，影响了切削力的大小。

铜、铝等金属强度低，虽塑性较大，但变形时的加工硬化小，因而切削力也较低。

加工铸铁及其他脆性材料时，切屑层的塑性变形很小，加工硬化小。此外，铸铁等脆性材料切削时，形成崩碎切屑，且集中在刀尖，切屑与前刀面的接触面积小，摩擦力也小。因此，加工铸铁时的切削力比钢小。

二、切削用量对切削力的影响

1. 背吃刀量 a_p 和进给量 f 对切削力的影响　背吃刀量 a_p 增大，进给量 f 增大都会使切削面积 A_c 增大（$A_c = a_p f$），从而使变形力增大，摩擦力增大，因之切削力也随之而增大。但 a_p 和 f 两者对切削力的影响大小不同。

当用高速钢或硬质合金刀具加工金属时，背吃刀量 a_p 增大一倍，切削力 F_z 也增大一倍（表4-1中 a_p 的指数 x_{Fz} 为1）即：

$$F_z = C_{ap}(2a_p)^1 = 2C_{ap}a_p$$

式中　C_{ap} 为常数。这是因为仅增大背吃刀量 a_c 时，切削厚度 a_c 不变，而切削宽度 a_w 则随 a_p 的增大成正比增大（$a_w = a_p/\sin\kappa_r$）。由于切削宽度的变化差不多与摩擦系数 μ 和变形系数 ξ 无关。因此，背吃刀量 a_p 对主切削力 F_z 的影响也成正比关系（图4-10a）。

背吃刀量 a_p 对于背向力 F_y 和进给力 F_x 的影响和对切削力 F_z 相似，不过影响程度稍有不同，这可由表4-1的经验公式中 F_y 的 a_p 的指数 x_{Fy} 稍小于1，而 F_x 的 a_p 的指数 x_{Fx} 等于或稍大于1看出。

进给量 f 增大，切削功增大，切削力也相应增大（图4-10b）；而进给量 f 增大，切削厚度 a_c 也成正比地增大（$a_c = f\sin\kappa_r$）；由第三章可知，a_c 增大，变形系数 ξ 减小，摩擦系数也降低，又会使切削力减小；这正反两方面作用的结果，使切削力的增大与 f 不成正比。所以在切削力的经验公式中（表4-1），f 的指数 y_F 除用高速钢刀具切槽和切断外都小于1。

切槽和切断时，除切削刃外，还有两条副切削刃参加工作，工作条件恶劣，所以进给量小，切屑薄，刀刃钝圆半径 r_β 对切削层的应力及变形影响大，因此进给量 f 对切削力的影响比外圆纵车、横车和镗孔时都大，遂使 f 的指数 y_F 也较大。

由上述分析可知：从切削刀具上的载荷和能量消耗的观点来看，用大的进给量 f 工作，比用大的背吃刀量 a_p 工作更为有利。

2. 切削速度 v 对切削力的影响　用YT15硬质合金车刀加工45钢时，切削速度 v 对切削力的影响如图4-11所示。

由图可见，$F-v$ 关系曲线有极大值和极小值。这与变形系数 ξ 和摩擦系数 μ 随切削速度 v 而变化的关系曲线是一致的，而 v 对切削力的影响的原因，也就是由这些曲线的变化来确定的。

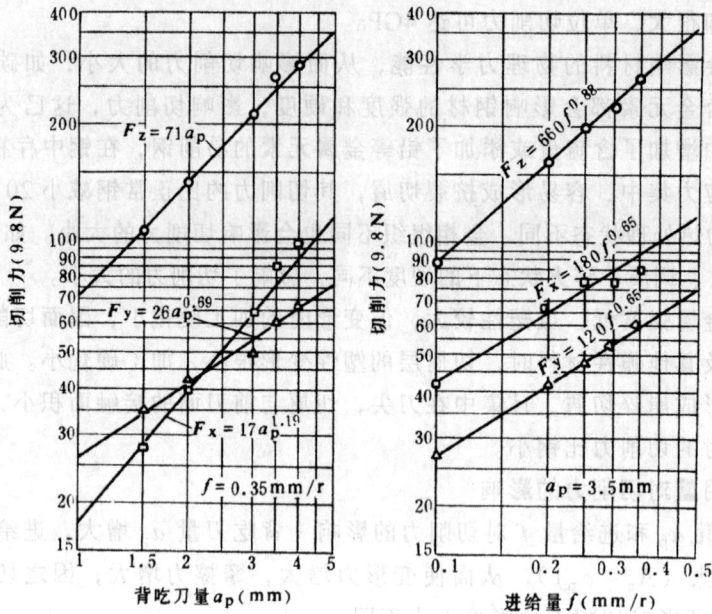

图 4-10 车削 45 钢时，背吃刀量和进给量对切削力的影响[1]

a) a_p 对切削力的影响 b) f 对切削力的影响

工件材料：45 钢（正火），187HBS；

刀具结构：焊接平前刀面外圆车刀；

刀片材料：YT15；

刀具几何参数：$\gamma_o = 15°$，$\alpha_o = 6° \sim 8°$，$\alpha'_o = 4° \sim 6°$，$\kappa_r = 75°$，$\kappa'_r = 10° \sim 12°$，$\lambda_s = 0°$，$b_\gamma = 0$，$r_\varepsilon = 0.2mm$；

切削速度：$v = 115m/min$。

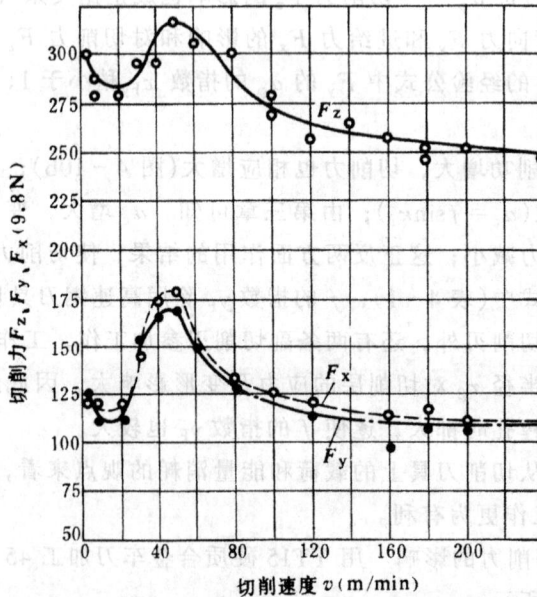

图 4-11 当用 YT15 硬质合金车刀加工 45 钢时，切削速度 v 对切削力 F_x、F_y、F_z 的影响[5]

$a_p = 4mm$；$f = 0.3mm/r$

如图，当 $v<50\text{m/min}$ 时，由于积屑瘤的产生和消失，使车刀的实际前角增大或减小，导致了切削力的变化。

当 $v>50\text{m/min}$ 时，随着切削速度的增大，切削力减小。这是因为切削速度增高后，摩擦系数 μ 减小，剪切角 ϕ 增大，变形系数 ξ 减小，使切削力减小。另一方面，切削速度 v 增高，切削温度也增高，使被加工金属的强度和硬度降低，也会导致切削力的降低。

图 4-12 为加工铸铁时，切削速度 v 与切削力 F_z 的关系曲线。由于加工铸铁时形成崩碎切屑，其塑性变形小，切屑对前刀面的摩擦力小，所以切削速度 v 对切削力的影响不大。

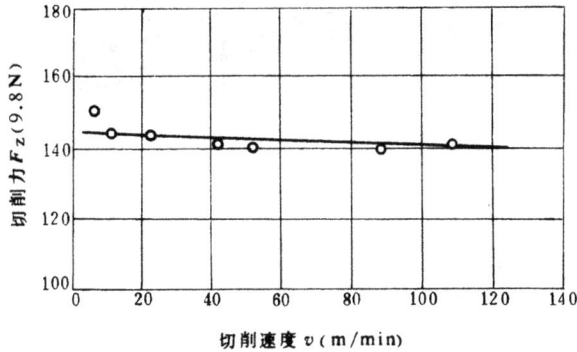

图 4-12　车削灰铸铁时，切削速度对切削力的影响[1]

工件材料：HT200，170HBS

刀片材料：YG8；

刀具结构：焊接平前刀面外圆车刀；

刀具几何参数：$\gamma_o=15°$，$\alpha_o=6°\sim8°$，$\alpha'_o=4°\sim6°$，$\kappa_r=75°$，$\kappa'_r=10°\sim12°$，$\lambda_s=0$，$r_\varepsilon=0.2\text{mm}$；切削用量：$a_p=4\text{mm}$，$f=0.3\text{mm/r}$。

三、刀具几何参数对切削力的影响

1. 前角对切削力的影响　在刀具的几何参数中，前角 γ_o 对切削力的影响最大。有一研究认为：前角每变化一度，主切削力约改变 1.5%。

当加工钢时，切削力随前角的增大而减小（图 4-13）。这是因为当前角增大时，剪切角 ϕ 也随之增大，金属塑性变形减小，变形系数 ξ 减小，沿前刀面的摩擦力也减小，因此切削力降低。

前角对切削力的影响程度，随切削速度的增大而减小。当切削速度较高时，随着前角的减小，切削力虽然也要增大，但比低速时增大的程度为小。这是因为高速时的切削温度增高，使摩擦、加工硬化程度和塑性变形都减小，而切屑的塑性也由于切削温度的提高而增大等缘故。

实践证明，当加工脆性金属（如铸铁、青铜等）时，由于切屑变形和加工硬化很小，所以前角对切削力的影响不显著。

2. 负倒棱对切削力的影响　前刀面上的负倒棱 $b_{\gamma1}$（图 4-14）对切削力有一定的影响。在正前角相同时，对有负倒棱的车刀，由于切削时的变形比无负倒棱的大，所以切削力有所提高（图 4-15）。无论加工钢或铸铁都是这样。

车刀的负倒棱是通过其宽度 $b_{\gamma1}$ 对进给量之比（$b_{\gamma1}/f$）来影响切削力的。$b_{\gamma1}/f$ 增大，

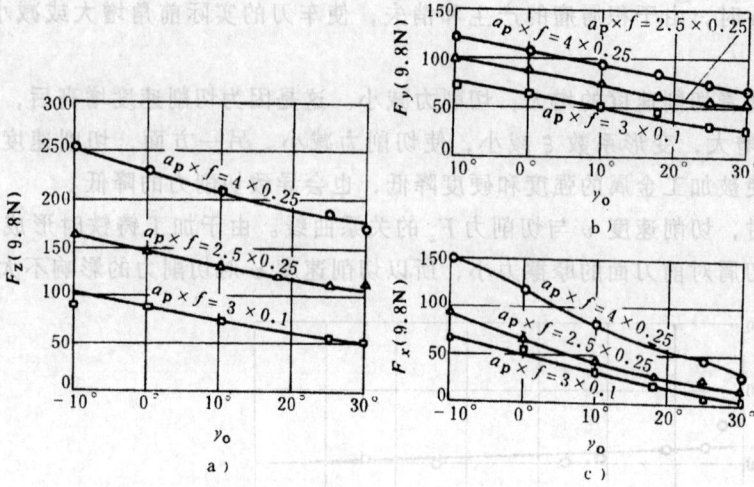

图 4-13 前角对切削力的影响[1]

工件材料：45 钢（正火），187HBS；
刀具结构：焊接平前刀面硬质合金外圆车刀；
刀片材料：YT15；
刀具几何参数：$\kappa_r = 75°$，$\kappa'_r = 10° \sim 12°$，$\alpha_o = 6° \sim 8°$，$\alpha'_o = 4° \sim 6°$，$\lambda_s = 0°$，$b_r = 0$，$r_\varepsilon = 0.2mm$；
切削速度：$v = 96.5 \sim 105m/min$

图 4-14 正前角负倒棱车刀

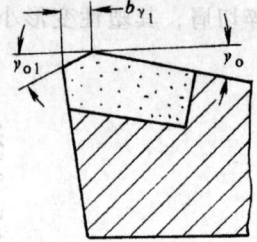

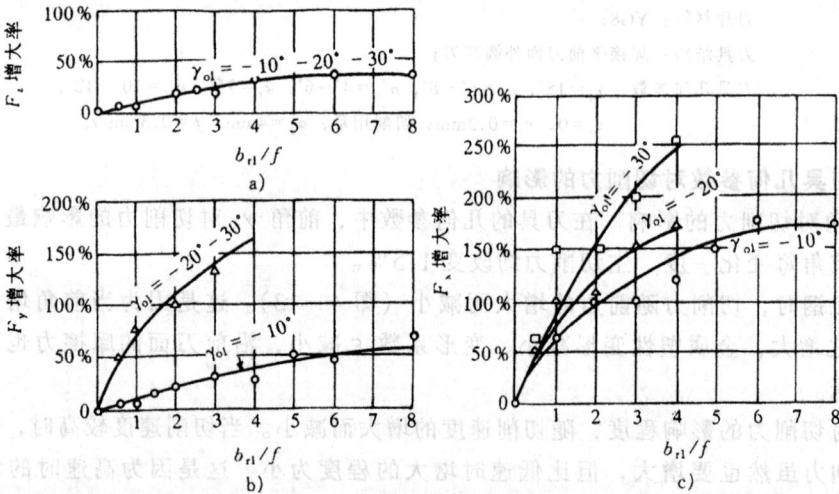

图 4-15 车削 45 钢时，有负倒棱与无负倒棱车刀对比，三向切削力的增大率[1]

工件材料：45 钢（正火），187HBS；
刀具结构：焊接平前刀面外圆车刀；
刀片材料：YT15；
刀具几何参数：$\gamma_o = 18°$，$\gamma_{o1} = -10°$、$-20°$、$-30°$，$b_{r1} = 0.2、0.4、0.6、0.8、1mm$，$\alpha_o = 5° \sim 6°$，$\alpha'_o = 6° \sim 7°$，$\kappa_r = 75°$，$\kappa'_r = 10° \sim 12°$，$\lambda_s = 0°$，$r_\varepsilon = 0.5mm$；
切削用量：$a_p = 3mm$，$f = 0.1 \sim 0.5mm/r$，$v = 89 \sim 95.5m/min$
对比基准：无负倒棱的车刀，$\gamma_o = 18°$

切削力逐渐增大。但当切钢 $b_{\gamma1}/f \geqslant 5$，或切灰铸铁 $b_{\gamma1}/f \geqslant 3$ 时，切削力基本上趋于稳定，这时的切削力接近于负前角车刀。这是因为在切削过程中，切屑沿前刀面流出时与前刀面有一接触长度 l_f（图 4-16a），l_f 远大于进给量 f，当切钢时，$l_f \approx (4\sim5)\,f$；切铸铁 $l_f \approx (2\sim3)\,f$。如果 $b_{\gamma1} < l_f$（图 4-16b），切屑由前刀面流出，起作用的仍然是正前角，只不过这时的切削力比无负倒棱的车刀大。而当 $b_{\gamma1} > l_f$ 时（图 4-16c），则这时起作用的已不是前刀面上的正前角，而是负倒棱，即这时的车刀相当于 $\gamma_0 = \gamma_{01}$ 的负前角车刀，其切削力就相当于用 γ_{01} 的负前角车刀加工时的切削力了。

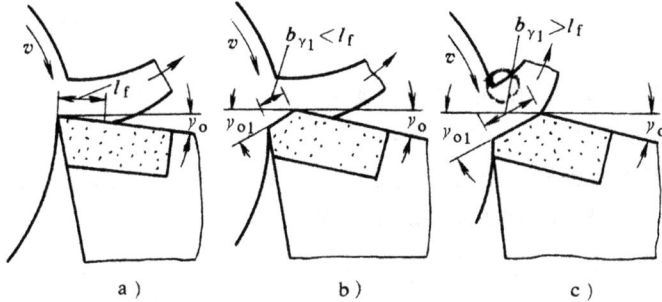

图 4-16 $b_{\gamma1} < l_f$ 和 $b_{\gamma1} > l_f$ 的车刀的切屑流出情况[1]

a）切屑与车刀前刀面的接触长度 l_f b）$b_{\gamma1} < l_f$ c）$b_{\gamma1} > l_f$

3．主偏角 κ_r 对切削力的影响

（1）主偏角对主切削力 F_z 的影响 当切削面积不变时，主偏角增大，切削厚度也随之增大，切屑变厚，这如第三章中所分析过的，切削层的变形将减小，因而主切削力也随 κ_r 的增大而减小。但当 κ_r 增大到约 $60°\sim75°$ 之间时，F_z 又逐渐增大，使 F_z-κ_r 关系曲线上出现了转折点（图 4-17）。这是因为一般车刀都存在着一定大小的刀尖圆弧半径 γ_ε。随 κ_r 的增大，刀刃曲线部分的长度也将随之增大，刀刃的不自由切削段的长度加大（图 4-18）。而刀刃曲线部分各点的切削厚度是变化的，且都比直线切削刃的切削厚度小，所以变形力也要大些。此外，主偏角增大，副刃前角 γ'_o 则随之减小（图 4-19），因此也增大了副刃上的切

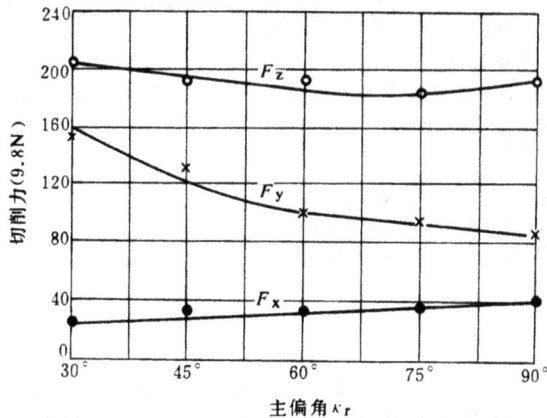

图 4-17 主偏角对切削力的影响[1]

工件材料：45 钢（正火），187HBS；

刀具结构：焊接平前刀面外圆车刀；

刀片材料：YT15；

刀具几何参数：$\gamma_o = 18°$，$\alpha_o = 6°\sim8°$，$\kappa'_r = 10°\sim12°$，$\lambda_s = 0°$，$b_{r1} = 0$，$r_\varepsilon = 0.2\text{mm}$

切削用量：$a_p = 3\text{mm}$，$f = 0.3\text{mm/r}$，$v = 95.5\sim103.5\text{m/min}$

削力。但无论 F_z 的加大或减小，一般都不超过 10%。

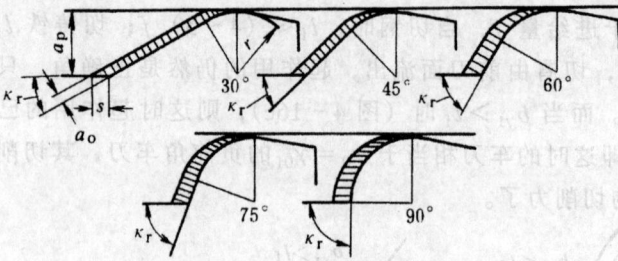

图 4-18 随主偏角 κ_r 的改变，切削厚度与
切削刃曲线部分长度的变化

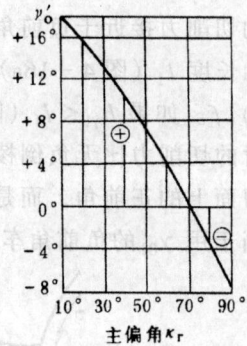

图 4-19 主偏角对副刃前角的影响

当加工脆性材料如铸铁时，由于塑性变形小，所以刀刃曲线部分长度的增加，对切削力无大影响。故切削力 F_z 随 κ_r 的增加而减小（图 4-20）。

（2）主偏角 κ_r 的变化对 F_y 和 F_x 的影响　主偏角 κ_r 的变化对背向力 F_y 和进给力 F_x 有较大的影响。

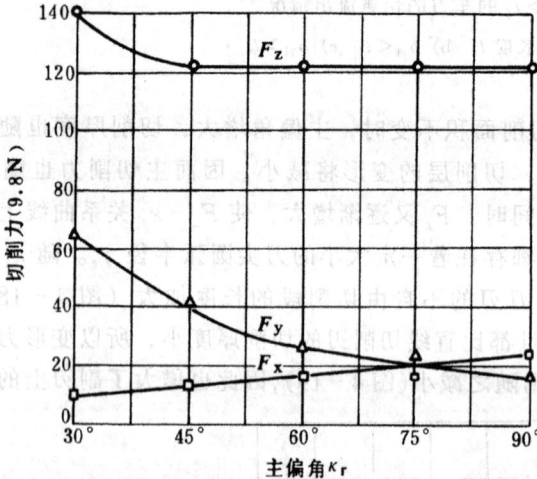

图 4-20　车削灰铸铁时，主偏角对切削力的影响[1]
工件材料：灰铸铁 HT200，170HBS；
刀具结构：焊接平前刀面外圆车刀；
刀片材料：YG8
刀具几何参数：$\gamma_o = 18°$，$\alpha_o = 6°\sim 8°$，$\alpha'_o = 4°\sim 6°$，$\kappa'_r = 10°\sim 12°$，$\lambda_s = 0$，$b_{\gamma l} = 0$，$r_\varepsilon = 0.2mm$；
切削用量：$a_p = 3mm$，$f = 0.4mm/r$，$v = 87m/min$。

图 4-21　主偏角不同时 F_N 力的分解
a）κ_r 小　b）κ_r 大

由图 4-21：$F_y = F_N \cos\kappa_r$；

$$F_x = F_N \sin\kappa_r$$

可见 F_y 随 κ_r 的增大而减小，而 F_x 则随 κ_r 的增大而增大。式中 $F_N = \sqrt{F_y^2 + F_x^2}$。

4. 刀尖圆弧半径 r_ε 对切削力的影响　在背吃刀量 a_p，进给量 f 和主偏角 κ_r 一定的情况下刀尖圆弧半径 r_ε 增大，切削刃曲线部分的长度和切削宽度也随之增大（图 4-22），但切削厚度减薄（参阅图 4-18），曲线刃上各点的 κ_r 角减小，切削变形增大，切削力增大。所以 r_ε 增大相当于 κ_r 减小时对切削力的影响。

r_ε 对切削力的影响如图 4-23 所示。由图可见，当 r_ε 增大时对背向力 F_y 的影响比对切削

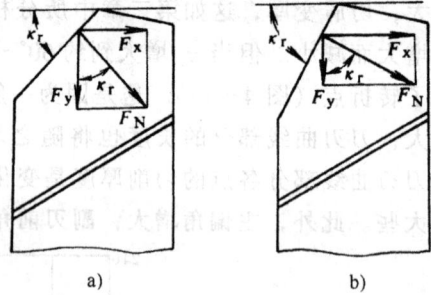

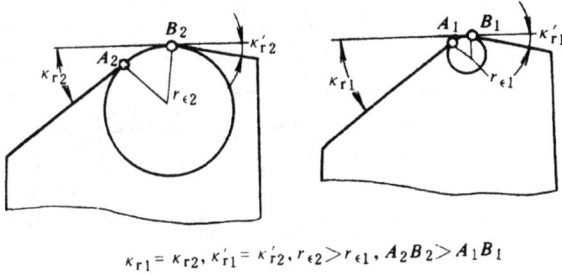

$\kappa_{r1}=\kappa_{r2}$，$\kappa'_{r1}=\kappa'_{r2}$，$r_{\epsilon2}>r_{\epsilon1}$，$A_2B_2>A_1B_1$

图4-22 刀尖圆弧半径r_ϵ增大时
刀刃曲线部分长度增大

力F_z的影响大，这仍应由r_ϵ大使角κ_r减小，因之F_y（$=F_N\cos\kappa_r$）增大来解释。所以为了防止振动应减小r_ϵ。

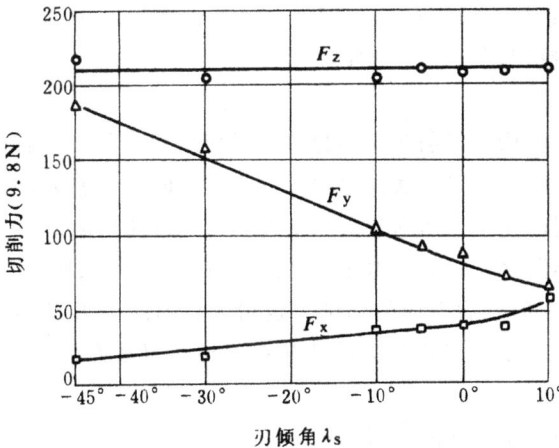

图4-23 刀尖圆弧半径对切削力的影响[1]
工件材料：45钢（正火）187HBS；
刀具结构：焊接平前刀面外圆车刀；
刀片材料：YT15
刀具几何参数：$\gamma_o=18°$，$\alpha_o=6°\sim7°$，$\kappa_r=75°$，$\kappa'_r=10°\sim12°$，$\lambda_s=0°$，$b_{\gamma1}=0$；
切削用量：$a_p=3$mm，$f=0.35$mm/r，$v=93$m/min

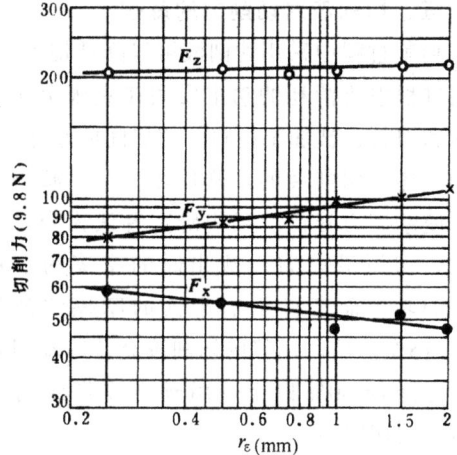

图4-24 刃倾角λ_s对切削力的影响[1]
工件材料：45钢（正火），187HBS；
刀具结构：焊接平前刀面外圆车刀；
刀片材料：YT15；
刀具几何参数：$\gamma_o=18°$，$\alpha_o=6°$，$\alpha'_o=4°\sim6°$，$\kappa_r=75°$，$\kappa'_r=10°\sim12°$，$b_{\gamma1}=0$，$r_\epsilon=0.2$mm
切削用量：$a_p=3$mm，$f=0.35$mm/r，$v=100$m/min

5.刃倾角λ_s对切削力的影响 实验证明，刃倾角λ_s在很大范围（从$-40°\sim+40°$）内变化均对主切削力F_z没有什么影响。但λ_s却对F_y和F_x的影响很大（图4-24）。这是因为当λ_s变化时，会改变合力F_r的方向，从而影响F_y和F_x的大小。随着λ_s的增大，背前角γ_p增大，侧前角γ_f减小，而γ_p为背向力F_y方向上的前角，γ_f为进给力F_x方向上的前角，所以相应使F_y减小，F_x增大[⊖]。

车刀的其它几何参数如后角α_o，副后角α'_o，副切削刃前角γ'_o，副偏角κ'_r等，在外圆纵车时，在它们的常用值范围内，对切削力没有显著的影响。

四、刀具材料对切削力的影响

刀具材料与被加工材料间的摩擦系数，影响到摩擦力的变化，直接影响着切削力的变化。在同样的切削条件下，陶瓷刀的切削力最小，硬质合金次之，高速钢刀具的切削力最大（图4-25）。陶瓷刀具由于导热性小，在较高的切削温度下工作时，使摩擦降低，因而切削力减小。硬质合金刀具前刀面上的摩擦系数，随钴的含量的增大和碳化钛含量的减小而提高。

⊖ 背前角γ_p和侧前角γ_f可由下式确定：$tg\gamma_p=tg\gamma_o\cos\kappa_r+tg\lambda_s\sin\kappa_r$　$tg\gamma_f=tg\gamma_o\sin\kappa_r-tg\lambda_s\cos\kappa_r$。

五、切削液对切削力的影响

切削过程中采用切削液可以降低切削力。切削过程中所消耗的功主要用在克服金属的变形和刀具，被加工材料，切屑间的摩擦上，已如上述。切削液的正确使用，可以减小摩擦，使摩擦力降低。某些研究者认为当加工钢时，切屑沿前刀面流出时的摩擦约消耗35%的功；而工件沿后刀面的摩擦约消耗5%～15%的功，用好的切削液充分冷却刀具时，可降低 30%以上（用丝锥攻螺纹时达45%）的切削力。

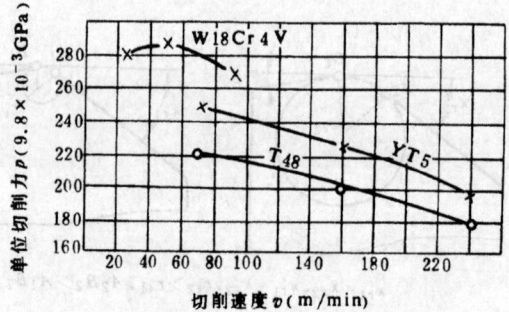

图4-25　车刀材料对切削力的影响[7]
图中 T48 为前苏联的一种陶瓷刀具材料的牌号

实践证明所用切削液的润滑性能愈高，切削力的降低愈益显著。例如，当以切削速度 $v <$ 40m/min 加工钢时，用矿物油作切削液可以使主切削力 F_z 减小 12%～15%，采用植物油可减小 20%～25%。

切削液中合理地加入使表面张力降低的添加剂可以使切削液渗透入塑性变形区中的金属微裂纹内部，降低强化系数，减小切削力，使切削过程变得容易。

六、刀具磨损对切削力的影响

车刀在前刀面上磨损而形成月牙洼时，由于增大了前角，因此减小了切削力。车刀在后刀面上磨损时，在后刀面上形成后角为零的小棱面。后刀面磨损愈大，小棱面的面积也愈大，使车刀后刀面与被加工工件的接触面积增大，因而使三个切削分力都增大。当车刀同时沿前后刀面磨损时，在切削开始，切削力减小，其后逐渐增大，而且力 F_y 和 F_x 比 F_z 增大得快些。

由上介绍可知：刀具磨损增加时，作用在前、后刀面的切削力也增大，因此，可以利用(1) 切削力的增大；(2) 切削力比的变化或 (3) 运态切削力的变化在线检测刀具磨损[13]。

第五节　切削力的理论研究

近百余年来，国内外学者对计算切削力的理论分析公式作了大量工作，但由于切削过程非常复杂，影响因素很多，迄今为止还不能说已经得出了与实验结果足够吻合的理论公式。因而，在生产实践中常采用由实验得出的经验公式。但是，理论公式能相当充分地反映切削过程，可以解释切削过程的很多现象，因此有必要对它进行研究。

目前在切削力的理论分析中提出了很多假说，按历史发展过程可大致归纳如下：

1．从假定切削层通过单一的剪切平面转变为切屑，发展到通过剪切变形区变为切屑；

2．从假定切削时被加工材料是理想塑性体（在切削过程中只有塑性流动而没有加工硬化），进而考虑了金属材料在切削过程的加工硬化问题；

3．用塑性理论中的滑移线场解析金属切削过程中材料的塑性变形问题，等等。

近 30 年来，一些研究者用"位错"理论来研究切削力的问题，但关于这一方面，还需要作进一步的探索。

现对上述研究工作择要介绍如下：

由第三章式(3-10)可见，要计算出切削力 F_z 必须知道剪切平面上的剪应力 τ、切削面

积 A_c、摩擦角 β、前角 γ_o 和剪切角 ϕ。τ 可通过材料实验求得。角 β 可按第三章所介绍的方法确定。当切削加工时，在一定条件下，切削面积 A_c 和前角 γ_o 均为已知。于是，力 F_z 为剪切角 ϕ 的函数。如果求出角 ϕ，那么就可算出 F_z 的大小。因此，很多研究工作者都致力于求角 ϕ 的研究。

1941 年厄恩斯特和麦钱特（Ernst and Merchant）提出"最小能量"说，即金属切削时，剪切平面位于要求剪切能量最小的位置，从而求出角 ϕ。

他们分析的前提条件是：直角自由切削；切削层通过单一剪切平面变为切屑；切削过程中没有积屑瘤产生；切削时切屑成带状；剪切平面上的剪切强度 τ 不受作用在该面上的正应力的影响；不考虑切屑单元分离时的能量和后刀面上作用的力。他们把切屑当作处于平衡状态下的刚体，其受力情况如图 3-14 所示。

在一定的切削条件下，金属切削过程所消耗的切削功主要决定于切削力 F_z。（国标为 F_c）由第三章中的式（3-10）可知：

$$F_z = \frac{\tau A_c \cos(\beta - \gamma_o)}{\sin\phi \cos(\phi + \beta - \gamma_o)}$$

按以上分析，式中 τ，A_c，β 和 γ_o 都为已知。为求最小切削功，可将上式微分并令其等于零，即

$$\frac{\mathrm{d}F_z}{\mathrm{d}\phi} = -\frac{\cos\phi\cos(\beta - \gamma_o + \phi) - \sin\phi\sin(\beta - \gamma_o + \phi)}{\sin^2\phi\cos^2(\beta - \gamma_o + \phi)} = 0$$

整理之后，求得 F_z 为最小，即切削时消耗能量最小的 ϕ 值：

$$\phi = \frac{\pi}{4} + \frac{\gamma_o}{2} - \frac{\beta}{2} \tag{4-16}$$

经实验验证的结果，上式对切削某些合成塑料很符合，但对加工多晶体金属时却相差较大。于是麦钱特把式（4-16）在推导过程中假定为常数的 τ 重新假定为与剪切平面上的正应力 σ_s 成线性关系的变数（图 4-26）。图中的直线方程为：

$$\tau = \tau_o + k\sigma_s$$

上式中代号如图 4-26 所示。

将上式代入式（3-10），仍用最小能量理论推导出与式（4-16）相似的麦钱特第二方程

$$2\phi = c - \beta + \gamma_o \tag{4-17}$$

式中 c 为决定于被加工材料的常数[11]。式（4-17）比式（4-16）更符合实验结果。但近代的实验研究工作指出，对于一定材料，当切削条件在很大范围内变化时，τ 仍然是常数，即式（4-17）所假定的条件不能成立，即式（4-17）不能成立。

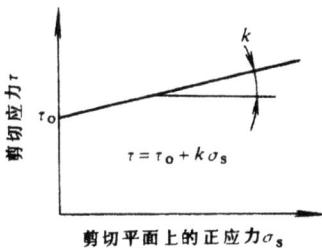

图 4-26 修正后的麦钱特理论中,τ 与 σ_s 的关系曲线

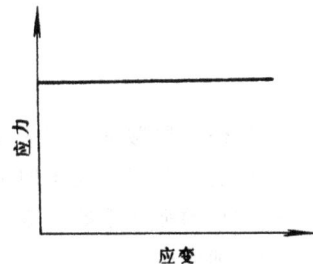

图 4-27 理想塑性材料的应力应变曲线

1951 年李和谢弗（Lee and Shaffer）提出了另一种求剪切角的理论。其基础仍然是切削层通过单一剪切面变为切屑。

式（4－16）和式（4－17）只考虑了切削时作用在切屑上的力，而没有考虑应力分布的问题。李和谢弗则假定被加工材料是理想的塑性材料，在加工过程中不会产生硬化（图4－27），并应用了塑性理论建立滑移线为直线的滑移线场（图4－28）。按第三章中的分析推导出式（3－12）：

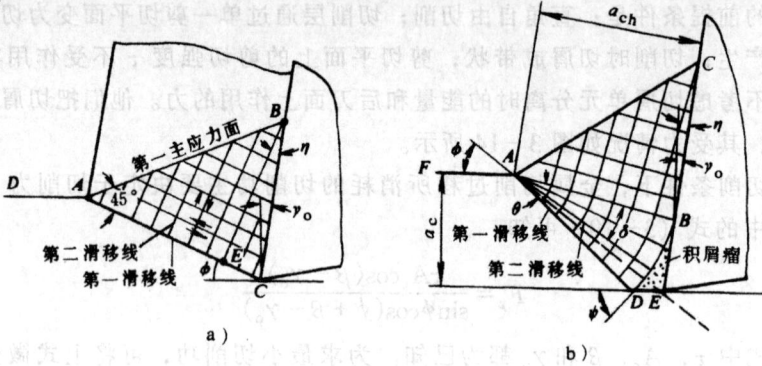

图 4－28　李和谢弗的切削模型

a) 无积屑瘤　b) 有积屑瘤

$$\phi = \frac{\pi}{4} + \gamma_o - \beta$$

但当 $\gamma_o = 0$，$\beta = \frac{\pi}{4}$ 时，$\phi = 0$，上式不能成立。于是李和谢弗分析这种摩擦角大，前角小的情况正是出现积屑瘤的条件，因此，他们假定即使在高的切削速度下，也经常有小的积屑瘤产生，从而提出前刀面上存在着积屑瘤的剪切角第二方程

$$\phi = \frac{\pi}{4} + \theta - \beta + \gamma_o \tag{4-18}$$

θ 为决定于积屑瘤大小的附加角度（图4－28）。但实际上，高速切削时不会有积屑瘤存在，这是早已为大家所公认的事实，所以式（4－18）仍不能得出与实验结果相符的结论。

1953 年罗逊别尔格（Розенберг）把塑性金属的切削过程与压缩试验相比较，提出：金属切削时和压缩试验时的当量变形相等，压缩试验时的单位变形功与切削时的单位剪切变形功相等的假说推导出计算切削力的方程（图3－15）。

$$F_z = \frac{\sigma_0}{n} a_c a_w \frac{e^{\frac{n_t}{1.5}} - 1}{1 - \frac{\sin\beta}{\xi\cos(\beta - \gamma_o)}} \tag{4-19}$$

式中　σ_0——为假定屈服强度（表4－6）；

β——切屑沿前刀面流出时的摩擦角；

n——材料的强化系数（表4－6）；

a_c——切削厚度；

a_w——切削宽度；

ξ ——变形系数；

e ——自然对数的底；

γ_{o} ——前角；

ε ——相对滑移。

罗逊别尔格用九种钢材和铝、紫铜作为试验材料。以 0.003 到 400m/min 的切削速度，各种切削厚度。从 -10° 到 60° 的前角作了大量车、刨、铣削试验。并用了各种测力仪测出的切削力与式（4-19）的计算结果相比较，其误差在 3% ～ 4% 以内。并认为在切削过程中，在变形区内的温度对应力没有观察出有太大的影响。试验材料的物理机械性质 n 和 σ_0 在室温下由静态压缩试验测定。

表 4-6 由压缩试验确定的 σ_0 和 n 值[9]

试验材料		σ_0 (GPa)	n
原苏联牌号	与我国相当的牌号		
钢：			
10	10 钢	0.564	0.28
30	30 钢	0.770	0.20
ШХ15	GCr15	0.838	0.27
30ХГС	30CrMnSi	0.845	0.23
9ХС	9CrSi	0.945	0.155
12ХН3А	12CrNi3A	0.780	0.165
ЭЯ1Т	1Cr18Ni9Ti	0.855	0.455
紫铜		0.250	0.27
铝		0.123	0.32

不过式（4-19）计算起来很复杂。变形系数也要由实验求得，同一材料如果切削速度不同，变形系数也有很大差异。因此，必须进行大量实验。式中也没有考虑切削温度对材料塑性变形的影响。

1956 年佐列夫（Зорев）提出切削时和材料作压缩或拉伸时，在相对滑移相等的条件下剪应力相等的假说，从而提出切削力的理论计算方程。

佐列夫假定切削过程中切削层金属通过如图 3-7 所示的变形区 AOM 而不是单一的剪切平面形成切屑。如不计作用在后面上的力，则切削力的大小可按下式计算：

$$F_z = \frac{A a_c a_w \xi \varepsilon^{m'} \sin\phi_1 \cos\omega}{\cos(k\phi_1 + \omega)\cos(\phi_1 - \gamma_o)\sin k\phi_1} \qquad (4-20)$$

式中　A ——相对滑移 $\varepsilon = 1$ 时，表示剪切屈服强度的常数，可由材料实验求得；

　　　a_c ——切削厚度；

　　　a_w ——切削宽度；

　　　m' ——塑性变形时，表示材料对强化的能力的常数；

　　　k ——修正应力状态复杂性的系数；

　　　ϕ_1 ——确定第一塑性变形区终边界的角（图 4-29）；

　　　ε ——相对滑移；

　　　ω ——作用角，$\omega = \beta - \gamma_o$。

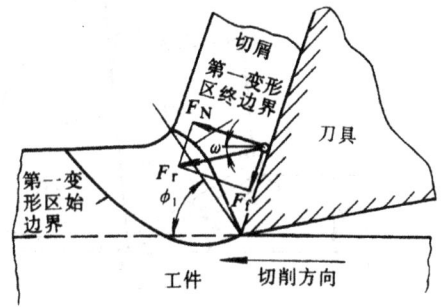

图 4-29 终边界角

表 4-7 为切削力的实验值与按式（4-20）计算出的结果的比较。由表可见二者比较接近。

1967 年奥克斯勒（Oxley）等以加工硬化滑移线场理论为基础，且认为切削层是通过有一定宽度的带状剪切区转变为切屑（图 4-30），从而提出了他认为可广泛用于低速和高速切削求剪切角 ϕ 的理论。

$$\phi = \mathrm{tg}^{-1}\left[1 - 2\left(\frac{\pi}{4} - \phi\right) - \frac{10\,m\cos\gamma_o}{2k_0\cos(\phi - \gamma_o)\sin\phi + m\cos\gamma_o}\right] - \beta + \gamma_o$$

$$(4-21)$$

式中　m ——塑性曲线的斜率（图 4-31）；

k_0 ——假定屈服剪切应力（图 4-31）；

β ——摩擦角（图 4-30）；

γ_o ——前角。

表 4-7 切削力 F_z 的实验值与佐列夫公式计算结果比较表[9]

被加工金属	a_p (mm)	f (mm·r)	$\gamma_o = 0°$					$\gamma_o = 20°$				
			v (m/s~ m/min)	ξ	ω	F_z (9.8N) 实验值	理论 计算值	v (m/s~ m/min)	ξ	ω	F_z (9.8N) 实验值	理论 计算值
钢 10 $A = 32.2$ $m = 0.21$	3	0.291	0.55~33	4.14	36°40′	278	244	0.6~36	3.07	22°50′	173	168
			0.77~46	3.94	36°	240	232	0.73~44	2.93	22°30′	161	148
			0.88~53	3.92	36°30′	218	231	0.87~52	2.68	21°20′	146	136
			1.15~69	3.1	32°30′	192	177	1.13~68	2.62	22°25′	146	133
			1.53~92	2.98	32°30′	182	170	1.40~84	2.58	22°50′	146	131
			2.15~129	2.75	32°	174	157	1.87~112	2.43	21°50′	139	123
			2.45~147	2.65	32°	162	151	2.45~147	2.4	20°30′	129	122
			3.13~188	2.56	31°30′	148	146	3.03~182	2.27	20°20′	119	115
钢 ЭІЯІТ[①] $A = 54.5$ $m = 0.3$	2.5	0.291	0.92~55	1.98	29°	198	193	0.75~45	1.76	19°40′	163	152
			1.23~74	1.88	27°	186	180	0.92~55	1.84	20°20′	164	159
			1.43~86	1.87	27°	182	179	1.15~69	1.75	20°10′	157	151
			1.72~103	1.75	26°	170	165	1.43~86	1.72	18°20′	150	150
			2.23~134	1.73	26°	168	162	1.73~104	1.66	17°10′	146	141
			—			—		2.23~134	1.62	17°20′	140	138

①前苏联钢号，相当于我国 1Cr18Ni9Ti 钢。

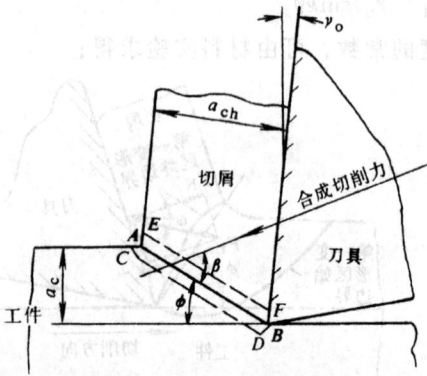

图 4-30 奥克斯勒的切削模型

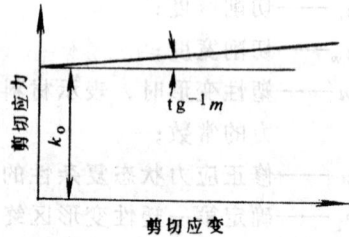

图 4-31 理想化切削的塑性曲线

式（4-21）是比较合理的，因为在其推导过程中考虑了材料的加工硬化；把单一剪切面扩展为带状剪切区，和考虑了温度一应变速度效应等因素，即不单纯用力学方法而同时也考虑了被加工材料的物理力学性质，所以比较符合实验结果，但实际应用起来还是比较麻烦的。

我国的科学工作者[4]也曾在佐列夫研究工作的基础上引伸出了较简单的计算切削力的理论方程。在自由切削，无积屑瘤，不考虑温度影响并略去作用在后面上的力的情况下：

$$F_z = A a_c a_w \left(\frac{\xi^2 - 2\xi\sin\gamma_o + 1}{\xi\cos\gamma_o} \right)^n \left(\frac{\xi - \sin\gamma_o}{\cos\gamma_o} + \text{tg}\psi \right) \qquad (4-22)$$

式中 A ——当 $\varepsilon = 1$ 时材料的剪切屈服强度，（见表 4-8）；

n ——材料的强化系数（表 4 - 8）；

ψ ——切削合力与剪切平面间的夹角（图 4 - 32）；

式中其余参数同前。

表 4 - 8　各种钢材的 A 和 n 值[4]

钢　　号	10	20	30	40	50	80	20Cr	30Cr	2Cr13
n	0.23	0.22	0.18	0.17	0.15	0.19	0.16	0.28	0.14
A (9.8N/mm²)	32	35	40	48	50	64	34	46	44

若令式（4 - 22）中

$$\left(\frac{\xi^2 - 2\xi\sin\gamma_o + 1}{\xi\cos\gamma_o}\right)^n\left(\frac{\xi - \sin\gamma_o}{\cos\gamma_o} + \mathrm{tg}\psi\right) = \Gamma \tag{4 - 23}$$

则

$$F_z = Aa_c a_w \Gamma = Aa_p f\Gamma \tag{4 - 24}$$

由式（4 - 23）可见 Γ 为 ξ 和 γ_o 的函数，而 ψ 值可按表 4 - 9 确定。

表 4 - 9　ψ 的实验值[4]

钢　　种	含碳量低于 0.15% 的钢，如 10 钢	含碳量 0.15% ~ 0.25% 的钢，如 20 钢	30、40、50、60、80、120、30Cr、18CrNiW、35Cr3NiMn 2CrW 等
ψ	40°	46°	50°

当前角 ψ_o 一定时，将 ψ 和不同的 ξ 值代入式(4 - 23)，得 ξ - Γ 关系图（图 4 - 33）上各点。连接各点可以看出它是一条直线。于是，按直线方程求出 ξ - Γ 的关系式

$$\Gamma = 1.4\xi + k \tag{4 - 25}$$

式中　k 为直线 ξ - Γ 的截距，其值示于图 4 - 33 下面。

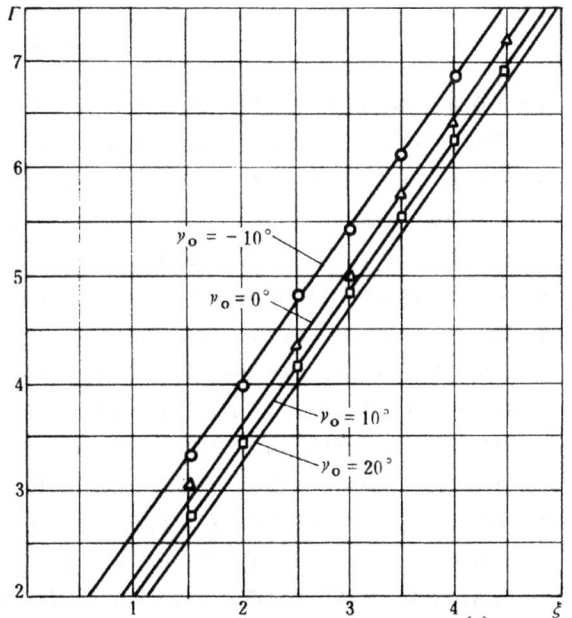

图 4 - 33　不同前角时的 ξ - Γ 关系曲线[4]

工件材料：中碳钢，含碳量 C>0.25%　$\Gamma = 1.4\xi + k$

γ	-10°	0°	10°	20°以上
k	1.2	0.8	0.6	0.45

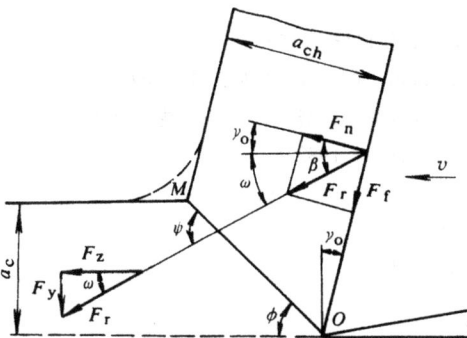

图 4 - 32　合力 F_r、分力 F_z 的方向和剪切面的位置[2]

按简化关系式（4-24）和图4-33即可求出主切削力 F_z。

经过由式（4-24）的计算结果和实验结果的初步验证[4]，得知实验结果比计算结果约大 10%～20%。

综观上述的理论分析，可以看出：推导出的这些公式还存在着较大的缺点，如没有反映切削过程中的弹性变形和破坏现象；没有考虑刀具切削刃上的钝圆半径的影响；把被加工材料看得理想化，没有考虑其中还存着缺陷（如位错等）等等。此外，公式推导过程中赖以作为理论基础的学科如塑性理论、金属物理学、摩擦学……等的发展现状，也还不足以综合解决金属切削过程中高应变率、塑性变形区内应力状态复杂、切削温度高且分布不均等等问题，这些都还有待于进一步的研究。

思考题与练习题

1. 阐明研究切削力的理论价值和实际意义。

2. 分析讨论第三章切屑形成理论与切削力形成的紧密联系。

3. 车削时切削合力 F_r 为什么常分为三个相互垂直的分力来分析？说明这三个分力的作用。

4. 各个因素影响切削力大小的原因分析，特别是背吃刀量 a_p 和进给量 f 对切削力的影响。

5. 计算切削力的各个理论公式的理论根据，要点和分析比较。

6. 用YT15硬质合金车刀外圆纵车 $\sigma_b = 0.98\text{GPa}$，207HBS 的 40Cr 钢。车刀的几何参数：$\gamma_o = 15°$，$\lambda_s = -5°$，$\kappa_r = 75°$，$b_{\gamma1} = 0.4\text{mm}$，$r_\varepsilon = 0.5\text{mm}$，车刀的切削用量：$a_p \times f \times v = 4\text{mm} \times 0.4\text{mm/r} \times 1.7\text{m/s}(102\text{m/min})$。

a. 用指数经验公式计算三个切削分力 F_z、F_y 和 F_x，计算切削功率 P_m。

b. 用单位切削力 p 和单位切削功率 P_s 计算三个分力：F_z、F_y 和 F_x，计算切削功率 P_m。

c. 分析比较 a 和 b 所得结果。

参 考 文 献

1 北京市金属切削理论与实践编委会. 金属切削理论与实践（上册）. 北京：北京工业出版社，1979
2 华南工学院、甘肃工业大学主编. 金属切削原理及刀具设计（上册）. 上海：上海科学技术出版社，1979
3 陶乾编. 金属切削原理（修订本）. 北京：高等教育出版社，1956
4 陶乾编著. 金属切削原理. 哈尔滨：哈尔滨工业大学出版，1963
5 格兰诺夫斯基 Г. И. 等著，金属切削学. 北京：高等教育出版社，1958
6 艾兴，肖诗纲编. 切削用量手册. 北京：机械工业出版社，1984
7 Вульф. А. М. Резание Металлов. МАШГИЗ，1973
8 Зорев. Н Н Вопросы Механики Процесса Резания Металлов. МАШГНЗ. 1956
9 Розенберг А. М. Еремин А Н Элементы Теории Процесса Резания Металов. МАШГЗ，1956
10 布思罗伊德 G. 金属切削加工的理论基础. 山东工学院机制教研室译. 济南山东科学技术出版社，1980
11 臼井英治，切削磨削加工学. 高希正等译. 北京：机械工业出版社，1982
12 阿码雷哥 E J A，布朗 R H. 金属切削学. 徐大源等译. 北京：机械工业出版社，1986
13 袁哲俊. 金属切削实验技术. 北京：机械工业出版社，1988
14 张幼桢主编. 金属切削原理及刀具. 航空专业教材编审组，1984

第五章 切削热和切削温度

切削热是切削过程中的重要物理现象之一。切削时所消耗的能量，除了 1% ~ 2% 用以形成新表面和以晶格扭曲等形式形成潜藏能外，有 98 ~ 99% 转换为热能[1]，因此可以近似地认为切削时所消耗的能量全部转换为热。大量的切削热使得切削温度升高，这将直接影响刀具前刀面上的摩擦系数、积屑瘤的形成和消退、刀具的磨耗以及工件材料的性能、工件加工精度和已加工表面质量等。所以对切削热和切削温度的研究有着重要意义。

第一节 切削热的产生和传出

被切削的金属在刀具的作用下，发生弹性和塑性变形而耗功，这是切削热的一个重要来源。此外，切屑与前刀面、工件与后刀面之间的摩擦也要耗功，也产生出大量的热量。因此，切削时共有三个发热区域，即剪切面、切屑与前刀面接触区、后刀面与过渡表面接触区，如图 5-1 所示。所以，切削热的来源就是切屑变形功和前、后刀面的摩擦功。

切削塑性材料时，变形和摩擦都比较大，所以发热较多。切削速度提高时，因切屑的变形系数 ξ 下降，所以塑性变形产生的热量百分比降低，而摩擦产生热量的百分比增高。切削脆性材料时，后刀面上摩擦产生的热量在切削热中所占的百分比增大。

对磨损量较小的刀具，后刀面与工件的摩擦较小，所以在计算切削热时，如果将后刀面的摩擦功所转化的热量忽略不计，则切削时所做的功，可按下式计算：

$$P_m = F_z v$$

式中　P_m（国标为 P_c）——每秒钟内所作切削功，或每秒
　　　　　　　　　　　　钟内所产生的切削热，(J/s)；

　　　F_z（国标为 F_c）——切削力，(N)；

　　　　　　　　　　v ——切削速度，(m/s)。

在用硬质合金车刀车削 $\sigma_b = 0.637\text{GPa}$ 的结构钢时，将切削力 F_z 的表达式代入后，
得

$$
\begin{aligned}
P_m = F_z v &= C_{F_z} a_p f^{0.75} v^{-0.15} K_{F_z} v \\
&= C_{F_z} a_p f^{0.75} v^{0.85} K_{F_z}
\end{aligned} \tag{5-1}
$$

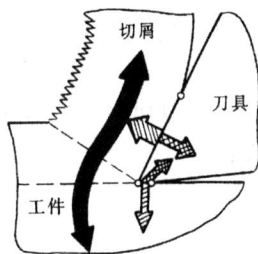

图 5-1 切削热的产生与传导

由式（5-1）可知：切削用量中，a_p 增加一倍时，P_m 相应地成比例地增大一倍，因而切削热也增大一倍；切削速度 v 的影响次之，进给量 f 的影响最小；其它因素对切削热的影响和它们对切削力的影响完全相同。

切削区域的热量被切屑、工件、刀具和周围介质传出。向周围介质直接传出的热量，在干切削（不用切削液）时，所占比例在 1% 以下，故在分析和计算时可以忽略不计。

工件材料的导热性能，是影响热量传导的重要因素。工件材料的导热系数越低，通过工件和切屑传导出去的切削热量越少，这就必然会使通过刀具传导出去的热量增加。例如切削

钛合金时，因为它的导热系数只有碳素钢的 $1/3 \sim 1/4$，切削产生的热量不易传出，切削温度因而随之增高，刀具就容易磨损。

刀具材料的导热系数较高时，切削热易从刀具方面导出，切削区域温度随之降低，这有利于刀具耐用度的提高。

切削时所用的切削液及浇注方式的冷却效果越高，则切削区域的温度越低。

切屑与刀具接触时间的长短，也影响刀具的切削温度。外圆车削时，切屑形成后迅速脱离车刀而落入机床的容屑盘中，故切屑的热传给刀具不多。钻削或其它半封闭式容屑的切削加工，切屑形成后仍与刀具及工件相接触，切屑将所带的切削热再次传给工件和刀具，使切削温度升高。

切削热由切屑、刀具、工件及周围介质传出的比例，可举例如下[1]：

（1）车削加工时，切屑带走的切削热为 $50\% \sim 86\%$，车刀传出 $40\% \sim 10\%$，工件传出 $9\% \sim 3\%$，周围介质（如空气）传出 1%。切削速度愈高或切削厚度愈大，则切屑带走的热量愈多。

（2）钻削加工时，切屑带走切削热 28%，刀具传出 14.5%，工件传出 52.5%，周围介质传出 5%。

第二节　切削温度的理论分析 *

切削温度一般指前刀面与切屑接触区域的平均温度。前刀面的平均温度可近似地认为是剪切面的平均温度与刀屑接触面摩擦温度之和。

切削温度的理论推算方法很多，这里介绍的是美国学者 M. C. Shaw 的理论计算方法[11]。

一、剪切面的平均温度

设剪切面上单位时间消耗的功 U_s 为

$$U_s = F_s v_s \quad \text{J/s} \tag{5-2}$$

式中　F_s——作用在剪切面上的剪切力（N）；

　　　　v_s——剪切速度（m/s）。

设剪切面上剪切功的分布是均匀的，则剪切面上单位面积单位时间消耗的功 U'_s，可写成：

$$U'_s = \frac{U_s}{a_c a_w \csc\phi} = \frac{F_s v_s}{a_c a_w}\sin\phi \quad \text{J/(m}^2 \cdot \text{s)} \tag{5-3}$$

式中　a_c（国标为 h_D）——切削厚度（m）；

　　　　a_w（国标为 b_D）——切削宽度（m）；

　　　　ϕ——剪切角。

前面已经分析过，可以假定塑性变形功完全变成热，则单位时间单位面积的热量 q_s 为

$$q_s = U'_s = \frac{F_s v_s}{a_c a_w}\sin\phi = u_s v \sin\phi \tag{5-4}$$

式中　u_s——单位切削体积的剪切功

$$u_s = \frac{F_s v_s}{v a_c a_w} \quad \text{N/m}^2 \tag{5-5}$$

上两式中　v——切削速度（m/s）。

设剪切面上流入切屑中的热量为 $R_1 q_s$，R_1 为剪切面产生的热量流入切屑的比率，则剪切面上流入工件的热量为 $(1-R_1)q_s$，如图 5-2 所示。如不计热量的损失，则切屑在剪切面的平均温度 $\bar{\theta}_s$ 应为

$$\bar{\theta}_s = \frac{R_1 q_s (a_c a_w \csc\phi)}{c_1 \rho_1 (v a_c a_w)} + \theta_0 = \frac{R_1 u_s}{c_1 \rho_1} + \theta_0 \tag{5-6}$$

式中　c_1——$\theta_0 \sim \bar{\theta}_s$ 间工件材料平均温度的比热容；

　　　ρ_1——工件材料的密度；

　　　θ_0——环境温度。

很明显，式（5-6）中 R_1 为未知数。为求出 R_1，尚须从工件方面来求剪切面的平均温度。

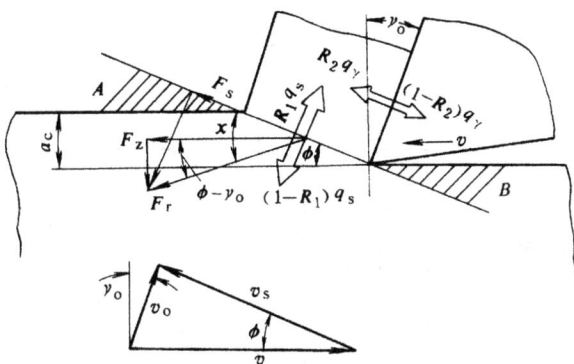

图 5-2　工件表面的移动热源　　　　　　图 5-3　半无限体上移动热源

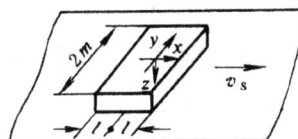

在图 5-2 中，将剪切面延长，将 B 部移至 A 部形成一个半无限体的表面。这虽与实际情况有所不符，但由于这些部分的相互抵消作用，所以这种近似取代的效果较好。此时可以认为，热源是在半无限体上移动，如图 5-3 所示。如果摩擦面上热源强度取均匀分布，则根据 J. C. Jaeger 的分析[10]，当 $m/l > 2$ 时，热源部分的平均温度可按下式计算，即

$$\bar{\theta}_s = 0.754 \frac{ql}{k\sqrt{L}} + \theta_0 \tag{5-7}$$

式中　k——导热系数，此处应取为工件材料在温度 $\bar{\theta}_s$ 的导热系数 k_1（W/m·℃）；

　　　q——输入热量，此处应取为

$$q = (1-R_1)q_s \quad \text{J}$$

　　　l——热源宽度，此处应取为

$$l = \frac{a_c}{2\sin\phi} \quad \text{m}$$

$$L = v_s l / 2\omega$$

其中　ω——导温系数，此处应取为工件材料在温度 $\bar{\theta}_s$ 时的导温系数 ω_1（m²/s）；

$$v_s = \frac{v\cos\gamma_o}{\cos(\phi - \gamma_o)}，\text{参看图 5-2，（m/s）。}$$

将上述参数代入式（5-7）中，整理后，得

$$\bar{\theta}_{\mathrm{s}} = \frac{0.754\dfrac{(1-R_1)q_{\mathrm{s}}a_{\mathrm{c}}}{2\sin\phi}}{k_1\sqrt{\dfrac{\dfrac{v\cos\gamma_{\mathrm{o}}}{\cos(\phi-\gamma_{\mathrm{o}})}\dfrac{a_{\mathrm{c}}}{2\sin\phi}}{2\omega_1}}} + \theta_0$$

$$= 0.754\frac{(1-R_1)q_{\mathrm{s}}}{k_1}\sqrt{\frac{\omega_1 a_{\mathrm{c}}\cos(\phi-\gamma_{\mathrm{o}})}{v\cos\gamma_{\mathrm{o}}\sin\phi}} + \theta_0 \qquad (5-8)$$

上式中的 k_1 及 ω_1 分别为切屑在温度 $\bar{\theta}_{\mathrm{s}}$ 时的导热系数及导温系数。式（5-6）及式（5-8）是由切屑及工件两方面分别求得的剪切面平均温度，应该相等，故

$$\frac{R_1 q_{\mathrm{s}}}{c_1\rho_1 v\sin\phi} = \frac{0.754(1-R_1)q_{\mathrm{s}}}{k_1}\sqrt{\frac{\omega_1 a_{\mathrm{c}}\cos(\phi-\gamma_{\mathrm{o}})}{v\cos\gamma_{\mathrm{o}}\sin\phi}} \qquad (5-9)$$

因为 $\dfrac{k}{c_1\rho_1} = \omega_1$，所以 $c_1\rho_1 = \dfrac{k_1}{\omega_1}$

此外，剪切区的相对滑移 ε 为

$$\varepsilon = \frac{\cos\gamma_{\mathrm{o}}}{\sin\phi\cos(\phi-\gamma_{\mathrm{o}})}$$

将上述关系式代入式（5-9），得

$$R_1 = \frac{1}{1+1.33\sqrt{\dfrac{\omega_1\varepsilon}{va_{\mathrm{c}}}}} \qquad (5-10)$$

图 5-4 为 R_1 与 $\dfrac{va_{\mathrm{c}}}{\omega_1\varepsilon}$ 的关系曲线。由图 5-4 可知，当切削速度 v 增大时或切削厚度 a_{c} 增大时，流入切屑的热量比率 R_1 增大；当工件材料的导温系数 ω_1 及剪切相对滑移 ε 减小时，R_1 亦增大。

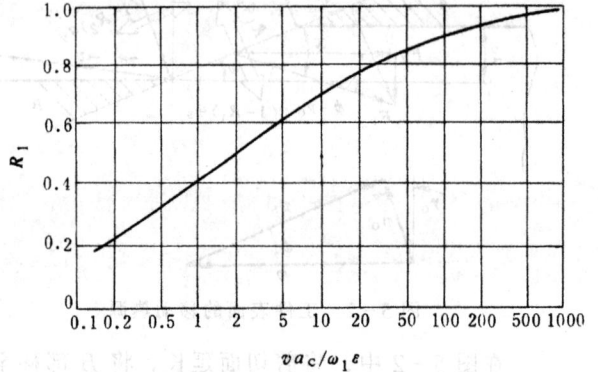

图 5-4　R_1 与 $\dfrac{va_{\mathrm{c}}}{\omega_1\varepsilon}$ 的关系[10]

求出 R_1 后，即可用式（5-6）或式（5-8）求出剪切面的平均温度 $\bar{\theta}_{\mathrm{s}}$。

二、刀具前刀面的平均温度

将前刀面因切屑摩擦所造成的温升，以 $\bar{\theta}_{\mathrm{f}}$ 表示，则前刀面的平均温度 $\bar{\theta}_{\mathrm{t}}$ 应为

$$\bar{\theta}_{\mathrm{t}} = \bar{\theta}_{\mathrm{f}} + \bar{\theta}_{\mathrm{s}}$$

$\bar{\theta}_{\mathrm{s}}$ 在前边已求出，这里只需计算出 $\bar{\theta}_{\mathrm{f}}$，即可求出 $\bar{\theta}_{\mathrm{t}}$。

很明显，摩擦热源对切屑是移动热源，对前刀面是固定的连续热源。

若前刀面上单位时间单位面积产生的热量为 q_γ，则

$$q_\gamma = \frac{F_{\mathrm{f}} v_{\mathrm{ch}}}{l_{\mathrm{f}} a_{\mathrm{w}}} \quad \mathrm{J/(m^2\cdot s)} \qquad (5-11)$$

式中　F_{f}——前刀面摩擦力（N）；

　　　v_{ch}——切屑速度（m/s）；

　　　$v_{\mathrm{ch}} = \dfrac{v}{\xi}$；

　　　l_{f}——刀屑接触长度（m）。

设　u_γ 为单位切削体积的摩擦功（J/m²），

则
$$u_\gamma = \frac{F_f v_{ch}}{v a_c a_w} \qquad (5-12)$$

将式（5-12）代入式（5-11），可得

$$q_\gamma = \frac{u_\gamma v a_c}{l_f} \quad J/(m^2 \cdot s) \qquad (5-13)$$

前边已分析过,流入切屑中的热量为 $R_2 q_\gamma$, R_2 为前刀面产生的热量流入切屑的比率(流入率)。若将切屑看成是半无限体,则由摩擦引起的在切屑表面上的平均温度,可按下式计算:

$$\bar{\theta} = 0.754 \frac{ql}{k\sqrt{L}} \qquad (5-14)$$

将相应的值代入式（5-14）后，得

$$\bar{\theta}_f = \frac{0.754(R_2 q_\gamma)\dfrac{l_f}{2}}{k_2 \sqrt{L_2}} \qquad (5-15)$$

式中 $\bar{\theta}_f$——因摩擦而引起的前刀面上温度的升高值;

k_2——在温度为 $(\bar{\theta}_s + \bar{\theta}_f)$ 时切屑的导热系数;

$$L_2 = \frac{v_{ch} l_f/2}{2\omega_2};$$

ω_2——在温度为 $(\bar{\theta}_s + \bar{\theta}_f)$ 时切屑的导温系数; 即

$$\omega_2 = \frac{k_2}{c_2 \rho_2};$$

ρ_2, c_2——在温度为 $(\bar{\theta}_s + \bar{\theta}_f)$ 时切屑的密度与比热容。

综上所述，前刀面接触区的平均温度 $\bar{\theta}_t$ 为

$$\bar{\theta}_t = \bar{\theta}_s + \bar{\theta}_f = \bar{\theta}_s + \frac{0.377(R_2 q_\gamma) l_f}{k_2 \sqrt{L_2}} \qquad (5-16)$$

式（5-16）中 R_2 为未知数。为求出 R_2，需再从前刀面方面求前刀面的平均温度。

摩擦热源对前刀面是固定的连续热源。如图 5-3 及图 5-5 所示，以 y 轴为刀刃，xy 面为前刀面，阴影部分为面热源。将刀具看成是 1/4 无限体，由于对称的原因，相当于半无限体上 $2l \times 2m$ 的热源。温度上升的平均值 $\bar{\theta}_f$ 与最大值 $\bar{\theta}_{fmax}$ 可由下式计算：

$$\left. \begin{aligned} \bar{\theta}_f &= \frac{ql}{k} A \\ \bar{\theta}_{fmax} &= \frac{ql}{k} A_m \end{aligned} \right\} \qquad (5-17)$$

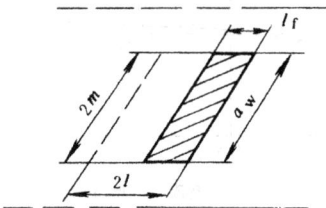

图 5-5　自由切削时前刀面的热源

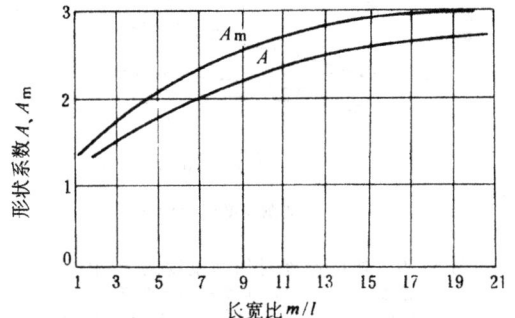

图 5-6　热源面积长宽比 m/l 对形状系数的关系

式中　A，A_m——与热源尺寸 m/l 有关的形状系数，见图 5-6。

自由切削　$m/l = a_w/2 \cdot l_f$

非自由切削　$m/l = a_w/l_f$

因此，刀具前刀面接触区的平均温度 $\bar{\theta}_t$ 为

$$\bar{\theta}_t = \frac{(1-R_2)q_\gamma l_f}{k_3} A + \theta_0 \tag{5-18}$$

式中　k_3——刀具材料在温度 $\bar{\theta}_t$ 时的导热系数。

式（5-16）及式（5-18）是由切屑及刀具分别求出的前刀面平均温度，应该相等，从而可求出 R_2 如下

$$R_2 = \frac{q_\gamma \dfrac{l_f}{k_3} A - \bar{\theta}_s + \theta_0}{q_\gamma \dfrac{l_f}{k_3} A + q_\gamma \dfrac{0.377 l_f}{k_2 \sqrt{L_2}}} \tag{5-19}$$

求出 R_2 后，代入式（5-16）或式（5-18）中任何一个，即可求出 $\bar{\theta}_t$。

切削速度对 R_2 的影响见图 5-7。

如果假设 R_1、R_2 及剪切角 ϕ 都不变，则由 $\bar{\theta}_s$ 和 $\bar{\theta}_t$ 的表达式，可写出式（5-20）关系式。这些关系式可用来分析影响剪切面平均温度 $\bar{\theta}_s$ 和前刀面接触区平均温度 $\bar{\theta}_t$ 的因素：

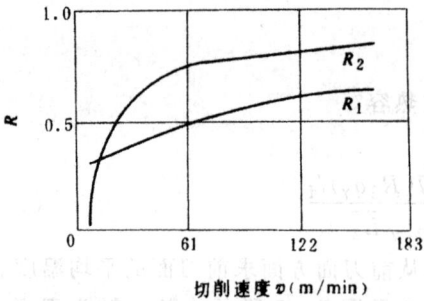

图 5-7　切削速度与 R_1 及 R_2 的关系

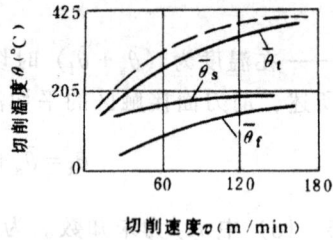

图 5-8　切削速度对切削温度的影响[11]
刀具：WC76% + (TiC + TaC)14% + Co10%；$\gamma_o = 20°$；
工件材料：加硫碳素钢；$a_c = 0.058\text{mm}$，$a_w = 3.78\text{mm}$

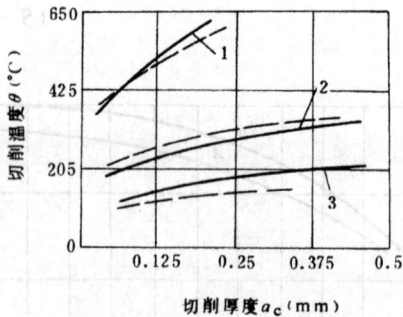

图 5-9　切削厚度对切削温度的影响[11]
虚线——测量值，实线——计算值
1—$v = 135\text{m/min}$　2—$v = 24\text{m/min}$，3—$v = 3\text{m/min}$
$a_w = 3.78\text{mm}$，其它条件同图 5-8

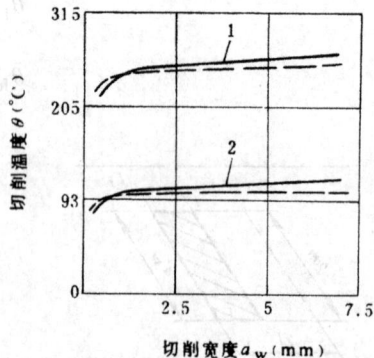

图 5-10　切削宽度对切削温度的影响[11]
虚线——测量值，实线——计算值
1—$v = 68\text{m/min}$　2—$v = 4.5\text{m/min}$
$a_c = 0.058\text{mm}$，其它条件同图 5-8

$$\left.\begin{array}{l} \bar{\theta}_s - \theta_0 \propto \dfrac{p}{\rho_1 c_1} \\ \bar{\theta}_t - \bar{\theta}_s \propto \dfrac{p v^{0.5} a_c^{0.5}}{\kappa_2^{0.5} \rho_2^{0.5} c_2^{0.5}} \end{array}\right\} \qquad (5-20)$$

式中 p 为单位切削力,N/mm^2。

实验结果表明,上述理论计算与实际数据还比较一致。

切削速度、切削厚度及切削宽度对切削温度的影响如图 5-8、图 5-9 及图 5-10 所示。

第三节 切削温度的测量

切削温度的测量是切削实验研究中重要的技术,可以用来研究各因素对切削温度的影响,也可用来校核切削温度理论计算的准确性,还可以把所测得的切削温度作为控制切削过程的讯号源。

切削温度的测定方法很多,大致可分类如下:

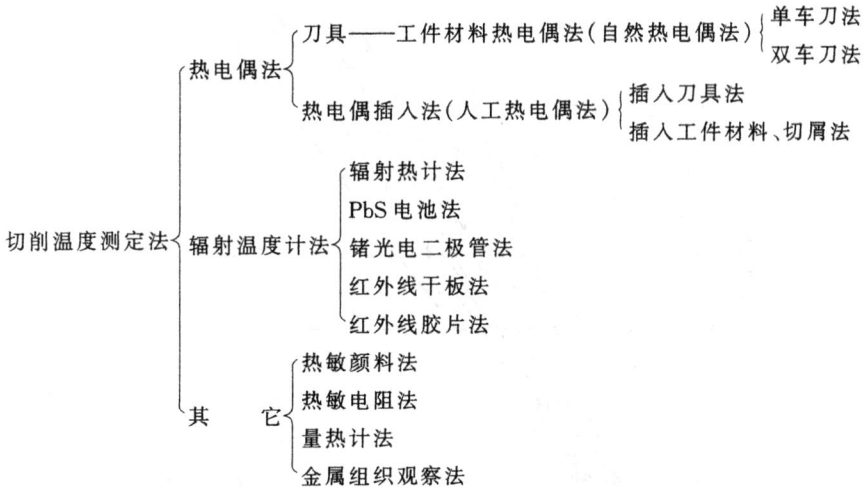

切削温度测定法
- 热电偶法
  - 刀具——工件材料热电偶法(自然热电偶法)
    - 单车刀法
    - 双车刀法
  - 热电偶插入法(人工热电偶法)
    - 插入刀具法
    - 插入工件材料、切屑法
- 辐射温度计法
  - 辐射热计法
  - PbS 电池法
  - 锗光电二极管法
  - 红外线干板法
  - 红外线胶片法
- 其它
  - 热敏颜料法
  - 热敏电阻法
  - 量热计法
  - 金属组织观察法

目前应用较广而且比较成熟又简单可靠的测量切削温度的方法,是自然热电偶法和人工热电偶法,也常有用半人工热电偶法的。

一、自然热电偶法

切削加工中,化学成分不同的刀具材料和工件材料相互作用,在刀具—切屑与刀具—工件的接触面上总是处在较高的切削温度作用下,这就自然地形成了热电偶的热端;若将工件与刀具的引出端保持室温,则形成了热电偶的冷端;热端和冷端之间必然有热电动势产生,用仪表将刀具—工件所组成的回路中的冷、热端产生的热电动势测出或记录下来,再根据事先进行标定的刀具—工件所组成热电偶的温度与输出电压的关系曲线(或称标定曲线),便可求得刀具与工件接触面上切削温度的平均值。

图 5-11 是在车床上利用自然热电偶法来测量切削温度的装置示意图。刀具和工件应与机床绝缘。

图 5-12 是 YT15 硬质合金和几种钢材组成的热电偶的温度—输出电压(热电动势)的标定曲线。

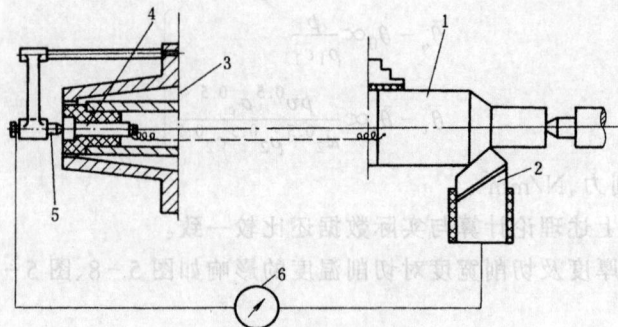

图5-11 自然热电偶法测量切削温度示意图[4]

1—工件 2—车刀 3—车床主轴尾部 4—铜销 5—铜顶尖（与支架绝缘） 6—毫伏计

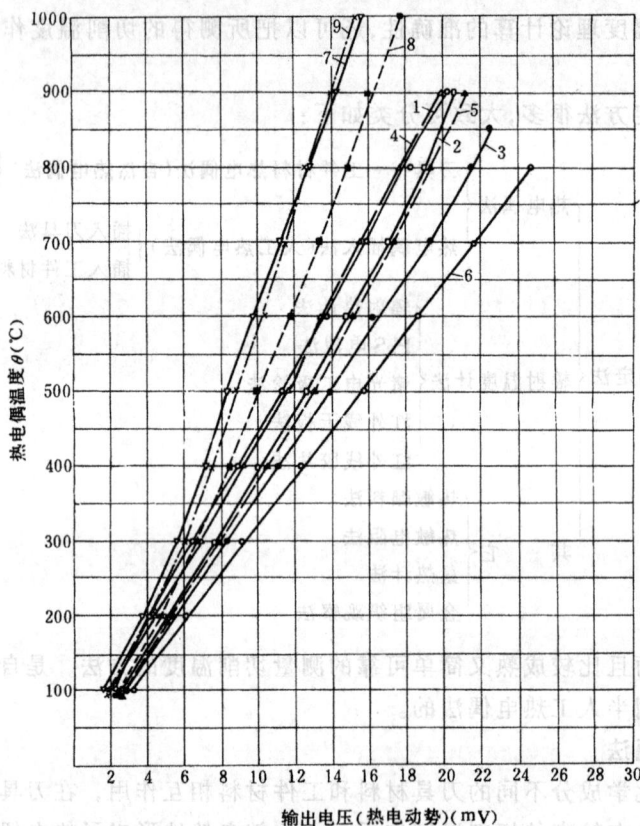

图5-12 YT15及YG8与几种材料的热电势标定曲线[13]

1—YG8-TC9 2—YG8-GH36 3—YG8-GH132 4—YG8-TC4 5—YG8-1Cr18Ni9Ti 6—YG8-Cu
7—YT15-30CrMnSiA 8—YT15-40CrNiMoA 9—YT15-45

用自然热电偶法测到的是平均切削温度。更换刀具材料或工件材料时（甚至是同一牌号的刀具材料和工件材料，但炉号不同，即杂质含量不同时），需重新标定温度—输出电压曲线。一般资料所载的温度—输出电压曲线只能供参考，必须重新标定，这是自然热电偶法的不足之处。

根据资料[9]报导，切削温度的自然热电偶法测量，受到变形激化的电子干扰，产生一定误差，所以在特别重要的情况下，需将几种测量方法所得的结果加以比较，以降低误差。

二、人工热电偶法

将两种预先经过标定的金属丝组成热电偶（或用标准热电偶），把此热电偶的热端焊接在刀具或工件的预定要测量温度的点上，而把冷端通过导线串接在电位差计或毫伏表上，根据仪表上的指示数值，参照热电偶标定曲线，便可得知欲测温点的切削温度。

图 5-13 是用人工热电偶法测量刀具或工件某点温度的示意图。为了正确反映切削过程的真实温度变化，要求把安放热电偶金属丝的小孔直径作得愈小愈好。因为钻孔后破坏了温度场，孔愈大，误差愈大。但小孔的孔径实际上不能做得很小，故测量结果往往发生误差。

图 5-13 用人工热电偶法测量刀具、
工件温度的示意图
a) 测刀具 b) 测工件

应采取措施使金属丝绝缘。此外，进行动态测量时，还要考虑热电偶有一定的惯性。

采用人工热电偶法，配合一定的刀具或工件上的结构措施，可以测定刀具或工件上的温度场。

半人工热电偶是把一根金属丝焊在欲测温点上作为一极，以工件材料或刀具材料作为另一极而组成的。用半人工热电偶法测量切削温度的工作原理同前所述。

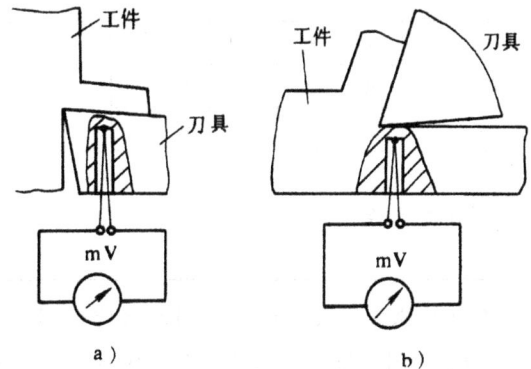

第四节　影响切削温度的主要因素

前已述及，所谓切削温度，是指前刀面上刀屑接触区的平均温度，可用自然热电偶法测出。

下面分析几个影响切削温度的主要因素。

一、切削用量的影响

实验得出的切削温度经验公式如下：

$$\theta = C_\theta v^{z_\theta} f^{y_\theta} a_p^{x_\theta} \quad ℃ \qquad (5-21)$$

式中　θ——实验测出的前刀面接触区平均温度，$[\theta]$ 为℃；

C_θ——切削温度系数；

v——切削速度（m/min）；

f——进给量（mm/r）；

a_p——背吃刀量（mm）；

$z_\theta, y_\theta, x_\theta$——相应的指数。

实验得出，用高速钢和硬质合金刀具切削中碳钢时，切削温度系数 C_θ 及指数 z_θ, y_θ, x_θ 见表 5-1[2]。

分析各因素对切削温度的影响，主要应从这些因素对单位时间内产生的热量和传出的热量的影响入手。如果产生的热量大于传出的热量，则这些因素将使切削温度增高；某些因素

表 5－1　切削温度的系数及指数

刀具材料	加工方法	C_θ	z_θ		y_θ	x_θ
高速钢	车　削	140～170	0.35～0.45		0.2～0.3	0.08～0.10
	铣　削	80				
	钻　削	150				
硬质合金	车　削	320	f (mm/r)		0.15	0.05
			0.1	0.41		
			0.2	0.31		
			0.3	0.26		

使传出的热量增大，则这些因素将使切削温度降低。

1. 切削速度 v　由式（5－20）可知，在 R_1、R_2 及 ϕ 不变的条件下，θ_s 及 θ_t 与 $v^{0.5}$ 成比例，但随切削速度 v 的增高，R_1 及 R_2（切屑带走热量比率）增大，剪切角 ϕ 也增大（即塑性变形减少），使单位切削力 p 也随之减小。所以切削速度增高时，单位时间内金属切削量成比例地增加，但因剪切角 ϕ 的增加，使单位切削体积的切削功下降；此外随着 R_1、R_2 的增大，切屑带走的热量增大。故温度的上升较 $v^{0.5}$ 更为缓慢，即指数应该比 0.5 小。进给量越大，随切削速度的增加，切削温度的提高越缓慢，即指数应减小。表中的实验数据也证实了这一点。

2. 进给量 f　进给量 f 的增加，导致单位时间内金属切削量成比例地增大。由式（5－20）可知，进给量 f 以 $a_c^{0.5}$ 的关系影响切削温度。此外，进给量 f 影响切屑的变形系数 ξ，当 f 增加时 ξ 减小（即剪切角 ϕ 增大），故单位体积切削量的切削功下降；随着进给量的增大，切屑所带走的剪切热和摩擦热亦增多；随着进给量的增大，刀屑接触长度 l_f 增大，也增大了热量传出的面积。综上所述，f 的指数 y_θ 应远小于 0.5，实验表明 y_θ 在 0.3 以下。

3. 背吃刀量 a_p　背吃刀量 a_p 变化时，产生的热量和散热面积亦作相应变化，故 a_p 对切削温度的影响很小。

图 5－14 是切削用量三要素 v，f，a_p 对切削温度影响的实验曲线。

综合上述分析可知：切削用量中 v 对 θ 的影响最显著，f 对 θ 的影响次之，a_p 对 θ 的影响最小。因此，为了有效地控制切削温度以提高刀具耐用度，在机床允许的条件下，选用较大的背吃刀量 a_p 和进给量 f，比选用大的切削速度 v 更为有利。

二、刀具几何参数的影响

1. 前角 γ_o　图 5－15 表明，切削温度随前角的增大而降低，这是因为前角增大时，单位切削力下降，使产生的切削热减少的缘故。但前角大于 18°～20°后，对切削温度的影响减小，这是因为楔角变小而使散热的体积减少的缘故。

2. 主偏角 κ_r　主偏角 κ_r 减小时，使切削宽度 a_w 增大，切削厚度 a_c 减小，故切削温度下降，如图 5－16 所示。

3. 负倒棱 $b_{\gamma1}$ 及刀尖圆弧半径 r_ε　负倒棱 $b_{\gamma1}$ 在（0～2）f 范围内变化，刀尖圆弧半径 r_ε 在 0～1.5mm 范围内变化，基本上不影响切削温度。因为负倒棱宽度及圆弧半径的增大，能使塑性变形区的塑性变形增大，切削热也随之增加；但另一方面这两者都能使刀具的散热条件有所改善，传出的热量也有增加，两者趋于平衡，所以对切削温度影响很小。

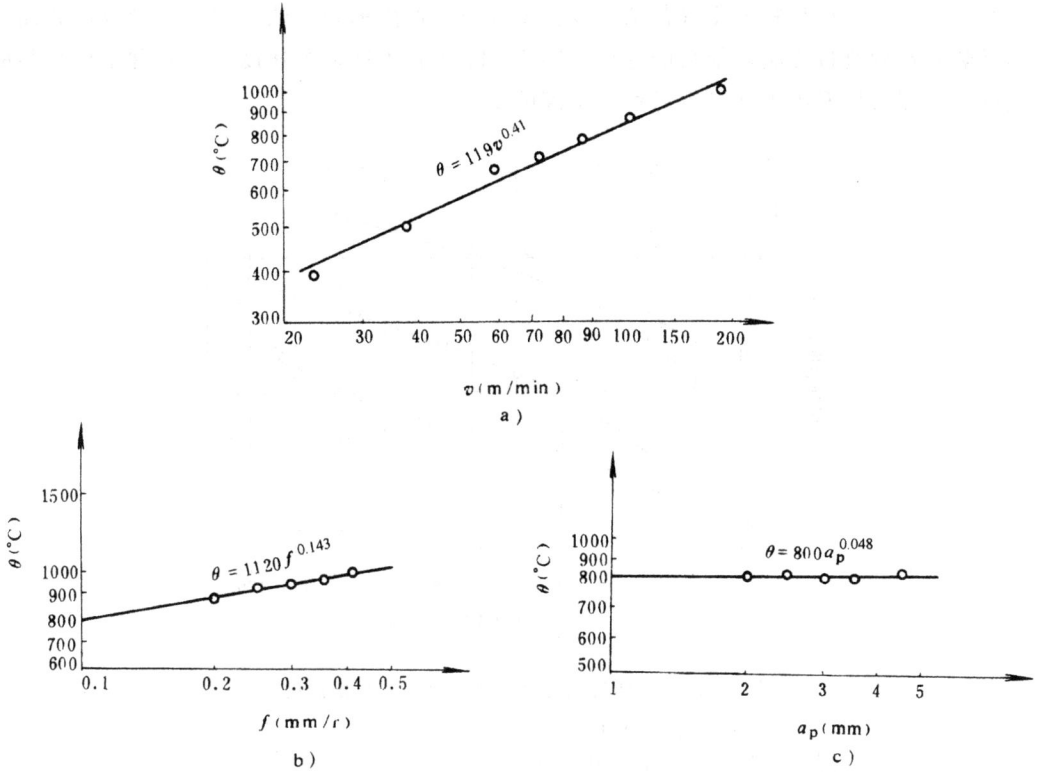

图 5－14 v, f, a_p 对切削温度的影响[3]

工件材料：45 钢（正火），187HBS；刀具材料：YT15；
$\gamma_o = 15°$, $\alpha_o = 6\sim8°$, $\kappa_r = 75°$, $\lambda_s = 0°$, $b_{\gamma1} = 0.1$mm, $\gamma_1 = -10°$, $r_\varepsilon = 0.2$mm。
a) 切削速度与切削温度的关系 $a_p = 3$mm, $f = 0.1$mm/r b) 进给量与切削温度的关系 $a_p = 3$mm, $v = 94$m/min
c) 背吃刀量与切削温度的关系 $f = 0.1$mm/r, $v = 107$m/min

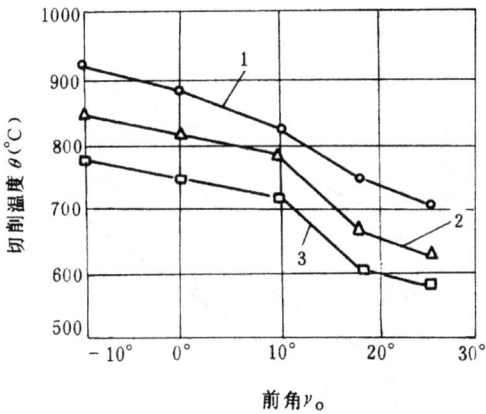

图 5－15 前角与切削温度的关系[3]
$a_p = 3$mm; $f = 0.1$mm/r; 1—$v = 135$m/min
2—$v = 105$m/min; 3—$v = 81$m/min

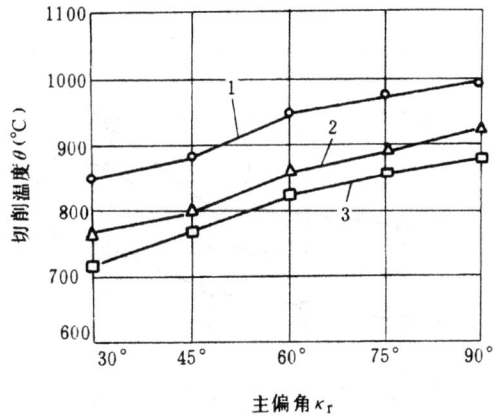

图 5－16 主偏角与切削温度的关系[3]
1—$v = 135$m/min 2—$v = 105$m/min 3—$v = 81$m/min
工件材料：45 钢；刀具材料 YT15；
切削用量：$a_p = 2$mm; $f = 0.2$mm/r; 前角 $\gamma_o = 15°$

三、工件材料的影响

工件材料的强度（包括硬度）和导热系数对切削温度的影响是很大的。由式（5－20）可知，单位切削力是影响切削温度的重要因素，而工件材料的强度（包括硬度）直接决定了单位切削力，所以工件材料强度（包括硬度）增大时，产生的切削热增多，切削温度升高。工件的导热系数则直接影响切削热的导出。图 5-17 为在不同切削速度下，各种工件材料的切削温度，由图可以看出工件材料对切削温度的影响。

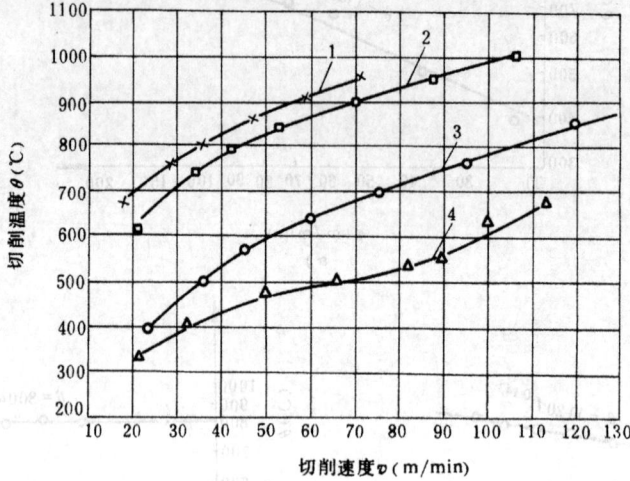

图 5-17　不同切削速度下各种材料的切削温度[3]

1—GH131　2—1Cr18Ni9Ti　3—45 钢（正火）　4—HT200

刀具材料：$\begin{matrix}YT15;\\YG8;\end{matrix}$ 工件材料：$\begin{matrix}45\ 钢;\\GH131,\end{matrix}$ 1Cr18Ni9Ti, HT200

刀具角度：$\gamma_o = 15°$，$\alpha_o = 6°\sim 8°$，$\kappa_r = 75°$，$\lambda_s = 0°$，$b_{\gamma 1} = 0.1mm$，$\gamma_1 = -10°$，$\gamma_\varepsilon = 0.2mm$；

切削用量：$a_p = 3mm$，$f = 0.1mm/r$。

四、刀具磨损的影响

后刀面磨损对切削温度的影响如图 5-18 所示；在后刀面的磨损值达到一定数值后，对切

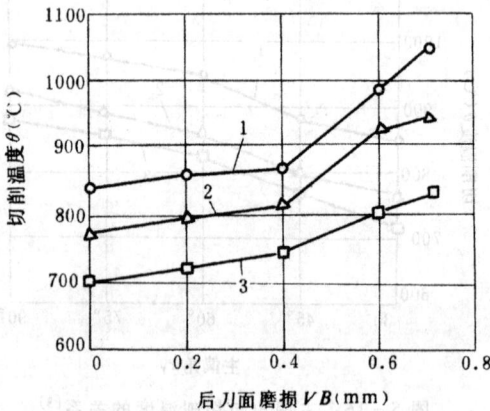

图 5-18　后刀面磨损值与切削温度的关系[3]

工件材料：45 钢；刀具材料：YT15；

切削用量：$a_p = 3mm$，$f = 0.1mm/r$，$\gamma_o = 15°$

1—$v = 117m/min$　2—$v = 94m/min$　3—$v = 71m/min$

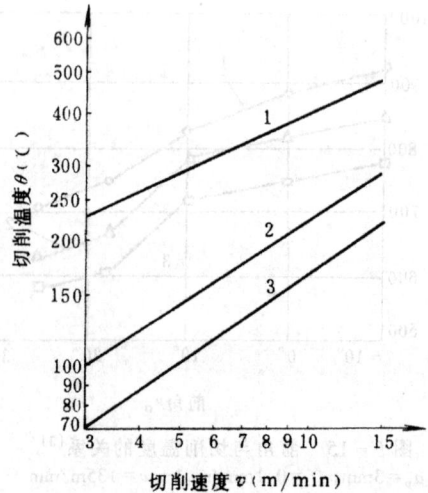

图 5-19　用 $\phi21.5$ 钻头钻削 45 钢时，切削液对切削温度的影响[8]

进给量：$f = 0.4mm/r$。

1—无冷却　2—10% 乳化液　3—1% 硼酸钠及 0.3% 磷酸钠的水溶液

削温度的影响增大；切削速度愈高，影响就愈显著。合金钢的强度大，导热系数低，所以切削合金钢时刀具磨损对切削温度的影响，就比切碳素钢时大。

五、切削液的影响

切削液对降低切削温度、减少刀具磨损和提高已加工表面质量有明显的效果，在切削加工中应用很广。切削液对切削温度的影响，与切削液的导热性能、比热、流量、浇注方式以及本身的温度有很大关系。从导热性能来看，油类切削液不如乳化液，乳化液不如水基切削液。如果用乳化液来代替油类切削液，加工生产率可以提高 50%～100%。

图 5-19 表示切削液对切削温度的影响。图 5-20 表示切削液对刀具耐用度的影响。

流量充沛与否对切削温度的影响很大。切削液本身的温度愈低，降低切削温度的效果就愈明显。如果将室温（20℃）的切削液降温至5℃，则刀具耐用度可提高 50%。

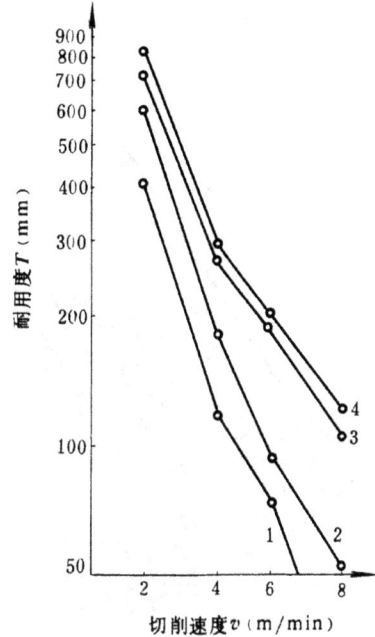

图 5-20　车削高温合金 XH77TЮP（CrNi 77TiAlB）时，切削液对车刀耐用度的影响[8]
1—无冷却　2—硫化乳化液　3—1% 三乙醇胺及 0.2% 硼酸钠　4—1% 硼酸钠及 0.3% 磷酸钠的水溶液

第五节　切削温度的分布

前面几节所分析的是刀具与切屑接触区的平均温度。在这一节将研究工件、切屑和刀具上各点的温度分布，也就是温度场，切削时的温度场对刀具磨损的部位、工件材料性能的变化、已加工表面质量都有很大的影响。

切削温度场，可用理论方法推算，但数学方法比较复杂，计算工作量也很大，故多用实验方法求出。关于理论推算切削温度场，可参考专门著作[7][8]。

切削温度场可用人工热电偶法或其它方法，如红外线胶片法等测出。

图 5-21 是切削钢料时，所测出的主剖面内的温度场。图 5-22 是车削不同的工件材料时，主剖面内前、后刀面上温度分布情况。根据对图 5-21 和图 5-22 的分析以及对温度分布的研究，可以归纳出一些温度分布的规律：

（1）剪切面上各点温度几乎相同。由此可以推想剪切面上各点的应力应变规律，基本上是变化不大的；

（2）前刀面和后刀面上的最高温度都不在刀刃上，而是在离刀刃有一定距离的地方。这是摩擦热沿着刀面不断增加的缘故。前刀面上后边一段的接触长度上，由于摩擦逐渐减少（由内摩擦转化为外摩擦），热量又在不断传出，所以切削温度开始逐渐下降。

（3）在剪切区域中，垂直剪切面方向上的温度梯度⊖很大。切削速度增高时，则因热量来不及传出，而导致温度梯度增大。

⊖　温度梯度是等温线的法向上、单位长度上的温度差，以 K/mm 表示。

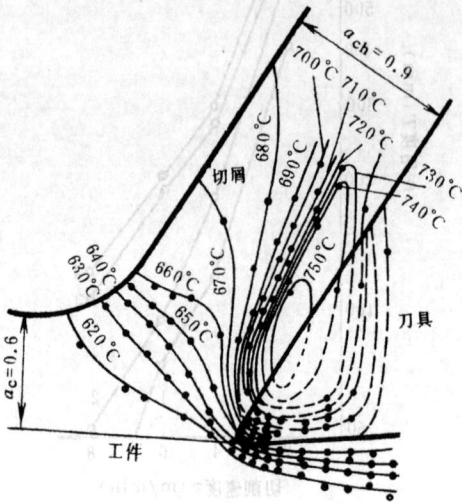

图 5-21 二维切削中的温度分布[3]

工件材料:低碳易切钢;刀具前角 $\gamma_o = 30°,a_o = 7°$
切削厚度:$a_c = 0.6mm(0.0238in)$;切削速度 $v = 22.86m/min(75fpm)$;干切削,预热 611℃

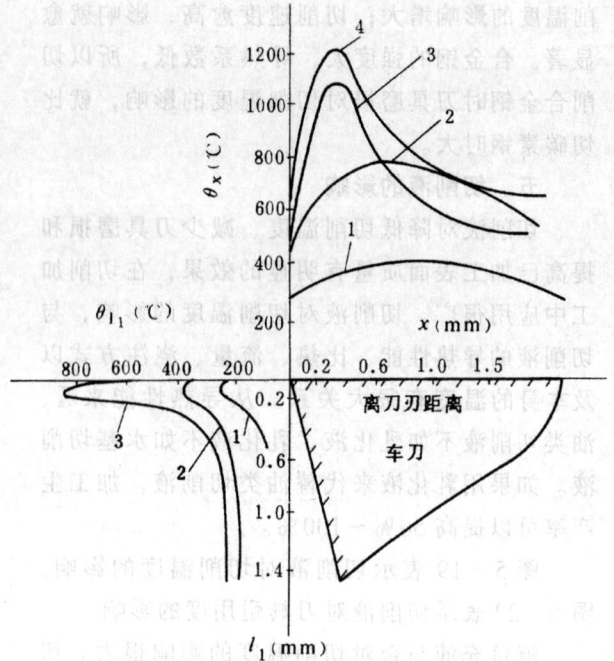

图 5-22 切削不同材料的温度分布[8]

切削速度:$v = 30m/min$;进给量 $f = 0.2mm/r$
1—45钢-YT15 2—GCr15-YT14 3—钛合金
BT2-YG8 4—BT2-YT15

(4) 在切屑靠近前刀面的一层(简称底层)上温度梯度很大,离前刀面 0.1~0.2mm,温度就可能下降一半。这说明前刀面上的摩擦热是集中在切屑的底层。这样,摩擦热就不致于使切屑上层金属强度有显著的改变;但很明显,摩擦热对切屑底层金属的剪切强度,将有很大的影响。因此切削温度对前刀面的摩擦系数有很大的影响。

(5) 后刀面的接触长度较小,因此温度的升降是在极短时间内完成的。加工表面受到的是一次热冲击。

(6) 工件材料塑性越大,则前刀面上的接触长度愈大,切削温度的分布也就较均匀些;反之,工件材料的脆性愈大,则最高温度所在的点离刀刃愈近。

(7) 工件材料的导热系数 k 愈低,则刀具的前、后刀面的温度愈高。这是一些高温合金和钛合金切削加工性低的主要原因之一。

第六节 切削温度对工件、刀具和切削过程的影响

高切削温度是刀具磨损的主要原因,它将限制生产率的提高。切削温度还会使加工精度降低,使已加工表面产生残余应力以及其它缺陷。本节略述切削温度对切削过程的影响。

一、切削温度对工件材料力学性能的影响

切削时的温度虽然很高,但是切削温度对工件材料硬度及强度的影响并不很大;切削温度对剪切区域的应力的影响不很明显;这一方面是因为在切削速度较高时,变形速度很高,其对增加材料强度的影响,足以抵消切削温度降低强度的影响;另一方面,切削温度是在切削变形过程中产生的,因此对剪切面上的应力应变状态来不及产生很大的影响,只对切屑底

层的剪切强度产生影响。

工件材料预热至 500~800℃ 后进行切削时，切削力下降很多。但在高速切削时，切削温度经常达到 800~900℃，切削力下降却不多。这也间接证明，切削温度对剪切区域内工件材料强度影响不大。目前加热切削是切削难加工材料的一种较好的方法。用等离子焰加热，效果较好。

二、对刀具材料的影响

适当地提高切削温度，对提高硬质合金的韧性是有利的。图 5-23 是硬质合金冲击强度与温度之间的关系。在高温时，强度比较高，因而硬质合金不易崩刃，磨损强度亦将降低。

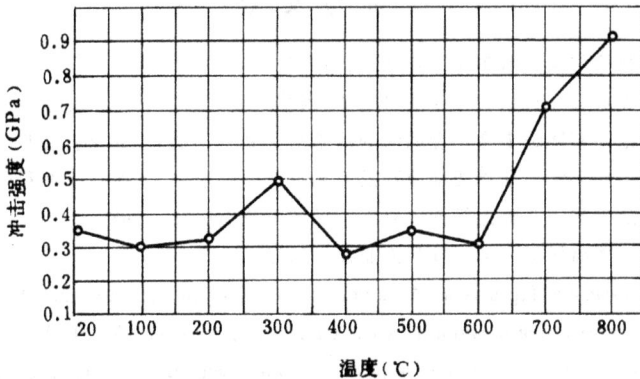

图 5-23　硬质合金冲击强度与温度的关系[1]

在第 11 章将谈到，各类刀具材料在切削各种工件材料时，都有一个最佳切削温度范围。在最佳切削温度范围内，刀具的耐用度最高，工件材料的切削加工性也符合要求。

三、对工件尺寸精度的影响

（1）工件本身受热膨胀，直径发生变化，切削后不能达到要求精度。

（2）刀杆受热膨胀，切削时实际切削深度增加使直径减小。

（3）工件受力变长，但因夹固在机床上不能自由伸长而发生弯曲，车削后工件中部直径变大。

在精加工和超精加工时，切削温度对加工精度的影响特别突出，所以必须特别注意降低切削温度。

四、利用切削温度自动控制切削速度或进给量

上面已经提到，各种刀具材料切削不同的工件材料都有一个最佳切削温度范围。因此，有些学者建议利用切削温度来控制机床的转速，保持切削温度在最佳范围内，以提高生产率及工件表面质量。方法是用热电偶测出的切削温度做为控制讯号，并用电子线路和自动控制装置来控制机床的转速或进给量，使切削温度经常处于最佳范围。

五、利用切削温度与切削力控制刀具磨损

运用刀具—工件热电偶，能在几分之一秒内指示出一个较显著的刀具磨损的发生。跟踪切削过程中的切削力及切削分力间比例的变化，也可反映切屑碎断、积屑瘤变化或刀具前、后面及钝圆处的磨损状态。切削力和切削温度这两个参数可以互相补充，以用于分析切削过程的状态变化[14]。

思 考 题

1．为什么要研究切削热的产生和传出？仅从切削热产生的多少能否说明切削区温度的高低？

2．为什么要进行切削温度的理论分析和计算？在什么样的假设条件下来推导切削温度的理论公式？

3．研究切削区温度场的意义何在？用什么方法测出切削区温度场？

4．背吃刀量和进给量对切削力和切削温度的影响是否一样？为什么？如何运用这一规律指导生产实践？

5．增大前角可以使切削温度降低的原因是什么？是不是前角越大切削温度越低？

6．加工钢料等塑性材料和加工铸铁等脆性材料时，前刀面和后刀面的哪一方面切削温度高？

参 考 文 献

1 陶乾·金属切削原理·哈尔滨：哈尔滨工业大学，1963

2 机械工程手册编辑委员会．机械工程手册（第46篇第一章）（试用本）．北京：机械工业出版社，1981

3 北京市金属切削理论与实践编委会．金属切削理论与实践（上册）．北京：北京出版社，1979

4 华南工学院，甘肃工业大学．金属切削原理及刀具设计（上册）．上海：上海科学技术出版社，1979

5 臼井英治．切削磨削工学．高希正等译．北京：机械工业出版社，1982

6 中山一雄．切削热，高温切削．东京日刊工业社，1955

7 Резников АН．Теплофизика Процессов Механической Обработки Материалов．Машиностро-ение，1981

8 Резников АН．Теплообмен при резании и охлаждение инструментов．МАШГИЗ，Москва，1963

9 Лоладзе ТН．Прочностъ и износостоиковтъ режущего инстручента．Машиностроение，1982

10 Jaeger JC．Moving Sources of Heat and the Temperature at sliding contacts Proc．Roy．Soc．of New South Wales Vol，76（1942）

11 Loewen EG．ShawM．C．On the Analysis of Cutlingtool Temperatures．《ASME》"B"，1954．Feb

12 Schmidt AO．RonbikJ．R．Distribution of Heat Generated in Drilling《ASME》"B"，1949．Vol．71

13 南京航空学院，热电势标定曲线 南京：南京航空学院出版，1984

14 Colwell LV．Cutting Temperature and Tool Wear．Annals of CIRP Vol．24/1/1975

15 袁哲俊．金属切削实验技术．北京：机械工业出版社，1988

第六章　刀具磨损、破损和刀具耐用度

切削金属时，刀具一方面切下切屑，另一方面刀具本身也要发生损坏。刀具损坏到一定程度，就要换刀或更换新的刀刃，才能进行正常切削。刀具损坏的形式主要有磨损和破损两类。前者是连续的逐渐磨损；后者包括脆性破损（如崩刃、碎断、剥落、裂纹破损等）和塑性破损两种。本章重点讲授刀具的磨损，但对刀具的破损也将作必要的介绍。

刀具磨损后，使工件加工精度降低，表面粗糙度增大，并导致切削力和切削温度增加，甚至产生振动，不能继续正常切削。因此，刀具磨损直接影响加工效率、质量和成本。

刀具磨损与一般机械零件的磨损相比，有显著不同的特点：与前刀面接触的切屑底面是活性很高的新鲜表面，不存在氧化膜等的污染；前、后刀面上的接触压力很大，接触面温度也很高（如硬质合金刀具加工钢，可达 800～1000℃ 以上）等。因此，磨损时存在着机械，热和化学作用以及摩擦、粘结、扩散等现象。

刀具磨损主要决定于刀具材料、工件材料的物理机械性能和切削条件。各种刀具材料的磨损和破损有不同的特点。学习本章时，要求掌握这些特点，懂得其发生的原因与发展的规律，以便能选择合理的刀具材料和切削条件，提高生产效率，保证加工质量。

第一节　刀具磨损的形态

切削时，刀具的前刀面和后刀面经常与切屑和工件相互接触，产生剧烈摩擦，同时在接触区内有相当高的温度和压力。因此在刀具前、后刀面上发生磨损。前刀面被磨成月牙洼，后刀面形成磨损带，多数情况是二者同时发生，相互影响，如图 6-1 所示。

一、前刀面磨损

切削塑性材料时，如果切削速度和切削厚度较大，由于切屑与前刀面完全是新鲜表面相互接触和摩擦，化学活性很高，反应很强烈；如前所述，接触面又有很高的压力和温度，接触面积中有 80％ 以上是实际接触，空气或切削液渗入比较困难，因此在前刀面上形成月牙洼磨损（图 6-1）；开始时前缘离刀刃还有一小段距离，以后逐渐向前、后扩大，但宽度变化并不显著（取决于切屑宽度），主要是深度不断增大，其最大深度的位置即相当于切削温度最高的地方。图 6-2 表示月牙洼磨损的发展过程。当月牙洼宽度发展到其前缘与切削刃之间的棱边变得很窄时，刀刃强度降低，易导致刀刃破损。前刀面月牙洼磨损值以其最大深度 KT 表示（图 6-3）。

二、后刀面磨损

切削时，工件的新鲜加工表面与刀具后刀面接触，相互摩擦，引起后刀面磨损。后刀面虽然有后角，但由于切削刃不是理想的锋利，而有一定的钝圆，后刀面与工件表面的接触压力很大，存在着弹性和塑性变形；因此，后刀面与工件实际上是小面积接触，磨损就发生在这个接触面上。切削铸铁和以较小的切削厚度切削塑性材料时，主要发生这种磨损。后刀面磨损带往往不均匀，如图 6-3 所示。刀尖部分（C 区）强度较低，散热条件又差，磨损比较

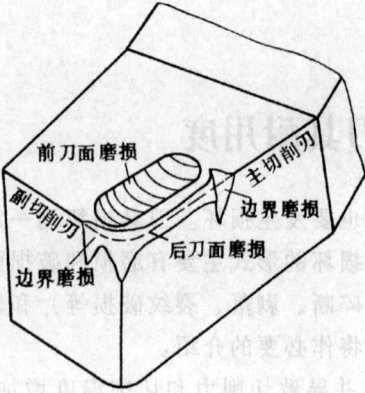

图 6-1 刀具的磨损形态

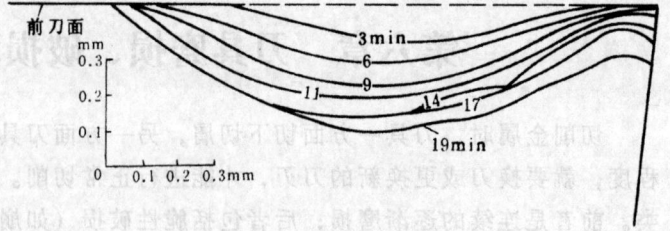

图 6-2 前刀面上的磨损痕迹随时间的变化

工件：硫易切钢（S0.25%，C0.08%）；YT 硬质合金刀具

（$\gamma_o = 0°$，$\gamma_\varepsilon = 0.8mm$）；$a_p = 2.54mm$；$f = 0.117mm/r$；$v = 305m/min$

严重，其最大值为 VC。主切削刃靠近工件外皮处的后刀面（N 区）上，磨成较严重的深沟，以 VN 表示。在后刀面磨损带中间部位（B 区）上，磨损比较均匀，平均磨损带宽度以 VB 表示，而最大磨损宽度以 VB_{max} 表示。

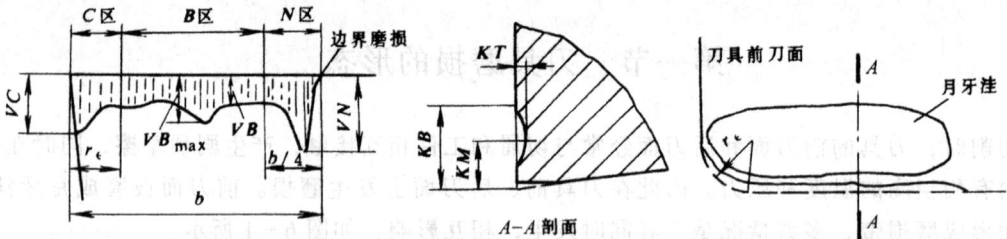

图 6-3 刀具磨损的测量位置

三、边界磨损

如图 6-1 所示，切削钢料时，常在主切削刃靠近工件外皮处以及副切削刃靠近刀尖处的后刀面上，磨出较深的沟纹。此两处分别是在主、副切削刃与工件待加工或已加工表面接触的地方，如图 6-4 所示。发生这种边界磨损的主要原因有：

1. 切削时，在刀刃附近的前、后刀面上，压应力和剪应力很大，但在工件外表面处的切削刃上应力突然下降，形成很高的应力梯度，引起很大的剪应力。同时，前刀面上切削温度最高，而与工件外表面接触点由于受空气或切削液冷却，造成很高的温度梯度，也引起很大的剪应力。因而在主切削刃后刀面上发生边界磨损。

2. 由于加工硬化作用，靠近刀尖部分的副切削刃处的切削厚度减薄到零，引起这部分刀刃打滑，促使副后刀面上发生边界磨损。

加工铸、锻件等外皮粗糙的工件，也容易发生边界磨损。图 6-5 为陶瓷刀具切削铸铁件时发生的边界磨损。

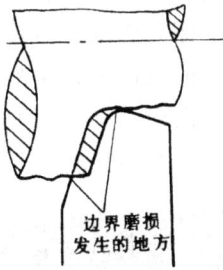

图 6-4　边界磨损发生的位置

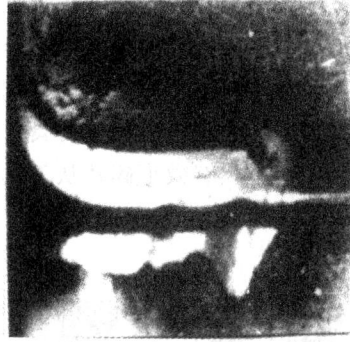

图 6-5　切削铸铁时刀具的磨损形态

工件，铸铁 146HBS；纯 Al_2O_3 陶瓷刀具；$v = 400m/min$，

$a_p = 1.5mm$，$f = 0.2mm/r$；切削时间 $t_m = 23min$

第二节　刀具磨损的原因

由于工件、刀具材料和切削条件变化很大，刀具磨损形式也各不相同，故其磨损原因很复杂。但从对温度的依赖程度来看，刀具正常磨损的原因主要是机械磨损和热、化学磨损。前者是由工件材料中硬质点的刻划作用引起的磨损，后者则是由粘结、扩散、腐蚀等引起的磨损。

一、硬质点磨损

这主要是由于工件材料中的杂质、材料基体组织中所含的碳化物、氮化物和氧化物等硬质点以及积屑瘤的碎片等所造成的机械磨损，它们在刀具表面上划出一条条的沟纹。工具钢（包括高速钢）刀具的这种磨损比较显著。图 6-6 为高速钢刀具车削 40Cr 钢时，前刀面上刻划出一条条沟纹。硬质合金刀具有很高的硬度，硬质点或夹杂物要刻划它的碳化物骨架比较困难，所以这种磨损发生较少。但如果工件材料存在大量硬质点，如冷硬铸铁、夹砂的铸件表层等，也会使它产生硬质点磨损痕迹。在这种情况下应选用含钴量较少的细颗粒硬质合金。把含有钛、钽、铌的碳化钨钴硬质合金刀具表层用氧化物 TiO_2 处理后，具有较高的硬度和较低的摩擦系数，特别在高温下更是这样[19]。

各种切削速度下的刀具都存在硬质点磨损，但它是低速刀具磨损的主要原因。因为此时切削温度较低，其它各种形式磨损还不显著。一般可以认为，由硬质点磨损产生的磨损量与刀具和工件相对滑动距离或切削路程成正比。

二、粘结磨损

粘结是指刀具与工件材料接触到原子间距离时所产生的结合现象。它是在摩擦面的实际接触面积上，在足够大的压力和温度作用下，产生塑性变形而发生的所谓冷焊现象，是摩擦面塑性变形所形成的新鲜表面原子间吸附力所造成的结果。两摩擦表面的粘结点因相对运动，晶粒或晶粒群受剪或受拉而被对方带走，是造成粘结磨损的原因。图 6-7 为高速钢刀具加工 40Cr 钢时，前刀面发生粘结磨损的显微照片。

粘结磨损在两材料接触面上，不论在软材料一边，还是在硬材料一边，都可能发生。一般说来，粘结点的破裂多发生在硬度较低的一方，即工件材料上。但刀具材料往往有组织不均、存在内应力、微裂纹以及空隙、局部软点等缺陷，所以刀具表面也常发生破裂而被工件材料带走，形成粘结磨损。高速钢、硬质合金、陶瓷刀具、立方氮化硼和金刚石刀具都会因粘结而发生磨损。例如用硬质合金刀具切削钢件时，在能形成积屑瘤的条件下，切削刃可能很快地因粘结磨损而损坏。但高速钢刀具有较大的抗剪和抗拉强度，因而具有较大的抗粘结磨损的能力，切削时，只有微小碎片从刀具表面上撕裂下来，所以粘结磨损较慢。

图6-6 在不同切削液下加工钢时，
刀具前刀面的硬质点磨损[6]
a)水溶液 b)乳化液
工件:40Cr钢;高速钢刀具:$\gamma_o = 0°$, $\alpha_o = 10°$; $v = 0.5m/min$, $a_w = 3.5mm$, $a_c = 0.08mm$, 切削长度100m×78m

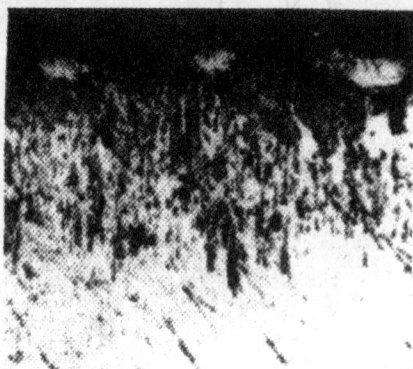

图6-7 加工钢时,刀具前刀面的粘结磨损[6]
工件:40Cr钢;高速钢刀具:$\gamma_o = 10°$, $\alpha_o = 10°$; $v = 0.5m/min$, $a_w = 2.75mm$, $a_c = 0.1mm×108$

硬质合金的晶粒大小对粘结磨损的速度影响较大，如图6-8所示。晶粒越细，磨损越慢。但在常用的钴含量（5.5%～20%）范围内，钴含量对磨损的影响较小，如图6-9所示。因为它们虽然硬度差别较大，但具有相同的晶粒尺寸。

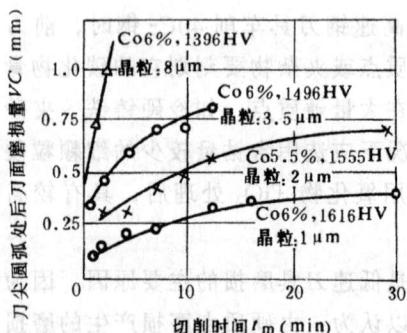

图6-8 YG硬质合金晶粒尺寸对磨损的影响[5]
工件:铸铁

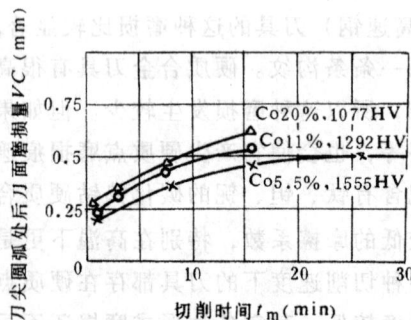

图6-9 YG硬质合金钴(Co)含量对磨损的影响[5]
工件:铸铁

刀具材料与工件材料相互粘结时的温度对粘结磨损剧烈程度影响很大。图6-10为几种刀具材料和工件材料组合时，粘结强度系数 K_0 与温度的关系。图中 K_0 为单位粘结力与刀具材料的抗拉强度之比。K_0 大，表示粘结磨损剧烈程度大。在低温时，粘结剧烈程度比高温时小很多。在500℃以上，硬质合金YT15、YG8与镍铬钛合金（12Cr18Ni9Ti）和钛以及纯铁就发生粘结，而氧化铝、立方氮化硼和金刚石刀具与纯铁和钛这时也开始发生粘结。随着温

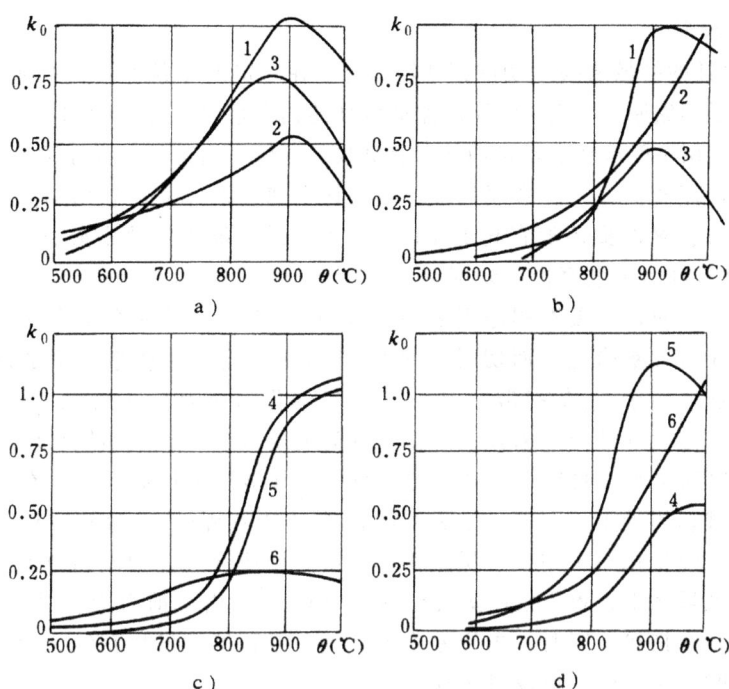

图 6-10 各种刀具材料粘结强度系数与温度的关系[6]
a) 刚玉（氧化铝）（曲线 1）、立方氮化硼（曲线 2）和金刚石（曲线 3）加工纯铁
b) 刚玉（氧化铝）（曲线 1）、立方氮化硼（曲线 2）和金刚石（曲线 3）加工钛
c) YT15 加工 12Cr18Ni9Ti（曲线 4）、钛（曲线 5）和纯铁（曲线 6）
d) YG8 加工 12Cr18Ni9Ti（曲线 4）、钛（曲线 5）和纯铁（曲线 6）

度升高，粘结强度增加很快。从图 6-10 可以看出，在 900℃ 时，YG8 与纯铁的粘结强度系数约为 YT15 的三倍，所以 YG8 的粘结磨损比 YT15 的大。因为含有碳化钛（TiC）的硬质合金在高温下会形成 TiO_2，从而减轻粘结，其减少程度与 TiC 含量有关，因而 YT 类硬质合金比 YG 类更适于加工钢件。但 YT 类硬质合金在低速区更容易产生崩刃。从图 6-10 还可看出，氧化铝陶瓷刀具高速加工纯铁和钛时的粘结强度系数，比立方氮化硼和金刚石刀具都大，而立方氮化硼加工纯铁，金刚石刀具加工钛时的粘结强度系数均较小。

其它因素如刀具、工件材料的硬度比，刀具表面形状与组织，以及切削条件和工艺系统刚度等，都影响粘结磨损速度。

三、扩散磨损

由于切削时的高温，而且刀具表面始终与被切出的新鲜表面相接触，有巨大的化学活泼性，所以两摩擦面的化学元素有可能互相扩散到对方去，因而使两者的化学成分发生变化，削弱刀具材料的性能，加速磨损过程。扩散速度随切削温度升高而增加，它是按 $e^{-\frac{E}{K\theta}}$ 指数函数增加的[3]（θ 为刀具表面上的绝对温度，E 为活性化能量，K 为常数）。也就是说，对一定刀具材料，随切削温度上升，扩散速度开始增加较慢，然后越来越快。不同元素的扩散速度是不同的，因而扩散磨损剧烈程度与刀具材料的化学成分关系很大。例如 Ti 的扩散速度比 C、Co、W 等元素低很多，故 YT 类硬质合金抗扩散能力比 YG 类高。此外，扩散速度还与切屑底层在刀具表面上的流动速度有关，也就是和切屑流过前刀面的速度有关。流动速度慢，扩散磨损也较慢。

1. **高速钢刀具的扩散磨损** 切削钢和铸铁时，在一定温度条件下，在前刀面上由于扩散形成一层金属原子和碳原子（Cr、C等）含量增高的白色层[10]，其厚度为 $0.8 \sim 3.5 \mu m$，和切削速度有关。白色层不时被切屑带走而使刀具磨损。一般，高速钢刀具在常用的切削速度范围内加工，因切削温度较低，扩散磨损很轻。随着切削速度的加大，和切削温度的升高，扩散磨损会加剧。但在扩散磨损还没有起主导作用之前，就可能因塑性变形而使刀具损坏。

2. **硬质合金刀具的扩散磨损** 切削钢件时，切削温度常达 $800 \sim 1000℃$ 以上，因而扩散磨损成为硬质合金刀具的主要磨损原因之一，自 $800℃$ 开始，硬质合金中的 Co、C、W 等元素会扩散到切屑中去而被带走；而切屑中的 Fe 会向硬质合金中扩散，形成新的低硬度、高脆性的复合碳化物。由于 Co 的扩散，WC、TiC 等碳化物会因粘结剂 Co 的减少而降低其与基体的粘结强度，这会加速刀具磨损。WC-Co 类硬质合金刀具切削钢件时，在形成月牙洼磨损过程中，扩散现象非常明显。刀具中的金属原子和碳原子扩散到粘结在刀具表面上的工件材料中去，并被切屑带走。图 6-11 表明碳化钨 WC 和钴 Co 已溶解在钢的表层中，而该表层在界面上也已经熔化。图中，上层是钢，下层是硬质合金，中间白色的是熔化层，它是处于局部熔解的区域之中，WC 晶粒就被包围在中间[10]。由于前刀面上月牙洼处温度最高，故其扩散速度高，磨损快。同时，由于温度上升到一定程度就发生粘结，因此，扩散磨损和粘结磨损往往同时发生，极易形成月牙洼。

因为 TiC、TaC 的扩散速度低，故用含有这些成分的硬质合金切钢的磨损比 WC-Co 硬质合金的慢，因而在切削钢件时，广泛应用含 TiC（TaC）的，或者表层涂覆 TiC、TiN、Al_2O_3 的，或 TiC 基的硬质合金。氧化铝陶瓷与铁之间不发生扩散。故在高速切削钢件时，仍然有很高的耐磨性能。

3. **金刚石和立方氮化硼刀具的扩散磨损**[6] 在一定的切削温度和接触时间下，金刚石刀具发生结晶溶解，而且其中的 C 原子会扩散到工件材料中去，因而引起扩散磨损。在 $910℃$ 时，金刚石与纯铁接触 10s 后，金刚石就开始扩散到铁中，形成铁素体—珠光体组织，接触层变成含碳量为 $0.3\% \sim 0.35\%$ 的一层钢；在 $1000℃$ 时，只要接触 1s，就形成明显的扩散层，其结构相当于含碳量 0.2% 的钢；在 $1300℃$ 时，只要接触 0.1s，几乎全部熔化在铁中。因此，金刚石刀具切削纯铁和低碳钢时，在高温下，会发生严重的扩散磨损。这是金刚石刀具不适于切削钢铁的主要原因。

立方氮化硼刀具有高的硬度和耐热性（1400 $\sim 1500℃$），与铁及其合金的化学活性比金刚石

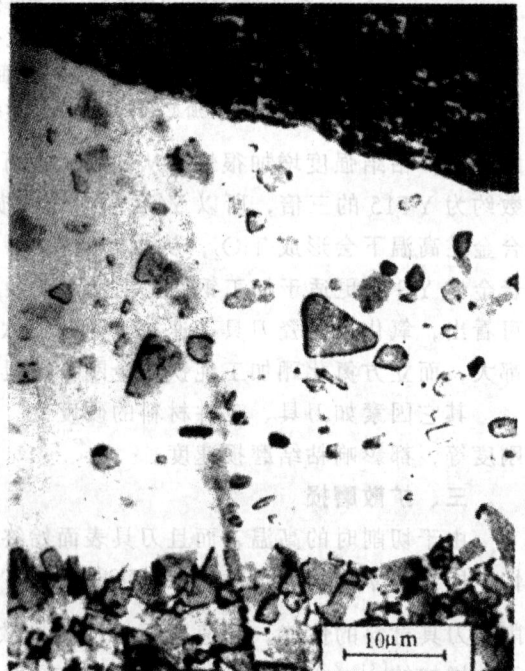

图 6-11 WC-Co 类硬质合金的扩散磨损[10]

小得多。在 $1300℃$ 时，与纯铁接触 20min，才形成厚度为 0.013mm 的扩散层。但与钛合金

TC8 在高温下相互接触，扩散就严重得多，在 1000℃ 时，只要接触 10min，就形成厚度为 0.015～0.03mm 的扩散层。温度越高，扩散就越快。在 1300℃ 时，只要接触 60s，扩散层就厚达 0.01mm。研究结果表明，几种刀具材料与铁相互扩散强度的大小顺序，由大到小为：金刚石—碳化硅—立方氮化硼—氧化铝；而与钛合金相互扩散的大小顺序恰好相反，由大到小为：氧化铝—立方氮化硼—碳化硅—金刚石。

四、化学磨损

化学磨损是在一定温度下，刀具材料与某些周围介质（如空气中的氧，切削液中的极压添加剂硫、氯等）起化学作用，在刀具表面形成一层硬度较低的化合物，而被切屑带走，加速刀具磨损；或者因为刀具材料被某种介质腐蚀，造成刀具磨损。例如高速钢刀具车削钼合金（$a_p = 1mm$，$f = 0.1mm/r$，$v = 10～50m/min$）时，切削液或气体的化学活性越好，刀具磨损越快。又如硬质合金 YT14 加工（$v = 120～180m/min$）18－8 型不锈钢（含 18% Cr，9% Ni），采用硫、氯化切削油时，由于硫（S）和氯（Cl）的腐蚀作用，刀具耐用度会比干切削时反而降低。

除上述几种主要的磨损原因外，还有热电磨损，即在切削区高温作用下，刀具与工件材料形成热电偶，产生热电势，致使刀具与切屑以及刀具与工件之间有热电流通过，可能加快扩散速度，从而加速刀具磨损。试验表明，在刀具、工件的电路中加以绝缘，可明显提高刀具耐用度。热电磨损的机理尚待进一步研究。

五、小结

刀具正常磨损主要有硬质点磨损、粘结磨损、扩散磨损和化学磨损等，它们之间还有相互的影响。对于不同的刀具材料，在不同的切削条件下，加工不同工件材料时，其主要磨损原因可能属于其中一、二种。例如：硬质合金刀具高速切削钢料时，主要是扩散磨损，并伴随有粘结磨损和化学磨损等。总的说来，对一定的刀具和工件材料，起主导作用的是切削温度。在低温区，以机械磨损（硬质点磨损）为主，而在较高温度区，以热、化学磨损（粘结、扩散、氧化等）为主。

设 W 为各种原因所引起的总磨损量，L 为滑动距离（与切削路程成正比）。因为机械磨损速度与滑动距离成正比，而热磨损速度又具有指数函数性质，因此，单位滑动距离（切削路程）的磨损量为[1][2][3]：

$$\frac{\mathrm{d}W}{\mathrm{d}L} = A + Be^{-\frac{E}{K\theta}} \qquad (6-1)$$

式中　A，B——常数；

　　　E——根据刀具、工件材料组合所决定的活性化能量；

　　　θ——绝对温度（K）；

　　　K——常数。

根据硬质合金 YT15 刀具加工耐热钢的试验，在低速区（低温区），式（6－1）右边第一项，即硬质点磨损，起决定性作用。在 900℃（绝对温度为 1173K）以上时，第二项，即热扩散等磨损，起决定性作用。实践证明，机械磨损、热磨损以及综合磨损的磨损速度随温度变化的特性如图 6－12、图 6－13 所示。当然，对于不同刀具材料，这种变化特性各不相同。对于耐热性较低的高速钢刀具，根据不同的切削条件，其磨损的主要原因是硬质点磨损和粘结磨损，而硬质合金刀具主要是粘结磨损的扩散磨损等。加工钢、铁件时，氧化铝陶瓷刀具主要是伴随有微小崩刃的机械磨损和粘结磨损；立方氮化硼刀具的扩散磨损很小；而金刚石刀具扩散磨损却很大。因此，金刚石刀具不宜用来加工钢铁材料。

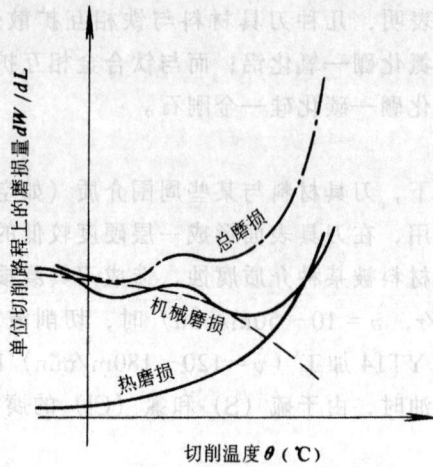

图 6-12　刀具磨损强度与切削温度的关系

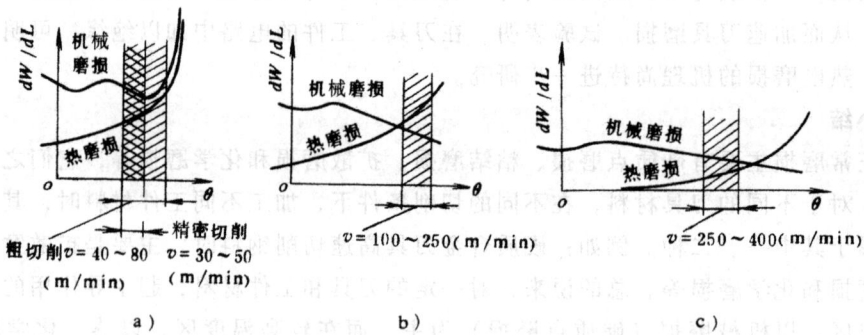

图 6-13　各种刀具材料的磨损特性和常用的切削速度

a) 高速钢刀具　b) 硬质合金刀具　c) 陶瓷刀具

第三节　刀具磨损过程及磨钝标准

一、刀具的磨损过程

随着切削时间的延长，刀具磨损增加。根据切削实验，可得如图 6-14 所示的刀具磨损过程的典型磨损曲线。该图分别以切削时间和后刀面磨损量 VB（或前刀面月牙洼磨损深度 KT）为横坐标与纵坐标。从图可知，刀具磨损过程可以分为三个阶段：

1. 初期磨损阶段　因为新刃磨的刀具后刀面存在粗糙不平之处以及显微裂纹、氧化或脱碳层等缺陷，而且切削刃较锋利，后刀面与加工表面接触面积较小，压应力较大，所以，这一阶段的磨损较快。一般初期磨损量为 $0.05\sim0.1$mm，其大小与刀具刃磨质量直接相关。研磨过的刀具，初期磨损量较小。

2. 正常磨损阶段　经初期磨损后，刀具毛糙表面已经磨平，刀具进入正常磨损阶段。这个阶段的磨损比较缓慢均匀。后刀面磨损量随切削时间延长而近似地成比例增加。正常切削时，这阶段时间较长。

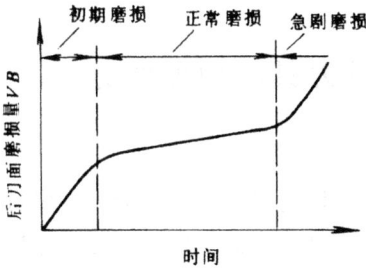

图 6-14 磨损的典型曲线

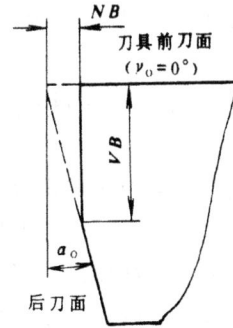

图 6-15 车刀的径向磨损量

3. 急剧磨损阶段 当磨损带宽度增加到一定限度后，加工表面粗糙度变粗，切削力与切削温度均迅速升高，磨损速度增加很快，以致刀具损坏而失去切削能力。生产中为合理使用刀具，保证加工质量，应当避免达到这个磨损阶段。在这个阶段到来之前，就要及时换刀或更换新刀刃。

二、刀具的磨钝标准

刀具磨损到一定限度就不能继续使用。这个磨损限度称为磨钝标准。

在生产实际中，经常卸下刀具来测量磨损量会影响生产的正常进行，因而不能直接以磨损量的大小，而是根据切削中发生的一些现象来判断刀具是否已经磨钝。例如粗加工时，观察加工表面是否出现亮带，切屑的颜色和形状的变化，以及是否出现振动和不正常的声音等。精加工可观察加工表面粗糙度变化以及测量加工零件的形状与尺寸精度等。发现异常现象，就要及时换刀。

在评定刀具材料切削性能和研究试验时，都以刀具表面的磨损量作为衡量刀具的磨钝标准。因为一般刀具的后刀面都发生磨损，而且测量也比较方便。因此，国际标准 ISO 统一规定以 1/2 背吃刀量处后刀面上测定的磨损带宽度 VB 作为刀具磨钝标准（图 6-3）。

自动化生产中用的精加工刀具，常以沿工件径向的刀具磨损尺寸作为衡量刀具的磨钝标准，称为刀具径向磨损量 NB（图 6-15）。

由于加工条件不同，所定的磨钝标准也有变化。例如精加工的磨钝标准较小，而粗加工则取较大值；机床—夹具—刀具—工件系统刚度较低时，应该考虑在磨钝标准内是否会产生振动。此外，工件材料的可加工性，刀具制造刃磨难易程度等都是确定磨钝标准时应考虑的因素。

磨钝标准的具体数值可参考有关手册[9]。

国际标准 ISO 推荐的车刀耐用度试验的磨钝标准如下：

1. 高速钢或陶瓷刀具，可以是下列的任何一种：

（1）破损；

（2）如果后刀面在 B 区内（图 6-3）是有规则的磨损，取 $VB=0.3\text{mm}$；

（3）如果后刀面在 B 区内是无规则的磨损、划伤、剥落或有严重的沟痕，取 $VB_{\max}=0.6\text{mm}$。

2. 硬质合金刀具，可以是下列的任何一种：

（1）$VB=0.3\text{mm}$；

(2) 如果后刀面是无规则的磨损，取 $VB_{max}=0.6mm$；

(3) 前刀面磨损量 $KT=0.06+0.3f$，其中 f 为进给量。

第四节　刀具耐用度的经验公式及刀具耐用度的分布

一、切削速度与刀具耐用度的关系

刀具耐用度定义为：由刃磨后开始切削，一直到磨损量达到刀具磨钝标准所经过的总切削时间。对于某一切削加工，当工件、刀具材料和刀具几何形状选定之后，切削速度是影响刀具耐用度的最主要因素。提高切削速度，耐用度就降低。这是由于切削速度对切削温度影响最大，因而对刀具磨损影响最大。因为切削温度对刀具磨损影响很复杂，目前要用理论分析方法导出切削速度与刀具耐用度之间的数学关系，与实际情况不尽符合，所以还是进行刀具耐用度实验来建立它们之间的实验关系式。前面讲过，按 ISO 国际标准对车刀耐用度试验的规定：当切削刃磨损均匀时，取 $VB=0.3mm$；如果磨损不均匀，则取 $VB_{max}=0.6mm$。固定其它切削条件，在常用的切削速度范围内，取不同的切削速度 v_1，v_2，v_3，…，进行刀具磨损试验，得图 6-16 所示的一组磨损曲线。根据规定的磨钝标准，对应于不同的切削速度，就有相应的耐用度 T_1，T_2，T_3，…。在双对数坐标纸上，定出（v_1，T_1），（v_2，T_2），（v_3，T_3），…各点。在一定切削速度范围内，可发现这些点基本上在一条直线上，如图 6-17 所示。这就是刀具磨损耐用度曲线。该直线的方程为

$$\log v = -m\log T + \log C_0$$

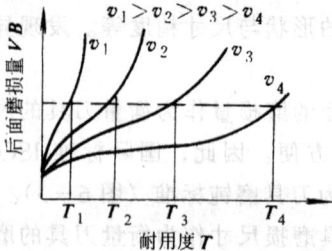

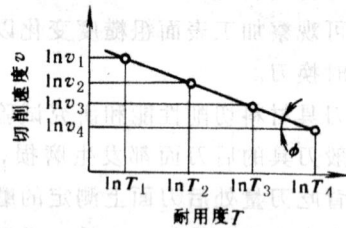

图 6-16　刀具磨损曲线　　　图 6-17　在双对数坐标上的 $v-T$ 曲线

故　　　　　　　　　　　$vT^m=C_0$　　　　　　　　　　（6-2）

式中　v——切削速度（m/min）；

　　　T——刀具耐用度（min）；

　　　m——指数，表示 $v-T$ 间影响的程度；

　　　C_0——系数，与刀具、工件材料和切削条件有关。

上式为重要的刀具耐用度方程式，指数 m 表示 $v-T$ 双对数坐标系中直线的斜率。耐热性愈低的刀具材料，斜率应该愈小，切削速度对刀具耐用度影响愈大。也就是说，切削速度稍稍改变一点，而刀具耐用度的变化就很大。如高速钢刀具，一般 $m=0.1\sim0.125$；硬质合金和陶瓷刀具耐热性高，直线斜率就大，其中硬质合金刀具 $m=0.2\sim0.3$，陶瓷刀具 m 约为 0.4（根据情况，有时 m 近似等于1）。图 6-18 为各种刀具材料加工同一种工件材料（镍—铬—钼合金钢）时的后刀面磨损耐用度曲线，其中陶瓷刀具的耐用度曲线的斜率比硬质合金和高速钢的都大，这是因为陶瓷刀具的耐热性很高，所以在非常高的切削速度下仍然有较高的耐用度。但是在低速时，其耐用度比硬质合金的还要低。

应当指出，在常用的切削速度范围内，在双对数坐标图上，耐用度曲线近似地成一直线，式（6－2）完全适用；但在较宽的切削速度范围进行实验，特别是在低速区内，它就不一定成为直线。同时，这个方程式是以正常磨损为主得到的关系式。对于脆性大的刀具材料，断续切削时经常发生破损，甚至以破损为主，造成损坏，这个方程式就不适用。因此该方程式有具局限性。在低速范围，由于积屑瘤可能不稳定而产生碎片，它会加速刀具磨损，或者突然脱落使刀刃崩碎而降低刀具耐用度；积屑瘤也可能相对稳定一段时间而保护刀刃，减少刀具磨损，增加刀具耐用度。因此，在某一低速区切削时，$v－T$ 关系就不是一个单调函数。如图 6－19 所示，用高速钢刀具切削时，由于积屑瘤影响，耐用度曲线就不是单一的直线。硬质合金刀具在低速区进行实验，也得到相同的结果。

二、进给量和背吃刀量与刀具耐用度的关系

切削时，增加进给量 f 和背吃刀量 a_p，刀具耐用度也要减小。固定其它切削条件，只变化 f 和 a_p，分别得到与 $v－T$ 类似的关系，即

$$\left.\begin{array}{l} fT^{m_1} = C_1 \\ a_p T^{m_2} = C_2 \end{array}\right\} \qquad (6-3)$$

综合式（6－2）和（6－3），可以得到切削用量与耐用度的一般关系：

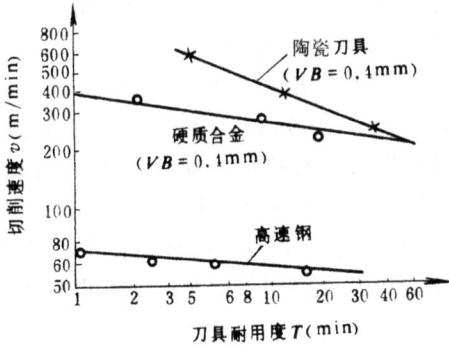

图 6-18　各种刀具材料的耐用度曲线比较[3]
（加工镍－铬－钼合金钢）

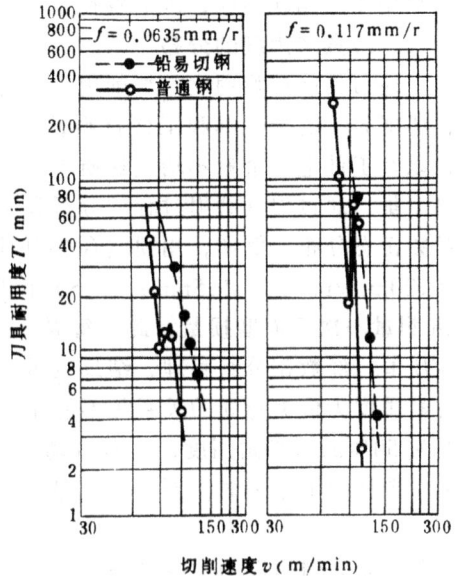

图 6-19　刀具耐用度曲线变化示例[3]

工件：铅易切削钢（0.14％C，0.22％Pb）；刀具：钼高速钢，$\gamma_o = 15°$，$\gamma_\varepsilon = 0.8$mm，$a_p = 2.54$mm；干切削

$$T = \frac{C_T}{v^{\frac{1}{m}} f^{\frac{1}{m_1}} a_p^{\frac{1}{m_2}}}$$

令 $x = \dfrac{1}{m}$，$y = \dfrac{1}{m_1}$，$z = \dfrac{1}{m_2}$，则

$$T = \frac{C_T}{v^x f^y a_p^z} \qquad (6-4)$$

式中　C_T——耐用度系数，与刀具、工件材料和切削条件有关；

x，y，z——指数，分别表示各切削用量对刀具耐用度影响的程度。

用 YT5 硬质合金车刀切削 $\sigma_b = 0.637\text{GPa}$ 的碳钢时，$(f > 0.70\text{mm/r})$ 切削用量与刀具耐用度的关系为：

$$T = \frac{C_T}{v^5 f^{2.25} a_p^{0.75}} \qquad\qquad (6-5)$$

或

$$v = \frac{C_v}{T^{0.2} f^{0.45} a_p^{0.15}} \qquad\qquad (6-6)$$

式中　C_v——切削速度系数，与切削条件有关，其大小可查阅有关手册[9]。由上式可看出，切削速度 v 对刀具耐用度影响最大，进给量 f 次之，背吃刀量 a_p 最小。这与三者对切削温度的影响顺序完全一致。这也反映出切削温度对刀具磨损耐用度有着最重要的影响。

应当注意，上述关系是在一定条件下通过实验求出的。如果切削条件改变，各种因素对刀具耐用度影响就不同，因而各指数、系数就相应地发生变化。

三、刀具耐用度的分布

上述刀具磨损耐用度与切削用量之间的关系是以刀具的平均耐用度为依据建立的。实际上，切削时，由于刀具和工件材料性能的分散性，所用机床及工艺系统动、静态性能的差别、以及工件毛坯余量不均或材质不均等条件的变化，刀具磨损耐用度是存在不同分散性的随机变量。通过刀具磨损过程的分析和实验表明，刀具磨损耐用度的变化规律服从正态分布或对数正态分布。例如，用硬质合金刀具车削中碳钢，干切；切削用量为：$v = 175\text{m/min}$，$f = 0.20\text{mm/r}$，$a_p = 1.5\text{mm}$；以 50 个刀刃进行实验，每次实验开始时，每隔 1、2、4、6min 测量一次后面磨损量；此后每隔 5min 测量一次，切削至 60min 为止；取一定的磨钝标准 VB 值，经数据分组整理，结果表明，刀具磨损耐用度符合对数正态分布。因此，以刀具平均耐用度为依据建立的关系是不能完全符合实际情况的。刀具平均耐用度实际上是刀具可靠度为 50% 的刀具耐用度，这对自动化加工来说，是不符合要求的。在自动化加工或柔性加工中选择切削用量时，要注意到这一点。刀具耐用度分布是分析和确定刀具可靠性的基础[5]。

四、刀具耐用度的试验方法

刀具耐用度的试验方法很多，最常用的标准试验法是在车床上作外圆车削试验，其原理如前所述。试验时使用一定几何参数的刀具，切削一段时间后测量其后刀面磨损带宽度，有时也测量前刀面月牙洼深度。常用的试验材料为钢和铸铁。这种方法的优点是只要严格控制试验条件，就能得到相对地比较准确的结果。进行科研试验和建立切削数据库时，一般都用这种方法，按照 ISO 标准规定的试验条件，进行试验。但必须注意的是，用这种方法试验时，因为工件直径逐渐减小，为保持切削速度不变，应采用带有无级变速装置的车床，以便随工件直径的变化，及时调整主轴转数。

为了节省外圆车削试验法需要的大量人力物力，也可用其它快速试验方法，如端面车削法、放射性同位素法等。

端面法试验时，高速车削一个带孔（约 30～40mm）的大圆盘的端面，由里向外车削，直到车刀急剧磨损为止。根据车刀磨钝时所在的位置的工件直径，可求出 $v-T$ 公式（6-2）中的 m 和 C_0。但这种方法对于高速钢刀具，如果圆盘直径较大，内、外切削速度 v 变化太大，特别是高速切削时的温度太高时，刀具磨损本质将发生变化，这样求出的 m 和 C_0 数值误差较大。同时工件材料内、外性质可能不均，也会影响试验结果。

也可利用生产现场，一面进行实际的切削加工，一面根据所得的数据逐次修正切削条件，以逐步接近合理切削条件。与此同时，求得刀具耐用度公式[8]。

还可用间接的指标，如加工表面粗糙度、切削力与切削温度的大小等来衡量刀具耐用度。这些方法用来对比试验不同刀具几何参数的合理性、不同切削液的效果以及不同工件材料的可加工性等是比较方便的。

第五节　合理耐用度的选用原则

如前所述，切削用量与刀具耐用度有密切关系。在制定切削用量时，应首先选择合理的刀具耐用度，而合理的刀具耐用度则应根据优化的目标而定。一般分最高生产率耐用度和最低成本耐用度两种，前者根据单件工时最少的目标确定，后者根据工序成本最低的目标确定。

一、最高生产率耐用度

最高生产率耐用度是以单位时间生产最多数量产品或加工每个零件所消耗的生产时间为最少来衡量的。

单件工序的工时 t_w 为

$$t_w = t_m + t_{ct}\frac{t_m}{T} + t_{ot} \tag{6-7}$$

式中　　t_m——工序的切削时间（机动时间）；

t_{ct}——换刀一次所消耗的时间；

T——刀具耐用度；

t_m/T——换刀次数；

t_{ot}——除换刀时间外的其它辅助工时。

因为

$$t_m = \frac{l_w\Delta}{n_w a_p f} = \frac{\pi d_w l_w \Delta}{10^3 v a_p f} \tag{6-8}$$

式中　d_w——车削前的毛坯直径（mm）；

l_w——工件切削部分长度（mm）；

Δ——加工余量（mm）；

n_w——工件转数（r/min）。

将式（6-2）代入式（6-8）可得

$$t_m = \frac{\pi d_w l_w \Delta}{10^3 C_o f a_p} T^m \tag{6-9}$$

因为 f 及 a_p 均已选定，故上式除 T^m 外，均为常数，设为 A，即有

$$t_m = AT^m \tag{6-10}$$

将上式代入式（6-7）中：

$$t_w = AT^m + t_{ct}AT^{m-1} + t_{ot} \tag{6-11}$$

要使单件工时最小，可令 $\mathrm{d}t_w/\mathrm{d}T = 0$，即

$$\frac{\mathrm{d}t_w}{\mathrm{d}T} = mAT^{m-1} + t_{ct}(m-1)AT^{m-2} = 0$$

故

$$T = \left(\frac{1-m}{m}\right)t_{ct} = T_p \tag{6-12}$$

此 T_p 即为最高生产率耐用度。

二、最低成本耐用度（经济耐用度）

最低成本耐用度是以每件产品（或工序）的加工费用最低为原则来制定的。每个工件的工序成本 C 为

$$C = t_m M + t_{ct}\frac{t_m}{T}M + \frac{t_m}{T}C_t + t_{ot}M \tag{6-13}$$

式中 M ——该工序单位时间内所分担的全厂开支；

　　　　C_t ——磨刀成本（刀具成本）。

令 $\mathrm{d}C/\mathrm{d}T = 0$，即得最低成本的耐用度为

$$T = \frac{1-m}{m}\left(t_{ct} + \frac{C_t}{M}\right) = T_c \tag{6-14}$$

比较式（6-12）与式（6-14）可知，最高生产率耐用度 T_p 比最低成本耐用度 T_c 要低一些。一般情况下，多采用最低成本耐用度；只有当生产任务紧迫或生产中出现不平衡的薄弱环节时，才选用最高生产率耐用度。

综合分析上述两式和各种具体情况，选择刀具耐用度时，可考虑如下几点：

（1）根据刀具复杂程度、制造和磨刀成本来选择。复杂和精度高的刀具耐用度，应选得比单刃刀具高些。例如普通机床用的高速钢车刀和硬质合金焊接车刀的耐用度取为 60min；齿轮刀具的耐用度则取为 200~400min。

（2）对于机夹可转位车刀和陶瓷刀具，由于换刀时间短，为了充分发挥其切削性能，提高生产效率，耐用度可选得低些，一般取 15~30min。

（3）对于装刀、换刀和调刀比较复杂的多刀机床、组合机床与自动化加工刀具，耐用度应选得高些，特别应保证刀具可靠性。

（4）车间内某一工序的生产率限制了整个车间的生产率提高时，该工序的刀具耐用度要选得低些；当某工序单位时间内所分担到的全厂开支 M 较大时，刀具耐用度也应选得低些。

（5）大件精加工时，为保证至少完成一次走刀，避免切削时中途换刀，刀具耐用度应按零件精度和表面粗糙度来确定。

此外，在柔性加工时，要保证刀具的可靠性和刀具材料切削性能的可预测性，应根据多目标优化后的综合经济效果来选定刀具耐用度。

第六节　刀具的破损

刀具破损和磨损一样，也是刀具主要损坏形式之一。特别是在用脆性大的刀具材料制成的刀具进行断续切削，或者加工高硬度材料等的情况下，刀具的脆性破损就更加严重，据统

计，硬质合金刀具约有 50%～60% 的损坏是脆性破损。陶瓷刀具的破损比例更高。所以对刀具破损必须予以足够重视。脆性的新刀具材料应该试验其抗破损的切削性能。

刀具的破损有早期和后期（加工到一定时间后的损坏）两种。早期破损是切削刚开始或短时间切削后即发生的破损（一般是刀具切削时的冲击次数小于或近于 10^3 次[14]）。这时，前、后刀面尚未产生明显的磨损（一般 $VB \leqslant 0.1\text{mm}$）。用脆性大的刀具材料切削高硬度材料或者断续切削时，最常出现这种破损。后期破损是加工一定时间后，刀具材料因疲劳而引起的破损。

一、刀具脆性破损的形态

硬质合金和陶瓷刀具在切削时，在机械和热冲击作用下，经常发生以下几种形态的破损：

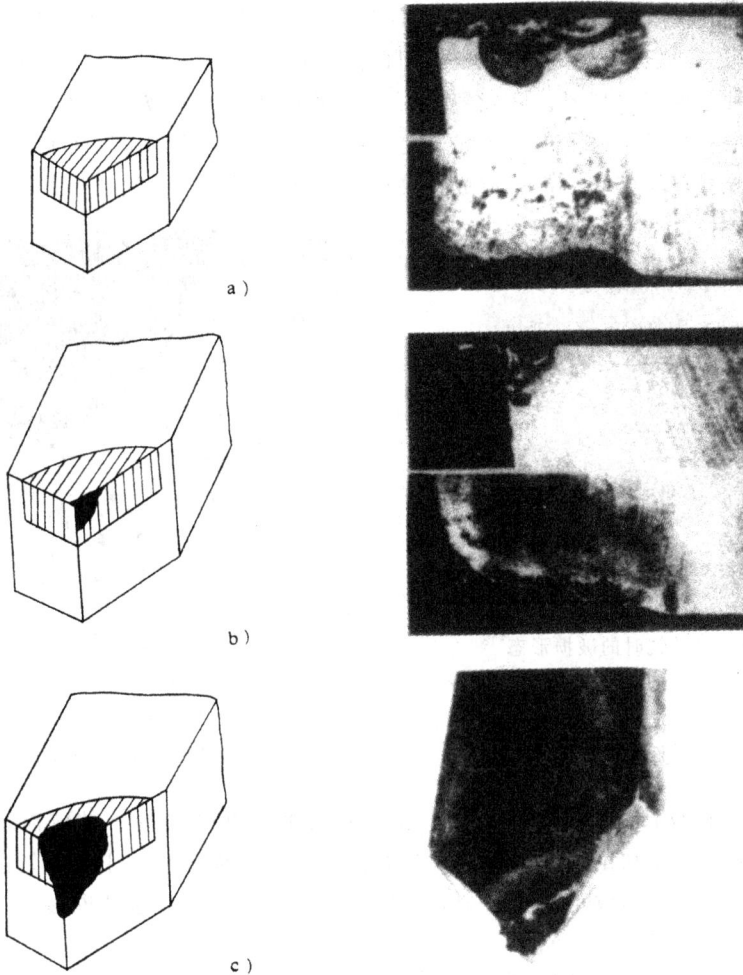

图 6-20　硬质合金端铣刀的脆性破损形态[11]

$\gamma_o = 0°$，$\lambda_s = 0°$，$\alpha_o = 15°$，$\alpha_o = 10°$，$\kappa_r = 60°$，$\kappa'_r = 20°$

a) 崩刃（工件：40Cr 钢；YT5 硬质合金端铣刀；$a_f = 0.4\text{mm/z}$，$v = 20\text{m/min}$，$a_p = 2\text{mm}$）×25

b) 局部碎裂（工件：40Cr 钢；YT5 硬质合金端铣刀；$a_f = 0.32\text{mm/z}$，$v = 175\text{m/min}$，$a_p = 2\text{mm}$）×25

c) 大块断裂（工件：淬硬 40Cr 钢，HRC45；YT5 硬质合金端铣刀；$a_f = 1.6\text{mm/z}$，$v = 85\text{m/min}$，$a_p = 3\text{mm}$）×1.5

1. 崩刃　在切削刃上产生小的缺口。一般缺口尺寸与进给量相当或者稍大一些，刀刃还能继续进行切削。陶瓷刀具切削时，最常发生这种崩刃，而且是早期发生的一种破损。硬质合金刀具断续切削时，也常出现崩刃现象。图 6-20a 的右图表示出了主切削刃上有几个小缺口。

2. 碎断　在切削刃上发生小块碎裂或大块断裂，不能继续正常切削。前者如图 6-20b 所示，刀尖与主切削刃处发生小块碎裂破损，一般还可以重磨修复再使用，硬质合金和陶瓷刀具断续切削时常常出现这种早期破损；后者如图 6-20c 所示，刀尖处发生大块断裂，不可能再重磨使用，多数是断续切削较长时间后，没有及时换刀，因刀具材料疲劳而造成断裂，少数是刚开始切削即发生这种破损。

3. 剥落　在前、后刀面上几乎平行于切削刃而剥下一层碎片，经常连切削刃一起剥落，有时也在离切削刃一小段距离处剥落，根据刀面上受冲击位置不同而变化。这多数是发生在断续切削时的一种早期破损现象。陶瓷刀具端铣时最常见到这种破损（图 6-21）[18]。硬质合金低速断续切削时也发生这种现象，尤其是当刀具有切屑粘结在前刀面上再切入时，或者因积屑瘤脱落而剥去一层碎片，都会造成这种破损。如剥层较厚，就难于重磨再继续使用。

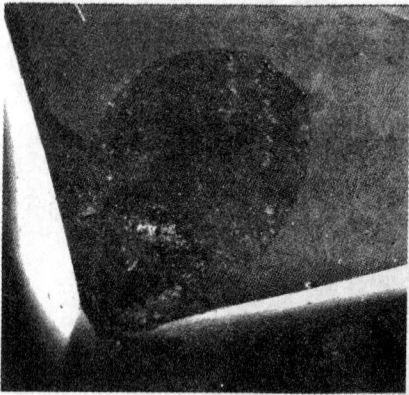

图 6-21　陶瓷刀具端铣时的破损形态[18]
工件：T10A 淬硬钢，HRC58～65；SG-4 陶瓷刀具，$\gamma_o =$
$\gamma_f = -5°$；$v = 141 m/min$，$a_f = 0.05 mm/z$，$a_p = 0.30$
mm×25

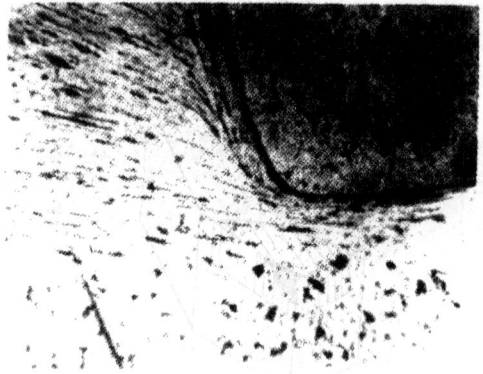

图 6-22　高速钢刀具的塑性破损[6]
工件：10 钢；高速钢刀具：$\gamma_o = 0°$，$\kappa_r = 48°$，
$\kappa'_r = 42°$；$a_p = 1.5 mm$，$f = 0.4 mm/r$，$v = 165 m$
/min×32。图中右上为刀具，左下为工件

4. 裂纹破损　在较长时间断续切削后，由于疲劳而引起裂纹的一种破损。有因热冲击而引起的垂直于或倾斜于切削刃的热裂纹；也有因机械冲击而发生的平行于切削刃或成网状的机械疲劳裂纹。当这些裂纹不断扩展合并，就会引起切削刃的碎裂或断裂。

二、刀具的塑性破损

切削时，由于高温和高压的作用，有时在前、后刀面和切屑（工件）的接触层上，刀具表层材料发生塑性流动而丧失切削能力。这就是刀具的塑性破损。

根据刀具材料性质不同，刀具塑性破损的切削条件各不相同。例如碳素工具钢刀具加工普通钢（切削厚度 $a_c = 0.3～0.4 mm$）时，其破损条件为：切削速度 $v = 10～15 m/min$，此时切削温度达 300℃。在同上述切削厚度下，高速钢刀具的塑性破损条件为 $v = 35～60 m/min$，温度达 700℃；硬质合金刀具为 $v = 350～500 m/min$，温度达 1100～1200℃ 或更高。车削耐热钢时，由于应力大，导热性差，在更低的切削用量下，就可能发生塑性破损。

图 6-22 为高速钢刀具加工 10 钢时，刀具因塑性变形而破损的情况。刀具的前、后刀面材料发生塑性流动，后刀面塑性流动层厚度达 40～60μm。因为在大的切削用量下（v = 165m/min，f = 0.4mm/r，a_p = 1.5mm），接触层的温度很高，接触层的工件材料变形速度很大，使其屈服强度提高很多，但刀具接触层材料变形速度却很低，其屈服强度因高温作用有所降低。因此，作用在刀具上的力就引起表面层塑性变形而使之丧失切削能力。图 6-23 为 YG 硬质合金刀具加热（1200°C）切削钛时，刀具因塑性变形而塌陷的情况。

图 6-23 硬质合金刀具加热切削时的塑性破损[6]
工件：钛，加热至 1200°C；YG8 硬质合金刀具；v = 18m/min，a_c = 0.25mm，a_w = 2.5mm×47

刀具因塑性变形而造成破损的过程如图 6-24 所示。开始时，切削刃由于强度较弱，首先变得圆钝。随后，后刀面接触层塑性流动，致使实际后角变化，有些部分的后角几乎变成零，后刀面接触面积增加；刀具材料继续向后刀面流动，有的就被工件的加工表面带走。前刀面上也发生相同的塑性破损现象。

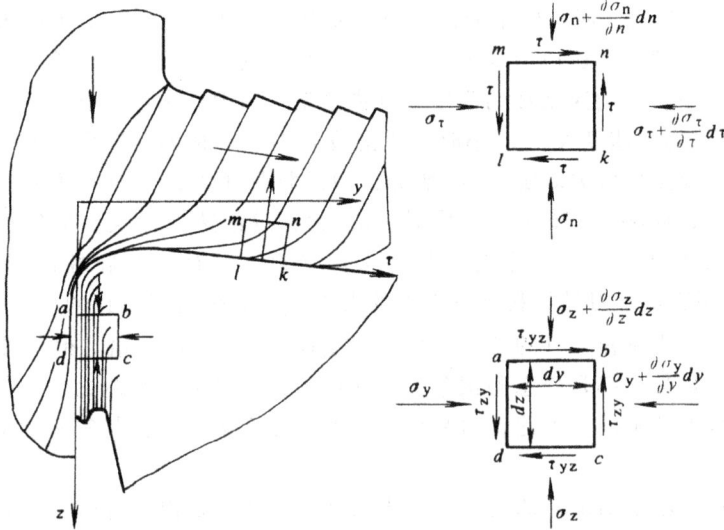

图 6-24 在刀具前、后刀面上接触层一点的应力状态简图[6]

刀具塑性破损直接与刀具材料和工件材料的硬度比有关。硬度比越高，越不容易发生塑性破损。硬质合金刀具的高温硬度高，一般不容易发生这种破损，而高速钢刀具因其耐热性较低，就常出现这种现象。

三、刀具脆性破损的原因

在生产实际中，工件表面层无论其几何形状还是材料的物理、力学性能，都远不是规则和均匀的。例如毛坯几何形状不规矩，加工余量不均匀，表面硬度不均匀，以及工件表面有沟、槽、孔等，所有这一切就使切削加工或多或少地总带有断续切削的性质。还有一些加工方法，如铣削、刨削等，更是属于断续切削。在断续切削条件下，伴随着强烈的机械和热冲击，再加上硬质合金和陶瓷刀具等硬度高、脆性大，是粉末烧结材料，组织可能不均匀，而且可能分布有众多的缺陷和空隙，因此，很容易引起刀具破损，特别是早期破损更为常见。破损的主要原因是冲击、机械疲劳和热疲劳[16]。早期破损是在后刀面尚未产生显著磨损时就发生的破损。此时切削刃承受的切削循环次数还很少，机械疲劳和热疲劳不是主要矛盾，因此，引起早期破损的主要原因是冲击载荷造成的应力超过了刀具材料的强度[18]。

刀具破损是典型的随机现象。前面已经提到，硬质合金和陶瓷刀具等材料为粉末烧结而成，内部含有随机分布的微观缺陷和夹杂物。而且断续切削时受载状态极其复杂，在不同的切削条件下，刀具可能因不断受到大小和位置不同的冲击载荷的作用而损坏。因此，对于刀具破损，如果单纯从理论上由数学和力学方法加以简化，推导发生破损的条件，与实际有较大的出入。但可以对机械和热冲击在刀片（刀具的切削部分）内产生的应力状态做一定的分析计算，以说明刀具发生破损的一些原因。

1. 机械应力　切削时，在机械载荷作用下，刀片内引起很大的应力。应力的大小可用弹性力学的应力函数法、有限元法或光弹性实验法来求解。图6-25为用光弹法得出的刀头内应力分布情况。可以看到：正前角时（图6-25a）有拉、压两个应力区。在前刀面一定区域内受拉应力，而后刀面区受压应力。在前刀面上离刀刃$2\sim2.5$倍的刀—屑接触长度附近，拉应力最大。如果拉应力超过材料的抗拉强度，就会在拉应力区内刀具材料最弱的地方首先发生裂纹或者立即破损。如果减小前角甚至采用负前角，则拉应力区缩小或者全部成为压应力区（图6-25b）。所以较小的前角或负前角（后角一定时，即大的楔角）能提高刀具的抗破损能力。当然，如压应力太大，超过刀具材料的抗压强度，也会发生破损。

在切削用量中，切削速度和切削厚度（进给量）对刀片内应力状态都有影响，其中切削厚度a_c的影响比切削速度大。a_c小时，冲击载荷小，同时集中作用在切削刃附近，刀—屑接触长度短，主要是压应力。随着a_c增加，冲击载荷加大，刀—屑接触长度大，拉应力区和拉应力值加大，如图6-26所示。同时因a_c大，进给速度加快，单位时间的冲击能量增加，所以容易发生破损。对一定的刀具和工件材料，都有一个脆性破损的临界切削厚度$a_{c\,max}$值，它主要决定于刀具材料抗弯强度的大小。一般高速钢刀具的$a_{c\,max}$最大，可为硬质合金刀具的3倍，为陶瓷刀具的$8\sim10$倍，为金刚石刀具的20倍。但应该注意，刀具材料的冲击韧性和抗弯强度都是静态测试条件下获得的强度指标，其测试条件与切削过程中的实际载荷性质有很大的不同。因此，刀具材料的静态强度指标往往与实际的抗破损能力不能完全相符[16]。

刀具的破损与断续切削时的切入和切出条件有关。在切出工件时，比在切入工件时有较大的脆性断裂倾向性[15]。例如端铣淬硬钢时，以对称铣削最好，偏距不大的逆铣也较好，而顺铣最容易发生早期破损，陶瓷刀具更加严重[14]。

断续切削时，刀具受交变载荷的作用，降低了刀具材料的疲劳强度。如图6-27所示，随着载荷循环次数增加，疲劳强度显著降低。因此，在较长时间断续切削之后，容易引起机械疲劳裂纹。

2. 热应力　断续切削时，由于切削与空切的交替变化，刀具表面上的温度发生周期性变化。空切时，前刀面上受冷却而使温度降低，由于冷缩而受拉应力，而切削时因前刀面受热而使温度上升，由于热胀而受压应力。拉、压应力交替作用，致使刀具产生热裂现象。冷、热温度差越大，导热系数越低，越容易产生裂纹。随着切削速度和进给量的增加，最高和最低温度差（即热、冷的温差）也加大。如图6-28所示，切削速度越高，切削温度越高，温差

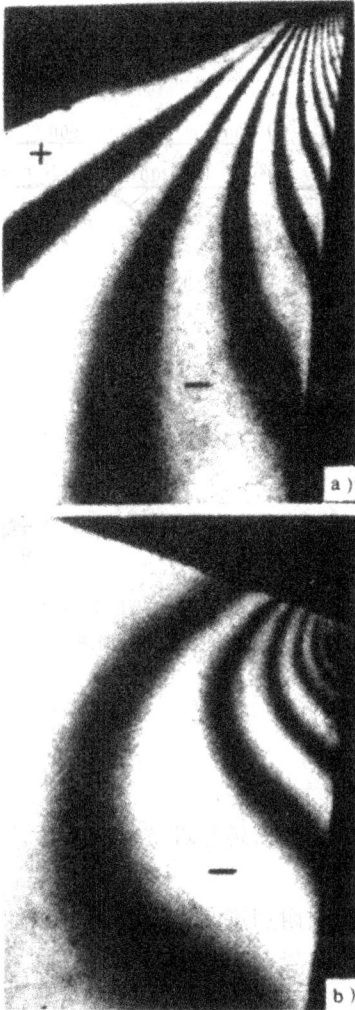

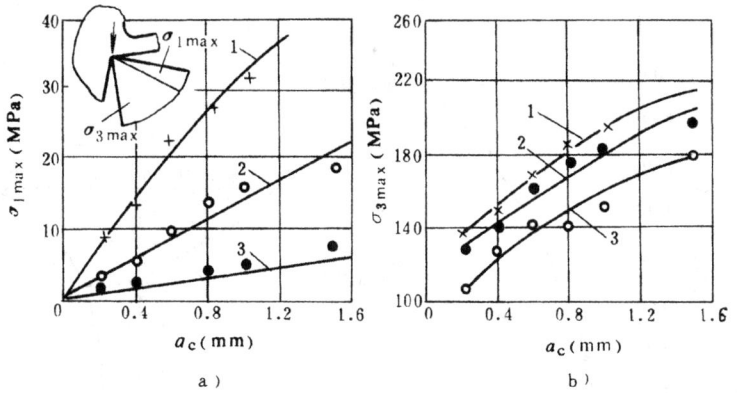

图 6 - 26 主应力与切削厚度的关系[6]

a) 前刀面上主应力 σ_{1max} b) 后刀面上主应力 σ_{3max}

$1 - \gamma_o = +20°$ $2 - \gamma_o = 0°$ $3 - \gamma_o = -20°$

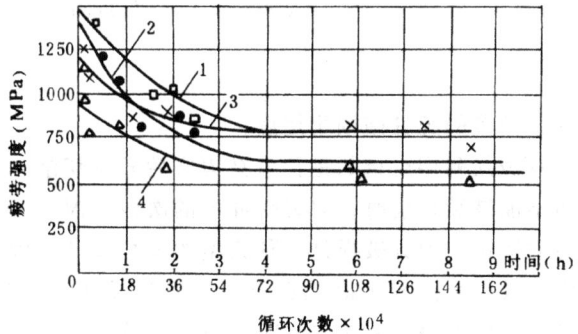

图 6 - 27 硬质合金疲劳试验结果[11]

1—YT5   2—YT15   3—7%（TiC + TaC）+ 15%Co
+ 78%WC   4—7%（TiC + TaC）+ 12%Co + 81%WC

图 6 - 25 切削时,车刀刀头内应力状态[6]

"+"为拉应力区,"－"为压应力区;×9.2;工件:
铅;刀具:环氧树脂;介质:空气;$v = 0.85$m/min

a)$\gamma_o = +20°,\alpha_o = 10°,a_c = 0.2$mm

b)$\gamma_o = -20°,\alpha_o = 10°,a_c = 0.2$mm

越大，热应力增加，容易引起裂纹。图 6－29 所示为陶瓷刀具端铣淬硬钢时的切削温度和热应力的分布情况。空切时，前刀面的拉应力最大，从前刀面到刀片内部逐渐减小。如果前刀面交替发生热胀和冷缩现象引起的应力，超过刀具材料强度，就容易产生裂纹。裂纹通常都是在前刀面上离刀刃有一定距离的最热位置上开始的，然后扩展，横过刀刃，一直发展到后刀面上。硬质合金铣刀就常发现很多这样的裂纹。如果裂纹非常多，可能连接起来，使刀刃破损；也可能引起应力集中，在机械冲击作用下，使刀片断裂。

计算和实验表明，刀具发生早期破损时，热应力的影响较小，主要是机械冲击作用所造成的结果[18]。刀具后期疲劳破损主要是在机械与热冲击作用下，刀具内裂纹失稳扩展所致[7]。

由上述分析可知，为了防止或减少刀具破损，固然要提高刀具材料的强度和抗热震性能，但对一定刀具材料而言，最主要的是选用抗破损能力大的刀具合理几何形状和切削条

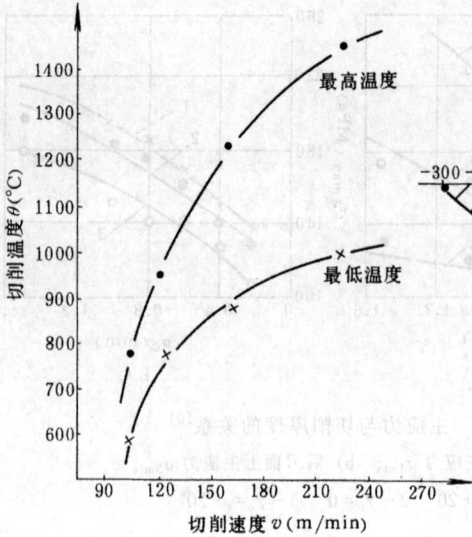

图 6-28 端铣时，切削速度对最高和最低温度的影响[18]
工件：T10A 淬硬钢（HRC58~65）；SC-4 陶瓷刀具，直径
160mm，$\gamma_p = -5°$；$\gamma_f = -5°$；$a_f = 0.05mm/z$，$a_p = 0.30mm$

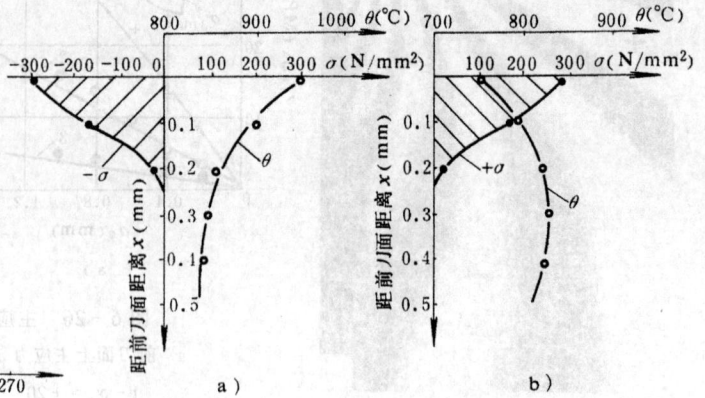

图 6-29 端铣时的切削温度及热应力分析[18]
a) 切削过程 b) 空切过程（切削条件同图 6-28）

件。

四、刀具的脆性破损耐用度

刀具破损耐用度指的是：刀具刃磨后开始切削，一直到尚未达到磨钝标准之前，就发生破损而不能继续切削时，刀刃受冲击的次数（N）。

前面谈过，刀具破损是一种典型的随机现象，因此，刀具破损耐用度是存在不同分散性的随机变量。大样本（60~80 个刀刃）试验表明，硬质合金和陶瓷刀具断续车削钢件时，刀具破损耐用度服从威布尔（Weibull）分布[7][16]，而这两种刀具端铣淬硬钢时则服从对数正态分布，而且 10 个切削刃的试验结果与 60~80 个的相当一致[14]。刀具破损耐用度分布是分析刀具可靠性的基础[5]。

因为刀具达到正常磨钝标准之前，已经发生破损，特别是脆性很大的陶瓷刀具，断续切削很容易发生早期破损，因此不能按磨钝标准决定刀具磨损耐用度与切削条件之间的函数关系〔如式（6-4）所示〕，但是可以通过试验，按刀具破损耐用度分布规律，决定它与切削条件之间的关系。

因为如前所述，10 个切削刃的试验结果与大样本试验结果相当一致，所以，为了节省材料和时间，也可粗略地只试验 10 个切削刃。如果其中有 5 个以内的切削刃发生破损，其余是正常磨损，则仍按磨损耐用度画耐用度曲线，求刀具磨损耐用度与切削条件之间的关系。如果 5 个以上的切削刃发生破损，则应决定其破损耐用度，即先进行试验确定破损耐用度分布规律，求出威布尔分布参数或对数正态分布的均值与方差，以评价破损耐用度的长短。在不同切削条件下进行试验，就可以得到刀具破损耐用度与切削条件之间的关系[14]。

思 考 题

1. 加工材料不同对刀具磨损形态有什么影响？

2．刀具磨损的主要原因是什么？刀具材料不同，其磨损原因是否相同，为什么？

3．刀具磨钝标准是什么意思？它与哪些因素有关？

4．刀具磨损过程可分为几个阶段？各阶段的特点是什么？

5．何谓粘结磨损与扩散磨损？影响它们的主要因素是什么？

6．切削用量对刀具磨损有何影响？在 $vT^m = C_0$ 关系中，指数 m 的物理意义是什么？不同刀具材料的 m 值为什么不同？

7．刀具磨损耐用度和刀具破损耐用度是什么意思？为什么它们具有随机的特性？

8．刀具破损有哪几种形态？刀具材料对破损形态有什么影响？

9．刀具破损的原因是什么？它与刀具磨损的原因有什么本质上的区别？减少刀具破损的主要措施有哪些？

10．何谓最高生产率耐用度和最低成本耐用度？粗加工和精加工所选用的耐用度是否相同，为什么？

参 考 文 献

1　中山一雄．切削加工论．日本：コロナ社，1978

2　竹山秀彦．切削加工，日本：丸善株式会社，1980

3　臼井英治著．切削磨削加工学．高希正等译．北京：机械工业出版社，1983

4　布思罗伊德 G 著．金属切削加工的理论基础．山东工学院机制教研室译．山东：山东科学技术出版社 1980

5　艾兴，李兆前．金属切削刀具可靠性的研究．中国高校金属切削研究会第四届学术年会科研论文集．北京：机械工业出版社，1991

6　洛拉得泽 TH 著．切削刀具的强度和耐磨性．艾兴等译．北京：机械工业出版社，1988

7　艾兴，夏传波．陶瓷刀具断续车削钢时破损判据的研究．机械工程学报，1989．No. 3

8　华南工学院，甘肃工业大学主编．金属切削原理及刀具设计（上册）．上海：上海科学技术出版社，1981

9　艾兴，萧诗纲．切削用量手册．北京：机械工业出版社，1984

10　特伦特 EM 著．金属切削．仇启源等译．北京：机械工业出版社，1980

11　БЕТАНЕЛИ АИ．Прочность и Надежность Режущего Инструмента．Мащиностроение，1973

12　奥斯塔费耶夫 ВА 著．刀具动态强度计算．喻怀仁译．北京：机械工业出版社，1983

13　Ai. S, Li. Z. Q. Study on Fracture of Cemented Carbide Tool in Intermittent Turning. International Conference on Computer – Aided Production Engineering. Edinburgh – April, 1986

14　萧虹，艾兴．陶瓷刀具端铣淬硬钢时的破损规律研究山东工业大学学报，1984，No1

15　Shaw M C. Fracture of Metal Cutting Tools. Annuals of the CIRP Vol. 28/1, 1979

16　葛革，艾兴．评价断续车削淬硬钢时硬质合金刀片抗早期破损能力的一个新参数，机械工程学报 1983 No2

17　浙江大学数学系．概率论与数理统计．北京：人民教育出版社，1979

18　萧虹，艾兴．陶瓷刀具端铣淬硬钢时的破损原因探讨．山东工业大学学报，1984，No2

19　SuchNP. Frictional Characteristics of Oxide – treated and Untreated TungstenCarbide Tools. Trans. ASME Series B, Vol.93, No.2, 1971

第七章 工件材料切削加工性

在切削加工中，有些工件材料容易切削，而有一些工件材料却很难切削。从工件材料方面来分析，是哪些因素影响着切削加工的难易程度，又如何改善和提高切削加工性呢？解决这些问题对提高生产率和加工质量有着重要意义。

第一节 工件材料切削加工性的概念和衡量指标

工件材料切削加工性（Machinability）是指在一定切削条件下，对工件材料进行切削加工的难易程度。

由于切削加工的具体情况和要求不同，所谓难易程度就有不同内容。比如：粗加工时，要求刀具的磨损慢和加工生产率高；而在精加工时，则要求工件有高的加工精度和较小的表面粗糙度。显然，这两种情况下所指的切削加工难易程度是不相同的。此外，如普通机床与自动化机床，单件小批与成批大量生产，单刀切削与多刀切削等等，都使衡量切削加工性的指标不相同，因此切削加工性是一个相对的概念。

既然切削加工性是相对的，衡量切削加工性的指标就不能是唯一的。因此，一般把切削加工性的衡量指标归纳为以下几个方面：

1. 以加工质量衡量切削加工性 一般零件的精加工，以表面粗糙度衡量切削加工性，易获得很小的表面粗糙度的工件材料，其切削加工性高。

对一些特殊精密零件以及有特殊要求的零件，则以已加工表面变质层的深度、残余应力和硬化程度来衡量其切削加工性。因为变质层的深度、残余应力和硬化程度对零件尺寸和形状的稳定性以及导磁、导电和抗蠕变等性能有很大的影响。

2. 以刀具耐用度衡量切削加工性 以刀具耐用度来衡量切削加工性，是比较通用的，这其中包括：

（1）在保证相同的刀具耐用度的前提下，考察切削这种工件材料所允许的切削速度的高低；.

（2）在保证相同的切削条件下，看切削这种工件材料时刀具耐用度数值的大小；

（3）在相同的切削条件下，看保证切削这种工件材料时达到刀具磨钝标准时所切除的金属体积的多少。

最常用的衡量切削加工性的指标是：在保证相同刀具耐用度的前提下，切削这种工件材料所允许的切削速度，以 v_T 表示。它的含义是：当刀具耐用度为 T（min 或 s）时，切削该种工件材料所允许的切削速度值。v_T 越高，则工件材料的切削加工性越好。一般情况下可取 $T = 60$min；对于一些难切削材料，可取 $T = 30$min 或 $T = 15$min。对于机夹可转位刀具，T 可以取得更小一些。如果取 $T = 60$min，则 v_T 可写作 v_{60}。

3. 以单位切削力衡量切削加工性 在机床动力不足或机床—夹具—刀具—工件系统刚性不足时，常用这种衡量指标。

4．以断屑性能衡量切削加工性　在对工件材料断屑性能要求很高的机床，如自动机床、组合机床及自动线上进行切削加工时，或者对断屑性能要求很高的工序，如深孔钻削、盲孔镗削工序等，应采用这种衡量指标。

综上所述，同一种工件材料很难在各种衡量指标中同时获得良好的评价。因此，在生产实践中，常采用某一种衡量指标来评价工件材料的切削加工性。

生产中通常使用相对加工性来衡量工件材料的切削加工性。所谓相对加工性是以强度 $\sigma_b = 0.637\text{GPa}$ 的 45 钢的 v_{60} 作为基准，写作 $(v_{60})_j$，其它被切削的工件材料的 v_{60} 与之相比的数值，记作 k_v，即相对加工性：

$$k_v = v_{60} / (v_{60})_j$$

各种工件材料的相对加工性 k_v 乘以在 $T = 60\text{min}$ 时的 45 钢的切削速度 $(v_{60})_j$，则可得出切削各种工件材料的可用切削速度 v_{60}。

目前常用的工件材料，按相对加工性可分为 8 级，如表 7-1 所示。由表 7-1 可知：k_v 越大，切削加工性越好；k_v 越小，切削加工性越差。

表 7-1　工件材料切削加工性等级[2]

加工性等级	名称及种类		相对加工性 k_v	代表性工件材料
1	很容易切削材料	一般有色金属	>3.0	5-5-5 铜铅合金，9-4 铝铜合金，铝镁合金
2	容易切削材料	易削钢	2.5~3.0	退火 15Cr $\sigma_b = 0.373~0.441\text{GPa}$ 自动机钢 $\sigma_b = 0.392~0.490\text{GPa}$
3		较易削钢	1.6~2.5	正火 30 钢 $\sigma_b = 0.441~0.549\text{GPa}$
4	普通材料	一般钢及铸铁	1.0~1.6	45 钢，灰铸铁，结构钢
5		稍难切削材料	0.65~1.0	2Cr13 调质 $\sigma_b = 0.8288\text{GPa}$ 85 钢轧制 $\sigma_b = 0.8829\text{GPa}$
6	难切削材料	较难切削材料	0.5~0.65	45Cr 调质 $\sigma_b = 1.03\text{GPa}$ 60Mn 调质 $\sigma_b = 0.9319~0.981\text{GPa}$
7		难切削材料	0.15~0.5	50CrV 调质，1Cr18Ni9Ti 未淬火，α 相钛合金
8		很难切削材料	<0.15	β 相钛合金，镍基高温合金

第二节　影响工件材料切削加工性的因素及改善切削加工性的途径

（一）影响工件材料切削加工性的因素

影响工件材料切削加工性的因素很多，下面就工件材料的物理力学性能、化学成分、金相组织以及加工条件对切削加工性的影响加以说明。

1．工件材料的硬度对切削加工性的影响

（1）工件材料常温硬度的影响　一般情况下，同类材料中硬度高的加工性低。材料硬度高时，切屑与前刀面的接触长度减小，因此前刀面上法应力增大，摩擦热量集中在较小的刀－屑接触面上,促使切削温度增高和磨损加剧。工件材料硬度过高时,甚至引起刀尖的烧损及崩刃。

对含 C0.2%的碳素钢 (115HBS)、中碳镍铬钼合金钢 (190HBS)、淬火回火后的中碳镍铬钼合金钢 (300HBS)、淬火及回火后的中碳镍铬钼高强度钢 (400HBS) 进行 $v-T$ 关系的切削试验,得曲线如图 7-1 所示。

(2) 工件材料高温硬度对切削加工性的影响 工件材料的高温硬度愈高,切削加工性愈低。刀具材料在切削温度的作用下,硬度下降。工件材料的高温硬度高时,刀具材料硬度与工件材料硬度之比下降,这对刀具的磨损有很大的影响。高温合金、耐热钢的切削加工性低,这是一个重要的原因。

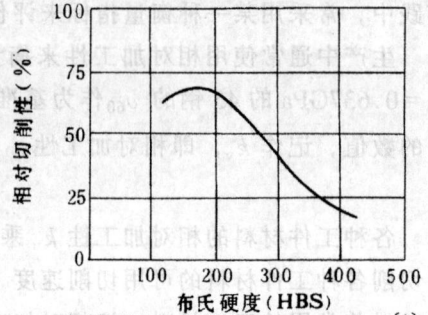

(3) 工件材料中硬质点对切削加工性的影响

图 7-1 各种硬度工件材料的 $v-T$ 关系[1]

工件材料中硬质点愈多,形状愈尖锐,分布愈广,则工件材料的切削加工性愈低。硬质点对刀具的磨损作用有二:其一是硬质点的硬度都很高,对刀具有擦伤作用;其二是工件材料晶界处微细硬质点能使材料强度和硬度提高,这使切削时对剪切变形的抗力增大,使材料的切削加工性降低。

(4) 材料的加工硬化性能对切削加工性的影响 工件材料的加工硬化性能愈高,则切削加工性愈低。某些高锰钢及奥氏体不锈钢切削后的表面硬度,比原始基体高 1.4~2.2 倍。材料的硬化性能高,首先使切削力增大,切削温度增高;其次,刀具被硬化的切屑擦伤,副后面产生边界磨损;第三,当刀具切削已硬化表面时,磨损加剧。

2. 工件材料的强度对切削加工性的影响 工件材料的强度包括常温强度和高温强度。

工件材料的强度愈高,切削力就愈大,切削功率随之增大,切削温度因之增高,刀具磨损增大。所以在一般情况下,切削加工性随工件材料强度的提高而降低。

合金钢与不锈钢的常温强度和碳素钢相差不大,但高温强度却比较大,所以合金钢及不锈钢的切削加工性低于碳素钢。

3. 工件材料的塑性与韧性对切削加工性的影响 工件材料的塑性以伸长率 δ 表示,伸长率 δ 愈大,则塑性愈大。强度相同时,伸长率愈大,则塑性变形的区域也随之扩大,因而塑性变形所消耗的功也愈大。

工件材料的韧性以冲击韧度 a_K 值表示。a_K 值大的材料,表示它在破断之前所吸收的能量愈多。

这两项指标经常容易混淆。从前面的分析可以清楚地知道,塑性大的材料在塑性变形时因塑性变形区域增大而使塑性变形功增大;韧性大的材料在塑性变形时,塑性区域可能不增大,但吸收的塑性变形功却增大。因之塑性和韧性增大,都导致同一后果,即塑性变形功增大,尽管原因不同。

同类材料,强度相同时,塑性大的材料切削力较大,切削温度也较高,而易与刀具发生粘结,因而刀具的磨损大,已加工表面也粗糙。所以工件材料的塑性愈大,它的切削加工性也愈低。有时为了改善高塑性材料的切削加工性,可通过硬化或热处理来降低塑性(如进行冷拔等塑性加工使之硬化)。

但塑性太低时,切屑与前刀面的接触长度缩短太多,使切屑负荷(切削力和切削热)都集中在刀刃附近，将促使刀具磨损加剧。由此可知，塑性过大或过小都使切削加工性下降。

材料的韧性对切削加工性的影响与塑性相似。韧性对断屑的影响比较明显，在其它条件相同时，材料的韧性愈高，断屑愈困难。

4．工件材料的导热系数对切削加工性的影响　工件材料的导热系数对切削温度的影响，已在第五章加以分析。在一般情况下，导热系数高的材料，它们的切削加工性都比较高；而导热系数低的材料，切削加工性都低。但导热系数高的工件材料，在加工过程中温升较高，这对控制加工尺寸造成一定困难，所以应加以注意。

5．化学成分对切削加工性的影响

（1）钢的化学成分的影响　为了改善钢的性能，钢中可加入一些合金元素如铬（Cr）、镍（Ni）、钒（V）、钼（Mo）、钨（W）、锰（Mn）、硅（Si）和铝（Al）等。

其中 Cr，Ni，V，Mo，W，Mn 等元素大都能提高钢的强度和硬度；Si 和 Al 等元素容易形成氧化铝和氧化硅等硬质点使刀具磨损加剧。这些元素含量较低时（一般以 0.3% 为限），对钢的切削加工性影响不大；超过这个含量水平，对钢的切削加工性是不利的。

钢中加入少量的硫、硒、铅、铋、磷等元素后，能略略降低钢的强度，同时又能降低钢的塑性，故对钢的切削加工性有利。例如硫能引起钢的红脆性，但若适当提高锰的含量，可以避免红脆性。硫与锰形成的 MnS 以及硫与铁形成的 FeS 等，质地很软，可以成为切削时塑性变形区中的应力集中源，能降低切削力，使切屑易于折断，减小积屑瘤的形成，从而使已加工表面粗糙度减小，减少刀具的磨损。硒、铅、铋等元素也有类似的作用。磷能降低铁素体的塑性，使切屑易于折断。

根据以上的事实，研制出了含硫、硒、铅、铋或钙等的易削钢。其中以含硫的易削钢用得较多。

图 7-2 是各种化学元素对结构钢切削加工性影响的大致趋势。

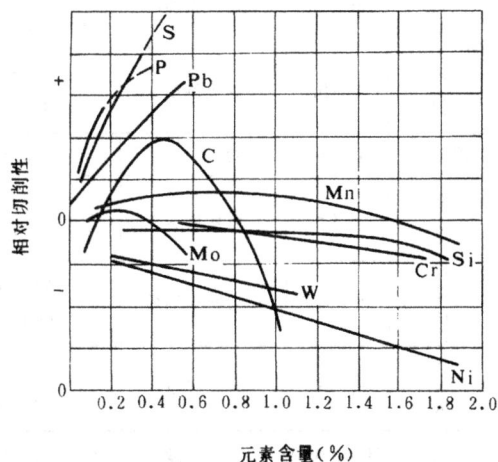

图 7-2　各元素对结构钢切削加工性的影响[1]
＋表示切削加工性改善　－表示切削加工性变坏

表 7-2 上指出了几种常用结构钢车削时的相对加工性。

（2）铸铁的化学成分的影响　铸铁的化学成分对切削加工性的影响，主要取决于这些元素对碳的石墨化作用。铸铁中碳元素以两种形式存在：与铁结合成碳化铁，或作为游离石墨。石墨硬度很低，润滑性能很好，所以碳以石墨形式存在时，铸铁的切削加工性就高；而碳化铁的硬度高，加剧刀具的磨损，所以碳化铁含量愈高，铸铁的切削加工性愈低。因此应该按结合碳（碳化铁）的含量来衡量铸铁的加工性。铸铁的化学成分中，凡能促进石墨化的元素，如硅、铝、镍、铜、钛等都能提高铸铁的切削加工性；反之，凡是阻碍石墨化的元素，如铬、钒、锰、钼、钴、磷、硫等都会降低切削加工性。

6．金属组织对切削加工性的影响　金属的成分相同，但组织不同时，其力学物理性能也不同，自然也使切削加工性不同。

（1）钢的不同组织对切削加工性的影响　图 7-3 为各种金属组织的 $v-T$ 关系。一般情况

表 7 - 2　几种常用结构钢车削时的相对加工性[1]

钢种	钢号	热处理方式	抗拉强度 σ_b (GPa)	相对加工性 K_v		切削力修正系数
				高速钢车刀 $T=60$（min）	硬质合金车刀 $T=90$（min）	
碳素钢	8	正火或高温回火	0.313~0.411	0.88	0.88	1.0
	20	正火或轧制	0.411~0.539	1.0	1.0	1.0
	30	正火	0.441~0.539	2.0	2.0	0.75
	45	调质	0.637~0.727	1.25	1.25	0.95
		退火	0.588~0.686	1.25	1.25	0.9
		调质	0.686~0.784	1.0	1.0	1.0
		调质	0.784~0.833	0.83	0.83	1.05
	50	调质	0.833	0.77	0.77	1.10
	80	轧制	0.882	0.70	0.70	1.15
铬钼钢	30CrMo	正火调质	0.686~0.784	1.1	1.20	1.0
			0.882~0.980	0.77	0.73	1.2
锰钢	50Mn	退火调质	0.686~0.784	0.88	0.88	0.9
			0.833~0.931	0.70	0.70	1.15
镍铬钢	30CrNi3	调质	0.882~0.980	0.77	0.77	1.20
铬钢	45Cr	退火调质	0.784	1.0	0.93	1.03
			1.039	0.65	0.60	1.30
铬锰硅钢	30CrMnSi	正火回火调质	0.637~0.727	1.05	1.1	0.95
			0.980~1.078	0.55	0.60	1.30
铬钒钢	50CrV	退火调质	0.882	0.83	0.83	1.15
			1.274~1.372	—	0.40	1.15

下，铁素体的塑性较高，珠光体的塑性较低。钢中含有大部分铁素体和少部分珠光体时，切削速度及刀具耐用度都较高。纯铁（含碳量极低）是完全的铁素体，由于塑性太高，其切削加工性十分低，切屑不易折断，切屑易粘结在前刀面上，已加工表面的粗糙度极大。

珠光体呈片状分布时，刀具在切削时，要不断与珠光体中硬度为 800HBW 的 Fe_3C 接触，因而刀具磨损较大。片状珠光体经球状化处理后，组织为"连续分布的铁素体 + 分散的碳化物颗粒"，刀具的磨损较小，而耐用度较高。因此在加工高碳钢时，希望它有球状珠光体组织。切削马氏体、回火马氏体和索氏体等硬度较高的组织时，刀具磨损大，耐用度很低，宜

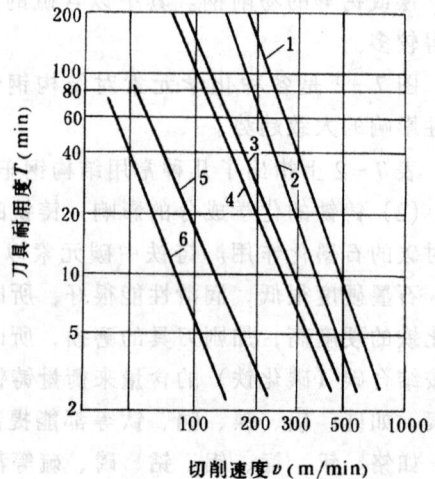

图 7 - 3　钢的各种金属组织的 $v - T$ 关系[2]
1—10%珠光体　2—30%珠光体　3—50%珠光体　4—100%珠光体　5—回火马氏体 300HBS　6—回火马氏体 400HBS

选用很低的切削速度。

如果条件允许，可用热处理的方法改变金属组织来改善金属的切削加工性。

（2）铸铁的金属组织对切削加工性的影响 铸铁按金属组织来分，有白口铁、麻口铁、珠光体灰铸铁、灰铸铁、铁素体灰铸铁和各种球墨铸铁（包括可锻铸铁）等。

白口铁是铁水急骤冷却后得到的组织，它的组织中有少量碳化物，其余为细粒状珠光体。珠光体灰铸铁的组织是珠光体及石墨。灰铸铁的组织为较粗的珠光体、铁素体及石墨。铁素体的灰铸铁的组织为铁素体及石墨。球墨铸铁中碳元素大部分以球状石墨的形态存在，这种铸铁的塑性较大，切削加工性也大有改进。

铸铁的组织比较疏松，内含游离石墨，塑性和强度也都较低。铸铁表面往往有一层带型砂的硬皮和氧化层，硬度很高，对粗加工刀具是很不利的。切削灰铸铁时常得到崩碎切屑，切削力和切削热都集中作用在刀刃附近，这些对刀具都是不利的，所以加工铸铁的切削速度都低于钢的切削速度。

铸铁的相对加工性如表 7-3 所示。

表 7-3 铸铁的相对加工性[1]

铸铁种类	铸 铁 组 织	硬 度 HBS	伸 长 率 δ（%）	相对加工性 K_v
白 口 铁	细粒珠光体 + 碳化铁等碳化物	600	—	难切削
麻 口 铁	细粒珠光体 + 少量碳化铁	263	—	0.4
珠光体灰铸铁	珠光体 + 石墨	225	—	0.85
灰 铸 铁	粗粒珠光体 + 石墨 + 铁素体	190	—	1.0
铁素体灰铸铁	铁素体 + 石墨	100	—	3.0
球墨铸铁（或可锻铸铁）	石墨为球状（白口铁经长时间退火后变为可锻铸铁，碳化物析出球状石墨）	265	2	0.6
		215	4	0.9
		207	17.5	1.3
		180	20	1.8
		170	22	3.0

微量稀土元素对金属的力学物理性能及组织有很大的影响，所以稀土元素对切削加工性的影响，应该另行分析。

7. 切削条件对切削加工性的影响 切削条件特别是切削速度对材料加工性有一定的影响。例如[12]在用硬质合金刀具切削铝硅压模铸造合金（铝—硅—铜、铝—硅、铝—硅—铜—铁—镁等）时，在低的切削速度范围内，当工件材料不同时，对刀具磨损几乎没有重要的不同影响。但在切削速度提高时，高硅含量的促进磨损效应变得重要起来，每增加1%含量的硅，$v-T$ 关系曲线（在对数坐标上）的陡度增加4.2°。对于超共晶合金来说，试验证明有一个切削速度提高的限度，该限度决定于伪切屑的出现。伪切屑是由于工件材料的热力超负荷所致，常在刀具后刀面与工件间出现，这将使已加工表面粗糙度严重变坏。

（二）改善工件材料切削加工性的途径

工件材料切削加工性往往不符合使用部门的要求，为改善工件材料切削加工性以满足加工部门的需要，在保证产品和零件使用性能的前提下，应通过各种途径，采取措施达到改善切削加工性的目的。比较常用的措施有两项：

1. 调整工件材料的化学成分，以改善切削加工性　在大批量生产中，应通过调整工件材料的化学成分来改善切削加工性。如上所述，工件材料的化学成分能影响切削加工性，若在钢中适当添加一些化学元素，如 S、Pb 等，能使钢的切削加工性得到改善，这样的钢就成为易切钢，易切钢的良好切削加工性主要表现在：切削力小、容易断屑，且刀具耐用度高，加工表面质量好。

易切钢中的添加元素几乎都不能与钢基体固溶，而是以金属或非金属夹杂物的状态分布，在基体中，就是这些夹杂物使切削加工性得以改善。

2. 通过热处理改变工件材料的金相组织和物理力学性能以改善切削加工性　如上所述，金属组织能影响工件材料切削加工性，通过热处理可以改变工件材料金相组织和物理力学性能，因此能改善其切削加工性。下面举例说明：

高碳钢和工具钢的硬度偏高，且有较多的网状和片状渗碳体组织，较难切削。通过球化退火，可以降低它的硬度，并能得到球状渗碳体组织，因而改善了切削加工性。

低碳钢的塑性过高，也不好切削。通过冷拔或正火处理，可以适当降低其塑性，提高硬度，使其切削加工性得到改善。

马氏体不锈钢通常要通过调质处理，以便降低塑性，使其切削加工性变好。

热轧状态的中碳钢，组织不均匀，有时表面还有硬皮，也不容易切削。通过正火处理可以使其组织和硬度均匀，而改善了切削加工性。有时中碳钢也可退火后加工。

铸铁件一般在切削前都要进行退火，目的是降低表层硬度，消除内应力，以求改善其切削加工性。

第三节　某些难加工材料的切削加工性

随着科学技术的发展，对机械产品及其零部件的使用性能要求越来越高，制造这些机械产品及其零部件所使用的材料，很多都是难加工的，例如自 40 年代以来不断涌现出的新工程材料，诸如：制造喷气发动机、原子能发电站用材料，空间探索、海底探测及地壳勘探用器件的材料等，这些材料的物理力学性能上的特点是：(1) 强度高，特别是高温强度及抗蠕变强度高；(2) 抗氧化能力高，特别是抗高温氧化能力高；(3) 耐低温等。为了满足这些要求，材料中含有大量的合金元素，因而使切削加工困难。世界各主要发达国家对难加工材料的切削加工性的研究很广泛，所取得的成果也较多。

本节将简要介绍耐磨钢、高强度钢、不锈钢、高温合金、钛合金及难熔金属的切削加工性的一些特点。

表 7-4 给出几种难加工材料的相对加工性及各项因素的影响。

一、高锰钢的切削加工性

钢的锰含量在 11%～14% 时，称为高锰钢。当高锰钢全部都是奥氏体组织时，才能获得较好的使用性能（如韧性、强度及无磁性等），因此又称为高锰奥氏体钢。常用的有高碳高锰耐磨钢和中碳高锰无磁钢。高锰钢是很难切削的。

切削加工困难的主要原因是加工硬化严重和导热性低。高锰钢在切削加工过程中，因塑性变形而使奥氏体组织转变为细晶粒马氏体组织，硬度由原来的 180～220HBS 提高到 450～

表7-4 某些难加工材料的相对加工性和各项因素的影响[3]

材料	牌号举例	用途举例	硬度	高温强度	高硬质点	加工硬化	与刀具粘结	化学亲合性	热导性能	相对切削加工性
高锰钢	ZGM13 40Mn18Cr3	耐磨零件如掘土机铲斗、拖拉机履带板、电机中无磁锰钢	1~2	1	1~2	4	2	1	4	0.2~0.4
高强度钢 低合金	30CrMnSiNi2A 18CrMn2MoBA	高强度零件，如轴、高强度螺栓、起落架	3~4	1	1	2	1	1	2	0.2~0.5
高强度钢 中合金	4Cr5MoSiV	高强度构件、模具	2~3	2	2~3	2	1	1	2	0.2~0.45
马氏体时效钢		高强度结构零件	4	2	1	1	1	1	2	0.1~0.25
不锈钢 析出硬化	0Cr17Ni7Al 0Cr15Ni7Mo2Al	高强度耐蚀零件	1~3	1	1	2	1~2	1	3	0.3~0.4
不锈钢 奥氏体	1Cr18Ni9Ti Cr14Mn14Ni3Ti	耐高温高强度高温（550℃以下）工作的零件	1~2	1~2	1	3	3	2	3	0.5~0.6
不锈钢 马氏体	2Cr13 Cr17Ni2	弱腐蚀介质中工作的高强度零件	2~3	1	1	2	1	2	2	0.5~0.7
不锈钢 铁素体	0Cr13 Cr17	强腐蚀介质中工作的零件	1	1	1	1		2	2	0.6~0.8
高温合金 铁基	GH36, GH135; K13, K14	燃气轮机涡轮盘、涡轮叶片、导向叶片、燃烧室及其高温承力件及紧固件	2	2~3	2~3	3	3	2	3~4	0.15~0.3
高温合金 镍基	GH33, GH49, K3, K5		2~3	3	3	3~4	3~4	3	3~4	0.08~0.2
钛合金 α相	TA7, TA8, TA2	比强度高、热强度高、耐蚀在航空、造船、化工及医药工业中应用	2	1	1	2		4	4	0.4~0.6
钛合金 (α+β)相	TC4, TC6, TC9									0.28~0.24
钛合金 β相	TB1, TB2									0.24~0.30

注：各项因素恶化切削加工性的程度，按次序为为1、2、3、4。

500HBW。高锰钢的导热系数约为 45 钢的 1/4，因此切削温度高。此外高锰钢的韧性约为 45 钢的 8 倍，伸长率较大，这不但使切削力增大，而且使切屑强韧，不易折断，因此对刀具材料提出了很高的强度和韧性要求。高锰钢的伸长率随温度的升高有所下降，但超过 600℃ 时又很快增长。故切削速度不能过高，否则过高的切削温度会使伸长率增大，切削加工更加困难。

高锰钢的线膨胀系数约为 $20 \times 10^{-6}/℃$，与黄铜差不多。在切削温度作用下，工件局部很快膨胀，影响加工精度，因此，尺寸精度要求高的工件应特别注意。

高锰钢车削时，宜选用强度和韧性较高的硬质合金。为减小加工硬化，刀刃应保持锋利。为增强刀刃和改善散热条件，可选用前角 $\gamma_o = -5° \sim 5°$，并磨出负倒棱 $b_{\gamma 1} = 0.2 \sim 0.8mm$，$\gamma_{o1} = -5° \sim -15°$。后角宜选用较大数值，通常取 $\alpha_o = 8° \sim 12°$。主偏角 $\kappa_r = 45°$，副偏角 $\kappa'_r = 10° \sim 20°$。如工艺系统刚性高时，主、副偏角可选取小一些。刃倾角 $\lambda_s = -3° \sim -5°$。如果前角为较大正值时，则刃倾角的绝对值必须增大，数值应在 $-20° \sim -30°$，其原因将在第十章说明。

切削高锰钢时，切削速度不宜太高，一般取 $v = 20 \sim 40m/min$，由于加工硬化的严重，进给量和切削深度不宜过小，以免刀刃在硬化层中切削。进给量应大于 0.16mm/r，一般 $f = 0.2 \sim 0.8mm/r$；背吃刀量在粗车时，$\alpha_p = 3 \sim 6mm$，半精车时 $\alpha_p = 1 \sim 3mm$。

为提高切削效率，可用加热（例如用等离子电弧）切削法。这时效率可提高 7 ~ 10 倍，表面粗糙度可大为减小。

二、高强度钢的切削加工性

高强度钢的室温强度较高，抗拉强度在 1.177GPa 以上，有的国外资料[3][9]认为抗拉强度在 1.470GPa 以上。低合金和中合金高强度钢，经淬火及回火获得所需的高强度及硬度，硬度为 40 ~ 58HRC。高的室温硬度和强度是影响切削加工性的主要因素。高强度钢的高硬组织在切削时，使刀刃的应力增大，切削温度升高，刀具磨损加剧。所以高强度钢在退火状态下比较容易切削。Cr、Ni、Mo、V 和 Mn 等元素能使淬硬深度增加，所以它们对切削加工性有一定影响。

马氏体时效钢，含 Ni 17% ~ 19%；Co 7% ~ 9%；Mo 4% ~ 6% 及 Ti 0.5% ~ 1%。在 800 ~ 850℃ 淬火后，并经 480 ~ 500℃ 时效（老化）后，这一类钢具有足够高的强度及塑性：$\sigma_b = 1.862 \sim 2.058GPa$，$\delta = 8\% \sim 12\%$，$\psi = 40\% \sim 60\%$，$\alpha_K = 0.392 \sim 0.598MJ/m^2$。如果 Co 含量增大到 12% ~ 16%，Mo 到 8% ~ 10%，Ni 到 12% ~ 13%，时效处理后可达 $\sigma_b = 2.744GPa$，$\delta = 8\%$，$\psi = 42\%$，62HRC。所以马氏体时效钢应在退火状态下进行切削。

根据资料〔9〕介绍，切削高强度钢所用的切削速度反比于其强度的平方。

根据高强度钢的性质和切削过程的特点，切削加工时应考虑的共同问题是：

(1) 为避免引起振动，要求工艺系统有足够的刚性，刀具的悬伸量应尽量小；

(2) 选择刀具材料时，如使用硬质合金，应选用强度大、耐热冲击的牌号。选用高速钢时，应选用高温硬度高的高钒高钴高速钢；或者为了减少崩刃，选用碳化物细小均匀的钼系高速钢；

(3) 为了防止崩刃，增强刀刃，前角应选小值或选负值，刀刃的粗糙度应该很小，刀刃刃形上不应有尖角，尖角必须用圆弧代替，刀尖圆弧半径 r_ε 应在 0.8mm 以上；

(4) 切削速度应是普通结构钢的 1/8 ~ 1/2 左右，进给量不宜过小（如不小于 0.05mm/r）；

（5）应充分冷却，使用硬质合金刀具时不宜使用水溶性切削液，以免刀刃承受较大的热冲击，引起崩刃。

车削时，荒车及粗车一般应在退火或退火状态下进行。这时由于强度及硬度仍然较高，前角应该选用较小的数值，倒棱前角 $\gamma_{o1} = -5° \sim -10°$；如果 $f < 0.06$mm/r 时，$\gamma_{o1} = 3° \sim 5°$。后角应选大一些，$\alpha_o = 10°$。注意断屑问题，宜用角度型断屑台。

当材料强度 $\sigma_b = 1.47 \sim 1.666$GPa 时，可用切削速度 $v = 40 \sim 65$m/min。材料强度增大时，可按表 7 - 5 修正（按切削速度反比于材料强度的平方的规律）。

表 7 - 5　高强度钢切削速度的修正[9]

工件材料抗拉强度 σ_b (GPa)	≈1.666	1.764	1.96	2.156
切削速度修正系数	1	0.9	0.75	0.65

用高速钢刀具时，切削速度很低，一般可用 $v = 3 \sim 10$m/min。

三、不锈钢的切削加工性

不锈钢按其组织可分为：铁素体不锈钢、马氏体不锈钢；奥氏体不锈钢、析出硬化不锈钢。铁素体与马氏体不锈钢为导磁材料，其它两种为非磁性材料。

铁素体不锈钢是不锈钢中切削加工性最高的一种，它的切削加工性与合金结构钢相似。奥氏体不锈钢的 Cr、Ni 含量大。Cr 能提高不锈钢的强度及韧性，使不锈钢具有与刀具粘结的倾向；Ni 能稳定奥氏体组织。奥氏体组织塑性大，容易产生加工硬化，此外，导热性能也很低（约为 45 钢的 1/3），所以奥氏体不锈钢较难切削。马氏体不锈钢淬火后的硬度和强度都较高，切削也比较困难；而未经调质的马氏体不锈钢（如 2Cr13），虽可用较高的切削速度，但很难获得较小的粗糙度。析出（沉淀）硬化不锈钢是经一定的热处理后，从晶体内析出颗粒极小的碳化物等细微杂质的不锈钢。这类不锈钢对晶界腐蚀不敏感，但因析出（沉淀）硬化后，机械强度提高，韧性提高，难以进行塑性变形，所以硬化后切削是很困难的，所以应在硬化处理前进行加工。

根据不锈钢的性质和切削加工的特点，切削加工时应考虑的共同性问题是：

（1）因切削力大，切削温度高，刀具材料应选用强度高、导热性好的硬质合金；

（2）为使切削轻快，应选用较大的前角，较小的主偏角；

（3）为避免出现粘结现象，前刀面和后面应仔细研磨，以保证较小的表面粗糙度；也可用较高的切削速度或极低的切削速度；

（4）不锈钢的切屑强韧，故应对断屑、卷屑、排屑采取相应的、可靠的措施；

（5）不锈钢的导热性能低，切削区域的温度高，加之线膨胀系数较大，容易产生热变形，精加工时容易影响尺寸精度；

（6）工艺系统的刚性应尽可能高。

车削不锈钢时，可用前角 $\gamma_o = 25° \sim 30°$，或 $\gamma_o = 20° \sim 25°$（对强度、韧性、硬度较大的不锈钢）；后角 $\alpha_o = 10° \sim 12°$（精车），$\alpha_o = 6° \sim 10°$（粗车）；倒棱 $b_{\gamma 1} = 0.05 \sim 0.2$mm（精车），$b_{\gamma 1} = 0.1 \sim 0.3$mm（粗车）。断屑槽可以与刀刃平行，也可做成角度型（角度 2° \sim 4°）。刀具材料一般都选用细晶粒的 YG 硬质合金。不锈钢的车削用量如表 7 - 6 所示。

表 7-6 不锈钢的车削用量[3]

工件材料	车外圆及镗孔						切断		
	v (m/min)		f (mm/r)		a_p (mm)		v (m/min)		f (mm/r)
	工件直径 (mm)		粗加工	精加工	粗加工	精加工	工件直径 (mm)		
	≤20	>20					≤20	>20	
奥氏体不锈钢 (1Cr18Ni9Ti 等)	40~60	60~110	0.2~0.8①	0.07~0.3	2~4	0.2~0.5②	50~70	70~120	0.08~0.25
马氏体不锈钢 (2Cr13, ≤250HBS)	50~70	70~120	0.2~0.8①	0.07~0.3	2~4	0.2~0.5②	60~80	80~120	0.08~0.25
马氏体不锈钢 (2Cr13, >250HBS)	30~50	50~90	0.2~0.8①	0.07~0.3	2~4	0.2~0.5②	40~60	60~90	0.08~0.25
析出硬化不锈钢	25~40	40~70	0.2~0.8①	0.07~0.3	2~4	0.2~0.5②	30~50	50~80	0.08~0.25

注: 刀具材料: YG8;

① 粗镗时: $f = 0.2 \sim 0.5$ mm/r;

② 精镗时: $a_p = 0.1 \sim 0.5$ mm。

四、高温合金的切削加工性

高温合金按基体金属可分为铁基高温合金, 镍基高温合金和钴基高温合金。

1. 铁基高温合金 我国常用的铁基高温合金牌号有 GH36 (4Cr12Ni8Mn8MoVNb) 及 GH135 (Cr15Ni35W2Mo2Al2.5Ti2) 等, 这些都是变形铁基高温合金。还有铸造铁基高温合金如 K13、K14 等。

铁基高温合金的抗氧化性能不如镍基合金, 高温强度不如钴基合金, 但比较容易切削, 价格也较为低廉。

铁基高温合金的组织是奥氏体, 但比之于奥氏体不锈钢, 表 7-4 所列各项影响切削加工性的因素对降低切削加工性的作用更为严重。所以铁基高温合金的相对加工性仅为奥氏体不锈钢的 1/2 左右。

改善铁基高温合金切削加工性的热处理方法是 "退火" 处理。退火处理可使铁基高温合金的 "奥氏体—碳化物" 型组织的固溶体稳定性增加, 在切削加工时碳化物少析出或不析出, 从而使硬化减少, 改善了切削加工性。

2. 镍基高温合金 镍基高温合金又分为变形合金和铸造合金两种。常用的变形合金的牌号是 GH33 (Cr20Ni77AlTi2.5), 铸造合金的牌号是 K3 (17Cr12Ni68W5Mo4Co5Al5Ti3) 等。奥氏体不锈钢仅在 650℃ 以下具有抗氧化性, 在温度更高的工作条件下, 应该采用镍基高温合金。

镍基高温合金导热性低, 加工硬化严重, 切削时与刀具粘结现象严重, 故切削非常困难。影响高温合金切削加工性的因素有: γ' 相 (金属间化合物, 是高温合金的主要强化相) 数量的多少、材料的真实强度 S_b (特别是高温时的真实强度)、材料的伸长率 δ 及收缩率 ψ。γ' 相数量越多, S_b 愈大, δ 和 ψ 愈大, 则切削加工愈困难。铸造合金较变形合金切削加工性差; 镍基合金较铁基合金切削加工性差。

镍基高温合金在切削时, 硬化程度可达 200%~500%, 因此剪切面上切应力高, 切削力大, 可达 45 钢的 2~3 倍。切削温度也很高, 可高达 750~1000℃。

因此在切削高温合金时，应十分注意降低切削温度和减少加工硬化。切削镍基高温合金时应该考虑的共同问题是：

1. 刀具的刀刃应该始终保持锋利。前角应为正值，但不能过大，后角一般应稍大一些。

2. 切削用量的合理选择很重要，一般是低切削速度，中等偏小的进给量，较大的背吃刀量。应该使刀刃在冷硬层以下进行切削。

镍含量对镍基高温合金的切削速度影响很大。镍含量较低时，切削速度可稍高一些。例如含镍 60% 时，$v = 13 \text{m/min}$；含镍 50% 时，$v = 20 \text{m/min}$；含镍 45% 时，$v = 26 \text{m/min}$。

3. 应该选择合适的切削液。对于镍基高温合金应避免使用含硫的切削液，否则会对工件造成应力腐蚀，影响零件的疲劳强度。

4. 工艺系统刚性要高，机床功率应足够大。

硬质合金车刀切削高温合金时的几何参数可参照表 7 - 7。

表 7 - 7　镍基高温合金用车刀几何参数[3]

工　件　材　料		前　角　γ_o	后　角　α_o	刀尖圆角半径 r_ε (mm)
变形合金	粗　　车	0°～5°	10°～14°	0.5～0.8
	精　　车	5°～8°	14°～18°	0.3～0.5
铸　造　合　金		≈10°	≈10°	≈1

改善镍基高温合金切削加工性的一个办法是进行"淬火"处理。镍基高温合金的基体是"奥氏体—金属间化合物"，淬火加热时，可使合金内部的金属间化合物转变为固溶体。"淬火"的迅速冷却使金属间化合物析出较少。这样的组织，可使切削力减小，从而改善切削加工性。

五、钛合金的切削加工性

钛合金是一种"比强度"（强度/密度）和"比刚度"（刚度/密度）较高，在温度 550℃以下耐蚀性很高的材料。它是应用很广的飞行器结构材料，也应用于造船、化工等行业。

钛合金从金属组织上可分为 α 相钛合金（包括工业纯钛）、β 相钛合金、$(\alpha + \beta)$ 相钛合金。硬度及强度按 α 相、$(\alpha + \beta)$ 相、β 相的次序增加，而切削加工性按这个次序下降。

钛合金的切削加工性是较低的，其原因如下：

1. 钛合金导热性能低，切屑与前刀面的接触面积很小，致使切削温度很高，可为 45 钢切削温度的 2 倍。

2. 钛合金在 600℃ 以上的温度时，与气体发生剧烈的化学作用。吸收气体的钛层的硬度显著上升，钛与氧、氮产生间隙固溶体，对刀具有强烈的磨损作用。

3. 钛合金塑性较低，特别是和周围的气体发生化学变化后，硬度增高，剪切角增大，切屑与前刀面的接触长度很小，使前刀面上应力很大，刀刃容易发生破损。

4. 钛合金的弹性模量低，弹性变形大，接近后刀面处工件表面的回弹量（弹性恢复）大，所以已加工表面与后刀面的接触面积特别大，摩擦也比较严重。切削过程的这种特点使某些工序，如丝锥攻螺纹、铰孔及拉削（特别是花键拉削）等特别困难。

根据钛合金的性质和切削过程的特点，切削时应考虑的共同问题是：

1．尽可能使用硬质合金刀具，以提高生产率，应该选用与钛合金亲和力小，导热性能良好的、强度高的细晶粒钨钴类硬质合金。成形和复杂刀具可选用高温性能好的高速钢。

2．为增大切屑与前刀面的接触长度，以提高耐用度，应采用较小的前角。后角应比切普通钢的大。刀尖采用圆弧过渡刃，刀刃上避免有尖角出现。

3．刀刃的粗糙度应尽可能小，以保证排屑流畅和避免崩刃。

4．切削速度宜低，背吃刀量可以较大，进给量应适当。进给量过大易引起刀刃的烧损；进给量过小时，将因刀刃在加工硬化层中工作而磨损过快。

5．应进行充分冷却，慎用含氯的极压切削液（切削温度超过 260℃ 时，不宜使用）。在使用含氯的切削液时，使用后应将工件充分清洗，以防止应力腐蚀。

6．工艺系统应有足够的刚度和功率。

钛合金车削时，车刀的几何参数和切削用量等可参考表7-8、表7-9和表7-10等选用。

表 7-8　车削钛合金的车刀几何参数[3]

工　　序	材料强度 σ_b (GPa)	γ_o	α_o	$\alpha_o{}'$	κ_r	$\kappa_r{}'$	λ_s	刀尖圆角半径 r_ε (mm)
荒车	≤1.176	5°	10°		45°~70°		0	2~3
	>1.176	0~5°	6°~8°				0~5°	
粗车	≤1.176	5°	10°	6°~8°		6°	0	1~2
	>1.176	0~5°	6°~8°				0~3°	
精车	≤1.176	5°	15°		75°~90°		0	0.5
	>1.176	5°	6°~8°					

表 7-9　不同 a_p、f 组合时的最佳切削速度[3]

a_p (mm)	1				2				3		
f (mm/r)	0.10	0.15	0.20	0.30	0.10	0.15	0.20	0.30	0.10	0.20	0.30
v (m/min)	60	52	43	36	49	40	34	28	44	30	26

表 7-10　车削钛合金的切削用量（用硬质合金刀具）[3]

工　　序	材料强度 σ_b (GPa)	背吃刀量 a_p (mm)	进给量 f (mm/r)	切削速度 v (m/min)
荒　车	≤0.931 (95)	大于氧化皮厚度	0.10~0.20	25~30
	0.931<σ_b≤1.176		0.08~0.15	16~21
	>1.176		0.07~0.12	8~13
粗　车	≤0.931	>2	0.20~0.40	40~50
	0.931<σ_b≤1.176		0.20~0.30	26~34
	>1.176		0.20~0.30	13~23
精　车	≤0.931	0.08~0.5	0.10~0.20	74~93
	0.931<σ_b≤1.176		0.07~0.15	52~60
	>1.176		0.07~0.15	24~43

切削其它难加工材料（如轻金属和难熔金属）时，切削速度可参考表7-11选取。

表 7-11　几种难加工材料的可用切削速度[13]

难加工材料		硬　度 HBS	高速钢刀具车削 v（m/min）	硬质合金刀具车削 v（m/min）	高速钢钻头钻削 v（m/min）
合　金　钢		300	25	165	23
奥氏体不锈钢		160	30	100	10
马氏体不锈钢		200	35	150	25
轻合金	Ti-8Al-1Mo-1V	320	15	50	13
	锆（Zr）		65	150	25
	铍（Be）		30	100	13
铁基高温合金		200	13	40	6
镍基高温合金		250	5	13	5
钴基高温合金		200	8	25	10
难熔金属	铌（Cb）	150	15		25
	钼（Mo）	200		100	25
	钽（Ta）	150	15		13
	钨（W）	250		65	50

注：1．车削上述材料 $a_p = 2.5$mm，$f = 0.25$mm/r；

车削铌、钽、钼时 $a_p = 1.25$mm，$f = 0.125$mm/r；

车削时的刀具耐用度 $T = 30$min。

2．钻削进给量是钻头直径的 $\frac{1}{100}$（mm/r）；

钻削深度为钻头直径的 2 倍时，钻头耐用度为可钻 50 个孔。

综上所述，提高难切削材料切削加工性的途径有：

1．选择合适的刀具材料，这是最重要的方面，详见"刀具材料"一章；

2．对工件材料进行相应的热处理，尽可能在最适宜的组织状态下进行切削；

3．提高机床—夹具—刀具—工件这一工艺系统的刚性，提高机床的功率；

4．刀具表面应该仔细研磨，达到尽可能小的粗糙度，以减少粘结，减少因冲击造成的微崩刃；

5．合理选择刀具几何参数，合理选择切削用量；

6．对断屑、卷屑、排屑和容屑给予足够的重视；

7．注意使用切削液，以提高刀具耐用度。

应该指出[11]：当前工程材料方面研究工作的方向，是指向发展在高温和低温下具有更高强度和抗腐蚀性的金属和合金材料、新的高分子合成材料、粉冶材料、陶瓷及其它无机材料、复合材料和涂层材料；现已着重发展（1）用于核动力和燃烧循环过程的材料和（2）用于计算机传感器和微电子器件等有关信息传递的材料。可以看出，新工程材料发展的特点是：首先是工程材料本身的结构愈来愈复杂，而每单位制成品的重量愈来愈减轻；其次是工程材料的应用必需考虑到使材料加工成形每单位体积所需要的能量。

现代机械制造业仍然沿用以材料力学为基础的单刃或多刃刀具的切削加工；这种方法虽

然仍是不可代替的，但存在着工件被加工成形时能量利用率很低，和难于适应超级耐热合金、非结晶金属和复合材料的加工等缺点。新的工程材料都是具有高性能的，它们有着特高的力学特性、化学特性和其它特性。因此，必须应用更多的物理的、化学的和材料科学的现代知识，来开发新的制造技术，例如开发与切削加工相配合的复合加工工艺，以适应新材料发展的挑战。

第四节 非金属材料切削加工性简介

非金属材料切削加工的难易程度，因其种类的不同而差异很大。下面仅介绍几种较难加工的非金属材料的切削加工性。

一、陶瓷材料的切削加工性

陶瓷材料的种类很多，按性能和用途可分为：

（1）普通陶瓷（传统陶瓷） 是指在日用、建筑、艺术、卫生、电工和化工等方面使用的陶瓷；

（2）特种陶瓷（精细陶瓷） 又分为结构陶瓷（高强度陶瓷和高温陶瓷）及功能陶瓷（磁性、介电、半导体、光学和生物陶瓷等）两类。

机械工程中应用较多的主要是精细陶瓷。因此下面仅就精细陶瓷的切削加工性加以简要介绍。

精细陶瓷材料切削加工的特点是：

（1）由于精细陶瓷材料的硬度和强度均较高，所以在切削加工时，一般情况下只有使用金刚石或立方氮化硼刀具才能胜任，或者采用磨削方式。因为磨削时其径向分力 F_y 远大于切向分力 F_z，所以要求机床刚度较高。

精细陶瓷（例如含 95% ~ 99% $\alpha - Al_2O_3$ 陶瓷或加 Cr 的 $\alpha - Al_2O_3$ 陶瓷）的磨削过程[10]包括：（1）弹性变形和有限塑性变形过程；（2）裂纹的生长和扩展过程；（3）磨屑形成过程，即裂纹的扩展导致沿晶或穿晶断裂，形成磨屑。其磨屑形态为：（1）粒状或块状磨屑，其大小约与晶粒尺寸相同；（2）小颗粒集团状磨屑，这是磨削隐晶质陶瓷的磨屑特征，其大小为 2~3μm；（3）粉状磨屑，是受到磨料严重压碎作用而成的。

影响精细陶瓷表面粗糙度的因素[10]很多，如磨床的刚度和精度、陶瓷材料的材质特性，以及砂轮特性等等。在固定机床及工件的条件下，其加工表面粗糙度随磨料粒径及工件速度的增加而增加，随光磨次数的增加而降低，其中磨料粒径对加工粗糙度影响最大（参考"磨削"一章）。试验表明，粗磨陶瓷表面有大量的裂纹、气孔分布，其裂纹深度可在 1~2 倍陶瓷晶粒的尺度内；精磨陶瓷表面主要是粘性流动形成的连续或不连续的变质层，其上分布有残留裂纹，裂纹层的厚度可在数微米范围内；研磨后，陶瓷表面的裂纹大为减少，表面致密光滑，并有清晰的微细加工条纹，其表面缺陷层厚度大约 1μm 左右。

（2）由于精细陶瓷材料的韧性低，脆性大，切削时刀具的磨损和破损严重，刀具耐用度很低。

从上述特点可知，对精细陶瓷材料进行切削加工是困难的，这就需要认真选择合适的切削用量，表 7-12 列出了几种加工精细陶瓷材料的切削用量推荐值。

切削加工精细陶瓷材料还有用等离子加热和复合振动等高效切削方法的。

表 7 - 12　几种精细陶瓷材料切削加工的切削用量推荐值

表 7 - 12　几种精细陶瓷材料切削加工的切削用量推荐值

陶瓷材料	显微硬度（MPa）	切削速度 v（m/min）	背吃刀量 a_p（mm）	进给量 f（mm/r）	备　　注
Al_2O_3	~23000	30~80	~0.2	0.12	荒切、湿切
Si_3N_4	10000~16000 8000~10000	10~50 50~80	~0.5 ~0.2	0.05 0.20	用圆刀片干切 用圆刀片湿切
ZrO_2	10000~12000	50~100 200~400	~0.1 0.2~0.3	0.20 ~0.05（mm/z）	湿　　切 铣削、湿切

二、复合材料的切削加工性

近 30 多年来，随着航空、航天、汽车、船舶以及核工业的发展，对材料性能的要求不断提高，传统的单一组元材料往往不再能满足强度、韧性、重量和稳定性等方面的特殊要求，因而促进了一些新的复合材料的出现。

所谓复合材料是用两种或两种以上物理与化学性质不同的物质，人工制成的多组元（相）固体材料，因此复合材料是多组元（相）体系。

复合材料的全部组成相有两类：基体相和增强相。基体相起粘结作用；增强相起提高强度和刚度的作用。

复合材料可以分为结构复合材料和功能复合材料两大类，以结构复合材料应用为多。结构复合材料又分两种：一种是以聚合物为基，尤以树脂（环氧树脂和酚醛树脂）为基的居多；另一种是以金属（铝及其合金、高温合金、钛合金和镍合金等）或陶瓷为基。

按增强相又可把复合材料分为：细粒复合材料、短纤维复合材料、连续纤维复合材料和层迭复合材料等。下面简要说明纤维复合材料即纤维增强材料的切削加工性。

纤维增强材料的切削加工特点是：

（1）纤维增强材料的切削层是在剪切与弯曲的联合作用下去除的，切削功率大；还有纤维增强材料的弹性模量多比钢材低，切削时将产生较大的弹性变形，增大了与刀具间的摩擦，将生成大量的摩擦热；此外纤维增强材料的导热系数比金属低，切削时产生的热量不容易很快散出，因此切削纤维增强材料时的切削温度很高。

（2）切削纤维增强材料时不仅切削温度很高，而且集中在刀具刀刃附近很小的区域内。加上纤维的弹性恢复及粉末状的切削剧烈擦伤刀具表面，特别是在切削强度较高的纤维增强材料时，在刀具后面垂直于切削刃的方向上，会产生线隙形沟条状磨损，好象丝线快速擦过梳齿时留下的集中磨损沟痕一样，因此刀具磨损快，刀具耐用度低。

（3）由于纤维角 θ（纤维方向与轴线间的夹角）不同，以及增强纤维和基体树脂的线膨胀系数不同，使切削加工后的表面易产生残余应力，且不易达到较高的表面质量和精度要求。

（4）由于切削温度高会使基体树脂软化变质，所以切削纤维增强材料时，必须严格限制切削速度，即必须把切削温度控制在一定范围内，并且不能随意使用切削液，以免吸入液体后影响材料的使用性能。

表 7 - 13 列出了两种纤维增强材料的切削条件，供参考。

表 7 - 13　纤维增强材料切削条件参考值

工件材料	1. 玻璃纤维增强材料（GFRP） 2. 碳纤维增强材料（CFRP） 　管材：外径×内径为　①$\phi50mm\times\phi28mm$ 　　　　　　　　　　　　②$\phi122mm\times\phi102mm$ 纤维角 $\theta_1=54°$；$\theta_2=60°$ 纤维含有率 64.5%
刀具材料	1. 硬质合金：P20、M10、K10 2. 白色 Al_2O_3 陶瓷（CW）、黑色 Al_2O_3 陶瓷（CB） 3. 金属陶瓷（含 TiC、TiN、TaN） 　　其中以硬质合金 K10 为较好
刀具几何参数	可转位车刀：$\gamma_o=-5°$、$\lambda_s=-5°$、$\alpha^\circ=\alpha'_o=5°$ $\kappa_r=\kappa'_r=15°$、$r_\varepsilon=0.8mm$
切削用量	端面切削、湿切； 切削速度　$v=25\sim50m/min$； 背吃刀量　$a_p=1.0mm$；进给量　$f=0.1mm/r$

三、工程橡胶的切削加工性

工程橡胶种类很多，一般所说的工程橡胶是指软橡胶（或称熟橡胶），是工业上应用最广泛的一种，它是用不同性能的生橡胶加入各种添加剂（也称配合剂）后制成的，具有不同硬度和性能的橡胶制品。

另外一种工程橡胶是硬质橡胶（或称硬橡胶），它与软橡胶不同的是：它是由含 25% ～ 50% 硫磺的生橡胶，经硫化后制成的；它具有比软橡胶高的硬度和强度，还具有优良的电绝缘性和耐酸、碱的高度稳定性。

工程橡胶除具有导电性差、强度低等特点外，还具有弹性大、回弹性强等特点；硫化后的硬橡胶具有较好的物理力学性能。

切削工程橡胶时必须充分注意考虑到它的回弹性强这一特点。所选用的刀具的刀刃越锋利越好，这有利于减少切削热和回弹给切削加工带来的影响。若用标准钻头钻削工程橡胶，钻后孔径尺寸缩小，且表面粗糙；当钻头将要钻透时，还可能产生撕裂现象，为此，必须把钻头修磨成群钻型式，同时应采用负前角（$\gamma_o=-6°$）和大后角（$\alpha_f=30°$）车削工程橡胶时，车刀刀刃象刮脸刀那样锋利才好；且应采用较高的切削速度（如用硬质合金车刀切削；$v=100m/min$），使橡胶在来不及变形或变形较小的状态下，完成切削加工。

一般切削工程橡胶可不使用切削液，若切削温度过高时，也可使用水进行冷却。

切削工程橡胶时尺寸精度比较难于掌握，这一点应当注意解决。

四、工业搪瓷的切削加工性

工业搪瓷亦称搪玻璃，它是把基本成分为玻璃的瓷釉，经多次喷涂烧结（800～900℃）在钢制胎体（厚度为 1～2mm）上而成的。

工业搪瓷具有良好的耐腐蚀性和电绝缘性，且价格低廉，在化工和制药行业中得到了广泛应用；它可以用来代替不锈钢、有色金属或一些特殊合金，如化工厂中的一些对压力和精度要求不高的反应罐和贮罐，就是重要的工业搪瓷制品。

工业搪瓷制品的最大缺点是精度低，且很难进行机械加工，因此，不能有效地实现动态密封，以致造成反应罐里的有害物质跑、冒、滴、漏，这不但影响产品的回收率，还将严重地污染环境。

原苏联在 70 年代末，首先提出了用金刚石砂轮磨削工业搪瓷制品表面的工艺，但成本太高；80 年代中期，哈尔滨工业大学等进行了工业搪瓷制品磨削加工的试验研究，提出了采用 SiC 砂轮代替金刚石砂轮磨削工业搪瓷制品的新工艺。

五、石材的切削加工性

石材种类繁多，就其生成和来源分类，有天然和人造两大类。用于建筑装修和机械平台的，必须经过机械加工的天然石材有：大理石、花岗石等，此外还有人造大理石以及水磨石等人造石材。

天然大理石和花岗石由于有美丽的花纹被广泛用于高级豪华的建筑装修上；又由于其具有绝缘性和绝热性好以及线膨胀系数小的特点，近年来在机械制造业中，越来越多地得到应用。

天然大理石和花岗石的力学性能见表 7-14。

表 7-14　几种天然大理石和花岗石的力学性能

石材种类		组　　　成	密　度 (t/m^3)	硬　度 Hs	抗压强度 σ_{bc}（MPa）	抗弯强度 σ_{bb}（MPa）
天然花岗石	泰安绿	石英、SiO_2	2.82	98.5	217.6	28.8
	长岗花	长石 正长石：K、Al 的硅酸盐 斜长石：Na、Ca、Al 等硅酸盐	2.68	110.2	180.9	21.9
	古山红	云母 白云母 黑云母 K、Al、Fe、Mg 的硅酸盐	2.68	101.5	167.0	19.3
	笔山石	含 SiO_2 约 60%～70%　　云母＜5%	2.73	97.3	180.4	21.6
	济南青	余者为 Ca、Mg、Al、Fe 等氧化物	3.07	79.8	262.2	37.5
天然大理石	汉白玉	白云石　CaMg $(CO_3)_2$	2.87	42.9	156.4	19.1
	东北红	方解石 $CaCO_3$	2.77	54.9	127.9	16.1
	雪花白	主要为 CaO，MgO SiO_2 含量为 0～10%，还有 Al、Fe、Na 等	2.82	45.4	106.8	7.9
	苍白玉	氧化物	2.88	50.9	136.1	12.3
	丹东绿		2.71	47.9	100.8	30.4

由表 7-14 不难看出：花岗石的硬度比大理石硬度高得多，而且硬质点多，这对磨削和切削时的砂轮（或刀具）是极不利的。因此用砂轮（或刀具）磨削（或切削）时，砂轮（或刀具）的磨损快，耐用度和生产率低。

目前，国内外的石材均以石板材为主，石板材的加工工艺流程为：

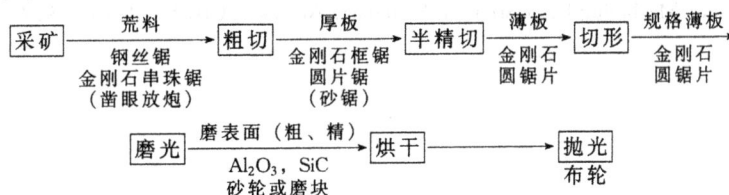

采矿 →（荒料 钢丝锯 金刚石串珠锯 （凿眼放炮））→ 粗切 →（厚板 金刚石框锯 圆片锯 （砂锯））→ 半精切 →（薄板 金刚石圆锯片）→ 切形 →（规格薄板 金刚石圆锯片）→

磨光 →（磨表面（粗、精） Al_2O_3，SiC 砂轮或磨块）→ 烘干 → 抛光 布轮

从上述工艺流程看：石板材主要采用锯切、磨削和抛光的切（磨）削加工方法，它们约占石板材全部工作量的 95%。其中磨、抛光又是关键工序，约占 50% 的工作量，多采用金刚石锯片加工，还有用 Al_2O_3 或 SiC 砂轮进行磨削的。

在英国、意大利等国，石板材加工基本上采用低噪声人造金刚石锯片，它的基体是由两片钢片间夹一低熔点材料组成；切大理石时，用青铜作结合剂；切花岗石时，用钴（Co）作结合剂。

近年来也有关于用金刚石刀具切削石材的报道，如用镶有人造金刚石（SDR）刀头的铣刀盘精整铣切厚度为 10mm 的花岗石板（精度 ±0.05mm）；用聚晶金刚石车刀切削印度黑花岗石圆盖板，得到了比用硬质合金车刀切削好得多的表面粗糙度，还消除了振纹。

至于切削石材的切削用量，则随石材种类、加工用设备、刀具以及生产条件的不同而不同，应通过切削试验来确定。本书第三章分析了加工一种石材时的切削过程，可供参考。

思 考 题

1. 工件材料切削加工性为什么是相对的？用什么指标来衡量工件材料切削加工性？怎样评价工件材料切削加工性？

2. 怎样通过分析影响工件材料切削加工性的因素，来探讨改善工件材料切削加工性的途径？

3. 举例说明难加工金属材料的切削加工性，并归纳出其特点是什么？

4. 难加工非金属材料的切削加工特点是什么？陶瓷、纤维增强材料、工程橡胶、工业搪瓷和石材的切削加工性有何异同？

参 考 文 献

1　陶乾　金属切削原理　哈尔滨：哈尔滨工业大学，1963

2　华南工学院，甘肃工业大学　金属切削原理及刀具设计（上册）　上海：上海科学技术出版社，1979

3　机械工程手册编委会　机械工程手册，第 8 卷机械制造工艺（二），第 46 篇第 1 章　北京：机械工业出版社，1982

4　韩克筠　金属材料可切削性与刀具　南京：江苏科学技术出版社，1980

5　郭东仁　高强度钢、高温合金及钛合金的切削加工　北京：机械工业出版社，1980

6　周泽华　金属切削原理　上海：上海科学技术出版社，1984

7　杨荣福，董申　金属切削原理　北京：机械工业出版社，1988

8　丁儒林，杨荣福　金属切削原理　哈尔滨：哈尔滨工业大学，1990

9　Режим резания труднообрабатываемых Материалов, Москва：МАШИНОСТРОЕНИЕ 1976

10　殷玲　工程陶瓷材料磨削加工机理及技术的研究　武昌：华中理工大学博士论文，1990

11　Peklenik J　新工程材料的应用对机械制造技术发展的影响　第 32 届国际生产工程研究学会（CIRP）年会报告，1982.9

12　König W et al. Machinability of Aluminium - Silicon Pressure - Die - Cast Alloys. Proc. of MTDR conf. 1979，P.337—344

13　Shaw M C., et al. Machining High Strength Materials,"Annals of CIRP Vol.15, 1967, P.45~59

第八章 切 削 液

切削液对减少刀具磨损、改善加工表面质量、提高生产效率都有非常重要的作用。因此，需要了解切削液的作用机理，以便正确合理选用切削液。

第一节 切削液的分类

切削加工中最常用的切削液，有非水溶性和水溶性两大类：

1. 非水溶性切削液 主要是切削油，其中有各种矿物油（如机械油、轻柴油、煤油等）、动植物油（如豆油、猪油等）和加入油性、极压添加剂配制的混合油。它主要起润滑作用。

2. 水溶性切削液 主要有水溶液和乳化液。前者的主要成分为水并加入防锈剂。也可以加入一定量的表面活性剂和油性添加剂，而使其有一定的润滑性能。后者是由矿物油、乳化剂及其它添加剂配制的乳化油和 95%～98% 的水稀释而成的乳白色切削液。这一类切削液有良好的冷却性能，清洗作用也很好。

离子型切削液是水溶性切削液中的一种新型切削液，其母液是由阴离子型、非离子型表面活性剂和无机盐配制而成。它在水溶液中能离解成各种强度的离子。切削时，由于强烈摩擦所产生的静电荷，可由这些离子反应迅速消除，降低切削温度，提高刀具耐用度。

第二节 切削液的作用机理

切削液应起的主要作用为：

1. 润滑作用；

2. 冷却作用。

同时还必须有良好的清洗碎屑的作用，以及防锈作用——保护机床、刀具、工件等不受周围介质的腐蚀。

此外，还要求无毒、无气味、不影响人身健康、化学稳定性好等。

一、润滑作用

在切削过程中，刀具前刀面与切屑接触，发生剧烈摩擦，压力很高（1GPa 以上），温度也达 500℃ 以上。在这种情况下，使用切削液也不能得到完全的流体动力润滑，并且由于部分润滑膜破裂，将造成部分金属与金属直接接触。因而，金属切削中的润滑大多属于边界润滑。

在边界润滑条件下，从外部供给的切削液要渗透到前刀面和切屑接触区是比较困难的（如图 8-1 所示）。但由于切屑与前刀面之间存在着微小间隙，将形成毛细管现象；间隙与大气压之间有着气压差，而且切屑与前刀面的相对运动将产生泵吸作用（好象油泵吸油一样）。因此，切削液主要从两侧（D 方向）渗入到前刀面上。在切削区的工件表面和剪切面上，存在着许多微小裂纹。由于切削热的作用，汽化的切削液分子直接从这些裂纹（C 向）

渗透并吸附在表面内和剪切面上，能够降低表面能，防止裂纹的再熔焊，以及减小工件的塑性变形抗力。

通过上述途径渗透的切削液，在刀具与切屑、工件的接触面上形成吸附薄膜，起到润滑作用，减少金属与金属直接接触的面积，降低摩擦力和摩擦系数，增大剪切角，缩短刀、屑接触长度，因而减少切屑变形，抑制积屑瘤的生长，减小加工表面粗糙度；同时，还可减小切削功率，降低切削温度，和提高刀具耐用度。表 8-1 表示使用几种切削液与干切削比较时的润滑效果[1]。

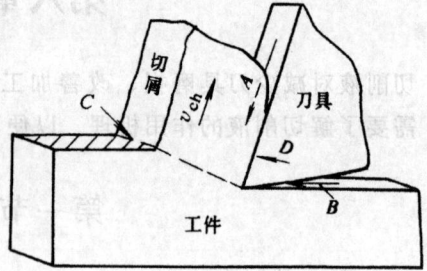

图 8-1 切削液渗入的途径

表 8-1 切削液的润滑效果

切 削 液 名 称	剪切角 φ	变形系数 ξ	摩擦系数 μ
干切削	15°15′	2.9	0.90
乳化液	22°50′	2.7	0.83
硫化脂肪油 + 矿物油（非活性）	24°20′	2.6	0.72
菜籽油	25°12′	2.3	0.68
氯化硫化矿物油 + 脂肪油（活性）	25°30′	2.2	0.66

刀具：高速钢，$\gamma_o = 15°$，自由切削；

工件：10 钢；

切削用量：$a_p = 0.25mm$，$v = 15m/min$。

切削液的润滑性能与其渗透性有关，而液体的渗透性又取决于它的表面张力和粘度，表面张力和粘度大时，渗透性较差。气体因其粘性阻力比液体的小，而且扩散能力较强，就较容易渗透。

切削液的润滑性能直接与形成吸附薄膜的牢固程度有关。润滑薄膜是由物理吸附和化学反应两种作用形成的。物理吸附主要是靠切削液中的油性添加剂，如动植物油及油酸、胺类、醇类及脂类等起作用。但油性添加剂与金属形成的吸附薄膜只能在低温下（200℃以内）起到较好的润滑作用。随着温度升高，将因薄膜破裂而失去其润滑效果。化学作用主要靠含硫、氯等元素的极压添加剂与金属表面起化学反应，生成化合物而成化学薄膜。它可以在高温下（根据添加剂不同，可达 400~800℃）使边界润滑层有较好的润滑性能。

因为切削速度对切削温度的影响最大，而且还影响切削液渗透的时间，所以，它对切削液的润滑效果有很大的影响。一般说来，切削速度愈高，切削液的润滑效果越低。因此，高速切削时，由于变形较小，剪切角较大，也不易产生积屑瘤，加工表面粗糙度较小，此时主要应考虑切削液的冷却作用；这对降低切削温度，提高刀具耐用度将有显著效果。

切削液的润滑效果还与其它切削条件有关。例如，切削厚度越大，工件材料强度越高，润滑效果就越差。

二、冷却作用

切削液的冷却作用主要是带走大量的切削热，降低切削温度，提高刀具耐用度；减少工件、刀具的热膨胀，提高加工精度；降低断续切削时的温度差和热应力，减少热裂等。在切削速度高，刀具、工件材料导热性差，而热膨胀系数又较大的情况下，切削液的冷却作用尤为重要。切削液的冷却性能决定于它的导热系数、比热容、汽化热、汽化速度以及流量、流

表 8-2　水、油性能比较表

切 削 液 种 类	导 热 系 数 k J/(m·s·℃)	比　　　热 J/(kg·K)	汽　化　热 (J/g)
水	0.628	4190	2261
油	0.126~0.210	1670~2090	167~314

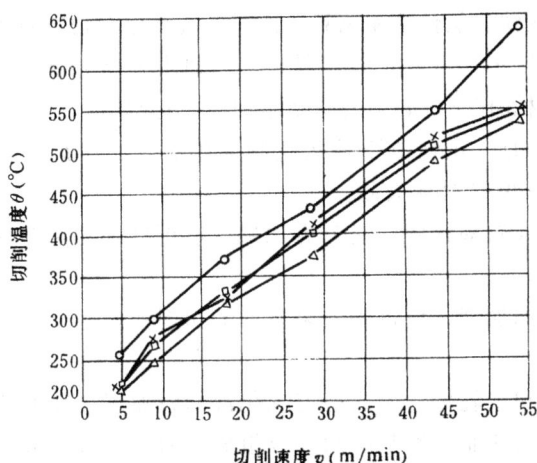

图 8-2　几种切削液对外圆车削时切削温度
的影响[5]

工件材料：45 钢（187HBS）；
刀具材料：W18Cr4V；
刀具几何参数：$\gamma_o = 18°$，$\kappa_r = 90°$，
$\lambda_s = 0°$，$b_{r1} = 0.1$mm，$r_\varepsilon = 0.15$mm；
切削用量：$a_p = 3$mm，$f = 0.1$mm/r
○—干切；△—5% 乳化液；×—7%
硫化棉籽油 + 93%5# 高速机油；□—20%
氯化石蜡 + 1% 二烷基二硫代磷酸锌 + 79%5# 高速机油

速等。水与油的导热系数、比热容、汽化热见表 8-2。

切削液的冷却作用主要靠热传导。由表 8-2 可知，水的导热系数为油的 3~5 倍，而且比热约大一倍，故水溶液的冷却性能比油的要好得多。如图 8-2 所示，车削 45 钢时，与干切削相比，乳化液约可降低温度 60~90℃，三种切削油约可降低切削温度 35~60℃。用水作冷却液时，刀具温度比干切削时低，其效果随远离刀刃而愈见显著（在前刀面、后刀面上都是这样）。对高速钢刀具来说，最高温度可降低 8%~10%；对硬质合金刀具来说，可降低 4%~5%[6]。

切削液本身的温度对冷却效果影响很大。切削液温度太高时，冷却作用小；但低温时切削油的粘度大，流动性差，冷却效果也不好。

第三节　切削液的添加剂

添加剂是一些化学物质，它的添加对于改善切削液的性能有重要作用。主要可分为油性添加剂、极压添加剂、表面活性添加剂和其它添加剂。

一、油性添加剂

如前所述，油性添加剂含有极性分子，能与金属表面形成牢固的吸附薄膜，主要起润滑作用，减少前刀面与切屑、后刀面与工件接触面的摩擦。但这种吸附薄膜只能在较低温度下起到较好的润滑作用。所以，它主要用于低速精加工的情况。其中有动植物油（如豆油、菜籽

油、猪油等），脂肪酸、胺类、醇类及脂类等。

二、极压添加剂

常用的极压添加剂是含硫、磷、氯等的有机化合物。这些化合物在高温下与金属表面起化学反应，形成化学润滑膜，可在边界润滑状态下，防止金属界面直接接触，减少摩擦，保持润滑作用。

用硫可以直接配制成硫化切削油，或者在矿物油中加入含硫的添加剂，如硫化动植物油、硫化烯烃等配制成含硫的极压切削油。这种含硫的极压切削油与金属化合，形成硫化铁，熔点高达 1193℃，硫化膜在高温下不易破坏，切钢时能在 1000℃左右保持其润滑性能。但摩擦系数比氯化铁的大。

常用的含氯极压添加剂有氯化石蜡（含氯量为 $40\%\sim50\%$）、氯化脂肪酸或脂酸等。它们与金属表面起化学反应，生成氯化物——氯化亚铁、氯化铁和氯氧化铁等。这些化合物有石墨那样的层状结构，剪切强度和摩擦系数小，但在 $300\sim400$℃时容易破坏，遇水容易分解成氢氧化铁和盐酸，失去润滑作用，同时对金属有腐蚀作用，必须与防锈添加剂一起使用。

实验证明[7]：切削液与刀具前刀面所形成的硫化铁薄膜较氯化物薄膜稳定，可忍受较高温度才失效，可达 833℃，而氯化物薄膜在 389℃时就失效。

含磷的极压添加剂与金属起化学反应，生成磷酸铁膜，它具有比硫、氯更良好的降低摩擦和减小磨损的效果。

根据具体要求，可同时加入上述几种极压添加剂，以得到效果更好的切削液。

三、表面活性剂

乳化剂是一种表面活性剂。它是使矿物油和水乳化，形成稳定乳化液的添加剂。表面活性剂是一种有机化合物。它的分子是由极性基团和非极性基团两部分组成。前者亲水，可溶于水；后者亲油，可溶于油。油水本来是互不相溶的，加入表面活性剂后，它能定向地排列并吸附在油水两极界面上，极性端向水，非极性端向油，把油和水连接起来，降低油—水的界面张力，使油以微小的颗粒稳定地分散在水中，形成稳定的水包油乳化液。表面活性剂除了起乳化作用外，还能吸附在金属表面上形成润滑膜，起油性添加剂的润滑作用。

配制乳化液应用最广泛的是阴离子型和非离子型表面活性剂。前者如石油磺酸钠、油酸钠皂等。它的乳化性能好，并有一定的清洗和润滑性能，有的还有一定的防锈性能。后者如聚氯乙烯、脂肪、醇、醚等，它不怕硬水，也不受 pH 值的限制，而且分子中的亲水、亲油基可根据需要加以调节。单独使用一种表面活性剂难于配成稳定的乳化液，最好使用两种以上。

有时乳化液中还加适量的乳化稳定剂如乙二醇、正丁醇等，以改善和提高乳化液的稳定性。

此外还有防锈添加剂（如亚硝酸钠、石油磺酸钠等）、抗泡沫添加剂（如二甲基硅油）和防霉添加剂（如苯酚等）。根据具体要求，综合添加几种添加剂，可得到效果较好的切削液。

第四节　切削液的选用

切削液的效果，除了取决于切削液本身的各种性能外，还取决于工件材料、加工方法和刀具材料等因素，应综合考虑，合理选择和正确使用。

1. 粗加工 粗加工时，切削用量较大，产生大量的切削热，容易导致高速钢刀具迅速磨损。这时主要是要求降低切削温度，应选用冷却性能为主的切削液，如离子型切削液或 3%～5%乳化液。

硬质合金刀具耐热性较好，一般不用切削液。如果要用，必须连续地、充分地浇注，切不可断断续续，以免冷热不均，产生很大热应力而导致裂纹，损坏刀具。

在较低速切削时，刀具以机械磨损为主，宜选用以润滑性能为主的切削油；在较高速度切削时，刀具主要是热磨损，要求切削液有良好的冷却性能，宜选用离子型切削液和乳化液。

2. 精加工 精加工时，切削液的主要作用是减小工件表面粗糙度和提高加工精度。

对一般钢件加工时，切削液应具有良好的渗透性、润滑性和一定的冷却性。在较低速度（6.0～30m/min）时，为减小刀具与工件间的摩擦和粘结，抑制积屑瘤，以减小加工粗糙度，宜选用极压切削油或 10%～12%极压乳化液或离子型切削液。

精加工铜及其合金、铝及其合金或铸铁时，主要是要求达到较小的表面粗糙度，可选用离子型切削液或 10%～12%乳化液。此时，采用煤油作切削液，是对能源的极大浪费，应尽量避免。还应注意，硫会腐蚀铜，所以切铜时不宜用含硫的切削液。

3. 难加工材料的切削 材料中含有铬、镍、钼、锰、钛、钒、铝、铌、钨等元素时，往往就难于切削加工。这类材料的加工均处于高温高压边界润滑摩擦状态。因此，宜选用极压切削油或极压乳化液。但必须注意，如果所用切削液与金属形成的化合物强度超过金属本身强度，它将带来相反的效果。例如铝的强度低，就不宜用硫化切削油。

4. 磨削加工 磨削的特点是温度高，会产生大量的细屑和砂末等，影响加工质量。因而，磨削液应有较好的冷却性和清洗性，并应有一定的润滑性和防锈性[1]。

一般磨削加工常用乳化液。但选用离子型切削液效果更好，而且价格也较便宜。

磨削难加工材料，宜选用润滑性能较好的极压乳化液或极压切削油。

第五节　切削液的使用方法

普遍使用的方法是浇注法，但流速慢、压力低，难于直接渗透入最高温度区，影响切削液的效果。切削时，应尽量直接浇注到切削区。车、铣时，切削液流量约为 10～20L/min。车削时，从后刀面喷射浇油比在前刀面上直接浇油，刀具耐用度提高一倍以上。

深孔加工时，应采用高压冷却法，把切削液直接喷射到切削区，并带出碎断的切屑。工作压力约为 1～10MPa，流量约为 50～150L/min。高速钢车刀切削难加工材料时，也可用高压冷却法，以改善渗透性，提高切削效果。

图 8-3 所示为不同冷却方法对刀具耐用度的影响。高压冷却法比浇注法显著地提高了刀具耐用度。

喷雾冷却法是一种较好的使用切削液的方法。它是以 0.3～0.6MPa 的压缩空气，通过喷雾装置使切削液雾化，从直径 1.5～3.0mm 的喷嘴，高速喷射到切削区。高速气流带着雾化成微小液滴的切削液渗透到切削区，在高温下迅速汽化，吸收大量热量，达到较好的效果，能显著提高刀具耐用度。

142

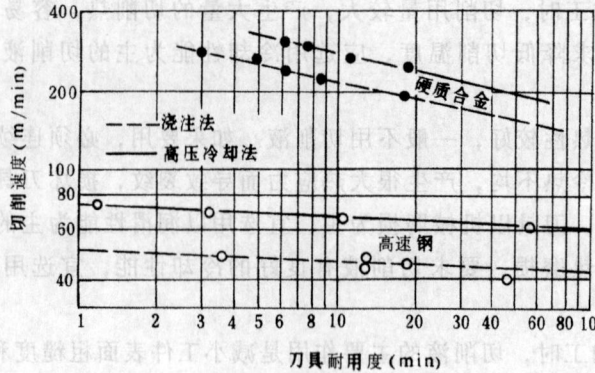

图 8-3　切削液冷却方法的效果[1]

工件：45 钢，155HBS；高速钢刀具，$\gamma_o = 10°$；硬质合金刀具，$\gamma_o = 0°$；$a_p = 2.5$mm，$f = 0.265$mm/r

思 考 题

1．切削加工中常用的切削液有哪几类？它的主要作用是什么？

2．切削液能否进入切削变形区和刀—屑、刀—工接触面？它是怎样起润滑、冷却作用的？

3．切削液的主要添加剂有哪几种？它为什么能改善和提高切削液的润滑性能？

4．应如何合理选择和正确使用切削液？试举例说明。

参 考 文 献

1　樱井俊男主编．切削液与磨削液．刘镇昌译．北京：机械工业出版社，1987

2　布思罗伊德·G　金属切削加工的理论基础．山东工学院译．济南：山东科学技术出版社，1980

3　艾兴．铰削钢时冷却润滑液的作用．金属切削原理校际学术报告会论文集．北京：机械工业出版社，1978（再版）

4　Курчик Н.Н.др，СМАЭОЧНЫЕ МАТЕРИАЛЫ ДЛЯ ОБРАБОТКИ МЕТАЛЛОВ РЕЗАНИЕМ ХИМИЯ，1972

5　金属切削理论与实践．（第一册）北京：北京出版社，1979

6　Murarka P D. Prediction of the Cooling Action of Water on Temperature Distribution in Orthogonal Machining. Proc. of MTDR Conf., 1979

7　Rice W B. et al. Some effects of Injecting Cutting Fluids Directly into the Chip – tool Interface. Trans. ASME Series B, Vol. 93, No2, 1971

第九章　已加工表面质量

已加工表面质量对机器零件的使用性能和机器的可靠性有重大影响，本章将分析已加工表面质量的概念、加工表面层的形成过程及影响因素、加工硬化、残余应力及精密加工表面质量等问题。

第一节　已加工表面质量的概念

已加工表面质量（Surface quality），也可称为表面完整性（Surface integrity）。它包含两方面的内容：

(1) 表面几何学方面　主要是指零件最外层表面的几何形状，通常用表面粗糙度表示。

(2) 表面层材质的变化　零件加工后在一定深度的表面层内出现变质层，在此表面层内晶粒组织发生严重畸变，金属的力学、物理及化学性质均发生变化。零件表面层材质的特性可以用多种形式表达，如塑性变形、硬度变化、微观裂纹、残余应力、晶粒变化、热损伤区以及化学性能及电磁特性的变化等。

表面质量的重要性在于它对工件成为机器零件后的使用性能有很大的影响。

表面粗糙度大的零件，由于实际接触面积小，单位压力大，所以耐磨性差，容易磨损。而且表面粗糙度大的零件装配后，接触刚度低，运动平稳性差，从而影响机器的工作精度，使机器达不到预期的性能。对于液压油缸及滑阀，表面粗糙度大会影响密封性，甚至影响正常工作。

零件受周期作用的载荷时，表面粗糙度越大，越易产生应力集中，因而疲劳强度越低。此外，表面粗糙度大的零件，在粗糙表面的凹谷和细裂缝处，腐蚀性的物质容易吸附和积聚，从而使零件易于被腐蚀。

但是不能说表面粗糙度越小越好，例如，机床导轨的表面粗糙度以 $R_a 1.25 \sim 0.63 \mu m$ 较为合理，表面粗糙度太小反而不利于润滑油的储存，使导轨磨损加快。此外，表面粗糙度过小还将造成制造成本的增加；因此，研究减小表面粗糙度的同时，还应注意表面粗糙度的合理选用。

工件经过切削加工后，已加工表面的硬度将高于工件材料原来的硬度，这一现象称为加工硬化。表面硬化在某些情况下可以提高工件的耐磨性和疲劳强度，但切削加工后所产生的加工硬化层表面各处的硬度不均匀，且常伴随着大量显微裂纹，因此，反而会降低零件的疲劳强度和耐磨性。此外，工件表面的加工硬化还将使后继工序的切削加工增加困难，因为它会加速刀具磨损和增大切削力。因此，一般总希望减小加工硬化。

工件经过切削加工后，已加工表面还常有残余应力，残余应力会使加工好的零件逐渐变形，从而影响工件的形状和尺寸精度，残余拉应力还容易使表面产生微裂纹，从而降低零件的耐磨性、疲劳强度和耐腐蚀性。

总的说来，零件加工后的表面状态常常严重影响其使用性能，实践证明许多产品零件的报废，往往起源于零件的表面缺陷。因此，表面质量问题日益引起人们的高度重视，一般将表面粗糙度、表面层的加工硬化程度及硬化层深度、表面残余应力的性质、大小等作为评定已加工表面质量的主要标志。

第二节 已加工表面的形成过程

在第三章中已经阐述了切削过程中三个变形区的前两个变形区的情况，即切屑的形成过程，而研究表面质量必须掌握第三变形区的情况，即已加工表面的形成过程。

前面在分析第一、二两个变形区的情况时，假设刀具的刀刃是绝对锋利的，但实际上无论怎样仔细刃磨刀具，刀刃都可认为具有一个钝圆半径 r_β（国标以 r_n 表示），r_β 的大小与刃磨质量、刀具材料及刀具前、后刀面的夹角 β_0 有关。刃磨后高速钢刀具的 r_β 可能为 3～10μm 左右[15]，硬质合金刀具的 r_β 约为 18～32μm，用细颗粒金刚石砂轮磨削时，r_β 最小可达 3～6μm，刀具磨损后，刀刃钝圆半径 r_β 将增大。其次，刀具开始切削不久，后面就会产生磨损，从而形成一段 $\alpha_{oe} = 0°$ 的棱面，因此，研究已加工表面的形成过程时，必须考虑刀刃钝圆半径 r_β 及后面磨损棱面 VB 的作用。

图 9-1 表示已加工表面的形成过程[30]，当切削层金属以速度 v 逐渐接近刀刃时，便发生压缩与剪切变形，最终沿剪切面 OM 方向剪切滑移而成为切屑。但由于有刀刃钝圆半径 r_β 的关系，整个切削层厚度 a_c 中，将有 Δa 一层金属无法沿 OM 方向滑移，而是从刀刃钝圆部分 O 点下面挤压过去，即切削层金属在 O 点处分离为两部分，O 点以上的部分成为切屑并沿前刀面流出，O 点以下的部分经过刀刃挤压而留在已加工表面上，该部分金属经过刀刃钝圆部分 B 点之后，又受到后刀面上 VB 一段棱面的挤压并相互摩擦，这种剧烈的摩擦又使工件表层金属受到剪切应力，随后开始弹性恢复，假设弹性恢复的高度为 Δh，则已加工表面在 CD 长度上继续与后刀面摩擦。刀刃钝圆部分 OB、VB 及 CD 三部分构成后刀面上的总接触长度，它的接触情况对已加工表面质量有很大影响。

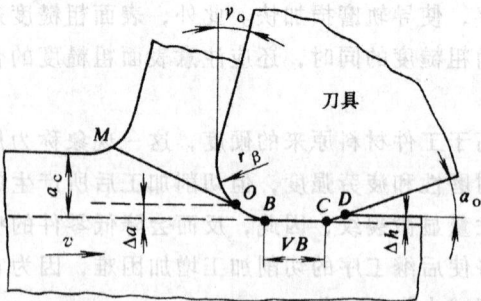

图 9-1 已加工表面的形成过程

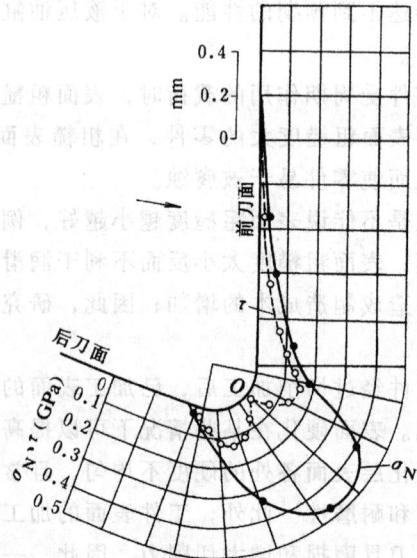

图 9-2 刃前区的应力分布[22]

刀具：光弹材料，$\gamma_o = 10°$、$\alpha_o = 10°$、$\gamma_\beta = 0.2mm$；

工件材料：铅。切削条件：$v = 0.175m/min$，$a_c = 0.235$ mm，自由切削

图 9-2 为用光弹法测定的刃前区应力分布图, 由图可知, 正应力 σ_N 在 O 点处最大, 在 O 点两侧急剧减小, 而剪应力 τ 在 O 点为零, 在 O 点两侧的剪应力逐渐增加, 且方向恰好相反, 即切削层金属在 O 点分离, O 点以上的金属成为切屑而流出, O 点以下的金属受挤压而沿后刀面流出。O 点的位置与刀刃钝圆半径 r_β 有关, 当 r_β 增大时, O 点上移, 相应地 Δa (见图 9-1) 也增大。

如果将三个变形区联系起来, 则如图 9-3a 所示, 当切削层金属进入第一变形区时, 晶粒因压缩而变长, 因剪切滑移而倾斜。当切削层金属逐渐接近刀刃时, 晶粒更为伸长, 成为包围在刀刃周围的纤维层, 最后在 O 点断裂, 一部分金属成为切屑沿前刀面流出, 另一部分金属绕过刀刃沿后刀面流出, 并继续经受变形而成为已加工表面的表层。因此, 已加工表面表层的金属纤维被拉伸得更长更细, 其纤维方向平行于已加工表面 (见图 9-3b), 这个表层的金属具有和基体组织不同的性质, 所以称之为加工变质层。

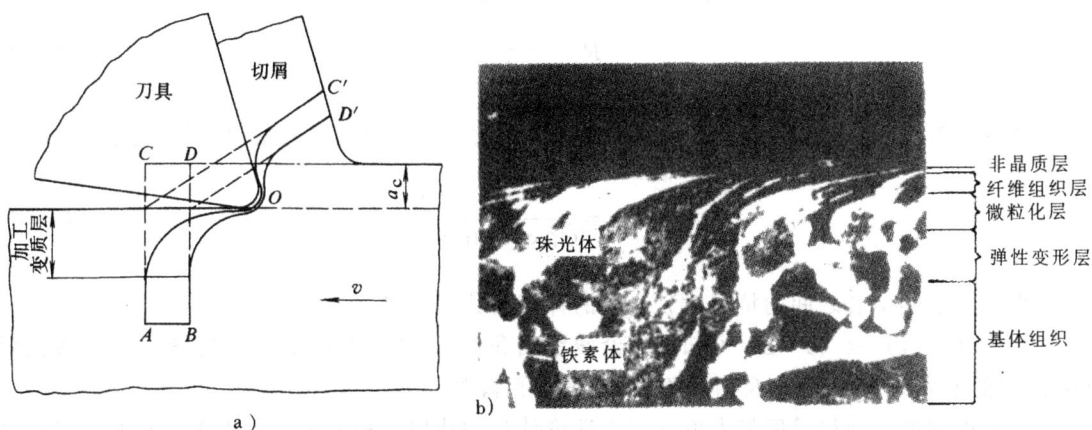

图 9-3 加工变质层

第三节 已加工表面粗糙度

一、表面粗糙度产生的原因

切削加工时, 虽然刀具表面和刀刃都磨得很光, 但已加工表面粗糙度却远远大于刀具表面的粗糙度, 其产生的原因可归纳为以下两方面:

(1) 几何因素所产生的粗糙度。它主要决定于残留面积的高度。

(2) 由于切削过程不稳定因素所产生的粗糙度。其中包括积屑瘤、鳞刺、切削变形、刀具的边界磨损、刀刃与工件相对位置变动等。

1. 残留面积 切削时, 由于刀具与工件的相对运动及刀具几何形状的关系, 有一小部分金属未被切下来而残留在已加工表面上, 称为残留面积, 其高度直接影响已加工表面的横向粗糙度。理论的残留面积高度 R_{max} 可以根据刀具的主偏角 κ_r、副偏角 κ'_r、刀尖圆弧半径 r_ε 和进给量 f, 按几何关系计算出来。

图 9-4a 表示由刀尖圆弧部分形成残留面积的情况

$$R_{max} = O_1O = O_1C - OC = r_\varepsilon - \sqrt{r_\varepsilon^2 - \left(\frac{f}{2}\right)^2}$$

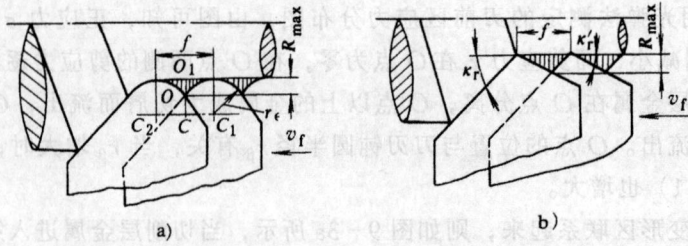

图 9-4 车削时的残留面积高度

或

$$(r_\varepsilon - R_{max})^2 = r_\varepsilon^2 - \frac{f^2}{4}$$

由于 $R_{max} \ll r_\varepsilon$，故 R_{max}^2 可忽略不计，则上式化简后，可得

$$R_{max} = \frac{f^2}{8r_\varepsilon} \qquad (9-1)$$

图 9-4b 表示 $r_\varepsilon = 0$，由主切削刃及副切削刃的直线部分形成残留面积的情况，此时

$$R_{max} = \frac{f}{\text{ctg}\kappa_r + \text{ctg}\kappa'_r} \qquad (9-2)$$

当介于上述两者之间的情况时，R_{max} 的计算公式可参考文献〔3〕。

由式 (9-1) 及 (9-2) 可知：理论残留面积高度 R_{max} 随进给量 f 的减小、刀尖圆弧半径 r_ε 的增大或主偏角 κ_r 及副偏角 κ'_r 的减小而降低。

实际得到的表面粗糙度最大值往往比理论计算的残留面积高度要大得多，只有在高速切削塑性材料时，两者才比较接近，这是由于实际的粗糙度还受到积屑瘤、鳞刺、切屑形态、振动及切削刃不平整等等因素的影响。但理论残留面积是已加工表面微观不平度的基本形态，实际的表面粗糙度都是由其它影响因素在这个基形上叠加的结果。因此，理论残留面积高度是构成表面粗糙度的基本因素，有时也将理论残留面积高度称为理论粗糙度。

2. 积屑瘤 由第三章已知，当切削钢、铜合金及铝合金等塑性金属时，常在靠近切削刃及刀尖的前刀面上产生积屑瘤，积屑瘤的硬度很高，在相对稳定时，可以代替切削刃进行切削。由于积屑瘤会伸出切削刃及刀尖之外，从而产生一定的过切量 δ（见图 9-5），加以积屑瘤的形状不规则，因此，切削刃上各点积屑瘤的过切量不一致，从而在加工表面上沿着切削速度方向刻划出一些深浅和宽窄不同的纵向沟纹。其次，积屑瘤作为整体来说，虽然它的底部相对地比较稳定，但它的顶部常是反复成长与分裂，分裂的积屑瘤一部分附在切屑底部而排出，另一部分则留在已加工表面上形成鳞片状毛刺（见图 9-6）。同时积屑瘤顶部的不稳定又使切削力波动而有可能引起振动，因此，进一步使加工表面粗糙度增大。所以可以说除了残留面积所形成的已加工表面粗糙度之外，要算积屑瘤的成长与分裂对表面粗糙度的影响最为严重。

3. 鳞刺 鳞刺就是已加工表面上出现的鳞片状的毛刺（图 9-7，图 9-8），在较低及中等的切削速度下，用高速钢、硬质合金或陶瓷刀具切削低碳钢、中碳钢、铬钢、不锈钢、铝合金及铜合金等塑性材料时，无论是车、刨、插、钻、拉、滚齿、插齿及螺纹切削等工序中都

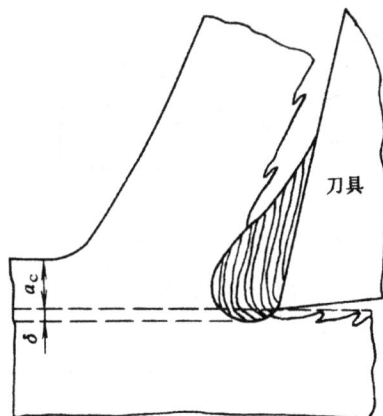

图 9 - 5 积屑瘤的过切量

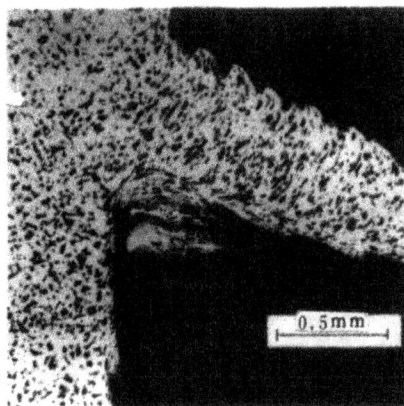

图 9 - 6 积屑瘤形成的鳞片状毛刺[23]

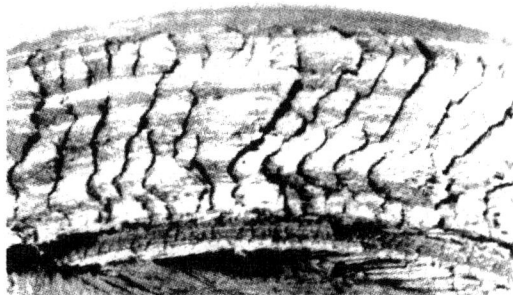

图 9 - 7 加工丝杠时所产生的鳞刺

刀具：W18Cr4V, 工件：45 钢, $v = 4.5 \sim 5\mathrm{m/min}$

图 9 - 8 圆孔拉削 40Cr 钢时的鳞刺[5]

可能出现鳞刺。鳞刺的晶粒和基体材料的晶粒相互交错，鳞刺与基体材料之间没有分界线，鳞刺的表面微观特征是鳞片状，有一定高度，它的分布近似于沿整个刀刃宽度，其宽度近似地垂直于切削速度方向。图 9 - 9 是沿切削速度方向并垂直于已加工表面的鳞刺的显微剖面。鳞刺的出现使已加工表面的粗糙程度增加；因此，它是塑性金属切削加工中获得良好加工质量的一个障碍。

在切削塑性金属时，不论有无积屑瘤，都有可能产生鳞刺[30]。过去对有积屑瘤时如何导致鳞刺，存在着不同看法。一种观点认为积屑瘤底部相对地比较稳定，而顶部则很不稳定；该不稳定部分的反复成长与分裂就形成了鳞刺。另一种观点认为鳞刺是经过抹拭、导裂、层积、切顶四个阶段而形成（见图 9 - 10 中的 Ⅰ、Ⅱ、Ⅲ、Ⅳ）；而且有积屑瘤时和没有积屑瘤时都是经过这四个阶段形成鳞刺[6]。这两种观点的主要分歧在于前者认为形成鳞刺的那部分金属是积屑瘤的顶部，后者则认为那部分金属不是积屑瘤的一部分，而是属于积屑瘤前的层积金属，积屑瘤导致的鳞刺是由这部分层积金属被刀具切顶而成。

4. 切削过程中的变形 在挤裂或单元切屑的形成过程中，由于切屑单元带有周期性的断裂，这种断裂要深入到切削表面以下，从而在加工表面上留下挤裂的痕迹而成为波浪形（见图 9 - 11a）。而在崩碎切屑的形成过程中，从主切削刃处开始的裂纹在接近主应力方向斜着向

148

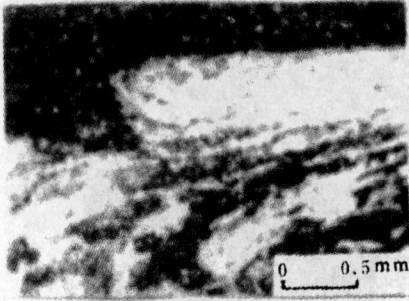

图9-9 鳞刺剖面的显微照片

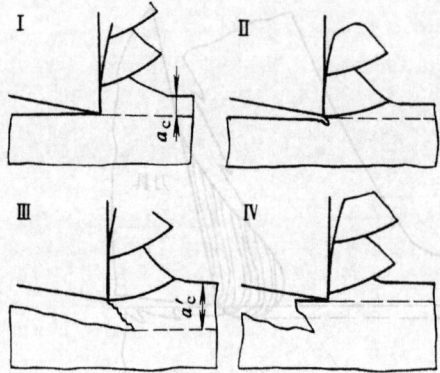

图9-10 鳞刺形成的四个阶段

下延伸形成过切，因此，造成加工表面的凹凸不平（见图9-11b）。

其次，由于在切削刃两端没有来自侧面的约束力，因此，在切削刃两端的已加工表面及待加工表面处，工件材料被挤压而产生隆起（见图9-12），从而使表面粗糙度进一步增大。

5. 刀具的边界磨损 刀具磨损后有时会在副后面上产生沟槽形边界磨损（见图9-13a），从而在已加工表面上形成锯齿状的凸出部分（见图9-13b）。因此，使加工表面粗糙度增大。

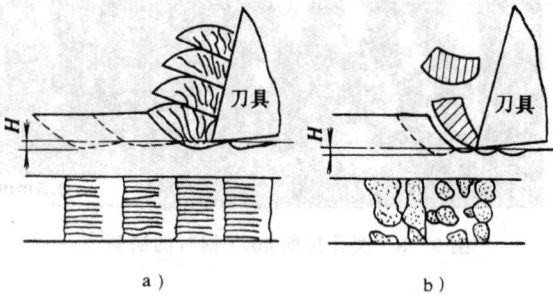

图9-11 不连续型切屑的加工表面状态
a) 挤裂切屑 b) 崩碎切屑

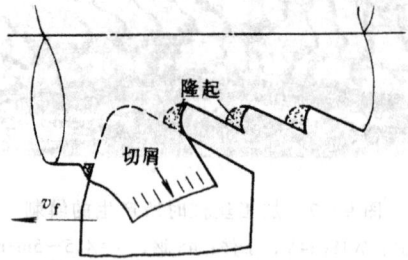

图9-12 刀刃两端工件材料的隆起

6. 刀刃与工件相对位置变动 由于机床主轴轴承回转精度不高及各滑动导轨面的形状误差等使运动机构发生的跳动，材料的不均匀性及切屑的不连续性等造成的切削过程波动，均会使刀具、工件间的位移发生变化，从而使切削厚度、切削宽度或切削力

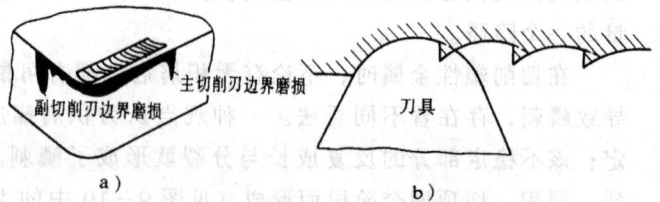

图9-13 刀具的边界磨损

发生变化；因此，在很多情况下，这些不稳定因素会在加工系统中诱发起自激振动，使相对位置变化的振幅更加扩大，以致影响到背吃刀量的变化，从而使表面粗糙度增大。

二、影响表面粗糙度的因素

由上述分析可知，要减小表面粗糙度，必须减小残留面积，消除积屑瘤和鳞刺，减小工件材料的塑性变形及切削过程中的振动等，具体可从以下几方面着手：

1. 刀具方面　由式（9−1）及（9−2）可知，为了减小残留面积，刀具应采用较大的刀尖圆弧半径 $r_ε$、较小的副偏角 $κ'_r$；尤其是使用 $κ'_r = 0°$ 的修光刃，对减小表面粗糙度甚为有效；但修光刃不能过长，否则会引起振动，反而使表面粗糙度增大，一般只要比进给量稍大一些即可。此外，有修光刃的刀具必须在安装时保证修光刃与已加工表面平行，否则效果不佳。

刀具前角 $γ_0$ 一般对粗糙度的影响不大；但对于塑性大的材料，使用大前角的刀具，是减少积屑瘤和鳞刺，从而减小表面粗糙度的有效措施。例如拉削 1Cr18Ni9Ti 不锈钢的花键拉刀，前角从 $10°\sim15°$ 增加到 $22°$ 时，表面粗糙度可从 $R_a10μm$ 减小至 $R_a2.5\sim1.25μm$[4]。

刀面及切削刃的表面粗糙度，对工件表面粗糙度有直接影响[31]。由于刀具表面粗糙度的减小，有利于减小摩擦，从而可抑制积屑瘤和鳞刺的生成，因此，刀具前刀面与后面的粗糙度必须小于工件所要求的表面粗糙度；并且最好不要大于 $R_a1.25μm$；否则会显著降低刀具耐用度[10]。

刀具材料不同时，由于与工件材料的亲和力不同，因而产生积屑瘤的难易程度不同，而且导热系数及前刀面摩擦系数的不同，又将使切削温度发生变化；因此，积屑瘤的成长程度也不同；故凡是刀具材料与工件材料间摩擦系数大，粘结情况严重的，工件加工表面粗糙度就较大。当切削碳钢时，在其它条件相同的情况下，依照用高速钢刀具、硬质合金刀具、陶瓷刀具或碳化钛基硬质合金刀具的顺序，工件加工表面粗糙度依次有所减小[17]。但高速钢刀具经过 TiN 涂层后，减小了与工件材料间的摩擦系数与粘结，使积屑瘤及鳞刺显著减小，因此可以显著减小加工表面粗糙度[16]。

此外，刀具的强烈磨损及破损，也都将使加工表面粗糙度增大；尤其是副切削刃上的边界磨损，对加工表面粗糙度的影响更为严重。

2. 工件方面　工件材料性质中，对表面粗糙度影响较大的是材料的塑性和金相组织。材料的塑性越大，积屑瘤和鳞刺越易生成，故表面粗糙度越大。因此，为了减小表面粗糙度，在切削低碳钢、低合金钢时，常将工件预先进行调质处理，以提高其硬度，降低塑性。对于中碳钢及中碳合金钢，在较高的切削速度时，粒状珠光体的表面粗糙度较小；在较低的切削速度时，片状珠光体加细晶粒的铁素体的表面粗糙度较小。易切钢中含有硫、铅等元素，可以减小加工表面粗糙度。此外，工件材料的韧性越大，加工时材料的隆起将越大，从而使已加工表面粗糙度越大。

切削灰铸铁时，切屑是崩碎的，同时石墨易从铸铁表面脱落而形成凹痕，所以在相同的切削条件下，灰铸铁的已加工表面粗糙度，一般要比结构钢大一些；减小灰铸铁中石墨的颗粒尺寸，则可使表面粗糙度减小一些。

3. 切削条件方面　切削塑性材料时，在低、中切削速度的情况下，易产生积屑瘤及鳞刺，从而表面粗糙度都较大；提高切削速度可以使积屑瘤和鳞刺减小甚至消失，并可减小工件材料的塑性变形，因而可以减小表面粗糙度。图 9−14 表示切削速度对表面粗糙度的影响，当切削速度超过积屑瘤消失的临界值时（图 9−14 中 $v > 100m/min$ 时），表面粗糙度急剧地减小并稳定在一定值上，基本上不再变化；但由于材料隆起等原因，这时的实际粗糙度仍比理论粗糙度要大些。

切削脆性材料时，由于不产生积屑瘤，故切削速度对表面粗糙度基本上没有明显影响。

减小进给量，不仅可以减小残留面积，而且可以减小积屑瘤和鳞刺的高度，故可以减小加工表面粗糙度。

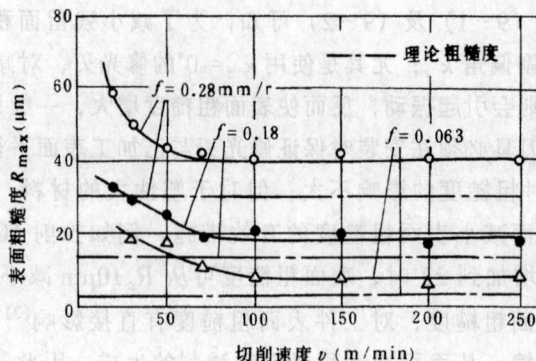

图 9-14　切削速度及进给量对表面粗糙度的影响[19]

工件：35 钢，刀具：YT15

背吃刀量：$a_p = 0.5mm$

　　采用高效切削液，可以减小工件材料的变形和摩擦，而且是抑制积屑瘤和鳞刺的产生，减小表面粗糙度的有效措施；但随着切削速度的提高，其效果将随之减小。

第四节　加 工 硬 化

一、加工硬化产生的原因

　　切削加工后，工件已加工表面层将产生加工硬化，其原因是在已加工表面的形成过程中，表层金属经受了复杂的塑性变形。由第一变形区的形成过程可知，在切削层趋近切削刃时，不仅是切削表面以上的金属经受塑性变形，而且此变形区的范围要扩展到切削表面以下，使将成为已加工表面层的一部分金属也产生塑性变形。其次，由于存在刀刃钝圆半径 r_β，使整个切削厚度中，有一薄层金属没有被刀刃切下，而是从刀刃钝圆部分下面挤压过去，从而产生很大的附加塑性变形，随后由于弹性恢复，刀具的后面继续与已加工表面摩擦，使已加工表面再次发生剪切变形。经过以上几次变形，使金属的晶格发生扭曲，晶粒拉长、破碎，阻碍了金属进一步的变形而使金属强化，硬度显著提高。另一方面，已加工表面除了上述的受力变形过程外，还受到切削温度的影响；切削温度低于 A_{c1} 点时（相变点）将使金属弱化、即硬度降低。更高的温度将引起相变。因此，已加工表面的硬度就是这种强化、弱化和相变作用的综合结果。当塑性变形起主导作用时，已加工表面就硬化；当切削温度起主导作用时，还需视相变的情况而定；如磨削淬火钢引起退火，则使表面硬度降低产生软化；但在充分冷却的条件下，则出现硬化（再次淬火）。

　　由图 9-3b 切削层剖面的显微照片中可以看出，在已加工表面的形成过程中，塑性变形达到表面以下相当大的深度；而且越靠近已加工表面，金属的变形硬化程度越严重。图中最底层是没有变形的基体组织；其上一层是弹性变形层；再上一层是塑性变形层；最上一层是非晶质层；这个非晶质层由于塑性变形非常剧烈，致使晶格遭到破坏。

　　加工硬化通常以硬化层深度 h_d 及硬化程度 N 表示；h_d 是表示已加工表面至未硬化处的垂直距离，单位为微米。硬化程度 N 是已加工表面的显微硬度增加值对原始显微硬度的百分数；

$$N = \frac{H - H_0}{H_0} \times 100\% \qquad (9-3)$$

式中　H——已加工表面的显微硬度（GPa）；

　　　H_0——原基体金属的显微硬度（GPa）。

也有用加工前、后硬度之比表示的，即

$$N = \frac{H}{H_0} \times 100\% \qquad (9-4)$$

一般硬化层深度 h_d 可达几十到几百微米，而硬化程度可达 120% ～ 200%。研究证实[26]：硬化程度大时，硬化层深度也大。

二、影响加工硬化的因素

由于已加工表面的硬度是强化与弱化作用的综合结果，因此，凡是增大变形与摩擦的因素都将加剧硬化现象；而凡有利于弱化的因素，如较高的温度、较低的熔点等，都会减轻硬化现象。

1．刀具方面　刀具的前角越大，切削层金属的塑性变形越小，故硬化层深度 h_d 越小（见图 9-15）。

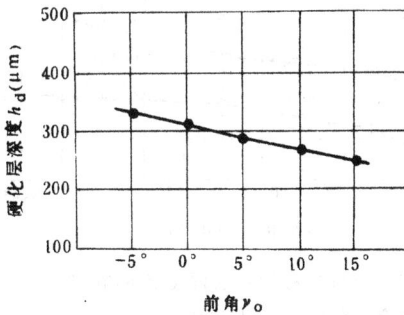

图 9-15　前角对硬化层深度的影响[11]

刀具：YG6X 端铣刀　工件：1Cr18Ni9Ti　切削用量：

$v = 51.7$m/min, $a_p = 0.5\sim 3$mm　$a_f = 0.5$mm/z

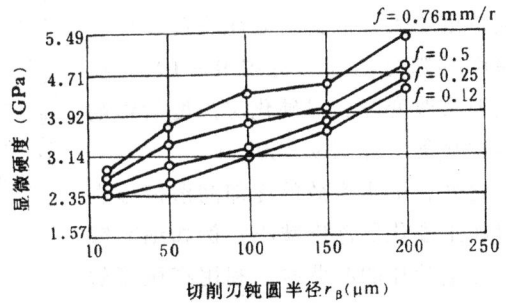

图 9-16　切削刃钝圆半径对加工硬化的影响[27]

工件：45 钢

切削刃钝圆半径 r_β 越大，已加工表面在形成过程中受挤压的程度越大，故加工硬化也越大（见图 9-16）。

随着刀具后面磨损量 VB 的增加，后刀面与已加工表面的摩擦随之增大，从而加工硬化层深度亦增大（见图 9-17）。

2．工件方面　工件材料的塑性越大，强化指数越大，熔点越高，则硬化越严重。就一般碳素结构钢而言，含碳量越少，则塑性越大，硬化越严重。而高锰钢 Mn12，由于强化指数很大，切削后已加工表面的硬度可增高二倍以上。有色金属由于熔点较低，容易弱化，故加工硬化比结构钢小得多；铜件的已加工表面硬化比钢件小 30%；铝件比钢件小 75% 左右。

3．切削条件方面　切削速度对加工硬化的影响是多方面的。切削速度增加时，塑性变形速度增大，第一变形区变窄，工件材料屈服极限提高，材料的塑性下降，而且切削速度增高，缩短了后面与工件的接触时间，使加工硬化来不及充分进行；此外，切削速度增加，又使切削温度升高，使弱化进行比较充分；这些影响都使加工硬化随切削速度的增加而减小。另一方面，当变形速度超过弱化速度时，弱化来不及充分进行，而当切削温度超过 A_{cs} 时，

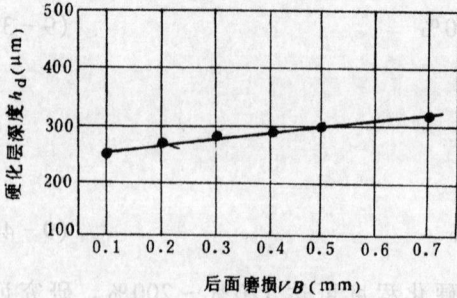

图 9-17 刀具磨损对硬化层深度的影响[11]
刀具、工件及切削用量与图 9-15 相同

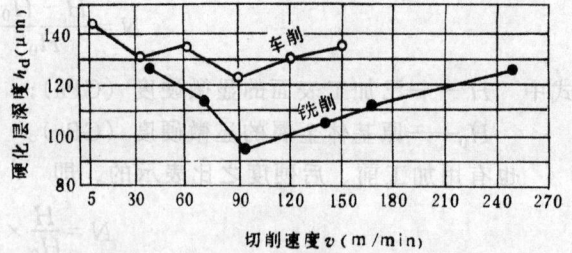

图 9-18 切削速度对硬化层深度的影响[26]
刀具：硬质合金，工件：45 钢，切削用量：车削时 $a_p = 0.5$mm，
$f = 0.14$mm/r；铣削时 $a_p = 3$mm，$a_f = 0.04$mm/z

表面层组织将产生相变，如遇急速冷却，则成为淬火组织；因此，这些影响又将使加工硬化随切削速度的增加而增加。综合上述两方面的影响，图 9-18 表现出加工硬化先是随着切削速度的增加而减小，到较高切削速度后，又随切削速度的增加而增加。

增加进给量，将使切削力及塑性变形区范围增大；因此，硬化程度及硬化层深度都随之增加（见图 9-19）；而背吃刀量改变时，对硬化层深度的影响则不太显著（见图 9-20）。

此外，采用有效的冷却润滑措施也可使加工硬化层深度减小；例如细车镍基钛合金叶片的叶背时，利用高压喷射切削液，可使硬化层深度由 0.15mm 减小至 0.065mm。

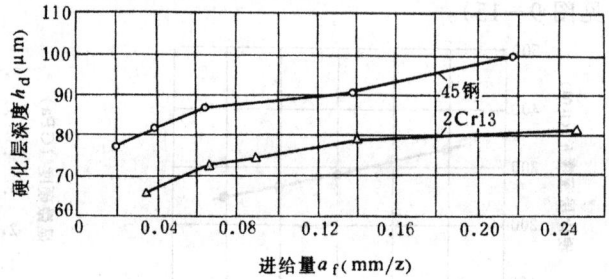

图 9-19 进给量对硬化层深度的影响[26]
刀具：单齿硬质合金端铣刀，切削用量：$a_p = 2.5$mm，$v = 320$m/min（45 钢），$v = 180$m/min（2Cr13）

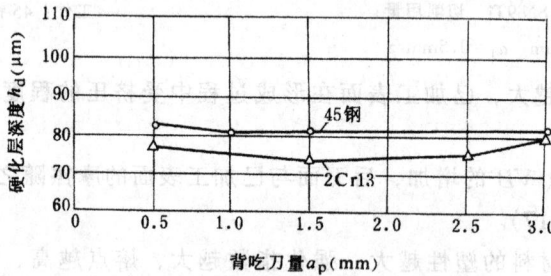

图 9-20 背吃刀量对硬化层深度的影响[26]
刀具：单齿硬质合金端铣刀，切削用量：对于 45 钢 $v = 320$m/min，$a_f = 0.075$mm/z，对于 2Cr13 钢 $v = 180$m/min，$a_f = 0.07$mm/z

第五节 残 余 应 力

一、残余应力产生的原因

残余应力是指在没有外力作用的情况下，在物体内部保持平衡而存留的应力。残余应力

有残余拉应力（＋σ）及残余压应力（－σ）之别。为了平衡表层的残余应力，物体内层金属中的残余应力与表层残余应力的符号相反。

切削加工后的已加工表面常有残余应力。关于该残余应力的发生机理，从理论上定量分析目前还存在一些困难，以下仅从概念上来定性分析残余应力的产生原因。

1. 机械应力引起的塑性变形　切削过程中，如图 9-3a、b 所示，切削刃前方的晶粒一部分随切屑流出，另一部分留在已加工表面上；在分离处的水平方向，晶粒受压；而在垂直方向则晶粒受拉，故形成残余拉应力。

另外，在已加工表面形成过程中，刀具的后刀面与已加工表面产生很大的挤压与摩擦，使表层金属产生拉伸塑性变形；刀具离开后，在里层金属作用下，表层金属产生残余压应力。

2. 热应力引起的塑性变形　切削时，由于强烈的塑性变形与摩擦，使已加工表面层的温度很高；而里层温度很低，形成不均匀的温度分布；因此，温度高的表层，体积膨胀，将受到里层金属的阻碍，从而使表层金属产生热应力；当热应力超过材料的屈服极限时，将使表层金属产生压缩塑性变形。切削后冷却至室温时，表层金属体积的收缩又受到里层金属的牵制，因而使表层金属产生残余拉应力。

3. 相变引起的体积变化　切削时，若表层温度大于相变温度，则表层组织可能发生相变；由于各种金相组织的体积不同，从而产生残余应力。如高速切削碳钢时，刀具与工件接触区的温度可达 600～800℃；而碳钢在 720℃ 发生相变，形成奥氏体；冷却后变为马氏体。由于马氏体的体积比奥氏体大，因而表层金属膨胀；但受到里层金属的阻碍，从而使表层产生残余压应力，里层产生残余拉应力。当加工淬火钢时，若表层金属产生退火，则马氏体转变为屈氏体或索氏体，因而表层体积缩小；但受到里层金属的牵制，从而使表层产生残余拉应力。

已加工表面层内呈现的残余应力，是上述诸原因所导致残余应力的综合结果；而最后已加工表面层内残余应力的大小及符号，则由其中起主导作用的因素所决定；因此，在已加工表面层最终可能存留残余拉应力，也可能是残余压应力。应当指出，已加工表面不仅沿切削速度方向会产生残余应力 σ_v，而且沿进给方向也会产生残余应力 σ_f；在已加工表面最外层，往往是 $\sigma_v > \sigma_f$。

切削碳钢时，无论是切削方向还是进给方向，一般在已加工表面层常为残余拉应力，其值可达 0.78～1.08GPa；而残余应力层的深度可达 0.40～0.50mm。

二、影响残余应力的因素

影响残余应力的因素较为复杂。因此，切削加工时残余应力的发生过程，还研究得很不充分，总的说来，凡能减小塑性变形和降低切削温度的因素都能使已加工表面的残余应力减小。

1. 刀具方面　当前角由正值逐渐变为负值时，表层的残余拉应力逐渐减小，但残余应力层的深度增大（见图 9-21）。这是由于刀具前角越小，切削刃钝圆半径 r_β 越大，刀具对已加工表面的挤压与摩擦作用越大，从而残余拉应力减小。当在一定的切削用量时，采用绝对值较大的负前角，甚至可使已加工表面层得到残余压应力（见图 9-22）。

刀具后面的磨损量 VB 增加时，一方面使后刀面与已加工表面的摩擦增加，但另一方面也使已加工表面上的切削温度升高，从而由热应力引起的残余应力的影响逐渐加强，因此，使已加工表面的残余拉应力增大；相应地，残余应力层的深度也随之增加（见图 9-23）。

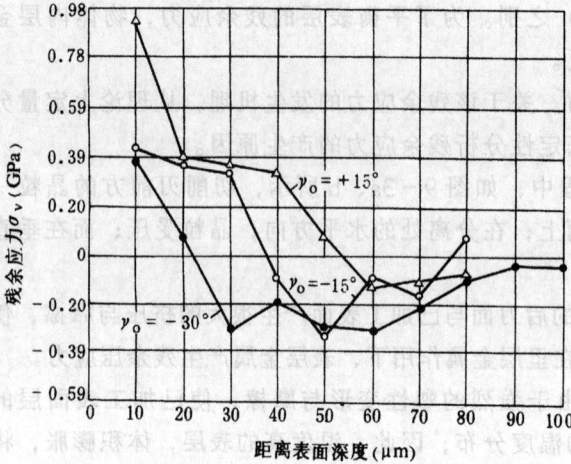

图 9-21　前角对残余应力的影响[26]

刀具：硬质合金，工件：45钢，切削用量：$v = 150\text{m/min}$，$a_p = 0.5\text{mm}$，$f = 0.05\text{mm/r}$

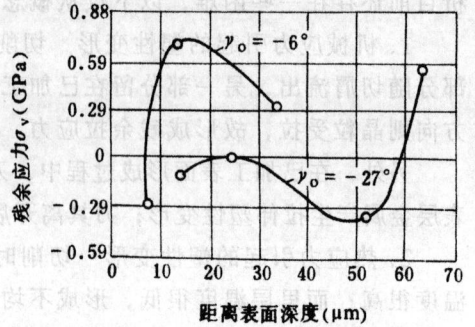

图 9-22　端铣时前角对残余应力的影响[26]

刀具：硬质合金，工件：45钢　切削用量：$v = 320\text{m/min}$，$a_p = 2.5\text{mm}$，$a_f = 0.08\text{mm/z}$

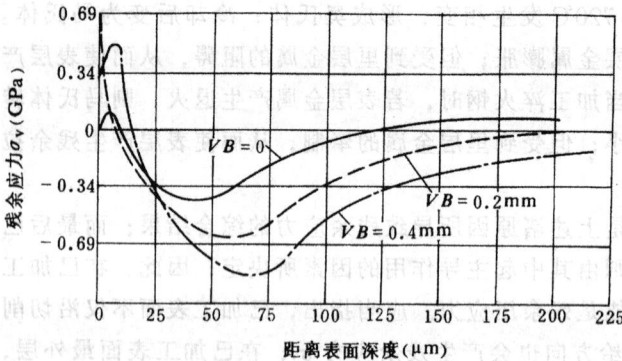

图 9-23　刀具磨损量 VB 对残余应力的影响[24]

刀具：单齿硬质合金端铣刀，轴向前角0°，径向前角 -15°，$a_o = 8°$，$\kappa_r = 45°$，$\kappa_r' = 5°$，工件：合金钢，切削条件：$v = 55\text{m/min}$，$a_p = 1\text{mm}$，$a_f = 0.13\text{mm/z}$，不加切削液

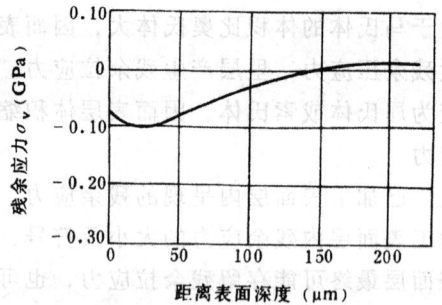

图 9-24　刨削铸铁时加工表面的残余应力[19]

刀具：$\gamma_o = 12.5°$，$\kappa_r = 53°$，$r_\varepsilon = 1\text{mm}$，切削条件：$v = 36\text{m/min}$，$a_p = 2.5\text{mm}$，$f = 0.21\text{mm/行程}$，不加切削液

2. 工件方面　塑性较大的材料，例如：工业纯铁，奥氏体不锈钢，切削加工后，通常产生残余拉应力；而且塑性越大，残余拉应力越大。

切削灰铸铁等脆性材料时，加工表面将产生残余压应力（见图 9-24）；其原因是由于切削时，后面的挤压与摩擦起主导作用，使加工表面层产生拉伸变形，从而产生残余压应力。

3. 切削条件方面　切削速度增加时，切削温度随之增加；因此，热应力引起的残余拉应力起主导作用；从而表面上的残余拉应力，随着切削速度的提高而增大（见图 9-25）；但残余应力层的深度却减小；这是由于切削力随着切削速度的增加而减小，从而塑性变形区域随之减小。应当指出，当切削温度超过金属的相变温度时，则情况就有所不同；此时残余应力的大小及符号，取决于表层金相组织的变化。

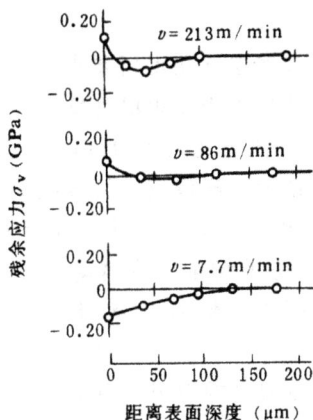

图 9-25　切削速度对残余应力的影响[20]

刀具：可转位硬质合金刀具，$\gamma_o = -5°$，$\alpha_o = \alpha'_o = 5°$，

$\lambda_s = -5°$，$\kappa_r = 75°$，$\kappa'_r = 15°$，$r_\varepsilon = 0.8mm$，工件：

45 钢（退火），切削条件：$a_p = 0.3mm$，$f = 0.05mm/r$，

不加切削液

进给量增加时，切削力及塑性变形区域随之增大，并且热应力引起的残余拉应力占优势，从而表面上的残余拉应力及残余应力层深度都随之增加（见图 9-26）。

加工退火钢时，背吃刀量对残余应力的影响不太显著（见图 9-27）。而加工淬火后回火的 45 钢时，随着背吃刀量的增加，表面的残余拉应力将稍为减小些[23]。

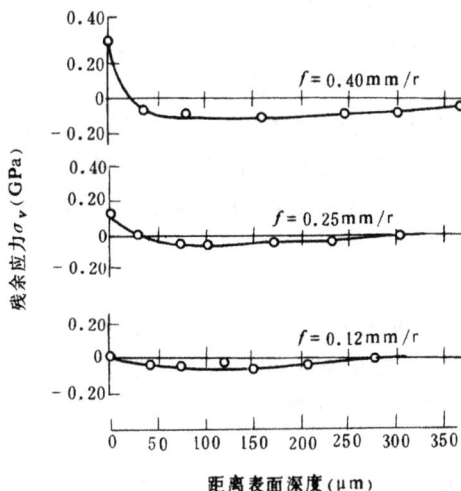

图 9-26　进给量对残余应力的影响[20]

刀具、工件与图 9-25 相同，切削条件：$v = 86m/min$，$a_p = 2mm$，不加切削液

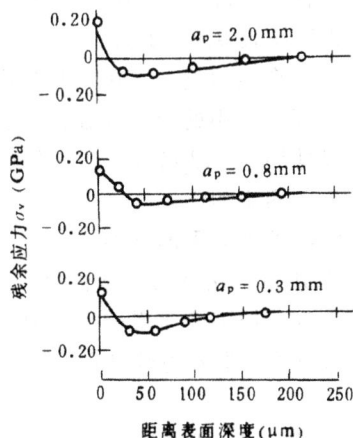

图 9-27　背吃刀量对残余应力的影响[20]

刀具、工件与图 9-25 相同，切削条件：$v = 160m/min$，$f = 0.12m/r$，不加切削液

第六节　精密切削加工的表面质量

表面粗糙度在 $R_a 1.25 \sim 0.63\mu m$ 的切削加工称为精密切削加工[21]。精密切削加工是用很小的背吃刀量和进给量，从半精加工后的工件上切去很薄一层金属，从而取得较高的加工精度和表面质量。按照可能达到的加工精度和表面质量的高低，它还可分为一般精密切削加工和超精密切削加工两类。

根据精密切削加工的特点，可以采取以下措施来提高加工表面质量：

一、刀具方面的措施

精密与超精密切削时，能否从工件上切下微薄金属层并获得所要求的表面质量，关键在于刀刃的锋利性及平整性。如果切削刃不平整，将使加工表面粗糙度增大。例如：有锯齿形的刀刃与无锯齿形切削刃相比，工件表面粗糙度 R_z 值可能增大 $0.14 \sim 0.2\mu m$[13]。故精密切削刀具切削刃的微观不平度必须极小，且不能有锯齿、崩口或卷刃等缺陷。

切削刃的锋利性与刀刃钝圆半径 r_β 密切相关。根据研究[14]：切削耐磨铸铁时，最小稳定的切削厚度 $a_c = 0.25r_\beta$；故 r_β 越小，可以稳定切除的切削厚度越薄。此外，减小切削刃钝圆半径，还可使切削刃钝圆部分挤压的金属层厚度 Δa 减小，这对于减小加工硬化及残余应力，减小加工表面粗糙度都非常有利。

切削刃的锋利性与刀具材料也有关。单晶金刚石刀具的刀刃可以刃磨得非常锋利，其刀刃不平度可达 $0.1\mu m$，切削刃钝圆半径 r_β 可小至 $1\mu m$ 以下。金刚石与其它材料（除钢、铁外）的亲和力小，与被切金属不易发生粘结。此外，金刚石的摩擦系数非常小，导热性也好；因此，切削温度较低；从而不易产生积屑瘤和鳞刺；加以金刚石有很高的硬度及耐磨性，能使刀具长时间内保持锋利；所以用金刚石刀具加工时，可得到具有镜面光泽的加工表面及较轻的加工硬化。例如：在 $v = 600m/min$，$a_p = 0.05mm$，$f = 0.02mm/r$ 的条件下加工硬铝，用硬质合金车刀切削时，硬化层深度为 $18\mu m$；而用金刚石车刀切削时，硬化层深度仅 $6\mu m$[4]。因此，单晶金刚石是精密切削的良好刀具材料，金刚石刀具目前广泛应用于铜、铝及其合金等有色金属、纯金属、稀贵金属（如金、银）等的精密加工。但金刚石刀具不适于加工钢、铸铁等铁族金属。此外，聚晶金刚石也不可能刃磨得像单晶金刚石那样锋利。

对于硬质合金刀具，采用细颗粒的硬质合金，可使加工表面粗糙度减小一些[13]。因此，作为精密切削加工用的硬质合金，应选用超微细颗粒。但由于受到成本等因素的限制，一般最小颗粒尺寸约为 $0.3\mu m$ 左右。因此，要想使硬质合金刀具的切削刃钝圆半径在 $2 \sim 3\mu m$ 以下，是比较困难的。

二、切削条件方面的措施

1. 切削用量　精密切削塑性材料时，随着切削速度的提高，积屑瘤和鳞刺将消失，因而可以显著减小加工表面粗糙度。但切削速度太高时，可能引起振动，从而又使表面粗糙度增大。从刀具不致磨损过快考虑，切削速度也不宜太高。一般切削速度应小于表 9-1 的推荐值[21]。

表 9-1　切削速度

材　　　料	切削速度（m/min）
钢	<280
铸　　　铁	<100
铝镁合金	<1000
铝　合　金	<350
青　　　铜	<400
白　合　金	<1000

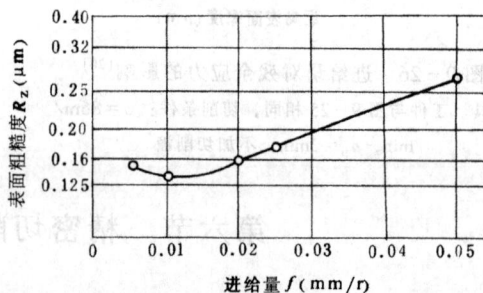

图 9-28　进给量对表面粗糙度的影响[13]

刀具：H19 硬质合金，$\gamma_o = 0°$，$a_o = 6°$，$\kappa_r = 7°$，$\kappa_r' = 2'$，工件：H62 黄铜，切削条件：$v = 68m/min$，$a_p = 0.01mm$，不加切削液

进给量小时，加工表面粗糙度小些。但最小进给量有一个合理值。进给量过小时，机床

进给机构容易产生爬行等问题，加工表面粗糙度反而增大（见图 9－28）。

  2．工艺系统刚性及机床精度 工艺系统刚性对精密切削加工表面质量的影响很大。随着工艺系统刚性的提高，加工表面粗糙度将随之减小，加工硬化及残余应力也将减小。而高精度的机床则是精密切削时，获得良好表面质量的关键。尤其是超精密切削加工时，要求机床主轴径向跳动与轴向窜动量应小于 $0.5\sim1\mu m$，机床运动要平稳，振动要小，振幅应在 $0.2\mu m$ 以内，进给机构的运动也要平稳、均匀、无爬行现象。除此之外，良好的环境（外界振动小，超静、恒温等）也是精密切削加工的重要条件。

  3．切削液 在工艺系统刚性较好的情况下，抑制积屑瘤和鳞刺往往是精密切削加工塑性材料时减小加工表面粗糙度的重要途径。由于切削液对于降低切削温度，减轻刀具与工件接触区的摩擦，减小已加工表面层塑性变形区的影响深度，能起良好的作用，尤其对于减小积屑瘤和鳞刺的大小和高度，有着十分显著的效果，研究结果表明[29]：在精密切削时，采用适当的切削液，对改善表面粗糙度的效果，往往比减小切削厚度的效果大。

思 考 题

  1．已加工表面质量的主要评定标志有哪些？

  2．试分析产生加工表面粗糙度的原因。

  3．切削加工时可以采取哪些措施来减小加工表面粗糙度？

  4．第三变形区的金属变形有何特点？

  5．为什么一般均采取减小副偏角而不采取减小主偏角的方法来减小表面粗糙度？

  6．试分析刀具材料对加工表面粗糙度的影响。

  7．减少加工硬化可以采取哪些措施？

  8．已加工表面的残余应力是如何产生的？

参 考 文 献

1 陶乾．金属切削原理．北京：机械工业出版社，1965

2 华南工学院等．金属切削原理及刀具设计，上海：上海科学技术出版社，1979

3 机械工程手册编辑委员会．机械工程手册，第 46 篇金属切削方法．北京：机械工业出版社，1981

4 金属切削的理论与实践编委会。金属切削的理论与实践．北京：北京人民出版社，1979

5 周泽华．鳞刺，金属切削原理校际学术报告会论文集，北京：机械工业出版社，1966

6 周泽华．犁沟、鳞刺、积屑瘤及它们之间的关系 华南理工大学学报，1989，2

7 赵芝眉等．应用测力——落刀装置对积屑瘤、鳞刺的研究，南京工学院学报，1986，6

8 王荣林．金属切削中积屑瘤的某些问题．机械工程学报．1981，17（1）

9 星光一等．金属切削技术，北京：中国农业机械出版社，1983

10 陈日曜．刀具切削部分光洁度与刀具耐用度及工件加工光洁度的关系，华中工学院学报，1963，3（4）

11 戴雄杰．端面铣削耐热钢时表面质量的研究。金属切削原理校际学术报告会论文集。北京：机械工业出版社，1966

12 马卡洛夫．切削过程最优化．北京：国防工业出版社，1988

13 章锦华．精密切削理论与技术．上海：上海科学技术出版社，1986

14 陈日曜，卢文祥．耐磨铸铁的薄切削问题．机械工程学报，1982，18（1）

15 陈日曜，卢文祥．罗正川．The Role of the Radius of the Tool－lip of H. S. S. Cutting Tools．第一届国

际金属切削会议宣读论文，1983

16 赵芝眉，谢锡俊，涂层高速钢刀具切削机理的研究．中国高校金属切削研究会第四届学术年会论文集．北京：机械工业出版社，1991

17 竹山秀彦．切削加工．日本：丸善株式会社，1980

18 白井英治：切削．研削加工学．日本：共立出版株式会社，1971

19 會田俊夫等．切削工学．日本：コロナ社，1973

20 土田幸滋等．旋削による残留応力の分布形に關する研究．日本機械学会論文集，40 卷 334 号，1974，6

21 田中义信等．精密加工法（上海册）．郑铉等译．北京：机械工业出版社，1986

22 津枝正介等．刃先の微小丸味ガ切削现象に及はす影响．日本機械学会論文集．1960，6（166）

23 Trent E. M, Metal Cutting, 1977

24 Machining Data Handbook, 2nd Edition, Machinability Data Center Metcut Research Associates lnc, 1972

25 Дьяченко П Е. Качество поверхности деталеи машин, Москва: 1959

26 Якобсон М О. Шероховатость наклеп и остаточные напряжения при механической обработке Машгиз, 1956

27 Маталин А. А., Качество поверхоностн и зксплуатационные свойства Деталей Машин。Машгнз, 1956

28 Львов Н. П. Определение Минимально возможной толшины срезаемого слоя, Станкн и инструмент, 1969, 4

29 陈日曜．在钢料薄层切削下切削厚度与切削速度对已加工表面状态的影响．工具技术，1980，1

30 周泽华．金属切削理论．北京：机械工业出版社，1992

31 陈日曜．刀刃不平度及刃口圆半径的起始值在薄切削下的效应问题．工具技术，1980，1

第十章　刀具合理几何参数的选择

刀具的几何参数包括刀具的切削角度（如 γ_o、α_o、κ_r、κ_r'、λ_s 等），刀面的形式（如平前刀面、带倒棱的前刀面、带卷屑槽的前刀面）及切削刃的形状（直线形、折线形、圆弧形）等。

刀具的几何参数对切削时金属的变形、切削力、切削温度和刀具磨损都有显著影响，从而影响切削生产率、刀具耐用度、加工表面质量和加工成本。为了充分发挥刀具的切削性能，除应正确选择刀具材料外，还应合理地选择刀具几何参数。

根据 CIRP（国际生产工程研究学会）资料介绍，由于刀具几何参数和刀具结构的改进，刀具耐用度每隔十年几乎提高 2 倍[15]。许多先进刀具的出现，常常都是从改进刀具几何参数着手。

一般地说，刀具的"合理"几何参数，是指在保证加工质量的前提下，能够获得最高刀具耐用度，从而能够达到提高切削效率或降低生产成本目的的几何参数。

刀具合理几何参数的选择主要决定于工件材料、刀具材料、刀具类型及其他具体工艺条件，如切削用量、工艺系统刚性及机床功率等。

第一节　前角及前刀面形状的选择

一、前角的功用及选择

前角是刀具上重要的几何参数之一，前角的大小决定着切削刃的锋利程度和强固程度。它对切削过程有一系列的重要影响。

增大刀具的前角可以减小切屑变形，从而使切削力和切削功率减小，切削时产生的热量减少，使刀具耐用度得以提高。

但是，增大前角会使楔角减小，这样一方面使刀刃强度降低，容易造成崩刃；另一方面会使刀头散热体积减小，刀头能容纳热量的体积减小，致使切削温度增高。因此，刀具的前角太大时，刀具耐用度也会下降。

由图 10-1 可知，对于由各种材料作成的刀具，前角太大或太小，刀具耐用度都较低。在一定的加工条件下，存在一个刀具耐用度为最大的前角——通常称为合理前角 γ_{opto}

实践证明，刀具合理前角主要取决于刀具材料和工件材料的种类与性质：

1. 刀具材料的强度及韧性较高时可选择较大的前角　例如，高速钢的强度高，韧性好；硬质合金脆性大，怕冲击，易崩刃；因此高速钢刀具的前角可比硬质合金刀具选得大一些，可大 $5° \sim 10°$（图 10-1）。陶瓷刀具的脆性更大，故前角应选择得比硬质合金刀具还要小一些。

2. 刀具的前角还取决于工件材料的种类和性质（图 10-2）。

(1) 加工塑性材料（如钢）时，应选较大的前角；加工脆性材料（如铸铁）时，应选较小的前角。

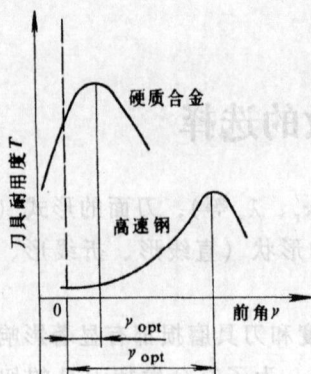

图 10-1 不同材料刀具的合理前角　　　　图 10-2 加不同材料时刀具的合理前角

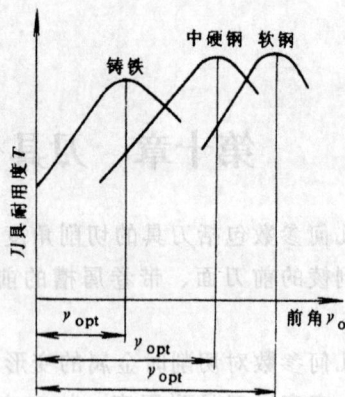

切削钢料时，切屑变形很大，切屑与前刀面的接触长度较长，刀屑之间的压力和摩擦力都很大，为了减小切屑的变形和摩擦，宜选较大的前角。用硬质合金刀具加工一般钢料时，前角可选 $10°\sim20°$。

切削灰铸铁时，塑性变形较小，切屑呈崩碎状，它与前刀面的接触长度较短，与前刀面的摩擦不大，切削力集中在切削刃附近。为了保护切削刃不致损坏，宜选较小的前角。加工一般灰铸铁时，前角可选 $5°\sim15°$。

（2）工件材料的强度或硬度较小时，切削力不大，刀具不易崩刃，对刀具强固的要求较低，为了使切削刃锋利，宜选较大前角。当材料的强度或硬度较高时，切削力较大，切削温度也较高，为了增加切削刃的强度和散热体积，宜取较小前角。例如，加工铝合金时，$\gamma_o=30°\sim35°$；加工中硬钢时，$\gamma_o=10°\sim20°$；加工软钢时，前角可用 $20°\sim30°$。

（3）用硬质合金车刀加工强度很大的钢料（$\sigma_b\geqslant0.8\sim1.2\mathrm{GPa}$）或淬硬钢，特别是断续切削时，应从刀具破损的角度出发选择前角，这时常需采用负前角（$\gamma_o=-5°\sim-20°$）。材料的强度或硬度越高，负前角的绝对值也越大。这是因为工件材料的强度或硬度很高时，切削力很大，采用正前角的刀具，切削刃部分和刀尖部分主要受到的是弯曲和剪切变形（图 10-3a），硬质合金的抗弯强度较低，在重载下容易破损。采用负前角时，切削刃和刀尖部分受到的是压应力（如图 10-3b 所示），硬质合金的抗压强度比抗弯强度高 3～4 倍，切削刃不易因受压而损坏。抗弯强度更差的陶瓷和立方氮化硼刀具，也经常采用负前角。

但是负前角刀具会增大切削力（特别是 F_y 力）和能耗，易引起机床振动（图 10-4）；因此，只在工件材料的强度和硬度很高、切削时冲击很大，采用正前角要产生崩刃，而工艺系统刚性却很好时，才采用负前角。

加工一般脆性金属时，由于这类金属的抗压强度大于抗拉强度、用正前角刀具较容易切除切屑，故通常不采用负前角。

3. 选择合理前角时还要考虑一些具体加工条件　例如：粗加工时，特别是断续切削时，切削力和冲击一般都比较大，工件表面硬度也可能很高，为使切削刃有足够强度，宜取较小前角；精加工时，对切削刃强度要求较低，为使刀刃锋利，降低切削力，以减小工件变形和减小表面粗糙度，宜取较大前角。

在工艺系统刚性较差或机床电动机功率不足时，宜取较大的前角；但在自动机床上加工

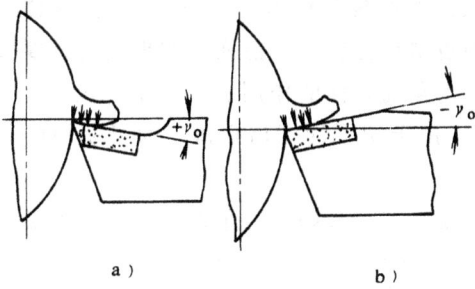

图 10-3 不同前角车刀的受力情况

a）正前角 b）负前角

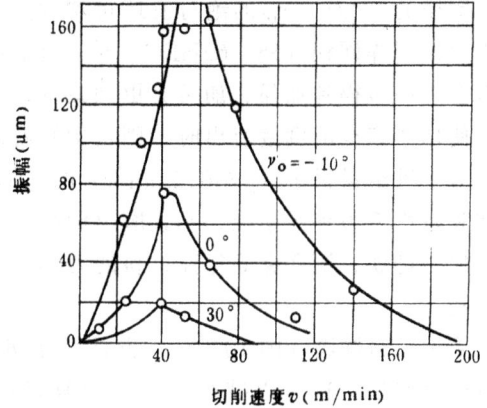

图 10-4 前角和切削速度对振幅的影响

时，为使刀具切削性能稳定，宜取小一些的前角。

用不同刀具材料加工各种工件材料时，合理前角的参考值可查手册〔2〕或〔4,5〕。

二、倒棱及其参数的选择

如前所述，增大刀具前角，有利于切屑形成和减小切削力；但增大前角，又使切削刃强度减弱。在正前角的前刀面上磨出倒棱（图 10-5）则可二者兼顾。

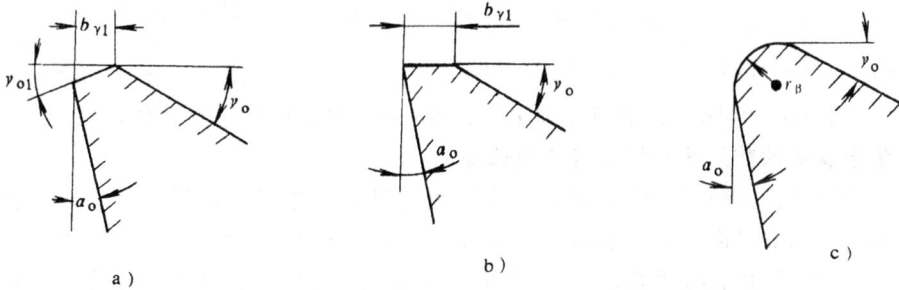

图 10-5 前刀面上的倒棱

倒棱的主要作用是增强切削刃，减小刀具破损。这对脆性较大的刀具材料，如硬质合金和陶瓷，尤其在用这些材料做的刀具进行粗加工或断续切削时，对减少崩刃和提高刀具耐用度的效果是很显著的（可提高 1～5 倍）；用陶瓷刀铣削淬硬钢时，没有倒棱的切削刃是不可能进行切削的。

此外，刀具倒棱处的楔角较大，使散热条件也得到改善。

倒棱的宽度值一般与切削厚度（或进给量 f）有连系。通常取为 $b_{\gamma 1} = 0.2～1mm$ 或 $b_{\gamma 1} = (0.3～0.8) f$。粗加工时取大值，精加工时取小值。倒棱的前角对高速钢刀具取 $\gamma_{01} = 0°～5°$，对硬质合金刀具取 $\gamma_{01} = -5°～-10°$。

当倒棱参数选得恰当时，由于其宽度甚小，切屑仍主要地沿正前角的前刀面流出（图 4-16b）故切削力增加得并不多，振动的强度也没有什么变化。由于倒棱增强了切削刃，故前角还可比不带倒棱的前刀面选择得大一些。

用硬质合金车刀切削带硬皮的工件时，如果切削时冲击较大，而机床的刚性和功率许可时，倒棱的 $b_{\gamma 1}$ 及 $-\gamma_{01}$ 的绝对值还可增大，如取 $b_{\gamma 1} = (1 \sim 2) f$，$\gamma_{01} = -10° \sim -15°$。用陶瓷刀铣削淬硬钢（$58 \sim 65$HRC）时，抗破损性能较好的倒棱前角为 $-15° \sim -30°$。这样切削刃会进一步得到加强，崩刃会更加减少，但切削力也增加得较多。然而，如果倒棱宽度太大，使切屑完全沿倒棱流出时，则负倒棱就起到了负前角前刀面的作用了（图 4-16c）。

对于进给量很小（$f \leqslant 0.2$mm/r）的精加工刀具，由于切下的切屑很薄，为了使切削刃锋利和减小刀刃钝圆半径，不宜磨出倒棱。

加工铸铁、铜合金等脆性材料的刀具，以及形状复杂的刀具如成形车刀等，一般也都不磨倒棱。

采用刀刃钝圆（图 10-5c）也是增强切削刃的有效方法，这可以减少刀具的早期破损，使刀具耐用度可能提高 200%。在断续切削时，适当增大钝圆半径 r_β，可大大增加刀具崩刃前所受的冲击次数，见图 10-6。从图可以看出，采用刀刃倒圆的办法比直线倒棱刀具的抗冲击能力更强，耐用度提高得更多。目前经钝圆处理的硬质合金可转位刀片已经获得广泛的应用。钝圆刃还有一定的切挤熨压及消振作用，可减小工件已加工表面粗糙度。

钝圆半径 r_β（国标为 r_n）推荐如下：一般情况下，$r_\beta < f/3$，轻型钝圆 $r_\beta = 0.02 \sim 0.03$mm，

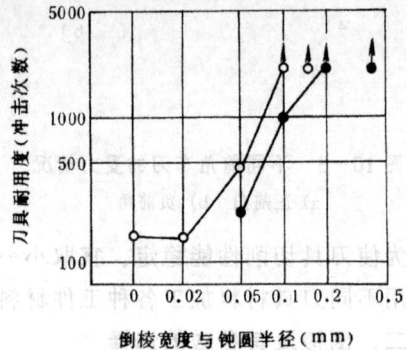

图 10-6　倒棱宽度及钝圆半径与刀具
耐用度（冲击次数）的关系[13]
被加工材料 40CrNiMoA 钢，280HBS　切削条件：
$v = 100$m/min，$a_p = 1.5$mm，$f = 0.335$mm/r
○圆弧倒棱，●直线倒棱

中型钝圆 $r_\beta = 0.05 \sim 0.1$mm，重型钝圆 $r_\beta = 0.15$mm。重型钝圆用于重载切削。

三、带卷屑槽的前刀面形状及其参数选择

如第三章所述，在加工韧性金属时，为了使切屑卷成螺旋形或折断成 C 形，使之易于排出和清理，常在前刀面上磨出卷屑槽。卷屑槽可作成直线圆弧形、直线形和全圆弧形三种（图 3-35）。直线圆弧形的槽底圆弧半径 R_n（国标为 r_{Bn}）和直线形的槽底角（$180° - \sigma$）对切屑的卷曲变形有直接的影响。当 R_n 或槽底角较小时，切屑卷曲半径较小，切屑变形增大，易于折断。但太小时切屑易于堵塞在槽内，会增大切削力，甚至造成崩刃。一般条件下，可取 $R_n = (0.4 \sim 0.7) W_n$，槽底角等于 $110° \sim 130°$。

全圆弧形卷屑槽可获得较大的前角，而且不致象前两种直线形卷屑槽那样，使切削刃部分过于削弱。

卷屑槽宽度 W_n 对卷屑效果影响很大。W_n 越小，切屑卷曲半径越小，切屑就越容易折断。但 W_n 太小时，切屑变形很大，容易产生小块的飞溅切屑；W_n 太大时则不能保证有效的卷屑或折断。断屑槽宽度根据工件材料和切削用量决定，一般可取 $W_n = (7 \sim 10) f$。

第二节　后角的选择

后角的主要功用是减小切削过程中刀具后刀面与加工表面之间的摩擦。后角的大小还影响作用在后刀面上的力、后刀面与工件的接触长度以及后刀面的磨损强度，因而对刀具耐用度和加工表面质量有很大的影响。

适当增大后角可提高刀具耐用度，这是因为：

(1) 刀具切削过的工件表面由于弹性变形、塑性变形和刀刃圆弧的作用，加工表面上总有一个弹性恢复层；增大后角可减小弹性恢复层与后刀面的接触长度，因而可减小后刀面的摩擦与磨损。

(2) 后角增大，楔角则减小，刀刃钝圆半径 r_β 也减小，刀刃易切入工件，可减小工件表面的弹性恢复。当切下的切屑层很薄时，这一点尤其重要。

(3) 在后刀面磨损标准 VB 相同时，后角较大的刀具，用到磨钝时，所磨去的金属体积较大（图 10-7a），这也是刀具耐用度较高的原因之一。

但是，当后角太大时，由于楔角会显著减小，将削弱切削刃的强度，减小散热体积而使散热条件恶化，并使刀具耐用度降低。而且重磨时磨去的材料量增多，将增加磨刀及刀具费用。由此可知，加工条件不同时，也存在一个刀具耐用度为最大的合理后角。

合理后角的大小主要取决于切削厚度（或进给量）的大小。

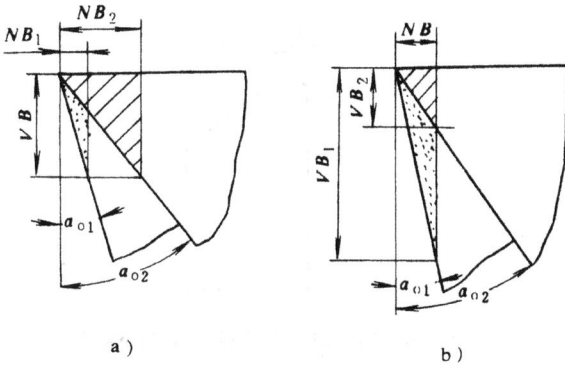

图 10-7 后角的大小对刀具材料磨损体积的影响
a) VB 一定　b) NB 一定

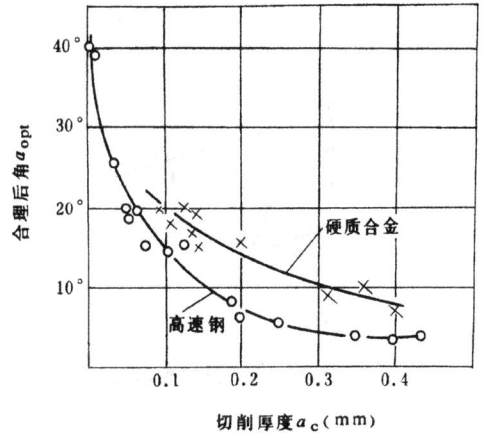

图 10-8 刀具合理后角与切削厚度的关系[6]

当切削厚度很小时，磨损主要发生在后刀面上，为了减小后刀面的磨损和增加切削刃的锋利程度，宜取较大的后角。当切削厚度很大时，前刀面上的磨损量加大，这时后角取小些可以增强切削刃及改善散热条件；同时，由于这时楔角较大，可以使月牙洼磨损深度达到较大值而不致使切削刃碎裂，因而可提高刀具耐用度。后角的大小与切削厚度的关系见图 10-8。

车刀合理后角在 $f \leqslant 0.25$mm/r 时可选为 $10° \sim 12°$，在 $f > 0.25$mm/r 时取为 $5° \sim 8°$。

刀具合理后角除决定于切削厚度外，还与一些切削条件有关：

(1) 工件材料的强度或硬度较高时，为了加强切削刃，宜取较小的后角，例如取 $\alpha_0 = 5° \sim 7°$。工件材料较软，塑性较大，已加工表面易产生加工硬化时，后刀面摩擦对刀具磨损和加工表面质量影响较大，这时应取较大的后角。例如，加工高温合金时，宜取 $\alpha_o = 10° \sim 15°$。在加工钛合金时，由于这种材料的弹性极限较大，加工后的表面弹性恢复较大，为了减小后面与弹性恢复层的接触面积，宜取较大的后角，例如，可取 $\alpha_o = 10° \sim 12°$。

(2) 当工艺系统刚性较差，容易出现振动时，应适当减小后角。为了减小或消除切削时的振动，还可以在车刀后面上磨出 $b_{a1} = 0.1 \sim 0.2$mm，$\alpha_{o1} = 0°$ 的刃带；或磨出 $b_{a1} = 0.1 \sim 0.3$mm，$\alpha_{o1} = -5° \sim -10°$ 的消振棱（图 10-9）。这样的一些刃带可以增加后刀面与加工表面的接触面积，可以产生同振动位移方向相反的摩擦阻力；当使用恰当时，不仅可以减小振动，而且可以对工件表面起一定的熨压作用，提高加工表面质量。

（3）对于尺寸精度要求较高的刀具，宜取较小的后角。因为当径向磨损量 NB 选为定值时（图 $10-7b$），后角较小所磨损掉的金属体积较多，刀具可连续使用较长时间，故刀具耐用度较高。

生产现场中，车削一般钢和铸铁时，车刀的后角通常选用 $4°\sim6°$。

车刀的副后角一般取其等于主后角。切断刀及切槽刀的副后角，由于受到其结构强度的限制，只能取得很小，$\alpha_o' = 1°\sim2°$（图 $10-10$）。

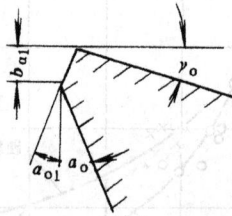

图 10-9 消振棱车刀

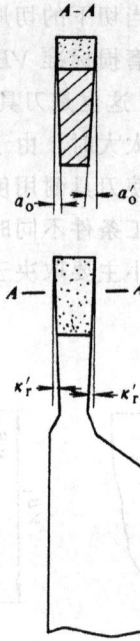

图 10-10 切断刀的副后角和副偏角

第三节 主偏角、副偏角及刀尖形状的选择

一、主偏角的功用及选择

主偏角对刀具耐用度影响很大，并且可以在很大范围内变化。随着主偏角的减小，刀具耐用度得以提高。这是由于：

（1）当背吃刀量 a_p 和进给量 f 不变时，主偏角减小会使切削厚度 a_c（国标为 h_D）减小，切削宽度 a_w（国标为 b_D）增加（图 $4-18$）。这时参加切削的切削刃长度增加，单位长度切削刃上的负荷减轻，散热条件亦得以改善。

（2）主偏角减小时，刀尖角 ε_r 增大，使刀尖强度提高，刀尖散热体积增大。

（3）主偏角较小的刀具（在 $\lambda_s = 0°$ 时）在切入时，最先与工件接触处是远离刀尖的地方，而不是像 $\kappa_r > 90°$ 时那样在刀尖处，也不会像 $\kappa_r = 90°$ 时那样，主切削刃参加切削部分同时切入工件，因而可减少因切入冲击而造成的刀尖损坏。

由此可知，从刀具耐用度出发，刀具的主偏角理应是小些为好。

减小主偏角还可使工件表面残留面积高度减小，从而使已加工表面粗糙度减小。

然而，减小主偏角会导致径向分力 F_y 增大（图 $4-21$），这会引起下述结果：

（1）随着 F_y 力增大和工件刚性减小（即工件长径比 l_o/d_w 增大），切削时产生的挠度 f 也增大，因而会降低加工精度。

（2）在工艺系统刚性不足的情况下，F_y 力增大会引起振动。振动会使刀具（特别是刀具材料脆性大时）耐用度显著下降，和已加工表面粗糙度显著增大。

由图 10-11 可知，在工艺系统刚性很强时，随着主偏角减小，刀具耐用度或可用切削速度显著提高（如图中的高速钢曲线）；但当工艺系统刚性不足时，主偏角太大或太小都会使刀具耐用度下降。在某一主偏角时（图中用硬质合金刀具此值为 60°），刀具耐用度最高。由此可知，合理主偏角的大小也决定于工艺系统的刚性。当刚性允许时，则主偏角宜取小一些。

在系统刚性很好，切削深度较小，切削硬度高的材料，如冷硬铸铁和淬硬钢时，取 $\kappa_r = 10° \sim 30°$；当系统刚性较好（$l_w/d_w < 6$）时，可取 $\kappa_r = 30° \sim 45°$；当系统刚性较差（$l_w/d_w = 6 \sim 12$），切削时带有冲击（断续车削）或多刀车削时，取 $\kappa_r = 60° \sim 75°$；当系统刚性差（$l_w/d_w > 12$），如车细长轴时，为避免振动，宜增大主偏角，可取 $\kappa_r = 90° \sim 93°$。硬质合金车刀的主偏角多取为 $60° \sim 75°$。

在选择车刀主偏角时，还应考虑工件形状及具体条件。例如，车阶梯轴时，可用 $\kappa_r = 90°$；要用同一把刀加工外圆、端面和倒角时可取 $\kappa_r = 45°$；需要从中间切入及仿形加工用的车刀，可取 $\kappa_r = 45° \sim 60°$。

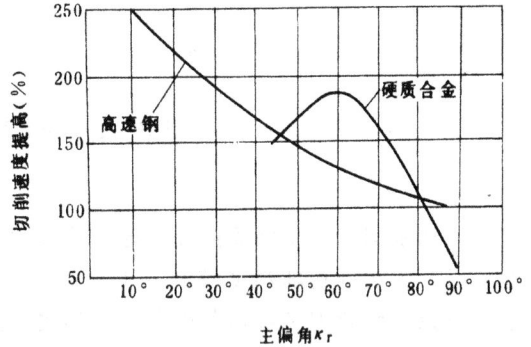

图 10-11 主偏角对刀具耐用度的影响[7]

二、副偏角的功用及选择

车刀副切削刃的主要作用是最终形成已加工表面。副偏角的大小对刀具耐用度和已加工表面粗糙度都有影响。

副偏角过小会增加副切削刃参加切削工作的长度，增大副后刀面与已加工表面的摩擦和磨损，因此刀具耐用度较低。此外，副偏角太小，也易引起振动。

但是，副偏角太大会使刀尖强度降低，和散热条件恶化，因此刀具耐用度也较低。

由此可知，副偏角也存在一个合理值。

如前所述，在副偏角较小时，加工表面粗糙度也较小。

由上述可知，在工艺系统刚性较好，不产生振动的条件下，副偏角不宜取大。精车时，一般取 $\kappa_r' = 5° \sim 10°$，粗车时取 $\kappa_r' = 10° \sim 15°$。切断刀及切槽刀由于结构强度的限制，只能取很小的副偏角，$\kappa_r' = 1° \sim 3°$（图 10-10）。

为了提高已加工表面质量，在生产中还使用了 $\kappa_r' = 0°$ 的带有修光刃的刀具（图 10-12）。用这种车刀在进给量为 $3 \sim 3.5$mm/r 时还能得到粗糙度为 $R_a 6.3 \sim 3.2 \mu$m 的表面。而用普通车刀（$\kappa_r' > 0$），要得到同样的已加工表面，进给量几乎要减小到十分之一。

车刀的修光刃长度可取为 $b_\varepsilon' = (1.2 \sim 1.5)f$，$f$ 为进给量，硬质合金端铣刀的 $b_\varepsilon' = (4 \sim 6)f$。

用带有修光刃的车刀切削时，径向分力 F_y 很大，因此工艺系统刚性必须很好（一般 l_o/d_w 应小于 5），否则易引起振动。

三、刀尖形状及尺寸的选择

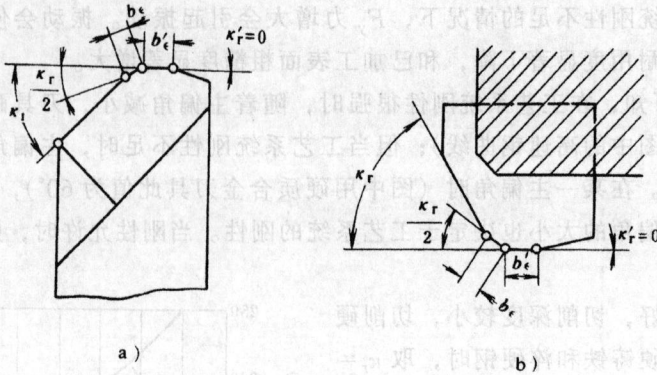

图 10-12　带有修光刃（$\kappa_r'=0$）的刀具

a) 车刀　b) 端铣刀

主切削刃和副切削刃连接的地方称为刀尖。该处的强度较差，散热条件不好。因此，在切削时，刀尖处切削温度较高，很易磨损。当主偏角及副偏角都很大时，这一情况尤为严重。所以，强化刀尖可显著提高刀具的耐崩刃性和耐磨性，从而可以提高刀具耐用度。

此外，从第 9 章中已经知道，刀尖部分的形状对残留面积高度和已加工表面粗糙度有很大影响。

刀尖处的过渡刃如图 10-13 所示。

1. 圆弧形过渡刃　圆弧形过渡刃不仅可提高刀具耐用度，还可大大减小已加工表面粗糙度。精加工车刀常采用圆弧形过渡刃。

圆弧形过渡刃的半径 r_ε 对硬质合金和陶瓷车刀一般可取 $r_\varepsilon = 0.5 \sim 1.5mm$，对高速钢车刀可取 $r_\varepsilon = 1 \sim 3mm$。适当增大 r_ε 时，刀具的磨损和破损均可减小（图 10-14 及图 10-15），

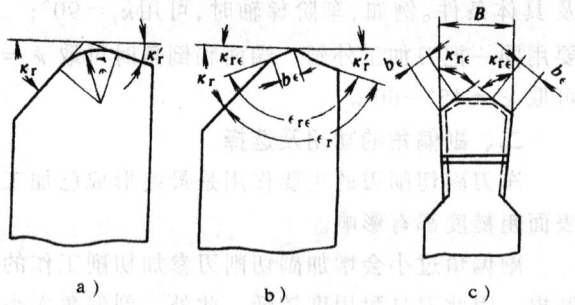

图 10-13　刀具的过渡刃

断续切削时不产生崩刃的冲击次数可显著增加。但 r_ε 增大时，径向分力 F_y 也增大。因此，在工艺系统刚性不强时，r_ε 太大容易引起振动；脆性较大的刀具材料对振动较敏感，因此硬质合金及陶瓷刀具的刀尖圆弧半径取得较小；此外，精加工时的 r_ε 比粗加工时取得小一些。

2. 直线形过渡刃　粗加工时，背吃刀量比较大，为了减小径向分力 F_y 和振动，并使硬质合金刀片能得到充分利用，通常采用较大的主偏角。但这时刀尖强度较差，散热条件恶化。为了改善这种情况，提高刀具耐用度，常常磨出直线形过渡刃（图 10-13b）。

过渡刃偏角一般取为 $\kappa_{r\varepsilon} \approx \frac{1}{2}\kappa_r$，过渡刃长度 $b_\varepsilon = 0.5 \sim 2mm$ 或 $b_\varepsilon = \left(\frac{1}{4} \sim \frac{1}{5}\right)a_{po}$ 切断刀的过渡刃长度可取为 $b_\varepsilon \approx \frac{1}{4}B$（图 10-13c）。过渡刃处的后角，可与主切削刃后角相同。

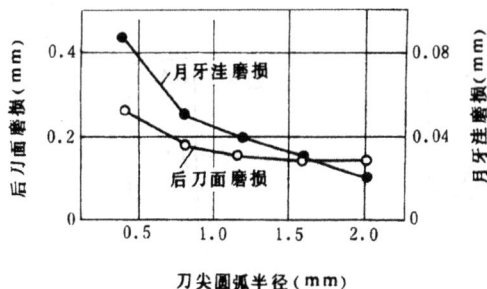

图 10-14 刀尖圆弧半径对磨损的影响[13]
加工材料:40CrNiMoA 钢,220HBS
刀具:P10 硬质合金
切削条件:$v=140m/min$,$a_p=2mm$,$f=0.212mm/r$

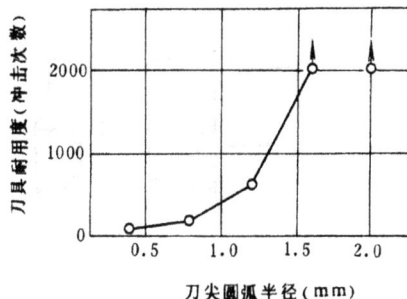

图 10-15 刀尖圆弧半径对刀具抗崩刃性能的影响[13]
加工材料:42CrMo 钢,280HBS
刀具:P10 硬质合金
切削条件:$v=100m/min$,$a_p=2mm$,$f=0.335mm/r$

由于圆弧形过渡刃的圆弧半径难以磨得一致,同时圆弧处的后角也难以磨出,因此多刃刀具(如端铣刀)多做成直线形过渡刃。

第四节 刃倾角的选择

刃倾角有如下的一些功用:

1.控制切屑流出方向 如图 10-16a 所示,当 $\lambda_s=0$,即直角切削时,主切削刃与切削速度向量成90°,切屑在前刀面上近似沿垂直于主切削刃的方向流出。在 $a_p/f>10$ 或自由切削时,切屑呈平面螺旋状(发条状卷屑)。当 $\lambda_s\neq0$,即斜角切削时,切削速度向量不垂直于主切削刃,而是与主切削刃法线 $n-n$ 成 $-\psi_\lambda$ 角,ψ_λ 称为流屑角。当 $\lambda_s<45°$,$a_c<0.3mm$ 时,可以认为 $\psi_\lambda\approx\lambda_s$。由图 10-16 可见,当 λ_s 为负值时,切屑流向已加工表面,并形成长螺卷屑,易损坏已加工表面。但这时切屑流向机床尾座,对操作者影响较小。如 λ_s 为正值时,切屑流向机床床头箱,形成的长螺卷屑不仅妨碍工人操作,而且容易缠绕在机床转动部件上。因此,从安全和工作方便的观点看,这种切屑流向是不好的。精车时,为避免切屑擦伤已加工表面,则常取正刃倾角。

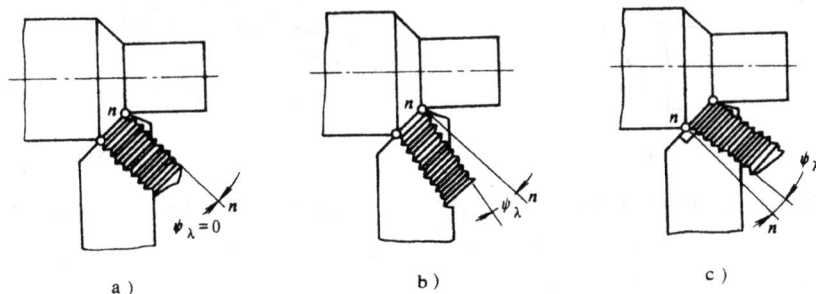

图 10-16 刃倾角对切屑流出方向的影响
a) $\lambda_s=0$ b) $+\lambda_s$ c) $-\lambda_s$

2.影响刀头强度及断续切削时切削刃上受冲击的位置 图 10-17 是一把 $\kappa_r=90°$ 刨刀的加工情况,当 $\lambda_s=0$ 时,切削刃全长与工件同时接触,切削力在瞬间由零增至最大,因而冲击较大。当 $\lambda_s>0$ 时,刀尖首先接触工件,冲击作用在刀尖上,容易崩尖,当 $\lambda_s<0$,即为负

168

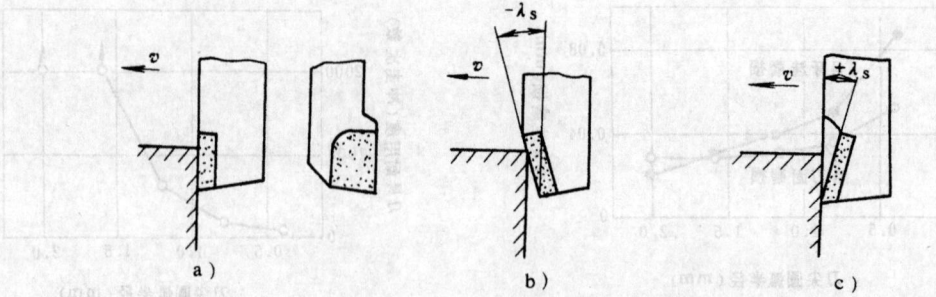

图 10-17 刨削时刃倾角对切削刃受冲击位置的影响

a) $\kappa_r = 90°$, $\lambda_s = 0$ b) $-\lambda_s$ c) $+\lambda_s$

值时，离刀尖较远处的切削刃首先接触工件，保护了刀尖。其次，切削面积在切入时由小到大，切出时由大到小逐渐变化；因而切削力也是逐渐变化，切削比较平稳，可大大减少刀具受到的冲击和崩刃现象。因此，在粗加工时，特别是冲击较大的加工中，常常采用负刃倾角的刀具。

由图 10-17b 也可明显看出，负刃倾角车刀的刀头强度较高，散热条件也较好。

3. 影响切削刃的锋利程度 斜角切削时，由于切屑在前刀面上流向的改变，使实际起作用的前角增大。如图 10-18 所示，当 $\lambda_s \neq 0$ 时，切屑将不再沿 v_c 方向流出，而是沿 v_c' 方向，即偏向于前刀面上坡度较小的方向流出，这时的工作切削角减小，工作前角增大（图 10-19）。

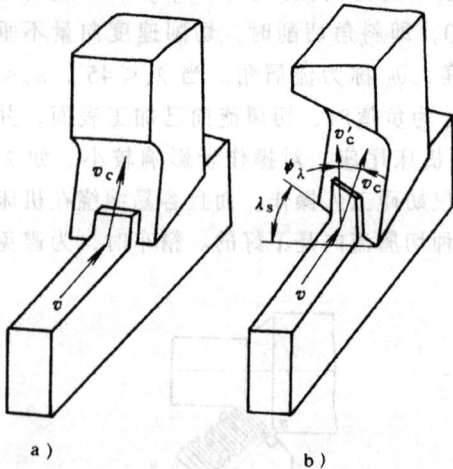

图 10-18 直角切削与斜角切削时切屑流向的比较

a) 直角切削 $\lambda_s = 0$, $\psi_\lambda = 0$ b) 斜角切削 $\lambda_s \neq 0$, $\psi_\lambda \neq 0$

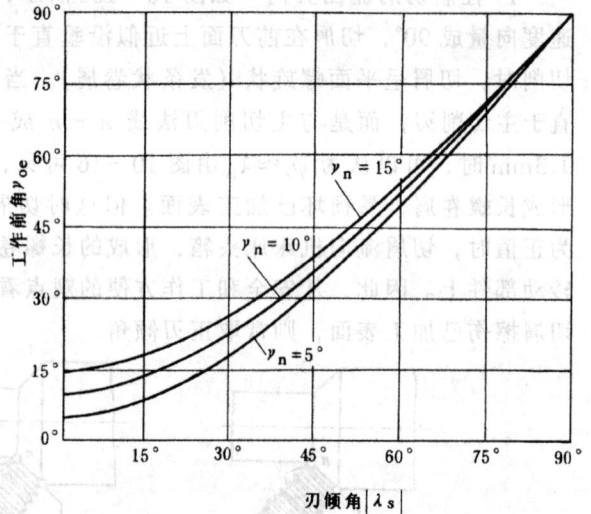

图 10-19 刃倾角对工作前角的影响

工作前角 γ_{oe} 可按下式近似（假设 $\psi_\lambda \approx \lambda_s$）求得[10]：

$$\sin\gamma_{oe} = \sin^2\lambda_s + \cos^2\lambda_s \sin\gamma_n$$

例如，当 $\lambda_s = 15°$, $\gamma_n = 20°$ 时，$\gamma_{oe} \approx 27°$。

当 $\lambda_s < 15°$ 时，刃倾角对实际前角的影响不大，一般可不考虑这一影响。但当刃倾角很大（如大螺旋角铣刀）时，这一影响是很大的，它对切削过程的顺利进行是有利的。

此外，刃倾角增大还可减小刀刃钝圆半径 r_β，使切削刃变得更为锋利。因此，切下极薄切屑的微量精车刀和精刨刀可采用 45°～75° 刃倾角。

4. 影响切削分力的大小　当负刃倾角绝对值增大时，径向切削力 F_y 显著增大。例如，当 λ_s 由 0° 变化到 -45° 时，F_y 约增大 1 倍。F_y 增大，将导致工件变形及引起振动。因此，在工艺系统刚性不足时，应尽量不用负刃倾角。

在加工一般钢料和铸铁时，无冲击的粗车取 $\lambda_s = 0°～-5°$，精车取 $\lambda_s = 0°～+5°$。有冲击负荷时，取 $\lambda_s = -5°～-15°$；当冲击特别大时，可取 $\lambda_s = -30°～-45°$。刨刀的刃倾角一般可取 $-10°～-20°$。

加工高强度钢、高锰钢、淬硬钢时，可取 $\lambda_s = -20°～-30°$。

用 $\gamma_o = -5°～-10°$，$\kappa_r = 60°～70°$，$\lambda_s = -10°～-15°$ 的车刀切削钢料时，切屑可断成碎片，易于清除。

最后应该指出，刀具各角度之间是互相联系互相影响的。孤立地选择某一角度并不能得到所希望的合理值。例如，改变前角将使刀具的合理后角发生变化（图 10-20）。在加工硬度较高的工件材料时，为了增加切削刃的强度，一般取较小的后角。但在加工特别硬的材料，如淬硬钢时，通常采用负前角，这时楔角较大，如适当增大后角，不仅使切削刃易于切入工件，而且还可提高刀具耐用度。在用陶瓷车刀车

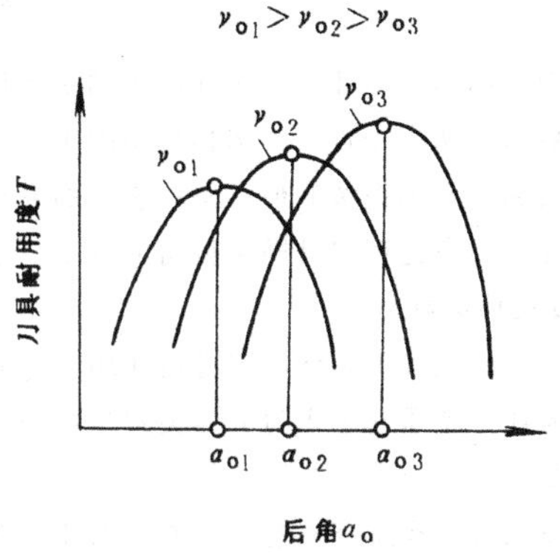

图 10-20　不同前角时刀具的合理后角

削淬硬钢时，后角由 5° 增至 15°，刀具磨损一直是减小的，但如继续增大至 20°，则切削刃就会发生破损。

刀具前角和刃倾角的选择也常常是互相影响的。强力切削时，切削断面较大，切削力也较大，为使刀具不易崩刃，前角似宜取小一些。但在用 $a_p = 30～35mm$，$f = 1～1.5mm/r$，$v = 50m/min$ 条件下切削锻钢件时，采用了图 10-21 所示的车刀。车刀的前角为 18°～20°，这

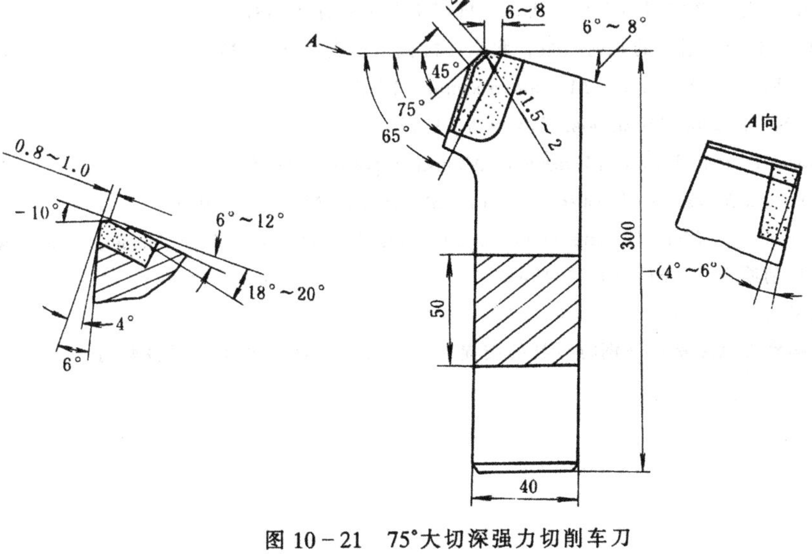

图 10-21　75°大切深强力切削车刀

样可以减小切削力。为了增加切削刃的强度，采用了 $-4° \sim -6°$ 的刃倾角及 $b_{\gamma 1} = 0.8 \sim$ 1mm，$\gamma_{o1} = -10°$ 的负倒棱。刀具主偏角选为 $75°$，可以减小径向切削力。刀尖强度则通过采用 $2 \sim 4$mm 的过渡刃及 $1.5 \sim 2$mm 的刀尖圆弧得到保证。因此这把车刀的使用效果较好。在抗冲击的车刀中，还采用前角大至 $45°$ 的车刀，这时是采用负刃倾角 $\lambda_s = -30° \sim -45°$，以补偿因前角太大刀刃可能削弱的缺点，这样就能承受较大的冲击。大负刃倾角所增加的切屑变形和径向切削力也可因增大了前角而得以减小。

由此可见，任何一个刀具合理几何参数，都应该在多因素的相互联系中确定。

不同刀具的合理几何参数可参考手册〔2〕、〔4〕或〔5〕。

思考题与练习题

1. 前角的功用是什么？选择前角的主要依据是什么？

2. 后角的功用是什么？选择后角的主要依据是什么？

3. 负倒棱和消振棱有何区别？它们的大小如何选择？

4. 为什么高速钢刀具随主偏角的减小，耐用度会提高？而硬质合金刀具的主偏角如太小，在有些情况下耐用度反而会降低？

5. 刀具的过渡刃和修光刃有何作用？它们的大小如何选择？

6. 为什么硬质合金车刀的刀尖圆弧半径选择得比高速钢车刀小一些？为什么多刃刀具一般不采用圆弧形过渡刃？

7. 刃倾角的作用有哪些？主要依据什么选择？试举一、二例大刃倾角的刀具。

8. 试说明在下列不同情况下刀具几何参数的选择有何不同①加工灰铸铁和一般碳素结构钢；②加工不锈钢和中碳钢；③加工高硬度高强度钢和中碳钢。

参 考 文 献

1 华南工学院，甘肃工业大学主编．金属切削原理及刀具设计（上册）．上海：上海科技出版社．1979

2 艾兴，肖诗纲编．切削用量手册．北京：机械工业出版社，1984

3 北京市金属切削理论与实践编委会．金属切削理论与实践（上册）．北京：北京出版社，1979

4 机械工程手册第46篇．金属切削方法．北京：机械工业出版社，1981

5 机械工程手册第47篇．金属切削刀具．北京：机械工业出版社，1981

6 拉林著．刀具切削部分最适宜的几何参数，北京：机械工业出版社，1955

7 Вуль Ф А. М. Резание Металлов. Машиностроение. 1973

8 Филоненко. С. Н. Резание Металлов. Техника, 1975

9 Бобров ВФ Основы Теории Резания Металлов. Машиностроение, 1975

10 Зорев НН. Вопросы Механики Процесса Резания Металлов. Машгиз, 1956

11 Arshinov V Alekseev G. Metal Cutting Theory and Cutting Tool Design. Mir Publishers. Moscow, 1976

12 陶乾编．金属切削原理．1961，1963，1965

13 精密機械（日文），1982．1

14 肖虹，艾兴，陶瓷刀具端铣淬硬钢时刀具的破损规律．山东工业大学学报，1984．1

第十一章 切削用量的制订

切削用量的制订，对加工生产率、加工成本和加工质量均有重要影响。学生学完本章后，应能根据具体条件和要求，考虑约束因素，正确选择切削用量。

第一节 制订切削用量的原则

制订切削用量就是要确定具体切削工序的背吃刀量 a_p、进给量 f、切削速度 v 及刀具耐用度 T。制订切削用量时，要综合考虑生产率、加工质量和加工成本。

所谓"合理的"切削用量是指充分利用刀具的切削性能和机床性能（功率、扭矩），在保证质量的前提下，获得高的生产率和低的加工成本的切削用量。

切削用量三要素 a_p、f、v 对切削加工生产率、刀具耐用度和加工质量都有很大的影响：

1. 对切削加工生产率的影响 按切削工时 t_m 计算的生产率 P 为

$$P = \frac{1}{t_m} \tag{11-1}$$

而

$$t_m = \frac{l_w \Delta}{n_w a_p f} = \frac{\pi d_w l_w \Delta}{10^3 v a_p f} \tag{11-2}$$

式中 d_w——车削前的毛坯直径（mm）；

l_w——工件切削部分长度（mm）；

Δ——加工余量（mm）；

n_w——工件转数（r/min）。

由于 d_w、l_w、Δ 均为常数，令 $1000/\pi d_w l_w \Delta$ 为 A_0，则

$$P = A_0 v f a_p \tag{11-3}$$

由上式可知，v、f、a_p 中的任何一个参数增加一倍，都可提高生产率一倍。

在以上计算生产率时，没有考虑辅助工时。由于切削用量三要素对辅助工时的影响各不相同，故对考虑辅助工时在内的切削加工生产率的影响也各不相同。

2. 对刀具耐用度的影响 根据第六章公式（6-5）可知，v、f、a_p 中任何一项增大，都要使刀具耐用度下降。对刀具耐用度影响最大的是切削速度 v，其次是进给量 f，影响最小的是背吃刀量 a_p。由此可以得出结论，从刀具耐用度出发，在选择切削用量时，应首先采用最大的背吃刀量，再选用大的进给量，然后根据确定的刀具耐用度选择切削速度。

切削用量对生产率的影响可用下例说明：用高速钢车刀加工钢，当刀具耐用度为一定时，切削用量之间的关系大致可概括如下：

$$v = \frac{C_v}{a_p^{1/3} f^{2/3}} \tag{11-4}$$

设 f 保持不变，背吃刀量由 a_p 增至 $3a_p$ 时，则

$$v_{3a} = \frac{C_v}{3^{1/3} a_p^{1/3} f^{2/3}} \approx 0.7 \frac{C_v}{a_p^{1/3} f^{2/3}} \approx 0.7v$$

这时的生产率为

$$P_{3a} = A_0 \times 0.7v \times 3a_p f \approx 2P$$

即生产率可提高 1 倍。

如果 a_p 保持不变，进给量由 f 增至 $3f$ 时，则

$$v_{3f} = \frac{C_v}{a_p^{1/3} 3^{2/3} f^{2/3}} \approx 0.5 \frac{C_v}{a_p^{1/3} f^{2/3}} \approx 0.5v$$

这时的生产率为：

$$P_{3f} = A_0 \times 0.5v \times a_p \times 3f \approx 1.5P$$

也就是说，这时生产率只能提高 50%。

由上述计算可知，在刀具耐用度一定时，增加背吃刀量比增加进给量对提高生产率有利得多。

3. 对加工质量的影响 切削用量三要素中，a_p 增大，切削力 F_z 成比例增大，使工艺系统弹性变形增大，并可能引起振动，因而会降低加工精度和增大表面粗糙度。进给量 f 增大，切削力也将增大，而且表面粗糙度会显著增大。切削速度增大时，切屑变形和切削力有所减小，表面粗糙度也有所减小。因此，在精加工和半精加工时，常常采用较小的背吃刀量和进给量。为了避免或减小积屑瘤和鳞刺，提高表面质量，硬质合金车刀常采用较高的切削速度（一般 $v = 80 \sim 100 \text{m/min}$ 以上），高速钢车刀则采用较低的切削速度（如宽刃精车刀 $v = 3 \sim 8 \text{m/min}$）

第二节 切削用量三要素的确定

一、背吃刀量的选择

背吃刀量根据加工余量确定。

切削加工一般分为粗加工、半精加工和精加工。粗加工（表面粗糙度为 $R_a 50 \sim 12.5 \mu m$）时，一次走刀应尽可能切除全部余量，在中等功率机床上，背吃刀量可达 $8 \sim 10 \text{mm}$。半精加工（表面粗糙度为 $R_a 6.3 \sim 3.2 \mu m$）时，背吃刀量取为 $0.5 \sim 2 \text{mm}$。精加工（表面粗糙度为 $R_a 1.6 \sim 0.8 \mu m$）时，背吃刀量取为 $0.1 \sim 0.4 \text{mm}$。

在下列情况下，粗车可能要分几次走刀：

（1）加工余量太大时，一次走刀会使切削力太大，会产生机床功率不足或刀具强度不够；

（2）工艺系统刚性不足，或加工余量极不均匀，以致引起很大振动时，如加工细长轴和薄壁工件；

（3）断续切削，刀具会受到很大冲击而造成打刀时。

在上述情况下，如需分两次走刀，也应将第一次走刀的背吃刀量尽量取大些，第二次走刀的背吃刀量尽量取小些，以保证精加工刀具有高的刀具耐用度，高的加工精度及较小的加工表面粗糙度。第二次走刀（精走刀）的背吃刀量可取加工余量的 $1/3 \sim 1/4$ 左右。

在用硬质合金刀具、陶瓷刀、金刚石和立方氮化硼刀具精细车削和镗孔时，切削用量可取为 $a_p = 0.05 \sim 0.2 \text{mm}$，$f = 0.01 \sim 0.1 \text{mm/r}$，$v = 240 \sim 900 \text{m/min}$；这时表面粗糙度可达 $R_a 0.32 \sim 0.1 \mu\text{m}$，精度达到或高于 IT5（孔到 IT6）（旧国家标准 1 级），可代替磨削加工。

二、进给量的选择

粗加工时，对工件表面质量没有太高要求，这时切削力往往很大，合理的进给量应是工艺系统所能承受的最大进给量。这一进给量受到下列一些因素的限制：机床进给机构的强度、车刀刀杆的强度和刚度、硬质合金或陶瓷刀片的强度和工件的装夹刚度等。

精加工时，最大进给量主要受加工精度和表面粗糙度的限制。

工厂中，进给量常常根据经验选取。粗加工时，根据加工材料、车刀刀杆尺寸、工件直径及已确定的背吃刀量按表 11-1 来选择进给量。这里已计及切削力的大小，并多少考虑了刀杆的强度和刚度，工件的刚度等因素。例如，当刀杆尺寸增大，工件直径增大时，可以选择较大的进给量。当背吃刀量增大时，由于切削力增大，故应选择较小的进给量。加工铸铁时的切削力较加工钢时为小，故加工铸铁可选择较大的进给量。

表 11-1　硬质合金车刀粗车外圆及端面的进给量

工件材料	车刀刀杆尺寸 (mm)	工件直径 (mm)	背 吃 刀 量 a_p (mm)				
			≤3	>3~5	>5~8	>8~12	>12
			进 给 量 f (mm/r)				
碳素结构钢、合金结构钢及耐热钢	16×25	20	0.3~0.4	—	—	—	—
		40	0.4~0.5	0.3~0.4	—	—	—
		60	0.5~0.7	0.4~0.6	0.3~0.5	—	—
		100	0.6~0.9	0.5~0.7	0.5~0.6	0.4~0.5	—
		400	0.8~1.2	0.7~1.0	0.6~0.8	0.5~0.6	—
	20×30 25×25	20	0.3~0.4	—	—	—	—
		40	0.4~0.5	0.3~0.4	—	—	—
		60	0.6~0.7	0.5~0.7	0.4~0.6	—	—
		100	0.8~1.0	0.7~0.9	0.5~0.7	0.4~0.7	—
		400	1.2~1.4	1.0~1.2	0.8~1.0	0.6~0.9	0.4~0.6
铸铁及铜合金	16×25	40	0.4~0.5	—	—	—	—
		60	0.6~0.8	0.5~0.8	0.4~0.6	—	—
		100	0.8~1.2	0.7~1.0	0.6~0.8	0.5~0.7	—
		400	1.0~1.4	1.0~1.2	0.8~1.0	0.6~0.8	—
	20×30 25×25	40	0.4~0.5	—	—	—	—
		60	0.6~0.9	0.5~0.8	0.4~0.7	—	—
		100	0.9~1.3	0.8~1.2	0.7~1.0	0.5~0.8	—
		400	1.2~1.8	1.2~1.6	1.0~1.3	0.9~1.1	0.7~0.9

注：1. 加工断续表面及有冲击的工件时，表内进给量应乘系数 $k = 0.75 \sim 0.85$；

　　2. 在无外皮加工时，表内进给量应乘系数 $k = 1.1$；

　　3. 加工耐热钢及其合金时，进给量不大于 1mm/r；

　　4. 加工淬硬钢时，进给量应减小。当钢的硬度为 HRC44~56 时，乘系数 0.8；当钢的硬度为 HRC57~62 时，乘系数 0.5。

在半精加工和精加工时，则按粗糙度要求，根据工件材料，刀尖圆弧半径，切削速度按表 11-2 来选择进给量。这里也已考虑了几个主要因素对加工表面粗糙度的影响。当刀尖圆弧半径增大，切削速度提高时，可以选择较大的进给量。

表 11-2 按表面粗糙度选择进给量的参考值

工件材料	表面粗糙度 (μm)	切削速度范围 (m/min)	刀尖圆弧半径 r_ε (mm)		
			0.5	1.0	2.0
			进 给 量 f (mm/r)		
铸铁、青铜、铝合金	$R_a 10 \sim 5$	不　　限	$0.25 \sim 0.40$	$0.40 \sim 0.50$	$0.50 \sim 0.60$
	$R_a 5 \sim 2.5$		$0.15 \sim 0.25$	$0.25 \sim 0.40$	$0.40 \sim 0.60$
	$R_a 2.5 \sim 1.25$		$0.10 \sim 0.15$	$0.15 \sim 0.20$	$0.20 \sim 0.35$
碳钢及合金钢	$R_a 10 \sim 5$	< 50	$0.30 \sim 0.50$	$0.45 \sim 0.60$	$0.55 \sim 0.70$
		> 50	$0.40 \sim 0.55$	$0.55 \sim 0.65$	$0.65 \sim 0.70$
	$R_a 5 \sim 2.5$	< 50	$0.18 \sim 0.25$	$0.25 \sim 0.30$	$0.3 \sim 0.40$
		> 50	$0.25 \sim 0.30$	$0.30 \sim 0.35$	$0.35 \sim 0.50$
	$R_a 2.5 \sim 1.25$	< 50	0.10	$0.11 \sim 0.15$	$0.15 \sim 0.22$
		$50 \sim 100$	$0.11 \sim 0.16$	$0.16 \sim 0.25$	$0.25 \sim 0.35$
		> 100	$0.16 \sim 0.20$	$0.20 \sim 0.25$	$0.25 \sim 0.35$

加工耐热合金及钛合金时进给量的修正系数 $(v > 50 m/min)$

工 件 材 料	修 正 系 数
TC5, TC6, TC2, TC4, TC8, TA6, BT14 Cr20Ni77Ti2Al, Cr20Ni77TiAlB, Cr14Ni70WMoTiAl (GH37)	1.0
lCr13, 2Cr13, 3Cr13, 4Cr13, 4Cr14Ni14W2Mo, Cr20Ni78Ti, 2Cr23Ni18, 1Cr21Ni5Ti	0.9
1Cr12Ni2WMoV, 30CrNi2MoVA, 25Cr2MoVA, 4Cr12Ni8Mn8MoVNb, Cr9Ni62Mo10W5Co5A15, 1Cr18Ni11Si4TiAl, lCr15Ni35W3TiAl	0.8
1Cr11Ni20Ti3B, Cr12Ni22Ti3MoB	0.7
Cr19Ni9Ti, 1Cr18Ni9Ti	0.6
1Cr17Ni2, 3Cr14NiVBA, 18Cr3MoWV	0.5

注：$r_\varepsilon = 0.5mm$ 用于 12mm×20mm 以下刀杆，$r_\varepsilon = 1mm$ 用于 30mm×30mm 以下刀杆，$r_\varepsilon = 2mm$ 用于 30mm×45mm 及以上刀杆。

然而，按经验确定的粗车进给量在一些特殊情况下，如切削力很大，工件长径比很大，刀杆伸出长度很大时，有时还需对所选定的进给量进行校验（一项或几项）。

首先根据所选定的背吃刀量和进给量按式（4-5）计算出切削力 F_z、F_y 和 F_x，然后进行以下各项校验：

1. 刀杆的强度　当刀杆按平面弯曲计算（忽略 F_y、F_x 的影响）时，刀杆所能承受的力 F'_z 为

$$F'_z = \frac{BH^2 \sigma'_{bb}}{6l} N \tag{11-5}$$

式中　B ——刀杆横剖面宽度；

H ——刀杆横剖面高度;

l ——刀杆伸出长度,一般取 $l=(1\sim1.5)H$;

σ'_{bb} ——刀杆材料允许的抗弯强度,对于强度为 0.6～0.7GPa 的中碳钢刀杆,σ'_{bb}可取为 200MPa。

求出 F'_z 后,可与前面计算的 F_z 比较,如 $F_z \leqslant F'_z$,则所选择的进给量可用;

2. 刀杆刚度 刀杆刚度所能承受的切削力 F''_z 为

$$F''_z = \frac{3fE_s I}{l^3} \qquad (11-6)$$

式中 f ——刀杆允许挠度,粗车时取 $f=0.1$mm,精车时,$f=0.03\sim0.05$mm;

E_s ——刀杆材料的弹性模量,对碳素钢刀杆,$E_s=200\sim220$GPa;

I ——惯性矩,对长方形刀杆,$I=\dfrac{BH^3}{12}$。

如计算出的 F''_z 能保证 $F_z \leqslant F''_z$,则所选择的进给量可用。

3. 刀片强度 硬质合金刀片强度允许的切削力 F'''_z 可根据下面的经验公式计算:

$$F'''_z = 340 a_p^{0.77} C^{1.35} \left(\frac{\sin 60°}{\sin \kappa_r}\right)^{0.8} \qquad (11-7)$$

式中 C ——刀片厚度;

a_p ——背吃刀量;

κ_r ——车刀主偏角。

如 $F_z \leqslant F'''_z$ 时,则所选进给量可用。

4. 工件装夹刚度(加工精度) 切削轴类零件时,在切削力 F_z 与 F_y 的合力作用下,工件要产生弯曲,使加工精度降低。F_z 与 F_y 的合力为

$$F_{zy} = \sqrt{F_z^2 + F_y^2} \qquad (11-8)$$

工件装夹刚度所允许的力 F'_{zy} 为:

$$F'_{zy} = \frac{KE_w I f}{l_o^3} \qquad (11-9)$$

式中 f ——工件允许的弯曲度。粗车取 $f=0.2\sim0.4$mm,车后要磨的工件取 $f\leqslant0.1$mm,精车取 $f\leqslant\dfrac{1}{5}$直径公差;

I ——工件的惯性矩,$I=0.05d'^4_w$,d'_w 为车削后工件直径;

E_w ——工件材料的弹性模量,对中碳钢,$E_w=200\sim220$GPa;

l_o ——工件在两支承间的长度;

K ——工件装夹方法系数。工件装夹在前后两顶尖上时,$K=48$;工件一头装夹在卡盘中,一头顶在后顶尖上时,$K=768/7\approx100$;工件一头装夹在卡盘中,另一头悬伸时,$K=3$。

如计算出的 $F_{zy} \leqslant F'_{zy}$ 时,则选择的进给量可用。

5. 机床进给机构强度 作用在机床进给机构上的是切削力 F_x。根据所选择的 a_p 及 f 计算

出的切削力 F_x 应小于机床说明书上规定的机床进给机构所允许的最大进给力。

以上的各项校验，并不需要逐项进行，只需根据加工条件校验其中一项或几项。

最后所选择的进给量应按机床说明书确定。

三、切削速度的确定

根据已经选定的背吃刀量 a_p、进给量 f 及刀具耐用度 T，就可按下述公式计算切削速度 v 和机床转速 n。

$$v = \frac{C_v}{T^m a_p^{x_v} f^{y_v}} \qquad (11-10)$$

式中 C_v，x_v，y_v 及 m 值见表 11-3，加工其它工件材料，和用其它车削方法加工时的系数及指数，见切削用量手册[3]。

表 11-3　外圆车削时切削速度公式中的系数和指数

工 件 材 料	刀具材料	进给量 f (mm/r)	公式中的系数和指数			
			C_v	x_v	y_v	m
碳素结构钢	YT15	≤0.30	291		0.20	
		>0.30~0.70	242	0.15	0.35	0.20
	（不用切削液）	>0.70	235		0.45	
$\sigma_b = 0.65$GPa	W18Cr4V W6Mo5Cr4V2 （用切削液）	≤0.25	67.2	0.25	0.33	0.125
		>0.25	43		0.66	
灰 铸 铁 190HBS	YG6 （不用切削液）	≤0.40	189.8	0.15	0.20	0.20
		>0.40	158		0.40	

式中 k_v 为切削速度的修正系数。

$$k_v = k_{Mv} k_{sv} k_{tv} k_{kv} k_{\kappa_r v} k_{\kappa'_r v} k_{\gamma_q} k_{Bv}$$

式中 k_{Mv}，k_{sv}，k_{tv}，k_{kv}，$k_{\kappa_r v}$，$k_{\kappa'_r v}$，k_{rev}，k_{Bv} 分别表示工件材料、毛坯表面状态、刀具材料、加工方式、车刀主偏角 κ_r、副偏角 κ'_r、刀尖圆弧半径 r_ε 及刀杆尺寸对切削速度的修正系数，其值见表 11-4。

切削速度 v 确定之后，机床转速 n 为：

$$n = 1000v / \pi d_w \quad \text{r/min} \qquad (11-11)$$

式中 d_w——工件未加工前的直径。

所选定的转速 n 应按机床说明书最后确定。

在生产中，表 11-5 可作为选择切削速度的参考。由表可以看出：

(1) 粗车时，背吃刀量和进给量均较大，故选择较低的切削速度；精加工时背吃刀量和进给量均较小，故选择较高的切削速度。

(2) 加工材料的强度及硬度较高时，应选较低的切削速度；反之则选较高的切削速度。材料的加工性越差，例如加工奥氏体不锈钢、钛合金和高温合金时，则切削速度也选得越低。易切碳钢的切削速度则较同硬度的普通碳钢为高。加工灰铸铁的切削速度较中碳钢为低。而加工铝合金和铜合金的切削速度则较加工钢的高得多。

(3) 刀具材料的切削性能愈好时，切削速度也选得愈高。表中硬质合金刀具的切削速度比高速钢刀具要高好几倍，而涂层硬质合金的切削速度又比未涂层的刀片有明显提高。很明

表 11－4　车削速度计算的修正系数

1．工件材料 k_{Mv}	加工钢：硬质合金　$k_{Mv} = \dfrac{0.65}{\sigma_b}$ 高速钢　$k_{Mv} = C_M \left(\dfrac{0.65}{\sigma_b}\right)^{n_v}$ $C_M = 1.0$　$n_v = 1.75$；当 $\sigma_b < 0.45\text{GPa}$ 时，$n_v = -1.0$					
	加工灰铸铁：硬质合金　$k_{Mv} = \left(\dfrac{190}{\text{HBS}}\right)^{1.25}$ 高速钢　$k_{Mv} = \left(\dfrac{190}{\text{HBS}}\right)^{1.7}$					

2．毛坯状况 k_{sv}	无外皮	棒　料	锻　件	铸钢、铸铁		Cu－Al 合　金
				一　般	带砂皮	
	1.0	0.9	0.8	0.8～0.85	0.5～0.6	0.9

3．刀具材料 k_{tv}	钢	YT5	YT14	YT15	YT30	YG8
		0.65	0.8	1	1.4	0.4
	灰铸铁	YG8		YG6		YG3
		0.83		1.0		1.15

4．主偏角 k_{krv}	κ_r	30°	45°	60°	75°	90°
	钢	1.13	1	0.92	0.86	0.81
	灰铸铁	1.2	1	0.88	0.83	0.73

5．副偏角 $k'_{k'rv}$	κ'_r	10°	15°	20°	30°	45°
	k_{krv}	1	0.97	0.94	0.91	0.87

6．刀尖半径 $k_{r_\varepsilon v}$	r_ε (mm)	1	2	3	4
	$k_{r_\varepsilon v}$	0.94	1.0	1.03	1.13

7．刀杆尺寸 k_{Bv}	$B \times H$ (mm×mm)	12×20 16×16	16×25 20×20	20×30 25×25	25×40 30×30	30×45 40×40	40×60
	k_{Bv}	0.93	0.97	1	1.04	1.08	1.12

8．车削方式 k_{kv}	外圆纵车	横车 d∶D			切断	切槽 d∶D	
		0～0.4	0.5～0.7	0.8～1.0		0.5～0.7	0.8～0.95
	1.0	1.24	1.18	1.04	1.0	0.96	0.84

注：k'_{krv}、$k_{\varepsilon}^{r}v$、k_{Bv} 仅用于高速钢车刀。

显，陶瓷、金刚石和立方氮化硼刀具的切削速度又比硬质合金刀具高得多。

此外，在选择切削速度时还应考虑以下几点：

（1）精加工时，应尽量避免积屑瘤和鳞刺产生的区域。

（2）断续切削时，为减小冲击和热应力，宜适当降低切削速度。

（3）在易发生振动的情况下，切削速度应避开自激振动的临界速度。

（4）加工大件、细长件和薄壁工件时，应选用较低的切削速度。

（5）加工带外皮的工件时，应适当降低切削速度。

表 11-5　车削加工的切削速度参考数值

加工材料		硬度 HBS	背吃刀量 a_p (mm)	高速钢刀具 v (m/min)	高速钢刀具 f (mm/r)	硬质合金刀具 未涂层 v (m/min) 焊接式	未涂层 v (m/min) 可转位	未涂层 f (mm/r)	涂层 材料	涂层 v (m/min)	涂层 f (mm/r)	陶瓷（超硬材料）刀具 v (m/min)	陶瓷 f (mm/r)	说　明
易切碳钢	低碳	100~200	1	55~90	0.18~0.2	185~240	220~275	0.18	YT15	320~410	0.18	550~700	0.13	切削条件较好时可用冷压 Al_2O_3 陶瓷，切削条件较差件时宜用 Al_2O_3 + TiC 热压混合陶瓷，下
			4	41~70	0.40	135~185	160~215	0.50	YT14	215~275	0.40	425~580	0.25	
			8	34~55	0.50	110~145	130~170	0.75	YT5	170~220	0.50	335~490	0.40	
	中碳	175~225	1	52	0.20	165	200	0.18	YT15	305	0.18	520	0.13	同
			4	40	0.40	125	150	0.50	YT14	200	0.40	395	0.25	
			8	30	0.50	100	120	0.75	YT5	160	0.50	305	0.40	
碳钢	低碳	125~225	1	43~46	0.18	140~150	170~195	0.18	YT15	260~290	0.18	520~580	0.13	
			4	34~33	0.40	115~125	135~150	0.50	YT14	170~190	0.40	365~425	0.25	
			8	27~30	0.50	88~100	105~120	0.75	YT5	135~150	0.50	275~365	0.40	
	中碳	175~275	1	34~40	0.18	115~130	150~160	0.18	YT15	220~240	0.18	460~520	0.13	
			4	23~30	0.40	90~100	115~125	0.50	YT14	145~160	0.40	290~350	0.25	
			8	20~26	0.50	70~78	90~100	0.75	YT5	115~125	0.50	200~260	0.40	
	高碳	175~275	1	30~37	0.18	115~130	140~155	0.18	YT15	215~230	0.18	460~520	0.13	
			4	24~27	0.40	88~95	105~120	0.50	YT14	145~150	0.40	275~335	0.25	
			8	18~21	0.50	69~76	84~95	0.75	YT5	115~120	0.50	185~245	0.40	
合金钢	低碳	125~225	1	41~46	0.18	135~150	170~185	0.18	YT15	220~235	0.18	520~580	0.13	
			4	32~37	0.40	105~120	135~145	0.50	YT14	175~190	0.40	365~395	0.25	
			8	24~27	0.50	84~95	105~115	0.75	YT5	135~145	0.50	275~335	0.40	
	中碳	175~275	1	34~41	0.18	105~115	130~150	0.18	YT15	175~200	0.18	460~520	0.13	
			4	26~32	0.40	85~90	105~120	0.40~0.50	YT14	135~160	0.40	280~360	0.25	
			8	20~24	0.50	67~73	82~95	0.50~0.75	YT5	105~120	0.50	220~265	0.40	
	高碳	175~275	1	30~37	0.18	105~115	135~145	0.18	YT15	175~190	0.18	460~520	0.13	
			4	24~27	0.40	84~90	105~115	0.50	YT14	135~150	0.40	275~335	0.25	
			8	18~21	0.50	66~72	82~90	0.75	YT5	105~120	0.50	215~245	0.40	
高强度钢		225~350	1	20~26	0.18	90~105	115~135	0.18	YT15	150~185	0.18	380~440	0.13	>300HBS 时宜用 W12Cr4V5Co5 及 W_2Mo9Cr4VCo8
			4	15~20	0.40	69~84	90~105	0.40	YT14	120~135	0.40	205~265	0.25	
			8	12~15	0.50	53~66	69~84	0.50	YT5	90~105	0.50	145~205	0.4	

（续）

加工材料	硬度 HBS	背吃刀量 a_p (mm)	高速钢刀具 v (m/min)	高速钢刀具 f (mm/r)	硬质合金刀具 未涂层 v (m/min) 焊接式	未涂层 v (m/min) 可转位	未涂层 f (mm/r)	涂层 材料	涂层 v (m/min)	涂层 f (mm/r)	陶瓷(超硬材料)刀具 v (m/min)	陶瓷 f (mm/r)	说明
高速钢	200~275	1	15~24	0.13~0.18	76~105	85~125	0.18	YW1,YT15	115~160	0.18	420~460	0.13	加工 W12Cr4V5Co5 等高速钢时应用
		4	12~20	0.25~0.40	60~84	69~100	0.40	YW2,YT14	90~130	0.40	250~275	0.25	W12Cr4V5Co5 及 W2Mo9Cr4VCo8
		8	9~15	0.4~0.5	46~64	53~76	0.50	YW3,YT5	69~100	0.50	190~215	0.40	
不锈钢 奥氏体	135~275	1	18~34	0.18	58~105	67~120	0.18	YG3X,YW1	84~160	0.18	275~425	0.13	>225HBS 时宜用
		4	15~27	0.40	49~100	58~105	0.40	YG6,YW1	76~135	0.40	150~275	0.25	W12Cr4V5Co5 及
		8	12~21	0.50	38~76	46~84	0.50	YG6,YW1	60~105	0.50	90~185	0.40	W2Mo9Cr4VCo8
不锈钢 马氏体	175~325	1	20~44	0.18	87~140	95~175	0.18	YW1,YT15	120~260	0.18	350~490	0.13	>275HBS 时宜用
		4	15~35	0.40	69~115	75~135	0.40	YW1,YT15	100~170	0.40	185~335	0.25	W12Cr4V5Co5 及
		8	12~27	0.50	55~90	58~105	0.50~0.75	YW2,YT14	76~135	0.50	120~245	0.40	W2Mo9Cr4VCo8
灰铸铁	160~260	1	26~43	0.18	84~135	100~165	0.18~0.25	YG8,YW2	130~190	0.18	395~550	0.13~0.25	>190HBS 时宜用
		4	17~27	0.40	69~110	81~125	0.40~0.50		105~160	0.40	245~365	0.25~0.40	W12Cr4V5Co5 及
		8	14~23	0.50	60~90	66~100	0.50~0.75		84~130	0.50	185~275	0.40~0.50	W2Mo9Cr4VCo8
可锻铸铁	160~240	1	30~40	0.18	120~160	135~185	0.25	YT15,YW1	185~235	0.25	305~365	0.13~0.25	
		4	23~30	0.40	90~120	105~135	0.50	YT15,YW1	135~185	0.40	230~290	0.25~0.40	
		8	18~24	0.50	76~100	85~115	0.75	YT14,YW2	105~145	0.50	150~230	0.40~0.50	
铝合金	30~150	1	245~305	0.18	550~610	max	0.25	YG3X,YW1	—	—	365~915	0.075~0.15	切 0.13~0.40 / 深 0.40~1.25 / 1.25~3.2 } 金刚石刀具
		4	215~275	0.40	425~550		0.50	YG6,YW1	—	—	245~760	0.15~0.30	
		8	185~245	0.50	305~365		1.0	YG6,YW1	—	—	150~460	0.30~0.50	
铜合金		1	40~175	0.18	84~345	90~395	0.18	YG3X,YW1	—	—	305~1460	0.075~0.15	切 0.13~0.40 / 深 0.40~1.25 / 1.25~3.2 } 金刚石刀具
		4	34~145	0.40	69~290	76~335	0.50	YG6,YW1	—	—	150~855	0.15~0.30	
		8	27~120	0.50	64~270	70~305	0.75	YG8,YW2	—	—	90~550	0.3~0.50	
钛合金	300~350	1	12~24	0.13	38~66	49~76	0.13	YG3X,YW1	—	—	—	—	高速钢采用
		4	9~21	0.25	32~56	41~66	0.20	YG6,YW1	—	—	—	—	W12Cr4V5Co5 及
		8	8~18	0.40	24~43	26~49	0.25	YG8,YW2	—	—	—	—	W2Mo9Cr4VCo8
高温合金	200~475	0.8	3.6~14	0.13	12~49	14~58	0.13	YG3X,YW1	—	—	185	0.075	立方氮化硼刀具
		2.5	3.0~11	0.18	9~41	12~49	0.18	YG6	—	—	135	0.13	

四、机床功率校验

切削功率 P_m（国标为 P_c）可按下式计算

$$P_m = F_z \times v \times 10^{-3} \qquad (11-12)$$

式中　P_m——切削功率（kW）；

　　　F_z——切削力（N）；

　　　v——切削速度（m/s）。

机床有效功率 P'_E 为

$$P'_E = P_E \times \eta_m \qquad (11-13)$$

式中　P_E——机床电动机功率；

　　　η_m——机床传动效率。

如 $P_m < P'_E$，则选择的切削用量可在指定的机床上使用。如 $P_m \ll P'_E$，则机床功率没有得到充分利用，这时可以规定较低的刀具耐用度（如采用机夹可转位刀片的合理耐用度可选为 15～30min），或采用切削性能更好的刀具材料，以提高切削速度的办法使切削功率增大，以期充分利用机床功率，最终达到提高生产率的目的。

如 $P_m > P'_E$，则选择的切削用量不能在指定的机床上采用。这时要么调换功率较大的机床，要么根据所限定的机床功率降低切削用量（主要是降低切削速度）。但这时虽然机床功率得到充分利用，刀具的切削性能却未能充分发挥。

第三节　切削用量优化简介

一、关于最佳切削速度

1. $v-T$ 关系中的极值　前面所介绍的切削用量选择原则是根据 $v = f(T)$ 及 $v = f(T、f、a_p)$ 制订的。它是根据切削速度增大时，刀具耐用度下降（即 $vT^m = C_o$）这一单调函数关系确定的。这一条件只在较窄的速度和一定的进给量范围内才能成立。如在从低速到高速较宽速度范围内进行试验，或者切削耐热合金等难加工材料时，所得的 $v-T$ 关系就不是单调的函数关系，而是在某一速度范围内刀具耐用度有最大值（图 11-1）。这一点在第六章中就已加以说明。

2. 切削速度 v 与切削路程 l_m 的关系　图 11-1 中同时也绘出了 $v-l_m$ 关系曲线。由图可以看出，在某一切削速度时，l_m 也有最大值。而且 l_m 最大值与 T 最大值对应的 v 是不相同的。从生产率和经济性的观点，根据切削路程选择切削用量似比根据耐用度选择更为合理，在达到同样磨钝标准时，如果切削路程最长，也就是切削每单位长度工件的刀具磨损量最小，即相对磨损最小。实验证明，用相对磨损最小的观点建立的试验数据是符合刀具尺寸耐用度为最高的要求的。尺寸耐用度高则加工精度也高。尺寸耐用度可认为是根据加工精度要求和刀具径向磨损量来确定的耐用度。

3. 最佳切削温度概念　大量切削试验证明，对给定的刀具材料和工件材料，用不同切削用量加工时，都可以得到一个切削温度，在这个切削温度下，刀具磨损强度最低，尺寸耐用度最高（见图 6-12）。这一温度有人称之为"最佳"切削温度。例如，用 YT15 加工40Cr 钢时，在切削厚度为 $a_c = 0.037～0.5$mm 内变化时，此温度均为 730℃ 左右[9]。最佳切削温度时的切削速度则称为最佳切削速度。

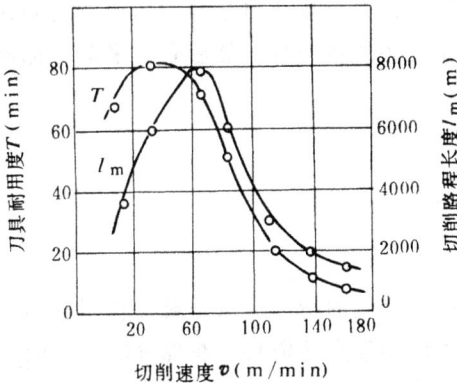

图 11－1　切削速度与刀具耐用度和切削
路程长度的关系[9]

工件材料：37Cr12Ni8Mn8MoVNb

切削用量：$a_p = 1$mm，$f = 0.21$mm/r，$VB = 0.3$mm

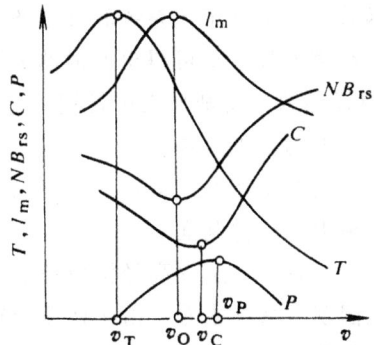

图 11－2　切削速度对刀具耐用度、切削路程长度、刀
具相对磨损、加工成本及生产率的影响示意图

4．各切削速度之间的关系　图 11－2 表示出了切削速度 v 对刀具耐用度 T、切削路程长度 l_m、刀具相对磨损（即切下一定切削表面积时的刀具磨损量）NB_{rs}、加工成本 C 及生产率 P 的影响曲线。可以证明[9]，最高刀具耐用度的切削速度 v_T、最佳切削速度 v_o、经济切削速度 v_c 及最高生产率切削速度 v_p 之间存在下列关系：

$$v_T < v_o < v_c < v_p \qquad (11-14)$$

从图 11－2 可以看出：

（1）切削时用最大刀具耐用度的切削速度 v_T 工作是不合理的。因为这时的生产率 P 和对应刀具尺寸耐用度的切削路程长度 l_m 都很低，而加工成本 C 和刀具磨损强度 NB_{rs} 则较高。

（2）在用最佳切削速度 v_o 工作时，刀具磨损强度 NB_{rs} 达最低值，刀具消耗少，切削路程最长，加工精度最高。因此这个速度是比较合理的。但这时的加工成本不是最低，生产率也不是最高。

（3）在以经济切削速度 v_c 工作时，加工成本最低，切削路程也较长。但磨损强度稍有增加，加工精度有所下降。这一切削速度也算是比较合理的。

（4）如进一步将切削速度提高到 v_p 时，虽然生产率可达到最高，但却导致刀具磨损的加剧和加工成本的显著提高。

由此可见，从生产率、加工经济性和加工精度综合考虑，根据最高耐用度和最大生产率选择切削用量就不如根据最大切削路程和加工经济性来选择。

对于一般加工材料，v_c 和 v_o 很相近。通常，$v_c/v_o = 1.2 \sim 1.25$，即 v_c 与 v_o 位于机床同一档速度范围；对于难加工材料，v_c 与 v_o 是重合的。因此，采用 v_o 可同时获得较好的经济效果。

二、切削用量的计算机优化

上节所介绍的切削用量的选择方法常常是参照工厂生产中的一些经验数据，辅以必要的计算，所获得的数据通常都不是最优选择。随着电子计算技术，特别是微型计算机技术和柔性加工技术的不断发展，可以用高速的机器运算来代替人工计算，从而可能用科学的方法来寻求最佳切削用量。这种计算机辅助切削用量的优化选择方法已逐步进入实用阶段。

要进行切削用量的优化选择，首先要确定优化目标，在该优化目标与切削用量之间建立起目标函数，并根据工艺系统和加工条件的限制建立起各约束方程，然后联立来解目标函数方程和诸约束方程，即可得出所需的最优解。

1. 目标函数　切削加工中常用的优化目标是

(1) 最低的单件成本；

(2) 最高的生产率（最短的单件加工时间）；

(3) 最大的单件利润。

在以上三者中，从提高经济效益的观点出发，比较合理的指标应该是最大利润指标。但是，就我国现有情况来看，由于还比较缺乏各种有关市场信息的资料，在现阶段还未能完全实现以最大利润为目标的切削用量的优化选取，而最高生产率在某些情况下也并不一定是人们所追求的，因此常用最低单件成本为优化目标。

在切削用量三要素中，背吃刀量 a_p 主要取决于加工余量，没有多少选择余地，一般都已事先选定，而不参予优化。因此切削用量的优化主要是指切削速度 v 及进给量 f 的优化组合。

单件成本与切削速度、进给量之间的关系可如下建立：

由式 (11-2) 得

$$t_m = \frac{\pi d_w l_w \Delta}{10^3 v f a_p} = \frac{C_1}{vf}$$

由式 (6-4) 得

$$T = \frac{C_T}{v^x f^y a_p^z} = \frac{C_2}{v^x f^y}$$

将以上两式代入式 (6-3) 得

$$C = \frac{B_1}{vf} + B_2 v^{x-1} f^{y-1} + B_3 \tag{11-15}$$

上式中 C_1，C_2，B_1，B_2，B_3 均为常数。

为求成本最低时的切削速度和进给量，可将成本 C 分别对 v 和 f 求偏导数并令其等于零，即

$$\frac{\partial C}{\partial v} = 0 \quad \text{和} \quad \frac{\partial C}{\partial f} = 0 \tag{11-16}$$

但是，同时满足式 (11-16) 的最佳切削条件是不存在的。可行的方法是，在已加工表面粗糙度、机床功率等允许的范围内尽量选用大的进给量，再根据这个进给量确定成本最低的最佳切削速度。

2. 约束条件　前已说明，生产中 v（或 n）和 f 的数值是不可能任意选择的。例如，最大进给量会受到加工表面粗糙度的限制，还会受到工件刚度、刀具强度及刚度的限制；切削速度会受到刀具耐用度的限制；等等。这些约束条件可能包括：

(1) 机床方面　如机床功率、切削速度和进给量的范围、走刀机构强度等。

(2) 工件方面　如工件刚度、尺寸和形状精度、加工表面粗糙度等。

(3) 刀具方面　如刀具强度及刚度、刀具最大磨损、刀具耐用度等。

(4) 切削条件方面　如最小背吃刀量、积屑瘤、磨钝标准、断屑等。

根据以上约束条件　可建立一系列约束条件不等式。

所获得的目标函数及约束方程可以用线性规划进行求解。如果目标函数及部分约束条件不是线性的，则首先对每个函数取对数，使其线性化，然后求解。运用电子计算机，根据线性规划原理，可以很快获得切削速度和进给量的最优解。

三、金属切削数据库

这是将研究所、高等院校及工厂实验室通过系统实验所采集并经生产验证的切削用量数据、工厂实际生产现场行之有效的生产数据以及文献、手册中的数据，经过评介和处理后存入计算机中，然后对用户进行咨询服务的一种切削数据处理中心。由于计算机中存入了大量工件材料、刀具材料、机床性能等原始资料，用户可根据自己的具体加工条件，从中心获得适合该加工条件的刀具材料、刀具合理几何参数、合理刀具耐用度及优化的切削用量，并可获得计算的单件工时，单件工序成本等数据，用以提高切削加工生产率，提高产品质量，降低加工成本。

除了建立全国性的金属切削数据库（需要容量很大的计算机）外，一些大的机器制造厂还可建立适合本厂使用的用微机就可实行的工厂专用数据库。由于一个工厂使用的工件材料、刀具材料及机床型号比较有限，因此计算机的容量可以小得多，所开发的软件系统也更有针对性，调用、存储、修改和补充数据也极为方便。我国已有工厂正在试用。

四、加工自动化及柔性化对切削用量选择的影响

应该指出：刀具耐用度有着很大的分散性，这在第六章已经谈到。在单件或小批生产中，常采用平均刀具耐用度来选择切削用量。但在一批刀具中，约有 50％的刀具实际耐用度高于或低于平均刀具耐用度。因此，对于数控机床、加工中心及自动生产线来说，将刀具用到其平均耐用度是不合理的，因而根据平均耐用度决定的切削用量也不是最佳的。在加工中不宜换刀的情况下，通常根据生产线的加工节拍，确定一个合理的换刀时间，并采用较低的切削用量，在刀具未达磨钝标准前就强迫换刀，以保证刀具可靠地正常工作。

在计算机数控系统与计算机辅助制造综合运用中，刀具和切削用量的制定和优化可概括为：（1）针对具体工序选择合适刀具；（2）根据加工要求，先设定背吃刀量 a_p 和切削宽度 a_w，再确定进给量和切削速度；然后用工艺系统的约束条件进行验证；若超出许用限度，则重新规划走刀方式和走刀次数；最后计算每种走刀方式的切削时间，以减少切削时间（追求最高生产率）为目标对各种走刀方式进行优选；（3）选择切削液；（4）在加工中根据反馈的信息对以上各项进行优化，并通过机器的自学习，使上述决策水平得到提高。

切削用量的优化也与制造过程控制的复杂程度有关。在多级控制管理系统中，有着信息流和物料流的控制；切削用量的优化是一个属于基层的以综合经济效益为准则的在诸多约束条件下的多目标综合性优化问题，有人已用神经网络和基因遗传算法来进行深入的试验研究[15]。一般说来，在柔性制造及计算机集成制造系统中，在选择刀具材料、刀具型式、刀具耐用度、切削速度与进给量时，须十分重视刀具的可靠性和切屑的良好处理，而刀具则常采用机夹可转位涂层刀片。

因此，从刀具可靠性的角度出发，在多台机床串联组成的加工系统中，为使各机床工作节拍一致，必然会使有些机床上的刀具不能在最佳切削速度下工作。此时，为了提高系统的加工经济性：（1）可在关键机床上采用最大生产率的切削用量，而在其他机床上采用经济（最低成本）切削用量；（2）可为每台机床配置刀具失效检测系统，并按各台机床上的刀具可靠度情况确定合适的工作节拍和换刀策略。此外，不同时期的市场供需情况，也会对机床的运行成本、刀具材料的选用和优化目标等问题产生影响，这就应该进行综合分析和决策。

第四节　提高切削用量的途径

从提高加工生产率来考虑，我们要尽量提高切削用量。

提高切削用量的途径，从切削原理这个角度来看，主要包括以下几方面：

1. 采用切削性能更好的新型刀具材料　如采用超硬高速钢、含有添加剂的新型硬质合金、涂层硬质合金和涂层高速钢、新型陶瓷(如 Al_2O_3、TiC 及其他添加剂的混合陶瓷及 Si_3N_4 陶瓷)及超硬材料等。采用耐热性和耐磨性高的刀具材料是提高切削用量的主要途径。例如，车削 350～400HBS 的高强度钢，在 $a_p = 1mm$，$f = 0.18mm/r$ 条件下，用高速钢 W12Cr4V5Co5 及 W2Mo9Cr4VCo8 加工时，适宜的切削速度 $v = 15m/min$；用焊接硬质合金车刀 $v = 76m/min$；用涂层硬质合金车刀 $v = 130m/min$；而用陶瓷刀具时，v 可达 335m/min($f = 0.102mm/r$)。TiN 涂层高速钢滚刀和插齿刀的耐用度可比未涂层刀具提高 3～5 倍，有的甚至 10 倍。

2. 改善工件材料的加工性　如采用添加硫、铅的易切钢；对钢材进行不同热处理以便改善其金相显微组织等。由表 11-5 可知，在车削 175～225HBS 的中碳钢时，在 $a_p = 4mm$，$f = 0.4mm/r$ 条件下，用高速钢和硬质合金车刀车削时，适宜的切削速度分别为 30 和 100m/min，而加工同样硬度的易切钢时，相应的切削速度则为 40 和 125m/min。

3. 改进刀具结构和选用合理刀具几何参数　例如，采用可转位刀片的车刀可比焊接式硬质合金车刀提高切削速度 15%～30% 左右。采用良好的断屑装置也是提高切削效率的有效手段。

4. 提高刀具的刃磨及制造质量　例如，采用金刚石砂轮代替碳化硅砂轮刃磨硬质合金刀具，刃磨后不会出现裂纹和烧伤，刀具耐用度可提高 50%～100%。用立方氮化硼砂轮刃磨高钒高速钢刀具，比用刚玉砂轮时，磨削质量要高得多。

5. 采用新型的性能优良的切削液和高效率的冷却方法　例如采用含有极压添加剂的切削液和喷雾冷却方法，在加工一些难加工的材料时，常常可使刀具耐用度提高好几倍。

思考题与练习题

1. 选择切削用量的原则是什么？从刀具耐用度出发时，按什么顺序选择切削用量？从机床动力出发时，按什么顺序选择切削用量？为什么？

2. 粗加工时进给量的选择受哪些因素的限制？当进给量受到表面粗糙度限制时，有什么办法增加进给量，而保证表面粗糙度要求？

3. 如果选完切削用量后，发现超过机床功率时，应如何解决？

4. 影响切削速度的因素有哪些？解释其原因。

5. 决定切削速度：已知条件为用 YT15 硬质合金车刀 ($\gamma_o = 15°$、$\kappa_r = 30°$、$\kappa_r' = 15°$、$r_\varepsilon = 1.5mm$)，车削 $\sigma_b = 0.45GPa$ 的 45 钢轴，$a_p \times f = 3 \times 0.5mm$，$T = 60min$。如在同样条件下以 $\kappa_r = 90°$ 的车刀加工时，刀具耐用度变化若干？

6. 用 YT5 硬质合金车刀加工 $\sigma_b = 0.55GPa$ 的钢轴外圆，$a_p = 1.5mm$，$f = 0.3mm/r$，在 $T = 60min$ 时的切削速度 $v = 180m/min$，如果当 $a_p = 1.5mm$，f 分别为 0.6，0.9 及 1.2mm/r 或 $f = 0.3mm/r$ 而 a_p 分别为 3，4.5，及 6mm 时，刀具耐用度变化如何？绘出图形，解释所得图形的意义。

7. 甲、乙、丙三个工人采用不同的切削用量高速车削 $\sigma_b = 0.65GPa$ 的钢轴，$a_p \times f$ 分别为 10mm×0.2mm，5mm×0.4mm，10mm×0.4mm。$T = 60min$。求各人使用的切削速度，并比较其生产率，解释三人所得生产率不同的原因。

参 考 文 献

1　陶乾编．金属切削原理．北京：高等教育出版社，1961，1963，1965

2　华南工学院，甘肃工业大学主编．金属切削原理及刀具设计（上册）．上海：上海科技出版社，1979

3　艾兴，萧诗纲编．切削用量手册，北京：机械工业出版社，1984

4　机械工程手册第46篇金属切削方法．北京：机械工业出版社，1981

5　布思罗伊德 G.著．金属切削加工的理论基础．山东工学院机制教研室译，济南：山东科技出版社，1980

6　臼井英治著．切削磨削加工学，高希正，刘德忠译．北京：机械工业出版社，1982

7　Вулъф．AM．Резание Металлов．Машиностроение，1973

8　Филоненко．CH．Резание Металлов．Техника，1975

9　Макаров．А Д．Оптимизация Процессов Резание．Машиностроение，1976

10　Arshinov. V. Alekseev. G. Metal Cutting Theory and Cutting Tool Design Mir Publishers. Moscow，1976

11　Machining Data Handbook，3rd Edition，1980

12　Kaczmarek．J．Principles of Machining by Cutting, abrasion and Erosion 1976

13　Яшерицын．ПИ．Основы Резания Материалов и Режуший Инстумент，Минск：ВыщэйщаяШкола，1981

14　Бобров．ВФ．Основы Теории Резания Металлов．Москва：Машиностроение，1975

15　陈吉红．机械制造过程中的智能化检测和监控技术的研究．华中理工大学博士论文，1992

第十二章 磨 削

磨削是用带有磨粒的工具来对工件进行加工的方法。本章将分砂轮及其形貌，磨削过程，磨削力及功率，磨削温度及工件表层状态，磨粒的磨损与砂轮的磨耗，砂轮的修整及高生产率磨削等部分，来进行阐述。

第一节 概 述

磨削在我国历史最为悠久，早在 1668 年我国就有磨砺铣刀用的工具磨床和用磨石磨削铜环的平面磨床。磨削的应用早于切削，我国在商代就曾有玉器的琢磨工作。

磨削过去一般常用于半精加工和精加工，加工精度可达 IT5～IT6，加工粗糙度可小至 $R_a1.25～0.01\mu m$，镜面磨削时可达 $R_a0.04～0.01\mu m$。磨削比较常用于加工淬硬钢、耐热钢及特殊合金材料等坚硬材料。磨削的加工余量可以很小，在毛坯预加工工序如模锻、模冲压、精密铸造等的精确度日益提高的情况下，磨削是直接提高工件精度的一个重要加工方法。近年来，磨床在机床中的比重日见增加。我国在汽车制造厂中，磨床约占机床总数的 25%；在轴承制造厂中，磨床占 40%～60%。

由于新品种砂轮磨削性能的改进和新式磨削方法的进展，磨削已能经济地切除大量金属。将来，磨削切除的总金属量的比例，与其它切削加工方法相比，还会有所增加。

根据砂轮和工件相对位置的不同，磨削大致可分为内圆磨削、外圆磨削和平面磨削；平面磨削又可分为普通平面磨削和圆台平面磨削。它们的相对运动关系如图 12-1 所示[1]：

图 12-1 中：

n_s——砂轮每分钟转数 （r/min）；

v_s——砂轮线速度 （m/s）；

n_w——工件每分钟转数 （r/min）；

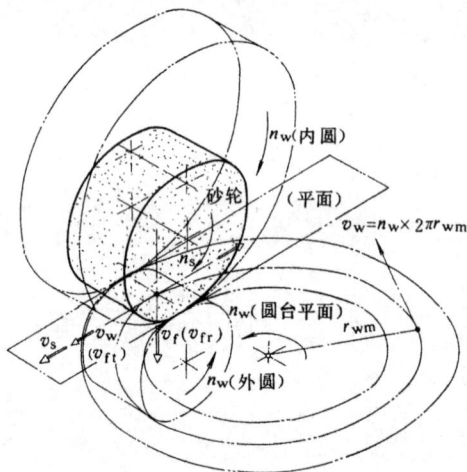

图 12-1 磨削过程的相对运动

v_w (v_{ft}) ——工件线速度或工件切向进给速度 （m/min）；

v_f (v_{fr}) ——砂轮切入进给速度或径向进给速度 （mm/min）。

由被磨削工件和磨具在相对运动关系上的不同组合，可以产生各种的不同磨削方式。由于各种各样的机械产品越来越多地采用成形表面，成形磨削和仿形磨削得到了越来越广泛的应用。齿轮的磨削方法主要是成形磨削和展成磨削。

近年来，随着微型计算机在工业中的广泛应用，已注意发展自适应控制磨削，通用型磨床也逐渐进行功能柔性化。

第二节　砂轮的特性及其选择[2]

砂轮是一种用结合剂把磨粒粘结起来，经压坯、干燥、焙烧及车整而成，具有很多气孔，而用磨粒进行切削的工具。砂轮的部分外貌如图 12-2a 所示，砂轮的结构示意如图 12-2b 所示。图 12-2b 中，1 为磨粒，2 为结合剂，3 为气孔。砂轮经磨削钝化后，需修整后再用。

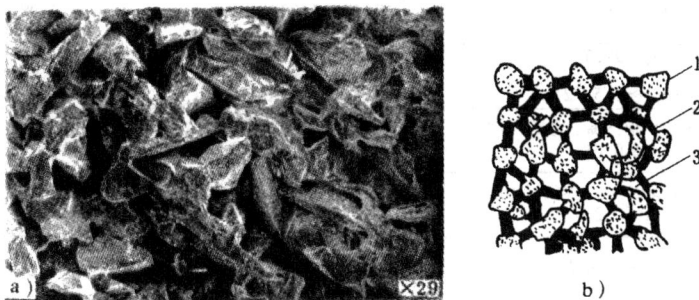

图 12-2　砂轮的外貌及结构

a) 外貌⊖　b) 结构

1—磨粒　2—结合剂　3—气孔

砂轮的特性主要由磨料、粒度、结合剂、硬度、组织及形状尺寸等因素所决定。

一、磨料

磨料分天然磨料和人造磨料两大类。天然磨料为金刚砂、天然刚玉、金刚石等。天然金刚石价格昂贵，其它天然磨料杂质较多，性质随产地而异，质地较不均匀，故主要用人造磨料来制造砂轮。

目前生产上用的磨料有：刚玉系（包括棕刚玉，代号 A；白刚玉 WA；单晶刚玉 SA；铬刚玉 PA；锆刚玉 ZA；镨钕刚玉 NA；钒刚玉；烧结刚玉及微晶刚玉 MA 等），碳化硅系（包括黑色碳化硅 C；绿色碳化硅 GC；立方碳化硅 CC 等)，碳化硼系（碳化硼 BC；碳硅硼)，金刚石系(天然金刚石 JT；人造金刚石 R)及立方氮化硼(JLD)（国外简称为 CBN)等。

各种常用磨料的物理机械性能如表 12-1 所示。

刚玉类（氧化铝 Al_2O_3）及碳化硅类（SiC）磨料用得最多。由表 12-1 可知，碳化硅磨粒比氧化铝磨粒坚硬，但抗弯强度比氧化铝磨粒差得多；故当磨削硬铸铁等类材料时，碳化硅磨粒的磨削效率比氧化铝磨粒高；但当磨削强度较高的钢料时，碳化硅磨粒要比氧化铝磨粒易于磨钝。一般认为：磨削各种钢，包括不锈钢及高强度合金钢，退了火的可锻铸铁和硬青铜，可选用刚玉或氧化铝类砂轮；磨削铸铁（包括激冷铸铁)、黄铜、软青铜、铝、硬表层合金和硬质合金，可选用碳化硅类砂轮。

白刚玉磨粒和黑碳化硅磨粒的外貌如图 12-3a 及图 12-3b 所示。

单晶刚玉为单晶体，一般呈浅灰色，在制造过程没有经过锤击，磨粒内部无伤痕及残余应力，强度高，耐用度高，磨削时发热少，宜用于加工淬硬的和可磨削性差的合金钢，并用于成形磨及高速磨。

一般说来，氧化铝磨料的硬度增加时，易碎性表现得增加。

　⊖ 引自西北工业大学第十系，下同。

表 12 - 1 几种常用磨料的物理力学性能[2]

系别	名称及代号*	主 要 成 分	显微硬度 HV	极限抗弯强度, GPa	密 度	研磨能力, 以金刚石为 1 作比较
刚玉类	棕刚玉, GZ 或 A	$Al_2O_3 > 95\%$, $SiO_2 < 2\%$ $Fe_2O_3 < 1\%$	1800~2200	0.3677	3.95	0.10
	白刚玉 GB, WA	$Al_2O_3 > 98.5\%$, $SiO_2 < 1.2\%$ $Fe_2O_3 < 0.15\%$	2200~2400	0.599		0.12
	单晶刚玉 GD, SA	$Al_2O_3 > 98\%$	2000~2400		3.98	
	铬刚玉 GG, PA	$Al_2O_3 > 97.5\%$ $Cr_2O_3 \approx 1.5\% \sim 2\%$	2200~2280		3.98	0.13
碳化硅系	黑碳化硅 TH, C	$SiC > 98.5\%$, $C < 0.2\%$, $Fe_2O_3 \leqslant 0.6\%$	3100~3280	0.155	3.2	0.25
	绿碳化硅 TL, GC	$SiC > 99\%$, $C < 0.2\%$ $Fe_2O_3 \leqslant 0.2\%$	3200~3400	0.155	3.2	0.28
碳化硼及碳化硅硼	碳化硼 TP, BC	$B_4C = 96\%$ 左右	4000~5000		2.5	0.30
	碳硅硼 TGP	$B > 36\%$, $Si > 27\%$, $C > 25\%$	5700~6200		2.7~2.8	0.33
金刚石系	金刚石人造, JR 天然, JT	石墨, 碳的同素异性体	10060~11000	0.33~3.38	3.52	1.0
	立方氮化硼 JLD (简称 CBN)	以六方氮化硼为原料, 使用金属触媒剂, 在高温高压下合成	7300~10000	1.155	3.48	0.80

* 前者为老标准, 后者为新标准规定的代号。

碳化硅类磨粒较锋锐, 其尖端圆半径比刚玉类小 30% 左右, 它比刚玉类有较大的忍受热冲击的能力, 在磨削温度作用下比较不易产生裂纹; 磨削时也比刚玉类磨粒较少产生粘结磨损。

铈碳化硅显微硬度可达 3700, 较黑色或绿色碳化硅硬度高。

碳化硅磨料的硬度增加时, 易碎性也将增加。

人造金刚石比天然金刚石略脆一些, 颗粒较细, 表面较粗糙, 宜于作砂轮。金刚石是最硬的磨料, 热传导系数大, 适用于加工硬质合金、光学玻璃、陶瓷等硬质材料。但不宜于加工钢料, 因金刚石与铁在高温下接触时, 缺乏化学稳定性, 磨削时金刚石易破损。

天然金刚石及人造金刚石的外貌如图 12 - 3c, 图 12 - 3d 所示[34]。

立方氮化硼是以六方氮化硼为原料, 使用金属触媒剂 (如镁粉), 在高温高压下合成的磨料, 硬度仅次于金刚石, 抗弯强度约为正规氧化铝的两倍, 热稳定性好, 可用于磨削高硬度高强度钢等材料。立方氮化硼易和水蒸汽反应而生成氨和硼酸, 所以不宜用水作磨削液, 可用 5%~10% 以上的重油或 100% 的纯油。立方氮化硼晶面较光滑, 做砂轮时粘结较困难, 可在该晶粒上镀上一层镍, 就较易粘结。

二、粒度

磨料的粒度表示磨料颗粒的尺寸大小。颗粒上的最大尺寸大于 $40 \mu m$ 的磨料, 用机械筛分法来决定粒度号, 其粒度号数值就是该种颗粒能通过的筛子每英寸 (25.4mm) 长度上的孔数。因此, 粒度号数越大, 颗粒尺寸越细。颗粒尺寸小于 $40 \mu m$ 的磨料用显微镜分析法来

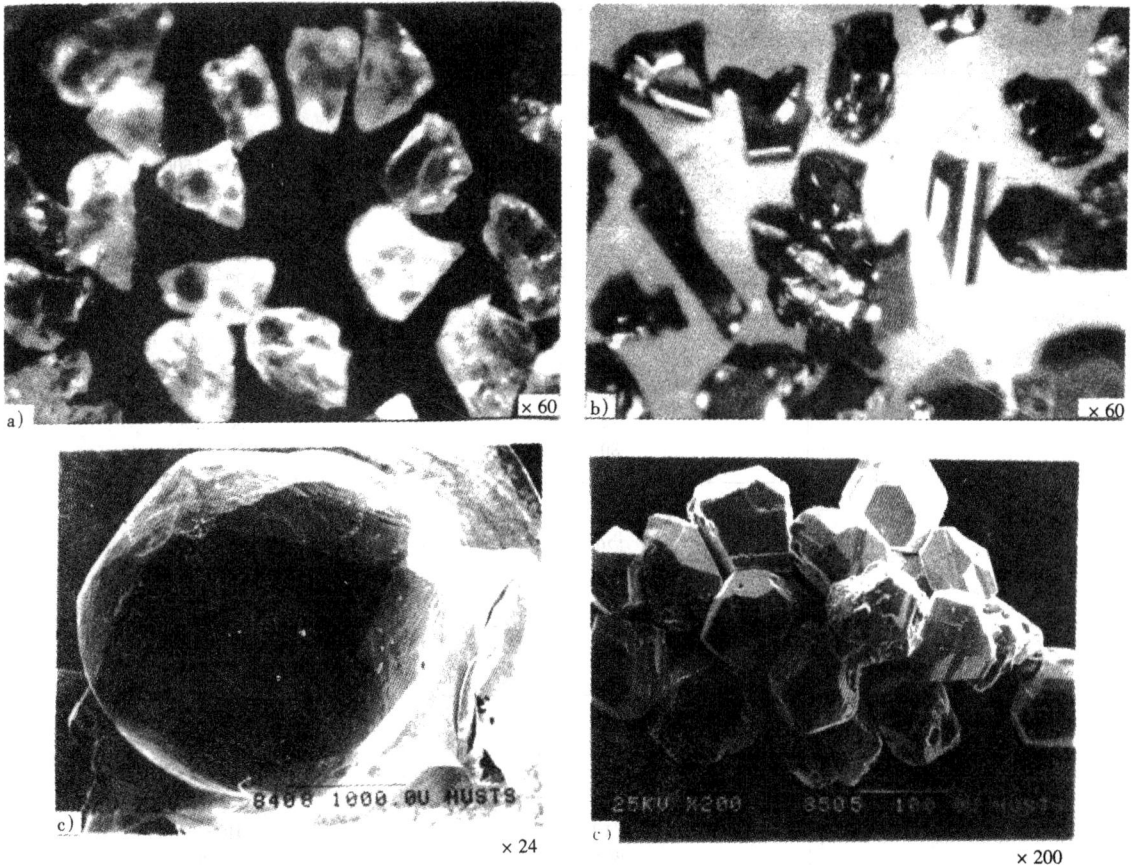

图 12-3　磨粒的形状[○]

a) 白刚玉　b) 黑碳化硅　c) 天然金刚石　d) 人造金刚石

测量，其粒度号数即该颗粒最大尺寸的微米数。

磨料的粒度号及颗粒尺寸如表 12-2 所示。

磨粒组的粒度号（以"S"表示）与其颗粒最大直径 d_{gmax}，或颗粒平均直径 d_g（均以毫米计）的关系如下列两式所示：

$$"S"d_{gmax} \approx 25.4 \tag{12-1}$$

$$"S"d_g \approx 18 \tag{12-2}$$

砂轮粒度选择的准则是：

1. 精磨时，应选用磨料粒度号较大或颗粒直径较小的砂轮，以减小已加工表面粗糙度。

2. 粗磨时，应选用磨料粒度号较小或颗粒较粗的砂轮，以提高磨削生产率。

粗磨时，一般用粒度号 12[#]~36[#]；磨削一般工件与刃磨刀具多用 46[#]~100[#]，磨螺纹及精磨、珩磨用 120[#]~280[#]，超精磨用 W28~W5。

3. 砂轮速度较高时，或砂轮与工件间接触面积较大时，选用颗粒较粗的砂轮，以减少同时参加磨削的磨粒数，以免发热过多而引起工件表面烧伤。

4. 磨削软而韧的金属时，用颗粒较粗的砂轮，以免砂轮过早糊塞；磨削硬而脆的金属

　○　图名上带星号者为引自华中理工大学磨削科研组，下同。

表 12 - 2 磨料的粒度号数及颗粒尺寸

组　　　别	粒　度　号　数	颗　粒　尺　寸　（μm）
磨粒	8	3150~2500
	10	2500~2000
	12	2000~1600
	14	1600~1250
	16	1250~1000
	20	1000~800
	24	800~630
	30	630~500
	36	500~400
	46	400~315
	60	315~250
	70	250~200
	80	200~160
磨粉	100	160~125
	120	125~100
	150	100~80
	180	80~63
	240	63~50
	280	50~40
微粉	W40	40~28
	W28	28~20
	W20	20~14
	W14	14~10
	W10	10~7
	W7	7~5
	W5	5~3.5
超细微粉	W3.5	3.5~2.5
	W2.5	2.5~1.5
	W1.5	1.5~1.0
	W1	1~0.5
	W0.5	0.5~更细

时，选用颗粒较细的砂轮，以增加同时参加磨削的磨粒数（参考砂轮形貌图一节），提高生产率。

　　磨粒的性能还应包括形状、脱落性能、粘结能力，以及对工件材料和磨削液的化学反应能力等；目前对这些性能还没有适当的办法测量或作定量的说明。

　　三、结合剂

　　砂轮的结合剂将磨粒粘合起来，使砂轮具有一定的强度、气孔、硬度和抗腐蚀、抗潮湿的性能。国产砂轮常用的结合剂有四种：

　　1. 陶瓷结合剂（Vitrified material），代号 V　此种结合剂是由粘土、长石、滑石、硼玻璃、硅石等陶瓷材料配制而成。烧结温度为 1240~1280℃。它的特点是粘结强度高，刚性大，耐热性、耐腐蚀性好，不怕潮湿，气孔率大，能很好地保持廓形，磨削生产率高，是最常用的一种结合剂。在日本，90%以上的磨具属陶瓷结合剂。但它性脆、韧性及弹性较差，不能承受侧面弯扭力，故不宜于制造切断砂轮。普通陶瓷结合剂的砂轮的允许线速度为35m/s。但高速磨削用砂轮的线速度可达 45～100m/s 或更高一些。

2．树脂结合剂（Bakelite），代号 B　此种结合剂多采用酚醛树脂或环氧树脂。其特点是：①强度高，弹性好。砂轮切削速度可用到 45m/s 左右。多用于切断、开槽等工序，也用于制作荒磨砂轮、立轴平磨的砂瓦等。②耐热性差，当砂轮磨削表面温度达到 200～300℃时，结合能力就会降低，致使磨粒容易脱落。故适用于要求避免烧伤的工序，例如磨薄壁件、磨刃具以及超精磨或抛光等。③气孔率小，易糊塞。④磨损快，易失去廓形。⑤耐腐蚀性差。人造树脂与碱性物质易起化学作用，故切削液的含碱量不宜超过 1.5%。树脂结合剂砂轮的存放时间，从出厂起以一年为限，过期可能变质，要重新检查试转方可使用。

3．橡胶结合剂（Rubber），代号 R　此种结合剂多采用人造橡胶。与树脂结合剂相比，具有更好的弹性和强度，可制造 0.1mm 厚度的薄砂轮。切削速度可用至 65m/s 左右。多用于制作无心磨导轮，切断、开槽、抛光等用的砂轮。但耐热性比树脂结合剂还要差。气孔小，砂轮组织较紧密，磨削生产率低，不宜用于粗加工。

4．金属结合剂，代号 M　常用的是青铜结合剂，用制金刚石砂轮。其特点是型面保持性好，抗张强度高，有一定的韧性，但自砺性较差。主要用以粗磨、精磨硬质合金，以及磨削与切断光学玻璃、宝石、陶瓷、半导体等。

金刚石砂轮一般有基体、非金刚石层和金刚石层三部分。金刚石层内每一立方厘米体积中的金刚石含量，以重量百分数表示，称为浓度；浓度有五个等级：25%，50%，75%，100% 和 150%；其金刚石含量依次为 1.1，2.2，3.4，4.39 和 6.79 克拉/厘米^3（1 克拉 = 200mg）。金刚石砂轮不能用一般方法修整，通常可用碳化硅油石修整，油石内碳化硅的粒度大体可用与金刚石相近的粒度，组织可用中等紧密级，结合剂可用 V。

此外，国外还有硅酸钠结合剂（Silicate），代号 S；虫胶结合剂（Shellac），代号 E；以及菱苦土结合剂（Magnesia），代号 Mg。硅酸钠结合剂基本上是经烘焙硬化了的水玻璃，它所结合成的砂轮比陶瓷结合剂的砂轮要疏松些，所以砂轮性能较软。虫胶结合剂砂轮用以磨削硬的而又要求有较小粗糙度的表面。菱苦土是镁的氧化物和氯化物，易与切削液起反应，故此种结合剂的砂轮一般只用于干磨。

四、砂轮的硬度

砂轮的硬度是指砂轮上磨粒受力后自砂轮表层脱落的难易程度，也反映磨粒与结合剂的粘固强度。砂轮磨粒难脱落时就叫做硬度高，反之就叫做硬度低。切勿将它与磨粒的硬度相混淆。砂轮的硬度可用喷砂法或刻划法测定[1]。喷砂法是用压缩空气把石英砂喷在砂轮表面上，用被喷出的凹痕深度来衡量砂轮硬度，例如喷砂深度可由 1mm 至 4mm，深度浅时就是硬度较高。刻划法是用硬质合金或金刚石刀对砂轮表面施加一定的刻划力，例如数牛顿至数十牛顿，从结合剂上剥下一层磨粒来，刻划力需要大时，砂轮硬度就是较高。用磨粉或微粉制造的砂轮则可用洛氏硬度计测定其硬度。

砂轮的硬度可分超软（代号 D，E，或 F），软 1（G），软 2（H），软 3（J），中软 1（K），中软 2（L），中 1（M），中 2（N），中硬 1（P），中硬 2（Q），中硬 3（R），硬 1（S），硬 2（T），及超硬（Y）等等级，其硬度依次提高。

软 1 级的砂轮结合剂体积占砂轮体积的 1.5%，超硬级砂轮的结合剂约占砂轮体积的24%；结合剂体积每增加 1.5%，砂轮硬度将增加一级。故砂轮的硬度可说是结合剂体积的函数，在同一种结合剂下，结合剂体积百分率高时，砂轮硬度就高，成正比关系。当结合剂体积为常数时，磨粒间的平均距离与磨料体积成反比。

一般说来，砂轮组织较疏松时，砂轮硬度低些；树脂结合剂的砂轮，硬度比陶瓷结合剂的低些。

砂轮硬度的选用原则是：

（1）工件材料愈硬，应选用愈软的砂轮。这是因为硬材料易使磨粒磨损，需用较软的砂轮以使磨钝的磨粒及时脱落。同时软砂轮孔隙较多较大，容屑性能较好。但是，磨削有色金属（铝、黄铜、青铜等）、橡皮、树脂等软材料，却也要用较软的砂轮。这是因为这些材料易使砂轮糊塞；选用软些的砂轮可使糊塞处较易脱落，较易露出锋锐新鲜的磨粒来。

（2）砂轮与工件磨削接触面积大时，磨粒参加切削的时间较长，较易磨损，应选较软的砂轮。

（3）半精磨与粗磨相比，需用较软的砂轮，以免工件发热烧伤。但精磨和成形磨削时，为了使砂轮廓形保持较长时间，则需用较硬一些的砂轮。

（4）砂轮气孔率较低时，为防止砂轮糊塞，应选用较软的砂轮。

（5）树脂结合剂砂轮由于不耐高温，磨粒容易脱落，其硬度可比陶瓷结合剂砂轮选高1～2级。

在机械加工中，常用的砂轮硬度等级是软2至中2；荒磨钢锭及铸件时常用至中硬2。

磨削时，增加磨粒的最大切削厚度（参考§12-4），将使作用在磨粒上的切削力增加，从而增加磨粒的破碎、脱落而使砂轮相对硬度变软[11]。因此，凡能促使磨粒最大切削厚度增加的磨削条件，均将使砂轮的相对硬度变低，例如：①增加工件的表面线速度，②增加砂轮径向进给量，③减小砂轮表面线速度，④砂轮磨料颗粒选用较粗时。

五、砂轮的组织

上面说过，从砂轮结构看，砂轮是由磨料、结合剂、气孔三个元素组成的。砂轮的总体积 V_S 是由磨料体积 V_K、气孔体积 V_P 和结合剂体积 V_B 三元所组成，即

$$V_K + V_P + V_B = V_S \qquad (12-3)$$

$$\frac{V_K}{V_S} + \frac{V_P}{V_S} + \frac{V_B}{V_S} = 1$$

如果令 P_K、P_P 及 P_B 分别代表磨料、气孔及结合剂的体积百分率，则

$$P_K + P_P + P_B = 100\% \qquad (12-4)$$

研究砂轮结构的适应性是指研究砂轮的磨料、气孔、结合剂三个元素的体积百分率是处于三元结构图（图12-4）上的那一点，例如 P_1、P_2 或 P_3 点，以作为改进砂轮制造配方的根据。因为这些点的位置说明了所研究砂轮配方的磨料、气孔和结合剂的体积百分率的大小；这些百分率的不同有助于说明各种配方的砂轮的性能和用途的不同。

砂轮的组织表示砂轮结构的紧密或疏松程度，磨料占砂轮体积百分率较高而气孔较少及较小时，砂轮属紧密级；磨料体积百分率较低而气孔体积百分率较高且气孔较大时属疏松级；介于这两者之间时属中级。砂轮结构的体积百分比一般为磨料38%～62%，结合剂1.5%至22%，气孔60.5%～16%。砂轮的组织等级如表12-3所示。

砂轮组织紧密时，气孔百分率小，使砂轮变硬，容屑空间小，容易被磨屑堵塞，磨削效率较低，但可承受较大的磨削压力，砂轮廓形可保持较久，故适用于在重压力下磨削如手工

磨削以及精磨、成形磨削。

中等组织的砂轮适用于一般磨削。

疏松组织的砂轮一般较软，加工表面粗糙度较大，但容屑排屑条件好，不易糊塞，发热量低，散热也较好，故适用于粗磨、平面磨、内圆磨等磨削接触面积较大的工序，以及磨削热敏感性较强的材料、软金属和薄壁工件。

大气孔砂轮相当于 10 号至 12 号或大至 13～18 号的疏松组织，其气孔（或称孔穴）体积百分比可高达 70%，孔穴直径可达 2～3mm。适用于磨削热敏性材料如磁钢、钨银合金、硬质合金，软性金属如铝，非金属软材料如橡胶、塑料等。

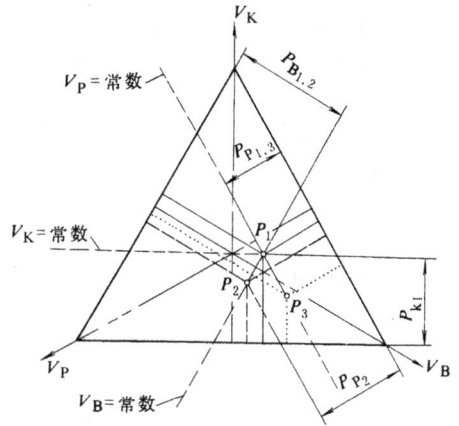

图 12-4 砂轮的磨料、气孔和结合剂三元结构图

表 12-3 砂轮的组织等级

类 别	紧				中				松						
组织级别	0	1	2	3	4	5	6	7	8	9	10	11	12	13	14
磨料占砂轮体积（%）	62	60	58	56	54	52	50	48	46	44	42	40	38	36	34

砂轮的气孔或孔穴可分闭式和开式两类[13]。闭式孔穴指砂轮中被封闭在磨粒与结合剂之间或结合剂桥内而和其它孔穴及大气不连通者；这类孔穴尺寸很小，对磨削工作影响较小。开式孔穴指砂轮中相互毗连而能直接或间接与大气相通者，它们占砂轮孔穴的绝大部分，对磨削工作影响较大。开式孔穴又可分空洞型、蜂窝型、管道型三种。空洞型的长径可在 0.5～3mm 之间，常见于 9 号以上的松组织砂轮中。蜂窝型是互相连通呈蜂窝状的孔穴，是常规松组织砂轮孔穴的主要型式。它与空洞型孔穴常互相连通而构成砂轮的主要内冷却通道。管道型是弯弯曲曲的狭窄通道，尺寸较小，管径大致在 5～50μm 之间。

六、砂轮的形状、用途及选择

砂轮的几个主要类型、形状、代号及主要用途如表 12-4 所示。

一般砂轮在端面上所有标志，有时还标明安全速度。砂轮标志的例子是：

A	60	S	V	6	P	300	×	30	×	75
磨料	粒度	硬度	结合剂	组织	形状	外径		厚度		内径

概括地说来，可按被磨材料性质，所规定的加工粗糙度和金属磨除率来选择砂轮，其原则如下[11]：①磨削钢时，选用刚玉类砂轮；磨削硬铸铁、硬质合金和非铁金属时，选用碳化硅砂轮。②磨削软材料时，选用硬砂轮；磨削硬材料时，选用软砂轮。③磨削软而韧的材料时，选用粗磨粒（例如 12#～36#）；磨削硬而脆的材料时，选用细磨粒（例如 46#～100#）。④磨削表面不平度不允许粗时，选用细磨粒；金属磨除率要求大时，选用粗磨粒。⑤要求加工表面质量好时，选用树脂、橡胶或虫胶结合剂的砂轮；要求最大金属磨除率时，选用陶瓷结合剂砂轮。

表 12-4 常用砂轮的形状、代号及用途举例

砂 轮 种 类	形状代号	断 面 形 状	主 要 用 途
平形砂轮	P	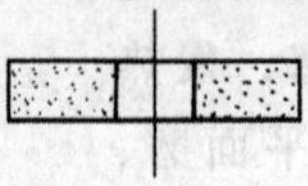	磨外圆、内圆，无心磨，刃磨刀具等
双斜边砂轮	PSX	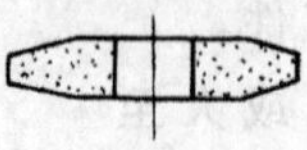	磨齿轮及螺纹
双面凹砂轮	PSA	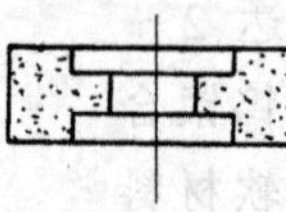	磨外圆，磨刀具，无心磨
切断砂轮 （薄片砂轮）	PB	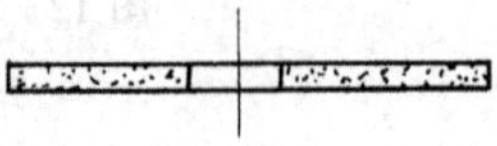	切断及切槽
筒形砂轮	N	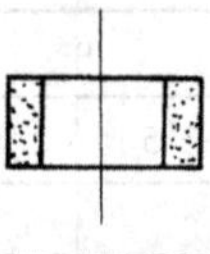	端磨平面
杯形砂轮	B	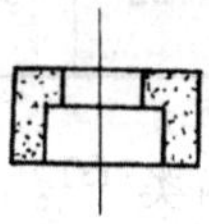	磨平面、内圆，刃磨刀具
碗形砂轮	BW	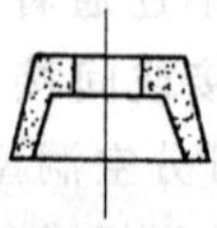	刃磨刀具，磨导轨
碟形砂轮	D	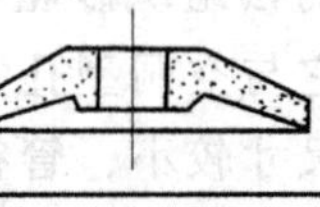	磨齿轮，刃磨铣刀、拉刀、铰刀

第三节 砂轮表面形貌图

磨粒在砂轮中的位置分布和取向是随机的。每颗磨粒也可能有多个切削刃。令 xy 坐标平面与砂轮最外层工作表面相接触，则砂轮磨粒及切削刃在 xyz 坐标空间内的分布状态如图 12-5 所示[1]。

图 12-5 中，平行于 yz 坐标面所截取的磨粒切削刃轮廓图，称为砂轮工作表面的形貌图。图中 L_{g1}，L_{g2}，…表示在该截面内各磨粒平均中线间的距离；L_{s1}，L_{s2}，…表示在该截面内各切削刃间的距离；Z_{s1}，Z_{s2}，…表示各切削刃尖端离砂轮表层顶部平面的距离。

砂轮表面形貌图是磨削中的一个十分重要的研究对象。它在磨削过程中是不断变化的，是磨削时间的函数，它的变化取决于磨削条件。通过砂轮表面形貌特征和磨削条件的了解，在一定程度上可以预测磨削已加工表面粗糙度的大小，分析及控制磨削过程[3]。

砂轮上的磨粒分布参差不齐，在磨削工件时，有些磨粒切削刃可以切到工件，称为有效磨粒切削刃；有些磨粒切削刃不能切到工件，称为无效磨粒切削刃。决定砂轮有效切削刃数的方法实际上也就是如何测量砂轮表面的形貌特征的问题。

有一试验所作统计指出：有效磨粒切削刃只为静态切削刃总数的 5%～12%；一个磨粒可能有几个有效切削刃与工件接触，有 60% 的有效切削刃分布在不同磨粒上面。[40]

测量砂轮表面形貌目前主要用接触法，可分为静态法、动态法和复印法三大类，如图 12-6 所示[1]。

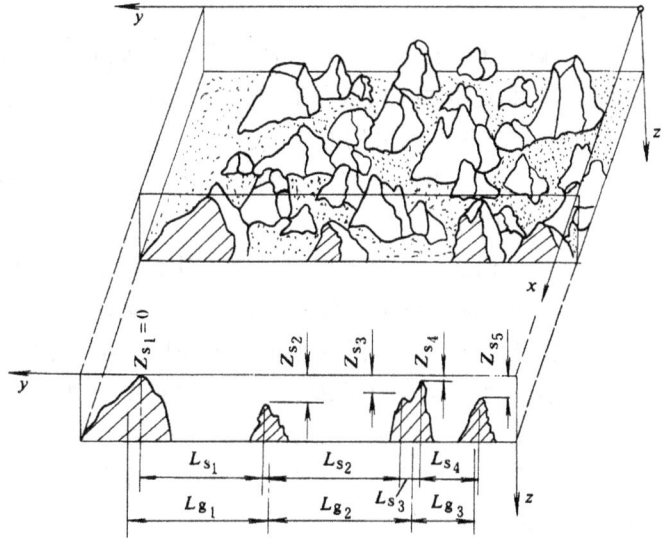

图 12-5 砂轮工作表层磨粒切削刃空间图

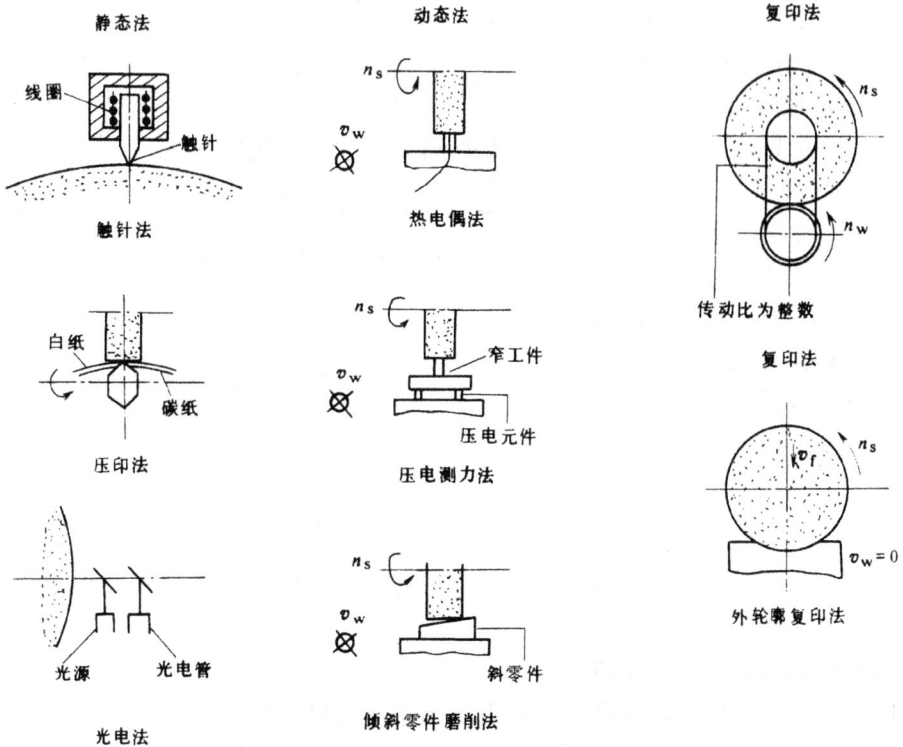

图 12-6 砂轮形貌的测定方法

（一）静态法

1．触针法　在砂轮工作表面圆周方向和轴向进行测量。

2．碳纸复印法　用复写纸在白纸上进行复印，是宏观的定性测量，只能大致了解砂轮表面形貌。这是早期采用的方法。

3．光电法　利用光线反射测量。也可取得试样用扫描电子显微镜直接观察。

（二）动态法

1．热电偶法　将热电偶固定在工件表面上，热电偶的导线通入工件并与工件绝缘。当每一个切削刃通过热电偶结点时，由于高温而得到一个脉冲，可在示波器上显示出来并计数。这样就可测出热电偶所处砂轮圆周上的切削刃分布。

2．测力法　用压电晶体测力元件对很窄工件上的磨削力进行测量，也可测出沿磨削工件处，砂轮工作表面圆周上的切削刃分布。

3．倾斜零件磨削法　用砂轮磨削有一定斜度的工件，由切削痕迹的位置和长度，以判定砂轮轴向表面地形。

（三）工件复印法

1．外圆工件复印法　砂轮与工件转速比成整数，即 n_s/n_w = 整数时，由于砂轮上某点始终与工件上固定点接触，工件上的粗糙度就可反映出砂轮的形貌图来。如转速比为整数 3 时，砂轮每转一周就与工件上 1/3 的圆周接触，因此工件上相隔 120°可以得到三条相似的粗糙度曲线[1]（见图 12-7）。这些曲线就反映出了砂轮工作表层的轴向形貌图。

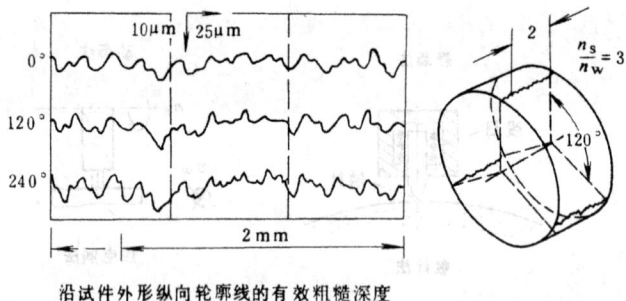

沿试件外形纵向轮廓线的有效粗糙深度

图 12-7　工件上的砂轮形貌复印图

2．平面工件复印法　测量方法同上法。工作台以 V_a（mm/min）沿砂轮轴向作进给运动，砂轮每转时工作台的轴向移动距离为 $l_a = V_a/n_s$，在 l_a 这段长度上就反映出了砂轮工作表层的轴向粗糙度来。

第四节　磨削过程

一、磨粒切除切屑的几何图形

图 12-8 表示径向切入平面磨削时磨粒切出切屑的简化几何图形。

图中 d_s 为砂轮直径，v_s 为砂轮表面线速度，v_w 为工件表面线速度或切向进给速度，a_p 为径向进给量或切入深度（相当于车削时的背吃刀量），$a_{gc_{max}}$ 为一个磨粒切削刃所切的未变形切屑最大厚度，$a_{gw_{max}}$ 为该未变形切屑的最大宽度。

由图可知[11]：磨粒切削刃与工件的接触弧长度近地似为

$$l_c = \frac{d_s}{2}\sin\psi_s \qquad (12-5)$$

式中　ψ_s 为磨粒与工件的接触角。

$$\cos\psi_s = \frac{(d_s/2) - a_p}{d_s/2} = 1 - \frac{2a_p}{d_s}$$

$$(12-6)$$

$$\sin^2\psi_s = 1 - \cos^2\psi_s = \frac{4a_p}{d_s} - \frac{4a_p^2}{d_s^2}$$

$$(12-7)$$

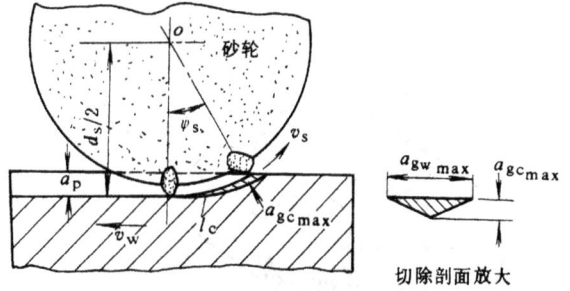

图 12-8　磨粒切出切屑的简化几何图形

将公式（12-6），公式（12-7）代入公式（12-5），并略去二次项 $4a_p^2/d_s^2$，得

$$l_c = \sqrt{a_p d_s} \qquad (12-8)$$

磨削时，金属切除率（金属切除率的国标为 Q_z）为

$$Z = a_p b v_w \qquad (12-9)$$

式中　b ——砂轮磨削宽度。

如果未变形切屑具有如图 12-8 所示的三角形截面，则每一个未变形切屑的平均体积 V_o 为

$$V_o = \frac{1}{6} a_{gw_{max}} a_{gc_{max}} l_c \qquad (12-10)$$

令

$$a_{gw_{max}} = r_g a_{gc_{max}} \qquad (12-11)$$

式中　r_g 为磨粒切削刃的宽高比，它在一定程度上反映磨粒切削刃的形状比例。

单位时间内所产生的切屑数目 N_{ch} 为

$$N_{ch} = v_s b N_{eff} \qquad (12-12)$$

式中　N_{eff} 为砂轮表面单位面积（例如每 mm²）上的有效磨粒切削刃数。

最后，由于 $V_o N_{ch}$ 等于 Z，故由公式（12-8）至公式（12-11）可得

$$a_{gc_{max}}^2 = \frac{K v_w}{v_s}\sqrt{a_p} \qquad (12-13)$$

式中　$K = 6/N_{eff} r_g \sqrt{d_s}$，它对一定的砂轮是一个常数。

由公式（12-13）可看出磨削条件 v_w，v_s，a_p，d_s 及 N_{eff} 等对未变形切屑厚度的影响。在 v_w、a_p 增加时，未变形最大切屑厚度增加；在 v_s、d_s 或 N_{eff} 增加时，未变形最大切屑厚度减小。

为了更简明地说明主要磨削条件对未变形切屑厚度的影响，提出了"当量切削厚度"或"理论切削厚度"的概念[23]，如图 12-9 所示。

由图可知：砂轮以速度 v_s 及当量切削厚度切削工件，单位时间内切去体积为 $v_s a_{gce} b$，b 为砂轮磨削工件宽度；工件上单位时间内被切去的体积也可用 $v_w a_p b$ 表示。毫无疑问：

$$v_s a_{gce} b = v_w a_p b$$

故

$$a_{gce} = \frac{v_w}{v_s} a_p \qquad (12-14)$$

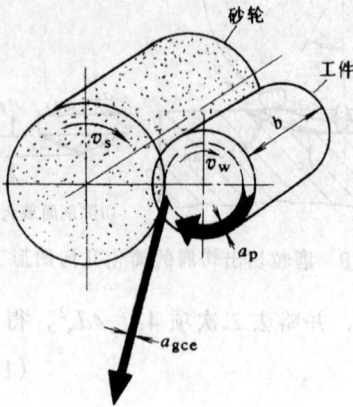

图 12-9 外圆切入磨削时的当量切削厚度

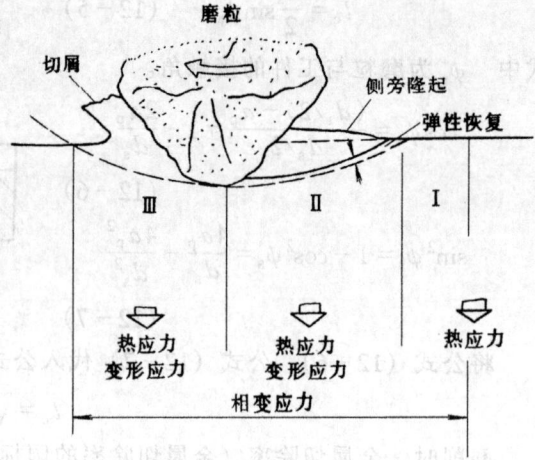

图 12-10 磨削中磨粒与工件接触状况

上式中 v_w 及 v_s 的单位取为相同。由上式可知："当量切削厚度""代表了 v_w、v_s 及 a_p 三者的综合效果；当 v_w 或 a_p 增加时，a_{gce} 增加；当 v_s 增加时，a_{gce} 减小。

二、磨粒切除切屑时与工件的接触状态

磨削中磨粒与工件的实际接触情况[1]如下图（图 12-10）所示。

图中第一阶段 Ⅰ 为弹性变形区，由于砂轮结合剂桥及工件、磨床系统的弹性变形，磨粒未能切进工件，磨粒与工件相互摩擦，工件表层产生热应力。第二阶段 Ⅱ 为弹性与塑性变形区，磨粒已逐渐能够刻划进工件，使部分材料向磨粒两旁隆起，但磨粒前刀面上未有切屑流出。此时除磨粒与工件间相互摩擦外，更主要的是材料内部发生摩擦，工件表层不仅有热应力，而且有由于弹、塑性变形所产生的应力。第三阶段 Ⅲ 为切屑形成区，此时磨粒切削已达一定深度，被切材料处也已达一定温度，磨屑已可形成并沿磨粒前刀面流出；在工件表层也产生热应力和变形应力。在这三个阶段，除了均可能产生热应力外，材料也可能产生由于相变而引起的应力。

磨粒切削时，要受到一定的切削抗力（参考§12-5）。在法向切削力尚小时，磨粒切不进工件而仅产生摩擦，法向切削力大一些时，切入量有所增加，磨粒进入刻划阶段；法向切削力增加至一定程度后，切入进给量也大至一定程度，切屑才开始形成。在内圆切入式顺磨时，砂轮单位磨削宽度上的法向切削力 F_n/b 与切入进给量 $a_p = v_f/n_w$ 的关系如图 12-11 所示[11]。

三、磨削方式及磨削中各参数的关系

磨削方式主要可分外圆磨削、平面磨削和内圆磨削三大类。这三种磨削方式的砂轮与工

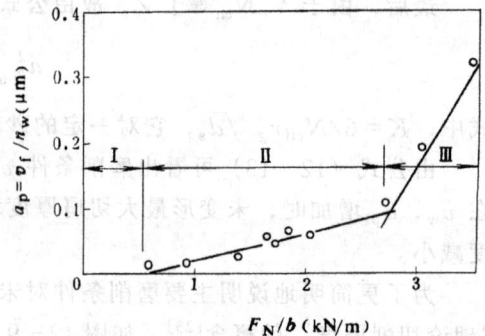

图 12-11 法向切削力与切入进给量的关系
工件材料：中碳铬钼钢，硬度 HRC53~55，砂轮
WA80MV，砂轮等效直径 53mm，$v_s=39$m/s
$v_w=2.75$m/s，F_n 为法向切削力，b 为砂轮磨削宽度，
a_p 为切入进给量（或称背吃刀量）
（引自 Hahn 和 Lindsay）

件的磨削接触弧长度和磨削接触时间有着很大的不同。为了比较这三种磨削方式的特点，提出了一个"砂轮等效直径"或"砂轮当量直径"的概念。所谓砂轮等效直径就是外圆（或内圆）磨削时换算成假想的平面磨削时的直径。在径向切入进给量（或称背吃刀量）保持一定时，如果砂轮等效直径相同，则外圆（或内圆）磨削和平面磨削时的接触弧长度相同。图 12-12 表示出了外圆磨削和内圆磨削时，砂轮与工件接触弧长度不同的情况[11]，还表示出了外圆（内圆）磨削的砂轮直径 d_s 的大小，和在这两种情况下接触弧长度分别与平面磨削时相等时的砂轮等效直径 d_{se} 的大小。

为了推导出砂轮等效直径 d_{se} 与砂轮直径 d_s 及工件直径 d_w 的关系式，让我们分析一下图 12-13 外圆磨削的几何图形[11]。

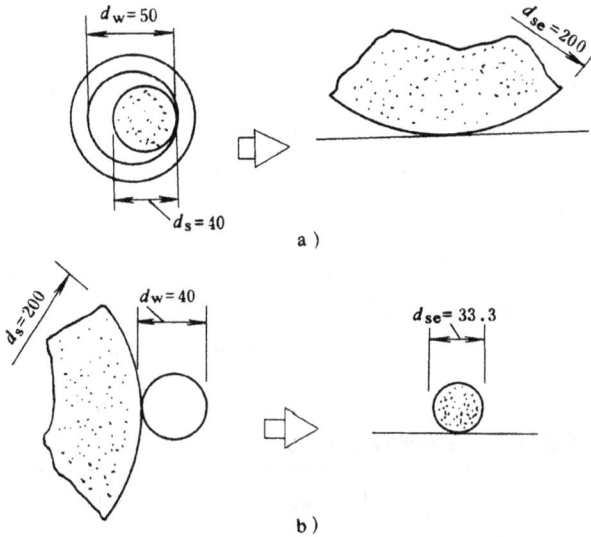

图 12-12　内圆及外圆磨削的砂轮等效直径

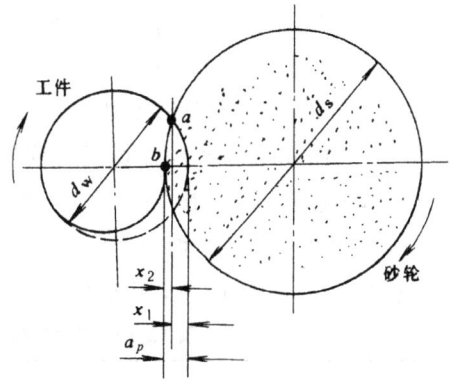

图 12-13　外圆磨削的几何图形

由图 12-13 可知：径向切入进给量为

$$a_p = x_1 + x_2 \qquad ①$$

工件和砂轮的接触弧长度 ab 近似地等于 $\sqrt{x_1 d_w}$ 或 $\sqrt{x_2 d_s}$；我们可令它等于平面磨削时的接触弧长度 $\sqrt{a_p d_{se}}$，其中 d_w 为工件直径，d_s 为砂轮直径，d_{se} 为砂轮等效直径，即

$$\sqrt{a_p d_{se}} = \sqrt{x_1 d_w} = \sqrt{x_2 d_s} \qquad ②$$

联解式①式②并整理后，可得外圆磨削时的等效直径为

$$d_{se} = \frac{d_w d_s}{d_w + d_s} \qquad (12-15)$$

同理，也可得内圆磨削的砂轮等效直径为

$$d'_{se} = \frac{d_w d_s}{d_w - d_s} \qquad (12-16)$$

利用上两式算出的等效直径的数值如图 12-12 所示。利用砂轮等效直径公式，可以看出这几种磨削方式中磨削条件间的关系，还可以根据某种磨削方式的条件来推测另一种磨削方式的条件。

用图 12-14 可以说明磨削中各参数的关系[1]。图中表明了砂轮上两颗磨粒（假定每颗磨

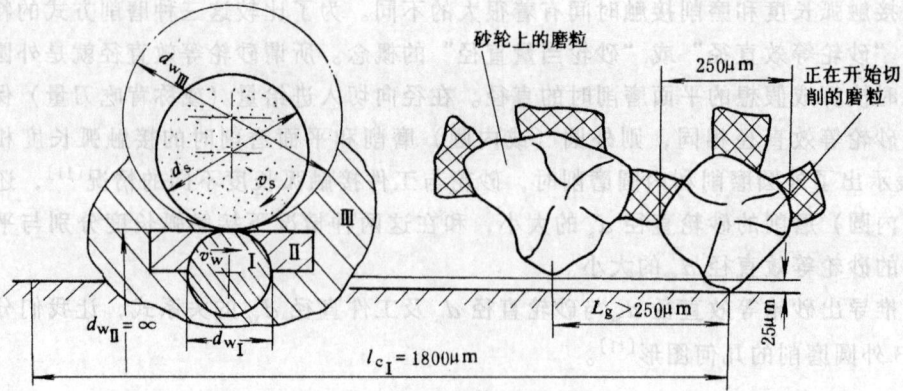

图 12-14 磨削中各参数的关系

粒只有一个有效切削刃)在平面(也包括外圆和内圆)磨削时与工件的接触情况。磨粒粒度为 60,平均粒径 $d_g = 250\mu m$,有效磨粒间的平均距离 $L_g = 250 \sim 500\mu m$,径向切入进给量(或称背吃刀量)$a_p = 25\mu m$。设砂轮表面线速度为 $v_s = 40m/s$,工件切向进给速度 $v_w = 0.8m/s$,则砂轮与工件的速比 $q = v_s/v_w = 50$,每颗磨粒的切向进给量 $S_g = L_g v_w/v_s = L_g/q = 5 \sim 10\mu m$;每秒参加切削磨粒数为 $v_s/L_g = v_w/S_g = (8 \sim 16) \times 10^4$ 个。设砂轮直径为 $d_s = 400mm$,外圆磨削时工件直径 $d_{wⅠ} = 200mm$,内圆磨削时工件孔径 $d_{wⅢ} = 550mm$,则在外圆、平面和内圆磨削时,砂轮等效直径 d_{se},砂轮与工件磨削接触弧长度 l_c 及接触时间 t_c 如表 12-5 所示[1]。

表 12-5 几种磨削方式的接触弧长度及接触时间举例

磨削方式	外圆磨削Ⅰ	平面磨削Ⅱ	内圆磨削Ⅲ
径向进给量(或称背吃刀量)a_p(μm)	25	25	25
砂轮直径 d_s（mm）	400	400	400
工件直径 d_w（mm）	200	∞	550
砂轮等效直径 $d_{se} = \dfrac{d_s \cdot d_w}{d_w \pm d_s}$（mm）	133	400	1467
接触弧长度 $l_c = \sqrt{a_p d_{se}}$（μm）	1.8×10^3	3.3×10^3	6×10^3
接触时间 $t_c = l_c/v_s$（s）	45.6×10^{-6}	80×10^{-6}	150×10^{-6}

由上表可知:在相同径向进给量和相同砂轮直径下,这三种磨削方式的磨削接触弧长度和接触时间很不相同:内圆磨削时 > 平面磨削时 > 外圆磨削时。

图 12-14 是理想化了的情况,忽略了工件粗糙度和磨粒的随机分布。实际上磨粒切削刃尖端不可能都整齐均匀地排在一个圆周上,正如砂轮表面形貌图一节所指出的,磨削时有的磨粒切削刃切削深度(或称背吃刀量)大,有的切削深度小,有的根本不起切削作用。在砂轮转速 n_s 和单位时间磨除体积 Z' 保持一定时,不同速比($q = v_s/v_w$)时的磨粒切削刃切削痕迹[1]示于图 12-15。由图还可看出加工表面粗糙度 R_{aw}。

磨削得出的金属切屑形态有带状切屑、剪切型切屑、挤裂型切屑、积屑瘤型切屑及熔球型切屑等如图 12-16 所示。磨削陶瓷材料时常得到小块状、粒状或粉状切屑。

四、磨削循环

一般磨削过程往往分几级进行，例如可分粗磨、精磨和清磨等。

图 12-17 是典型外圆切入磨削过程的模型及其测试装置[1]。图中 $l_{f_{nom}}$ 为砂轮架的名义进给量，v_f 为名义进给速度，t 为时间；l_f 为砂轮实际切入进给量；F_n 为法向磨削力；d_w 为工件直径，d_w' 为工件直径减小速率；R_{aw} 为工件表面粗糙度；k_{GM} 为机床刚度；y 为弹性退让。

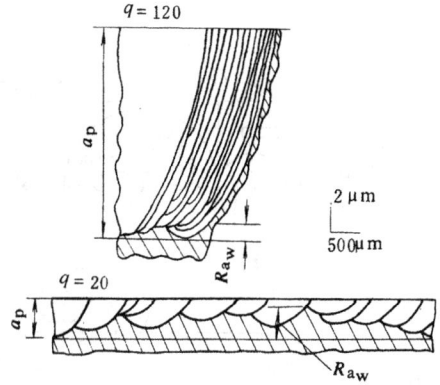

图 12-15　不同速比时磨粒切削刃在工件
上的切削痕迹

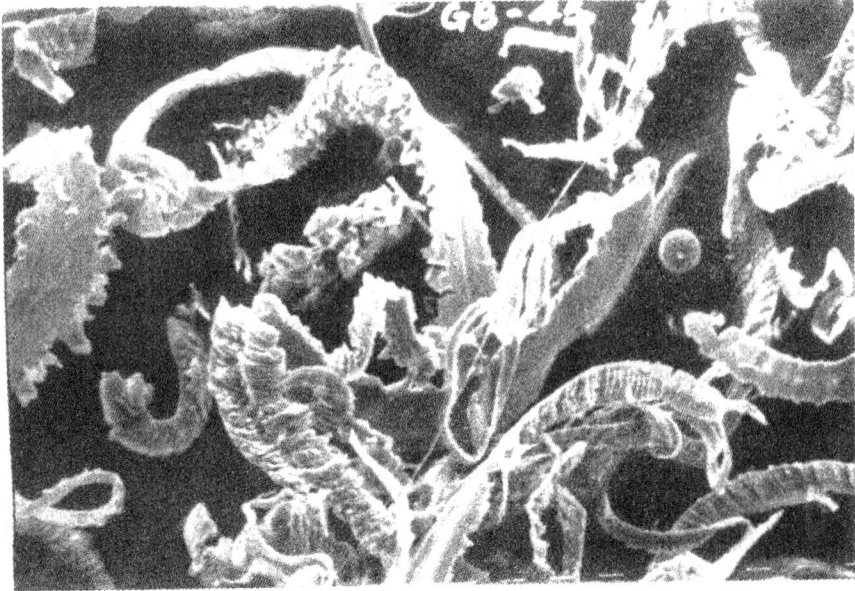

图 12-16　磨屑形态
工件：45 钢
砂轮：白刚玉砂轮
$v_s = 38\text{m/s}$，$v_w = 8\text{m/min}$

图 12-18 是典型的单级切入外圆磨削循环示意图[1]。

由图 12-18 可知：砂轮架的名义进给速度 v_f 是阶跃时间函数；$l_{f_{nom}} = v_f t =$ 名义进给量；它是恒速时间函数。由于有弹性退让 $y(t)$，实际进给量 $l_f(t)$ 曲线是一阶系统的单位恒速输入或斜坡输入的时间响应曲线。在未达稳定阶段，法向力 $F_n(t)$ 曲线是一阶系统单位阶跃输入时间响应曲线。到一定时间后，弹性退让 y 进入稳定状态的最大值，F_n 也到了稳定状态的最大值 $F_{n\infty}$。$F_n(t)$ 曲线在 $t = 0$ 时的切线与 $F_{n\infty}$ 线交于一点，该处时间为时间常数 τ_F；$l_{\varphi}(t)$ 曲线在弹性退让开始稳定点即 $y(t)$ 达到最大值 y 时的那一点的切线，与时间 t 坐标交于一点，该处时间也是时间常数 τ_F。

试验表明[44]：陶瓷结合剂砂轮表面上每一磨粒的挠度的大小与未变形切屑厚度是同一个数量级；砂轮与工件接触区的挠度约为磨粒中心的挠度的两倍。

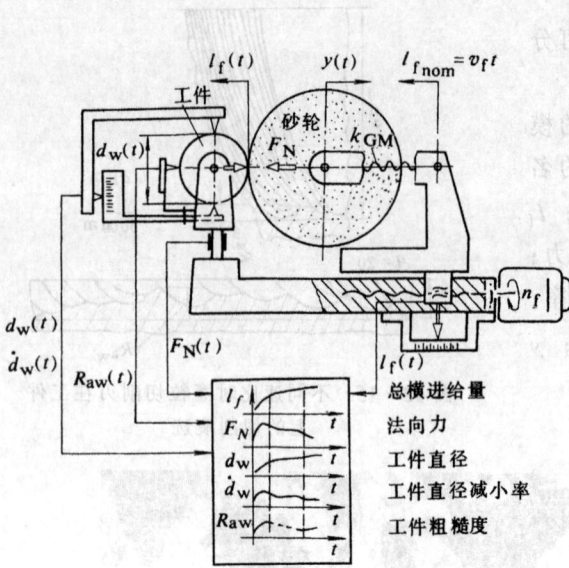

图 12-17　外圆切入磨削及测试示意图

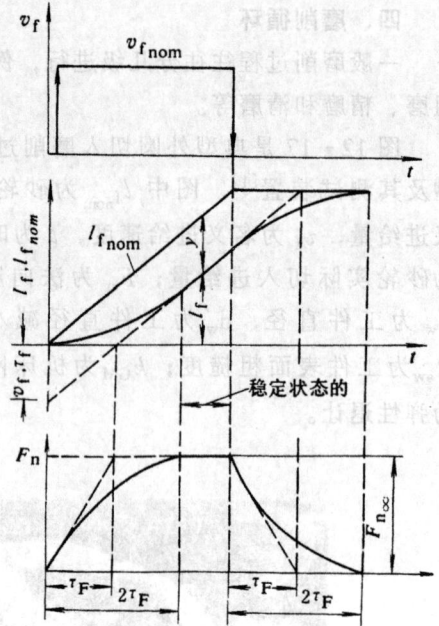

图 12-18　单级切入磨削循环示意

由图 12-17 及图 12-18 可知[14]：

名义进给量 = 实际进给量 + 弹性退让，即

$$v_f t = l_f(t) + y(t) \qquad ①$$

法向力 $F_n(t)$，机床刚度 k_{GM}，与弹性退让 $y(t)$ 的关系为：

$$y(t) = F_n(t)/k_{GM} \qquad ②$$

实际进给量的变化速度为 $\dfrac{dl_f(t)}{dt} = \dot{l}_f(t)$。

实践证明，实际进给量变化大时，法向力增加，它们之间可看作是正比关系，即

$$F_n(t) = \alpha_p \dot{l}_f(l) \qquad ③$$

上式中 α_p 称为比例因子，与工艺过程特征有关。

再者，可以认为，时间常数 τ_F 与 α_p 成正比，与机床刚度 k_{GM} 成反比关系，即

$$\tau_F = \alpha_p/k_{GM} \qquad ④$$

上式说明一些事实：k_{GM} 大时，τ_F 就小；τ_F 还通过 α_p 来表明它与工艺过程特征的关系，例如 τ_F 与 α_p 均与砂轮宽度 b_s 成正比；τ_F 也与工件材料的可磨性和砂轮的锐利与否有关；砂轮钝时，τ_F 大些。

根据式①②③及④，可得

$$\tau_F \dot{l}_f(t) + l_f(t) = v_f t \qquad ⑤$$

式⑤是齐次一阶线性微分方程式，其解为

$$l_f(t) = v_f t - v_f \tau_F(1 - e^{-t/\tau_F})，即$$

$$l_f(t) = v_f[t - \tau_F(1 - e^{-t/\tau_F})] \qquad (12-17)$$

公式(12-17)指出：实际进给量 $l_f(t)$ 等于各义进给量 $v_f t$ 中减去一个与时间常数 τ_F 和变

化时间 t 有关的数值。在时间 $t=0$ 时，被减数等于零，实际进给也为零。当 t 增加时，名义进给量 $v_f t$ 增加，这个被减数也增加，一直增加到最大值 $v_f \tau_F$ 为止（如图 12-18 所示），$v_f \tau_F = y$。实际进给减小量也就是随时间的增长而退让了的这一数值；这一数值称为"滞后误差"。

式③指出：$F_n(t) = a_p l_f(t)$，将公式（12-17）微分，并乘以 a_p，可得法向力 F_n 作为时间 t 的函数：

或
$$F_n(t) = a_p v_f (1 - e^{-t/\tau_F})$$
$$F_n(t) = F_{n\infty}(1 - e^{-t/\tau_F}) \tag{12-18}$$

第五节 磨削力及功率

一、磨粒的受力情况

砂轮上的磨粒切削工件时，作用在磨粒上的力可以分解成两个分力即法向力 F_n 和切向力 F_t，并为结合剂桥上的结合力所平衡[1]，如图 12-19 所示。磨粒所承受的合力 F_R 与结合剂桥上抗力的合力 F_R' 不一定在同一平面内；因此，有可能产生力矩 M，使磨粒脱落；磨粒本身受到剪力也可能崩裂。磨粒所受的应力决定于受力的强弱，它与切削截面积、工件材料性质等磨削条件有关；受力的频率则与砂轮转速有关。

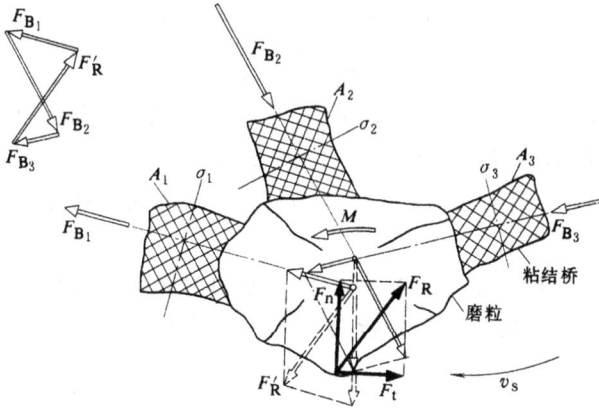

图 12-19 磨粒的受力情况

$$\sigma_1 = \frac{F_{B_1}}{A_1}, \quad \sigma_2 = \frac{F_{B_2}}{A_2}, \quad \sigma_3 = \frac{F_{B_3}}{A_3}$$

图 12-20 磨粒的形状

二、磨粒的负前角对磨削力的影响

如图 12-20 所示：磨粒的顶尖角多为 90°~120°，其前刀面实际上是一个空间曲面。磨粒有一定的刃端半径 r_β，以粒度 36# 为例，刚玉类磨粒的 r_β 为 35μm 左右，碳化硅磨粒为 30μm 左右；以 80# 粒度为例，刚玉类磨粒 r_β 的平均值为 9.6μm，碳化硅磨粒为 7.4μm。磨粒磨削时的切削深度 a_p 多数只为磨粒直径尺寸的 2%~5%，未变形切屑厚度可能为 0.005~0.05mm 左右。故磨粒实际上多数在粒端负前角下切削工件；有人认为[32]：该前角多数为 $\gamma_o = -70° \sim -89°$ 之间。

用负前角硬质合金刀具模拟磨粒，对含少许锰、铬、镍的低碳钢，在 $a_p = 0.01 \sim 0.025$

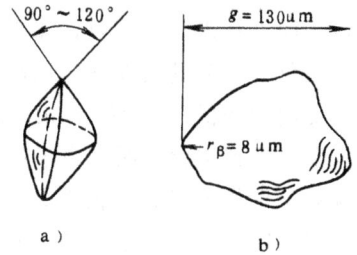

mm，切削速度 $v = 200 \sim 600 \text{m/min}$ 下切削时，金属流动情况示意如图 $12-21$ 所示[32]。

前刀面之前的金属流分为两路：一路进入刀具下面，一路沿前刀面上升而成为切屑；在前刀面上这两路之间有一分流点。分流点离刀刃的距离即逆流区长度随负前角的绝对值增加而增加。试验证明：一直到 $-75°$ 的前角，刀具仍可切出切屑来。在 $-85°$ 前角时，刀具就仅仅擦过和刻划工件，金属不能沿前刀面向上流出而只有流向两旁的侧向流动，而且有严重的塑性变形。

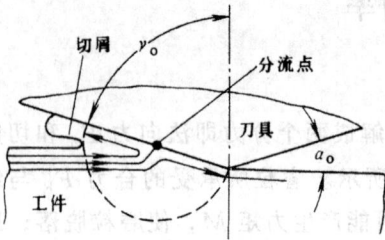

图 $12-21$　负前角切削时的金属流动　　　图 $12-22$　负前角与切削力的关系
1—法向力 F_n　2—切向力 F_t；
$\alpha_o = 25°$，$a_p = 0.01\text{mm}$
$a_w = 3.75\text{mm}$，$v = 200\text{m/min}$

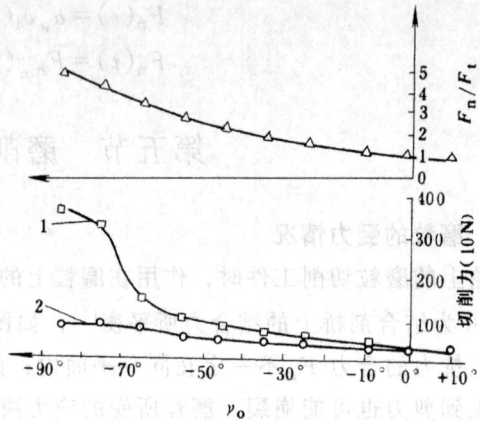

负前角刀具对法向力 F_n 及切向力 F_t 的影响如图 $12-22$ 所示[32]。图中说明前角为负值时，法向力均大于切向力，尤以 $\gamma_o = -50°$ 之后为甚。$F_n/F_t = 1 \sim 5$ 左右。

在负前角刀具切削下，切削速度对切削力的关系如图 $12-23$ 所示[32]。当切削速度增加时，切削力降低，F_n/F_t 也由 4 降至 $2 \sim 2.5$ 左右。

以上模拟试验证明：由于磨粒具有负前角，和刃端具有 r_β 值，而切削厚度又很薄，故磨粒对工件的切削条件很差，实际上是滑擦、刻划、产生指向工件表层的很大的塑性变形区，到一定温度后，才形成切屑沿前刀面流出。

三、砂轮上的磨削力及其影响因素

过去研究磨削过程时，常常假设所有的磨粒都处于同一圆周面上，磨粒间距离都相等，而且工件是绝对平滑的。实际上，工件有着一定的粗糙度，砂轮磨粒是三维分布的（参考图 $12-5$），磨粒是在空间发生磨削作用，磨粒的最大切削深度（背吃刀量）与最小切削深度（背吃刀量）之比在 $1 \sim 2$ 间变化[1]；这一比值既取决于工件原始表面粗糙度的大小，也决定于砂轮和工件两者的粗糙度的比值。

为了分析的方便，图 $12-24$ 示出了平面磨削时磨削力的合成和分解的简化情况。合力 F_R 是所有有效磨粒切削刃磨削力的总和。根据不同的目的，我们可以把磨削力分解为径向力 F_r 和切向力 F_t；或者把它分解成 x 方向和 y 方向的分力 F_x，F_y。F_y 可用以计算进给功率；F_x 则是设计机床床身和箱体的重要数据。

图 $12-25$ 示出了外圆往复磨削、外圆切入磨削、平面往复磨削和用砂轮周边进行端面磨削时的磨削力。如果在磨削过程中在床身或机床工作台的适当部位安装三向测力仪，就可测得三个方向的磨削分力。

一般说来，砂轮磨削工件时，法向力与切向力的比值 F_n/F_t 在往复磨时为 2/1，在深磨

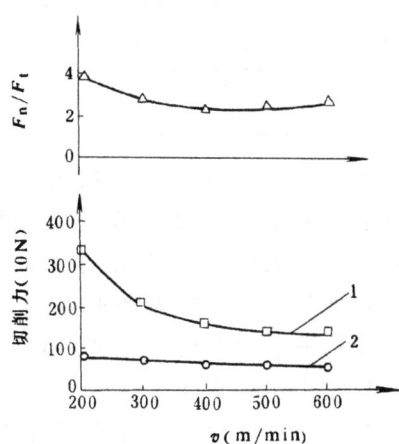

图 12-23 负前角下切削速度与切削力的关系
1—法向力 F_n 2—切向力 F
$a_p = 0.01mm$，$a_w = 3.75mm$
$\gamma_o = -75°$，$\alpha_o = 25°$

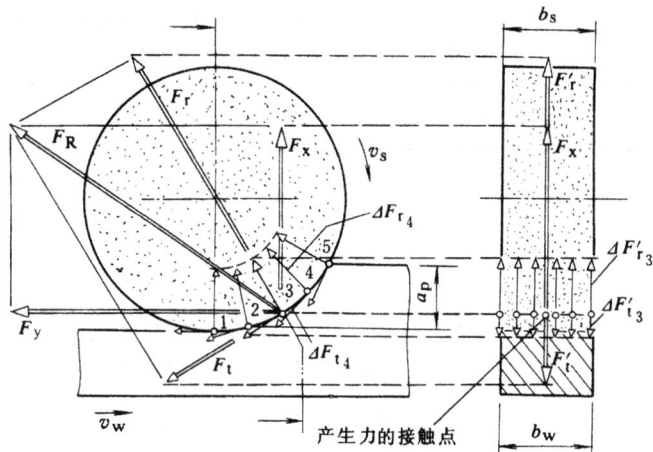

图 12-24 平面磨削时的磨削力及力的接触点

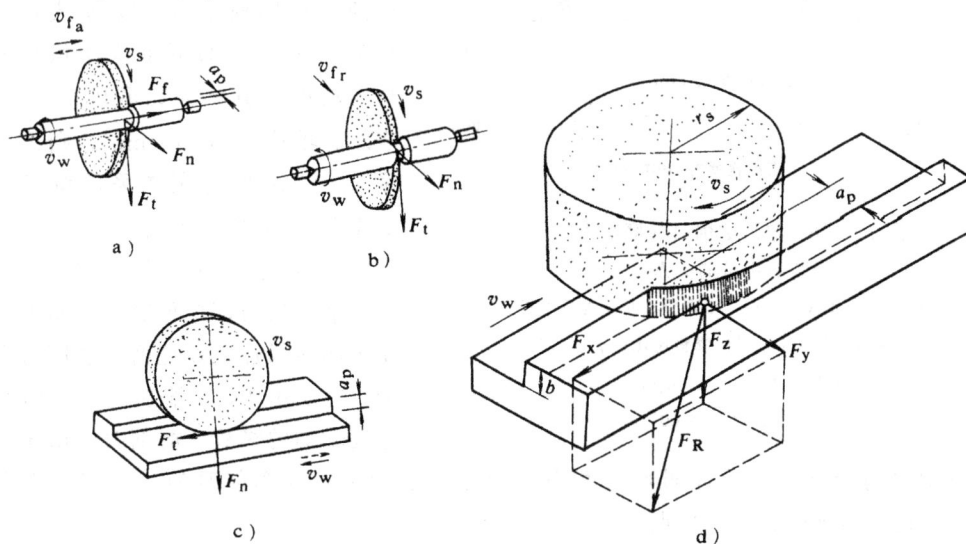

图 12-25 磨削力
a) 外圆磨 b) 切入磨 c) 平面磨 d) 端面磨

时为 3/1。随着磨削材料的不同，这一比值也有所不同，材料硬度高时，F_n 大些。在一般磨削时，这些比值如表 12-6 所示。

表中 F_a 为轴向切削分力。

图 12-26 示出了成形磨削时砂轮单位宽度上的法向磨削力 F_n 和切向磨削力 F_t 与进给速度 v_f 和磨削深度（或背吃刀量）a_p 的关系[1]。a_p 增加时，F_n 及 F_t 均增加；v_f 增加时，F_n 及 F_t 均有所减小；在缓进给磨削（参考 §12-8）时，规律性更为明显。此外，磨削力随着磨削时间 t_c 的延长而不断增大，深磨时与往复磨时相比，磨削力特别是法向磨削力的增长也大得多；这是由于深磨时砂轮的钝化较为急剧的缘故。

表 12−6　磨削分力的比值

工 件 材 料	普 通 钢	淬 硬 钢	铸　　铁
F_n/F_t	1.6~1.9	1.9~2.6	2.7~3.2
F_a/F_t	0.1~0.2		

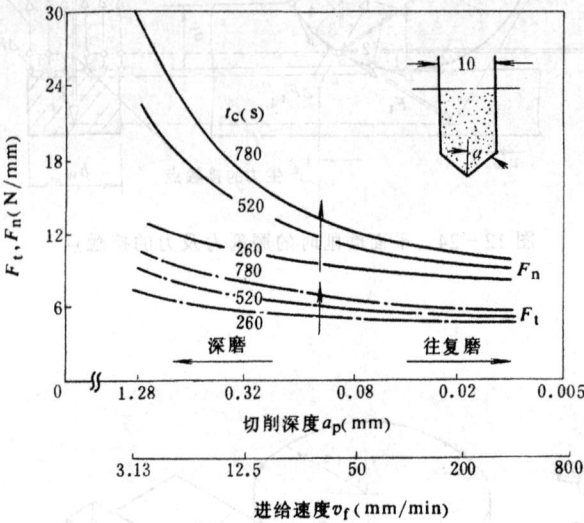

图 12−26　成形磨削时的磨削力
与磨削用量的关系

砂轮：WA80K10V，工件：中碳钢；单位宽度磨除
率：$Z' = 4 \text{mm}^3/(\text{mm·s})$；修整速比：$q_d = 0.5$；
砂轮速度：$v_s = 30 \text{m/s}$；
砂轮半锥角：$\alpha = 60°$

磨削时，砂轮的行程次数在一定程度上可反映磨粒的磨损程度；在砂轮行程次数增加时，磨削径向力及切向力均增加，而径向力增加更为厉害。砂轮硬度较高时，磨削力也较大；其情况如图 12−27 所示[30]。此外，磨粒颗粒较粗时，与较细时相比，在同等金属磨削量下，磨削力也较大。

磨削时，设磨粒磨损平面与工件间的平均接触压力，以 $\bar{p}$ 表示，单位为 N/mm^2；磨下单位体积金属时所消耗的能量称为比磨削能，以 $\bar{u}_c$ 表示，单位为 N·m/mm^3；则工件速度 v_w 与 $\bar{p}$ 及 $\bar{u}_c$ 的关系的试验结果如图 12−28 所示[30]。

由图 12−28 可知：当 v_w 增加时，磨粒后刀面单位磨损面积上所受压力明显增加，而比磨削能则有所降低；这是由于 v_w 增加时，当量切削厚度增加的缘故。磨削时，由于切削厚度比车削时薄得多，试验证明精密磨削时的比磨削能可能为车削时的"比切削能"的 20~30 倍。这也是磨削的一个特点。

用中等硬度、7 级组织、粒度 60 的陶瓷结合剂刚玉砂轮磨削铬钢时，F_t 与当量切削厚度的关系的试验结果如图 12−29 所示[23]。实验公式如下：

$$F_t \doteq 28a_{gc}^{0.78}（\text{N/毫米砂轮宽度}）\tag{12−19}$$

上式可适用于在该砂轮—工件组合下当 v_s 为 30，45，60m/s 及速比 $q = v_s/v_w = 20$，60，120 等的各种场合。由于当量磨削厚度等于 $v_w a_p/v_s$，由上式可知，F_t 将随 v_w 及 a_p 的增加而增加，并随 v_s 的增加而减小。

外圆磨削时由实验求得的切向磨削力与磨削用量的关系式为[12]：

$$F_t = C_F v_w^{0.7} f_s^{0.7} a_F^{0.6}\quad \text{N}\tag{12−20}$$

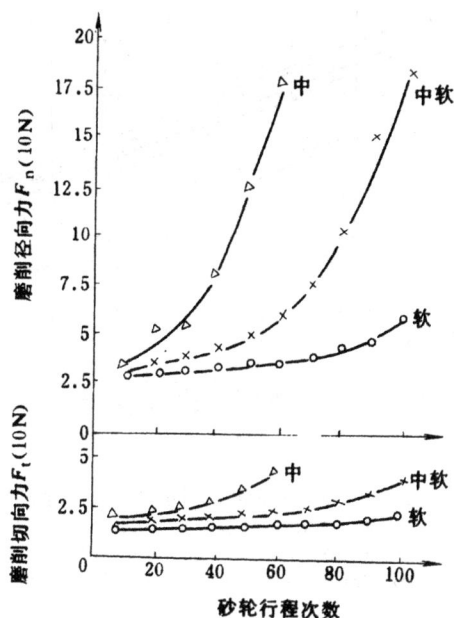

图 12-27 砂轮行程次数与磨削力的关系

工件材料：C0.95%钢料　砂轮粒度：30　切入进给：

$a_p = 0.025$mm　工件速度：$v_w = 5$m/min

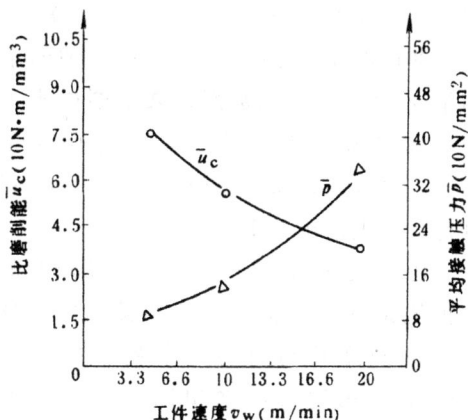

图 12-28　v_w 与 p 及 u 的关系

砂轮粒度：30，磨削深度（国标为背吃刀量）：

$a_p = 0.025$mm

式中常数 C_F 对淬硬钢为 22，对未淬硬钢为 21，对铸铁为 20。进行该试验时的砂轮为 A46KV5，直径 $300 \sim 500$mm，宽度 40mm，$v_s = 30$m/s。

我国磨料磨具磨削研究所用 WA46JV 砂轮对 45 钢进行了缓进给深磨（参考 §12-8）磨削力试验，认为 a_p 的指数可达 0.9 左右，较一般外圆磨削时高些。这是由于缓进给磨削的接触弧长度较大所致。

用 JR120S 人造金刚石砂轮对 99% α - Al_2O_3 工程陶瓷进行平面磨削时[47]，法向磨削力 F_n 经验公式中 f_a 的指数方可达 1.0 左右，a_p 的指数方为 0.5 左右。

四、磨削功率消耗

磨削时，由于砂轮速度很高，功率消耗很大。主运动所消耗的功率为 P_m（国标为 P_c）

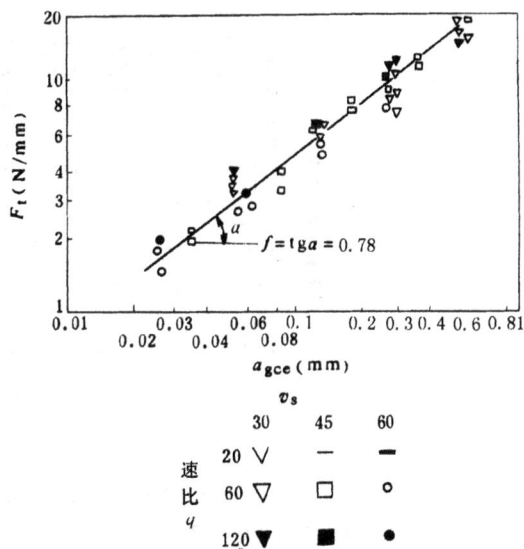

图 12-29　当量磨削厚度与切向磨削力的关系

$$P_m = \frac{F_t v_s}{75 \times 1.36 \times 9.81} \quad \text{kW} \quad (12-21)$$

式中　F_t——砂轮的切向力（N）；

　　　v_s——砂轮线速度（m/s）。

平面磨削时和切入进给磨外圆时的单位功率消耗〔kW/（cm³min⁻¹）〕可分别参考图12-30或图12-31。在算出每分钟的金属磨削量 Z 的立方厘米数后，乘上图中查出的单位功率消耗，即可得出主运动所需磨削功率[2]，再除以机械传动效率（例如80%），即可得砂轮电动机功率。

由图12-31可知：砂轮硬度较高时，功率消耗大些。由图12-30可知：同一种工件材料的硬度较高时功率消耗小些。有人指出[31]：硬化钢与软钢相比，磨削切向力小30%，磨削功率较小，加工粗糙度较小，但法向磨削力则较大；切向力较小的原因是磨削硬化钢时，可能产生锯齿形磨屑，切屑变形较小，据说切屑变形系数可小至1.1。

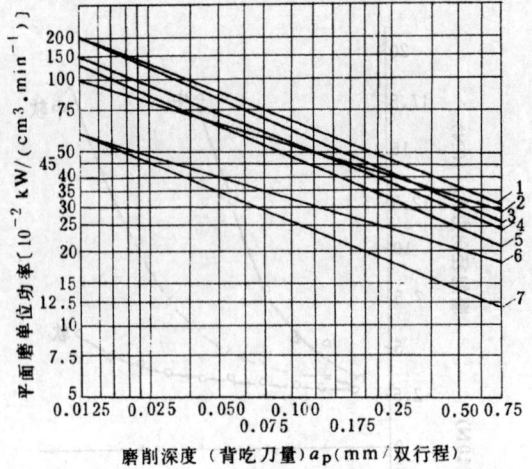

图12-30 平面磨削时的单位功率消耗
1—工具钢67HRC 2—钛合金300HBS 3—镍基高温合金340HBS 4—0.20%C低碳钢110HBS 5—铸铁215HBS 6—铝80HBS 7—铝150HBS

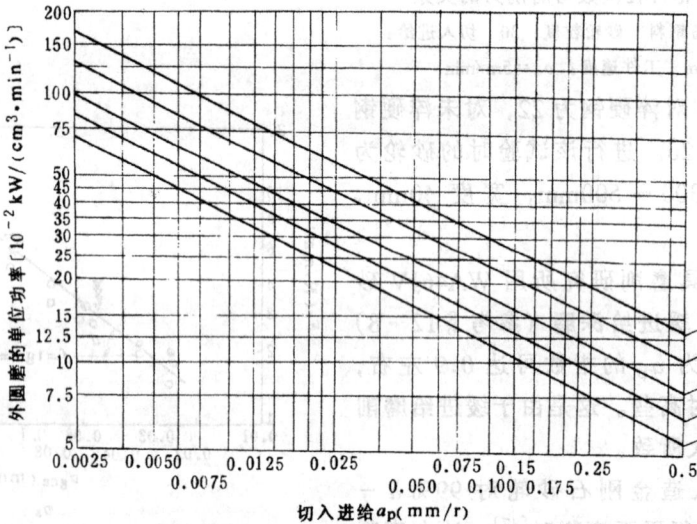

图12-31 切入进给磨外圆时的单位功率消耗
1—C0.20%低碳镍铬铝合金钢（170HBS） 2—铸铁241~269HBS 3—硬级砂轮磨C0.45%中碳铬钼钢 4—中硬级砂轮磨C0.45%中碳铬钼钢 5—中级砂轮磨C0.45%中碳铬钼钢

在磨削工程陶瓷时[34]，当晶粒较细，材料硬度较高，强度较大，断裂韧性较高时，磨削力较大。

在生产条件下，量测功率要比量测力方便些。在刚度被建立之后，功率的量测可用以评定系统挠度，同时通过控制切入式磨削的切入进给（背吃刀量），就能够得到正确尺寸。对机床装备一套简单的数字或者模拟计算系统以进行适当控制，可以显著地改进机床的性能，特别是在尺寸精确度作为主要约束条件的时候[37]。

五、磨削用量及单位时间磨除量

下面简单介绍一下磨削用量的选用问题[2]：砂轮线速度 v_s 一般为 $30\sim35m/s$；高速磨削时，可用 $v_s=45\sim100m/s$ 或更高一些。砂轮速度一般比车削时的切削速度大 $10\sim15$ 倍左右。v_s 太高时，可能产生振动和工件表面烧伤。

工件速度 v_w 在粗磨时常取为 $15\sim85m/min$。精磨时为 $15\sim50m/min$。外圆磨时，速比 $q=v_s/v_w=60\sim150$；内圆磨时 $q=40\sim80$。v_w 太低时，工件易烧伤；v_w 太高时，机床可能产生振动。

磨削深度（背吃刀量）a_p 或径向切入进给量 f_r：粗磨时可取 $0.01\sim0.07mm$，精磨时可取 $0.0025\sim0.02mm$，镜面磨削时可取 $0.0005\sim0.0015mm$。

砂轮轴向进给量 f_a：粗磨时可取 $(0.3\sim0.85)b_s$，精磨时可取 $(0.1\sim0.3)b_s$。式中 b_s 为砂轮宽度，mm；f_a 是指工件每转或每一往复时砂轮的轴向位移量，mm。

每分钟金属磨除量 Z（国标为 Q_z）可用下式计算：

$$Z=1000v_wf_aa_p \quad mm^3/min \tag{12-22}$$

设砂轮磨削宽度为 $b\,mm$，则砂轮单位宽度上的金属磨除量为：

$$Z'=\frac{Z}{b}=\frac{100v_wf_aa_p}{b} \quad mm^3/(mm\cdot min) \tag{12-23}$$

磨削用量常被用作控制磨削过程的可调整参数，它们的优化选择很为重要。

第六节　磨削温度及工件表层状态

磨削表面的热损伤表现为烧伤及产生热裂纹。热裂纹的产生多半是由于加工表面受到高频的热冲击而保存有残余应力，特别是拉应力。磨削中所产生的热变形也往往使工件难以得到应有的精度。因此，我们对磨削热和磨削温度要有一些基本认识。

一、磨削时的能量消耗

上面谈过，磨粒对工件的切削可分滑擦、刻划和形成切屑三个阶段。因此磨削时所消耗的能量也可分为滑擦能、刻划能和切屑形成能三个部分[4]。切屑形成能又可分为剪切区的剪切能和切屑沿磨粒前刀面流出的摩擦能两个部分（参看图 $12-34$）。剪切区的剪切能可认为接近于工件金属的熔化能。这部分剪切能量是由于磨削中的强烈剪切应变所引起的。一般认为车削的剪切应变率可能在 $10^4\sim10^5s^{-1}$ 之间，磨削的剪切应变率大致更大十倍以上。平面磨削时的剪切变形约为 $14\sim15$。铁的单位体积熔化能约为 1.22×10^6（N·cm）$/cm^3$。由于剪切能约为切屑形成能的 75% 左右（其余 25% 为切屑摩擦能），故磨削钢时的切屑形成能的极限值约为 $1.22\times10^6/0.75=1.6\times10^6$（N·cm）$/cm^3$。经研究分析后认为[4]：切屑形成能约有 $45\%\sim55\%$ 传入工件，刻划能约有 75% 左右传入工件，滑擦能约有 69% 左右传入工件，后两者的其余部分由热对流散失。

有些试验研究指出[3]：对各种钢料进行砂带磨削（参考§$12-8$）时，单位体积的摩擦能大致为 $(1.44\sim2.0)\times10^6$（N·cm）$/cm^3$。

设 u_c 代表磨削时单位切屑形成能和单位刻划能之和，则 u_c 与工件速度 v_w 及切入进给量 a_p 的关系如图 $12-32$ 及图 $12-33$ 所示[4]。

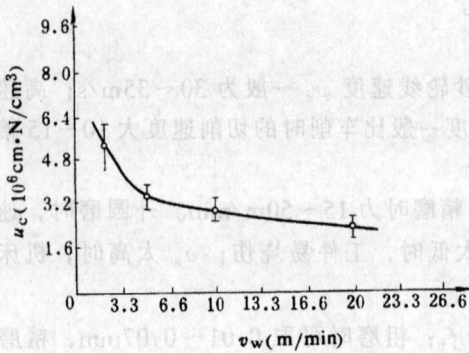

图 12-32　u_c 与 v_w 的关系

$v_s = 35\text{m/s}$，$a_p = 0.025\text{mm}$

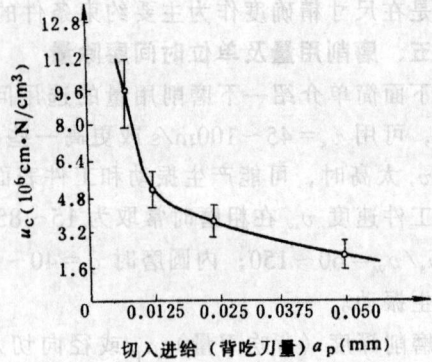

图 12-33　u_c 与 a_p 的关系

$v_s = 35\text{m/s}$，$v_w = 5\text{m/min}$

由图 12-32、图 12-33 可知：当 v_w 或 a_p 增加时，u_c 有所降低；这大概是由于此时刻划能的比重相对减小，最大未变形切屑厚度明显增加，切屑内严重变形层在总厚度所占比例相对减小，故平均的单位体积切削能量消耗有所降低。

磨粒的滑擦能是由磨粒的磨损平面与工件间的摩擦（如图 12-34 所示）而产生。当磨粒磨损增加时，这部分能量消耗将明显增加。

二、磨削温度、工件表面烧伤及硬度变化

磨粒磨削工件时，在切屑下部及磨粒磨损平面下的工件表面上的温度分布的典型例子[4]如图 12-34、图 12-35 所示。

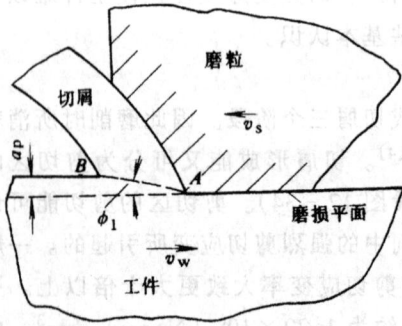

图 12-34　磨粒与工件

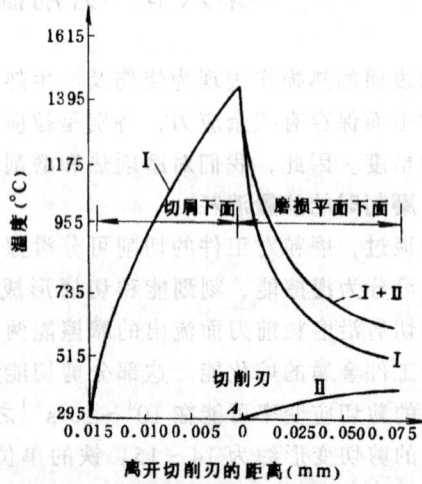

图 12-35　磨粒切削刃附近工件表面温度分布
Ⅰ—由于切屑形成及刻划引起的温度变化　Ⅱ—磨粒与工件摩擦引起的温度变化　Ⅰ+Ⅱ—两者的叠加

图 12-34 中的 A 点与图 12-35 中的 A 点相对应。曲线 Ⅰ 是由于切屑形成及刻划作用而引起的温度变化曲线，Ⅱ 是磨粒磨损面与工件摩擦所形成的温度变化曲线，曲线（Ⅰ+Ⅱ）是两者的叠加。由图可知：切削刃 A 点下的瞬时温度可达 1400℃ 左右。

由于磨粒的负前角绝对值很大，在剪切面 AB 附近的金属只有在很高的温度下，当材料具有极大的塑性，即在高温粘性—塑性（Viscous-Plastic）变形状态下才能朝前刀面上流

出而成为切屑。因此，单颗粒磨粒的切削温度常常达到了金属的熔点。图 12 - 16 中示出了熔凝球状的切屑就是证明。试验研究指出[4]：对于每一种金属材料，其磨屑形成的温度是一个常数，例如碳钢是 1500℃，钛合金是 1650℃。在如此高温下的磨屑，当飞出磨削区后，就往往在空气中强烈燃烧或氧化而迸发火花。

磨粒磨削点的温度 θ_A 与磨削用量的关系[12]如下式所示：

$$\theta_A \propto v_s^{0.24} v_w^{0.26} a_p^{0.13} \qquad (12-24)$$

砂轮与工件接触的磨削区的平均温度 θ_{av} 与磨削用量的关系如图 12 - 36[1]所示。

由图 12 - 36 可知：当 v_s，a_p 或 v_w 增加时，θ_{av} 均增加。

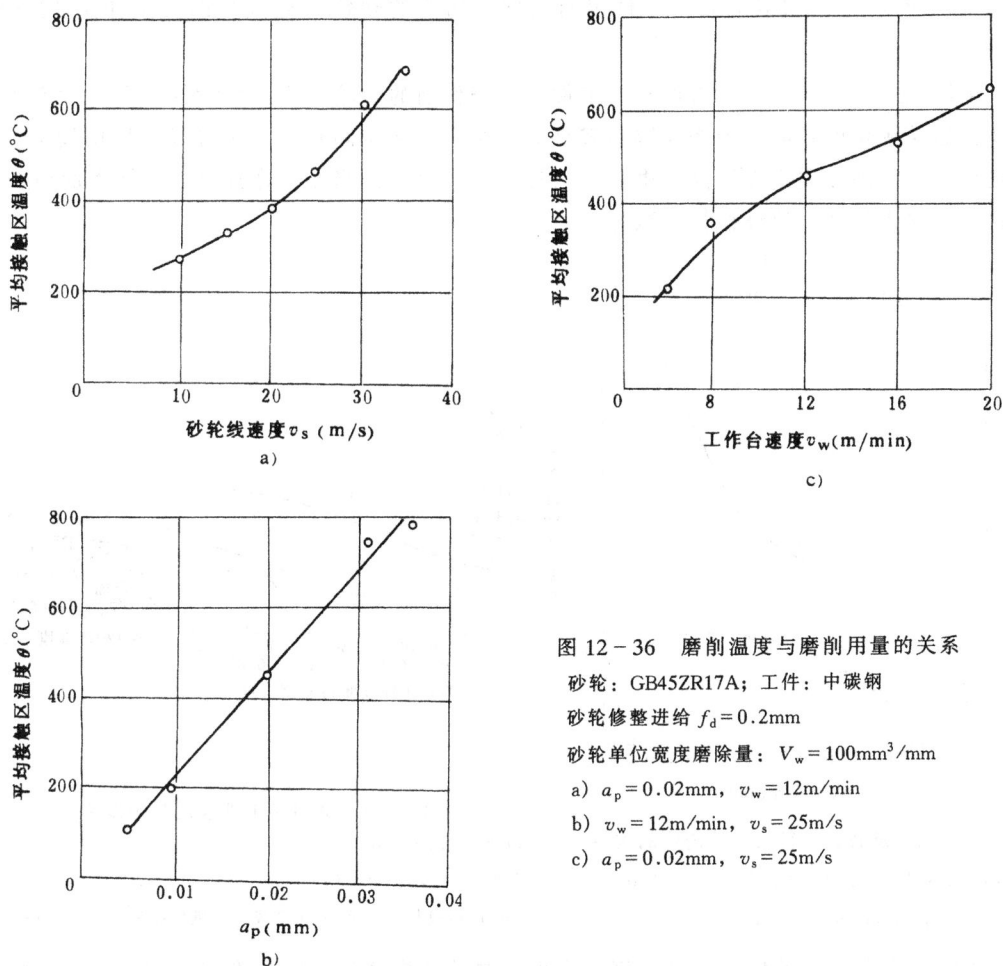

图 12 - 36　磨削温度与磨削用量的关系
砂轮：GB45ZR17A；工件：中碳钢
砂轮修整进给 $f_d = 0.2$mm
砂轮单位宽度磨除量：$V_w = 100$mm³/mm
a) $a_p = 0.02$mm，$v_w = 12$m/min
b) $v_w = 12$m/min，$v_s = 25$m/s
c) $a_p = 0.02$mm，$v_s = 25$m/s

θ_{av} 与磨削用量的关系式[12]如下：

$$\theta_{av} \propto v_s^{0.24} v_w^{0.26} a_p^{0.63} \qquad (12-25)$$

磨削温度可用埋入工件的热电偶来测量。

工件表面单位面积上的能量输入或能通量 Q 可用下式表示[30]

$$Q \propto \frac{F_t v_s}{b v_w} \qquad (12-26)$$

在工件速度 v_w 较高，磨削深度（背吃刀量）a_p 较小时，工件上受热影响区的深度就较浅。

磨削钢料时,当磨削表面局部温度到达一个临界值,即奥氏体化温度 A_{c1} 时,工件表面就可能发生烧伤现象,即工件表层产生氧化膜的回火颜色。当用白刚玉、中等粒度、软级砂轮在工作台进给量 3～9m/min 下干式平面磨削淬硬碳素工具钢时[17],当砂轮磨削点的温度由 500℃ 增至 950℃,加热一小时回火时的温度由 200℃ 增至 290℃ 时,或磨削加工变质层深度由 0.4mm 增加至 1.8mm 时,烧伤颜色将依次为浅黄、黄、褐、紫、青等颜色。足见不同的变质层厚度,将显示出不同的烧伤颜色。研究表明[42],磨削发生烧伤时,有一极限热传导率。

工件表面烧伤的表征是磨削力增加,砂轮磨损率增加和加工表面质量变差。此时砂轮已到达了必须重新修整的时候。

工件速度 v_w 及磨粒直径与工件表面发生烧伤前的砂轮行程次数的关系如图 12-37 所示[30]:

由图 12-37 可知: v_w 增加时,工件发生烧伤前的砂轮行程次数增加,即工件产生烧伤较晚,砂轮耐用度较高。当磨粒颗粒较细时,由于容屑空间较小,工件发生烧伤较早;即当磨粒较粗时,砂轮耐用度较高。由公式(12-26)可知:当 v_w 增加时,工件表面单位面积上的能量输入降低,故烧伤情况减轻。

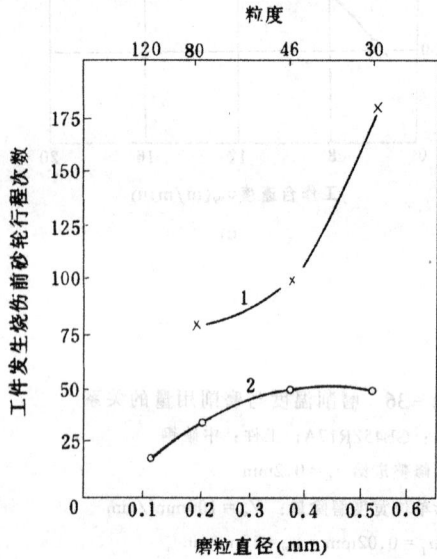

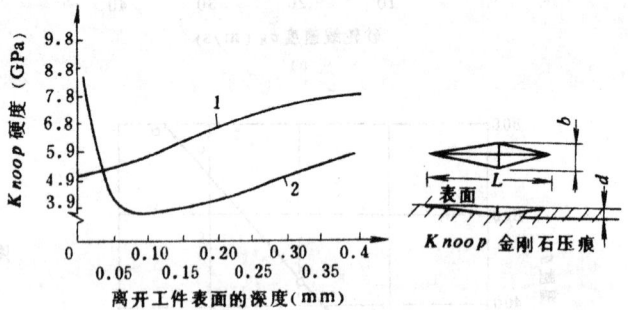

图 12-37 v_w 及磨粒直径与工件烧伤的关系
工件:C0.95% 钢料;砂轮硬度:中等; $a_p = 0.025$mm
1— $v_w = 10$m/min; 2— $v_w = 5$m/min

图 12-38 磨削时工件表层的硬度变化
曲线 1:回火烧伤
曲线 2:二次淬火烧伤
Knoop 压痕长度 L 约为同等载荷下维氏硬度压痕的三倍

实际上,在磨削各种钢料时,烧伤产生于磨粒磨损达到一定限度时,这一限度随操作条件及工件材料而异。有人指出[18]:砂轮上磨损面积超过总工作面积的 4% 时,就会出现烧伤。

磨削时,已加工表面硬度也将发生变化[6]。当工件表面温度显著地超过钢的回火温度但仍低于相变温度时,表面会变软,工件表层硬度变化如图 12-38 曲线 1 所示。当钢件表面温度超过相变温度 723℃ 时,就会形成奥氏体,随后被工件深处较冷的基体淬硬而得到马氏体硬层,这就称为二次淬火烧伤,工件表层硬度变化曲线如图 12-38 曲线 2 所示。对硬化钢来说,在磨削时加工表面层的受热和受里层较冷基体的淬硬下,引起再硬化所需达到的工件表面温度约为 843℃。磨粒的磨削点温度往往已超过此值，但由于是瞬时性质，故工件表面不一定会发生明显范围的烧伤。

磨削时工件上的冷作硬化一般随径向进给的增大而增大。例如在磨削 GH37 材料时，当径向进给由 0.005mm 增至 0.08mm 时，硬化深度由 0.03mm 增至 0.06mm，硬化程度由 29.7% 增至 43.8%。

关于工件磨削表面温度的变化规律，目前所知道的是：磨削深度（背吃刀量）a_p 越大，砂轮速度 v_s 越高，轴向进给量 f_a 越小以及工件速度 v_w 越低时，工件表面温度就越高。此外，在砂轮产生糊塞现象时，局部加工表面的热较难散去，也容易产生烧伤现象。

为了减少烧伤现象的发生，可采取减少热量的产生和加速热量的传出的措施。首先一个较有效果的指施是减小磨削深度（背吃刀量）a_p，其次可选用较软的砂轮，以使磨粒脱落较快，还可设法减小砂轮与工件的接触面积及接触时间，也可以采用大气孔砂轮或表面开槽的砂轮，把冷却液渗透进磨削区去等等。在工厂中，5% 的皂化油加 95% 水的乳化液用得较多。

三、磨削加工表面的残余应力

磨削后的加工表面，可能存在残余应力，它来源于机械功、热影响和相变作用。实践表明：无论是经过珩磨或是锉削等的加工表面，输入的机械功均将引起残余压应力。在磨削中由高温引起的残余拉应力常常小于由机械功引起的压应力。往复磨削比单方向的平面磨削所产生的残余应力大些。用软砂轮进行超缓进给磨削时，不存在可以察觉的残余拉应力而仅存在表面压应力。但对软钢或硬钢进行重负荷磨削时，则在较深的表面中产生较高的残余拉应力，而且在软钢中应力分布更深。

引起高的残余应力的因素是[42]：低的工件速度，硬而钝的砂轮，干磨或用水溶性乳化液磨削，高的切入进给率和高的砂轮表面速度。

残余应力在加工表面层有时最大可达 $1×10^9N/m^2$，在离表面 $125\mu m$ 深度减至为零。通过细心的磨削，表面残余应力可减至 $(0.14～0.21)×10^9N/m^2$，表面下 $50\mu m$ 深处减至为零。通过清磨，残余应力还可降低。

对残余应力进行控制的方法最主要的是采用切削液[24]。有效的润滑能够减少工件与砂轮接触区的热输入，并减小对加工表面的热干扰。

当残余拉应力超过一定限度时，就会产生磨削裂纹，降低零件疲劳强度；例如在精细磨或粗劣磨 40CrNiMoA 钢时，零件在 10^7 循环时的疲劳强度将分别为 720 或 420N/mm²。这些裂纹可以用腐蚀法显示出来。

用高碳合金钢所作磨削试验表明[5][6]：在未烧伤的工件中，未发现有裂纹；裂纹似乎总是与表面烧伤或接近烧伤相联系的；显微照片表明，裂纹与原始的奥氏体晶界十分密合。这就与工件热处理时引起的内应力有关。因此，减少磨削裂纹形成的途径之一是改善磨削前的热处理规范，以减小晶界上的淬火变形。此外，在磨削时使用油剂冷却液也能抑制烧伤，并使裂纹出现机会减少。

四、磨削条件与磨削加工表面粗糙度的关系

最后，顺便谈谈磨削条件和磨削加工表面粗糙度的关系。有人用统计学方法和实验，分析了粒度、切削液和工件速度对磨削表面粗糙度的影响[25]，指出：粒度对磨削表面粗糙度影响很大，表面粗糙度的数值约与粒度号数成反比；粒度60与粒度46时相比，加工粗糙度的

比值为 0.697。用切削液时只减小了表面粗糙度 3.1%。在磨削深度 a_p 和工件速度 v_w 较小时，切削液的效果较显著一些。

为了得到较小的磨削加工表面粗糙度，大量试验证明[24]：工件速度应该低些，即磨粒切削刃切削厚度应适当小些。其它较次要的因素是：砂轮修整要细，砂轮等级要硬，磨粒尺寸要细，砂轮速度要高，磨削深度（背吃刀量）要小，工件硬度要高。在恒压力切入磨削时，如果压力减小，加工表面粗糙度将减小。

用金刚石砂轮 JRW40.75%·S·P200×75×3 平面磨削陶瓷材料 Cr 刚玉时[34]，加工表面粗糙度 $R_a = 0.093 d_g^{0.369} v_w^{0.088} N^{-0.049} \mu m$。式中 d_g 为磨粒平均直径（μm）；v_w 为工件速度（mm/s），N 为光磨次数。

一般说来，在选择磨削最佳运动参数时[39]，应同时考虑下列各点：①最小加工费用；②加工表面粗糙度的要求；③加工表面结构状态的限制：a. 没有烧伤或金相组织变化；b. 热损伤区的最大深度；c. 残留应力的大小；④动态稳定性及形状精度。

第七节　磨粒的磨损与砂轮的磨耗

砂轮上有多层磨粒，常用砂轮可能为 200～500 层左右[3]；磨粒的空间分布参差不齐；在磨削时，磨粒经受着变化的机械负荷和热负荷，其切削刃不断受到磨损和碎裂；当磨粒磨钝至有可能产生工件烧伤或表面质量变差等现象时，砂轮就要重新修整。砂轮在两次修整期间的工作时间，称为砂轮耐用度。砂轮经过多次修整，总的工作寿命最高可达数十小时。

一、磨粒的磨损

磨粒的有效寿命决定于它与工件接触时引起的磨损、碎裂和结合剂处脱裂。磨粒毁损的几种形式是摩擦磨损、微碎片磨损、脆性裂损和高温下的塑性磨损。引起磨粒磨损的主要原因是机械摩擦作用、粘结作用、扩散和化学等作用[3]。

对摩擦磨损的光学观察说明[24]：这一磨损是逐渐进行的，磨损平面上的沟痕平行于切削的方向，其径向磨损量和磨粒行程长度呈线性关系。微碎片磨损主要是从磨粒的滑擦面脱下小碎片来。当磨削深度增加时，有可能由摩擦磨损转变为微碎片磨损。在磨粒较硬而易碎和工件材料较硬时，磨粒的磨损率将较大。

在相同条件下，刚玉磨粒的摩擦磨损较碳化硅磨粒为少[24]；但由于刚玉磨粒在热负荷下较易裂成碎片和出现粘结磨损，总磨损率则较大。

用碳化硅磨粒磨削时，磨粒上较快地形成磨损小平面或内凹面[9]。刚玉磨粒由于易碎，则较不易形成磨损小平面。

当磨粒的表面由于内部显微裂纹的扩大而引起破裂时，后刀面磨损将加快[26]。当磨粒表面较粗糙时，磨削时磨粒前沿淤积金属可能转入后刀面，在粗糙表面的拉应力区，破裂可能成为核心，引起小凹坑的形成。凹坑直径可能达 10～400μm。这时磨粒的磨损率比普通摩擦磨损时可能大 10～50 倍，碎裂片直径可达 100μm。

金刚石磨粒的磨损主要与金刚石的石墨化有关，在有铁及氧时，石墨化将加速。有人也试验过用金刚石磨粒来磨削钢料，认为金刚石内的碳将扩散到钢里去；在磨削硬化工具钢时，加工表面出现残余压应力，显微硬度将升至 29.4GPa，为基体部分的三倍[27]。

用金刚石砂轮磨削陶瓷材料时[34]，磨粒将发生磨耗磨损而形成反光的小平面，如图

12-39a，b 所示。此外，金刚石磨粒还可能产生解理破坏。该解理破坏是沿化学键强度最弱的方位面产生的。

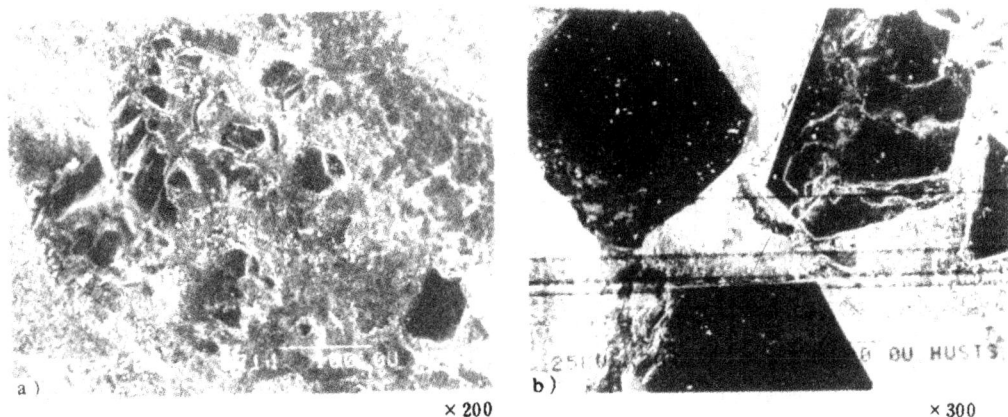

图 12-39 金刚石砂轮磨粒的磨损形态*

立方氮化硼磨粒磨削钢料时，没有扩散磨损，磨损多表现为磨粒从砂轮基体上破碎脱落，磨损原因主要是机械的[27]。磨削表面形成残余压应力，其值较用金刚石磨料时小些。

砂轮上的磨粒在重负荷下的磨损可简化为两种形式，即脆性裂损和塑性磨损，如图 12-40[7]。

在粗磨时，如果磨削厚度达到一定程度，磨粒脆性裂损可能发生。磨料的抗脆性裂损性能与其强度有关。如果把单晶金刚石的强度作为 1，则刚玉磨粒为 0.75，碳化硅磨粒为 0.3，立方氮化硼磨粒为 0.25～0.3。

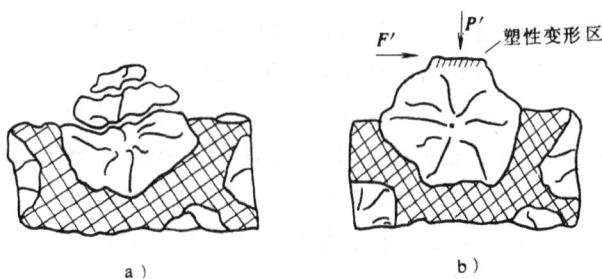

图 12-40 磨粒的裂损与磨损
a) 脆性裂损 b) 塑性磨损

当磨粒切削区的切向力 F' 到达磨粒材料的屈服强度时，或者说，磨粒在接触区处磨削温度下的硬度小于工件材料沿剪切平面上的硬度时，磨粒将发生塑性磨损。各种磨料的硬度与温度的关系如图 12-41 所示[7]。

由图 12-41 可知，各种磨料与硬质合金相比，在高温下均具有较高的硬度，即具有较大的抗塑性磨损的能力。但刚玉及碳化硅磨料仍不适合于磨削高温合金如钼合金和镍基合金。金刚石磨料虽然具有最大的塑性强度，但对钨钼等难熔金属仍不能胜任磨削，因为在接近于这些金属的熔点 2500～3000℃下，金刚石在受力下也会产生塑性流动。

在精磨条件下，磨粒切削区一般不会受到严重的脆性裂损和塑性磨损，其情况大致如图 12-42 所示[20]。刚修整过的刚玉砂轮的磨粒的最顶层是泥白色的脆弱层，由松散地粘结的微裂片构成，其上有许多微裂纹，只具有一定的机械强度；在脆弱层下则具有不均匀的微细凹槽；随着磨削的进行，磨粒棱锋受到碎裂与磨损的双重作用，最后被磨钝，这时就要重新修整。

如图 12-43 所示[20]：新修整过的砂轮刚开始磨削时，磨削力较大，这大概是由于磨粒顶部的脆弱层陷进工件表层，使磨粒与工件相互摩擦增加的缘故。随着金属磨削量的增加，磨

216

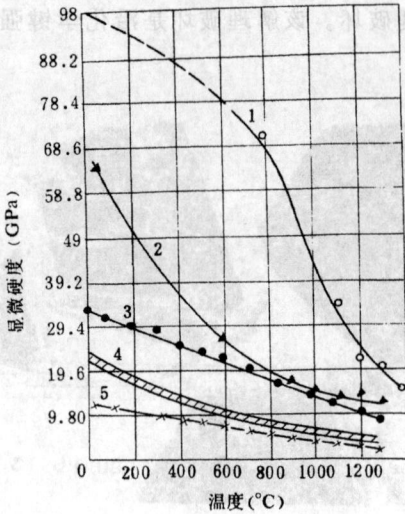

图 12-41 各种磨料的硬度与温度的关系
1—金刚石 2—立方氮化硼 3—碳化硅 4—刚玉
5—硬质合金（WC92%，Co8%）

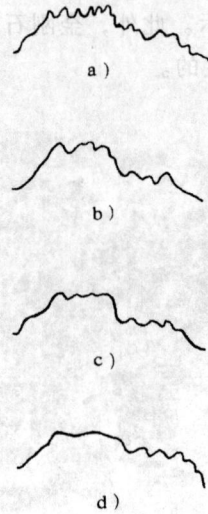

图 12-42 刚玉磨粒的磨钝过程
a) 修整后 b) 短时间磨削后 c) 稍长时间磨削后 d) 磨钝后

削力后来有所回升。当修整切深 a_d 较小时，砂轮磨削时磨削力较大，说明磨粒较不锋锐。

二、砂轮的磨耗和砂轮耐用度

新修整过的砂轮进行磨削时，随着砂轮的磨耗，砂轮形貌图将不断变化[1]；砂轮的磨耗是连续的，也是随机的。一般说来，摩擦磨损是连续磨耗，脆性裂损是随机磨耗。磨粒磨耗总面积一般约占砂轮工作总面积的 5%～10%。砂轮的机械磨耗或随机磨耗主要与磨粒磨削次数、有效接触长度、磨削力和摩擦面积大小等有关；化学磨耗则主要与磨粒磨削次数、有效接触长度和磨削温度高低有关。

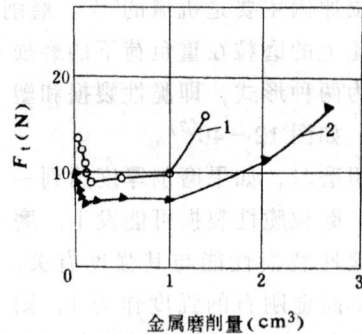

图 12-43 新修整过的砂轮的磨削力变化
1—a_d=10μm 2—a_d=50μm
砂轮 WA46PV，v_s=32m/s，v_w=8m/min
金刚石笔顶宽 0.8mm，f_d=170μm/r

在磨削过程中，砂轮的磨耗主要表现为摩擦磨损、磨粒碎裂和结合剂脱裂[3]。磨削力与磨粒磨损平面的扩大呈线性关系。砂轮修整较细和等级较硬时，磨粒磨损平面较大，磨削力也较大。当工件烧伤出现时，磨削力增加更快。

砂轮的硬度是影响磨耗现象最重要的一个因素：对软砂轮来说，几乎所有磨耗都发生于结合剂碎裂；对较硬砂轮来说，则约 1/2 为结合剂碎裂[27]。摩擦磨损在总损耗体积中事实上只占可以忽略的份量，因为砂轮损耗的 90% 是由于修整，只有 10% 是由于磨削耗损。但在精磨及成形磨时，摩擦磨损却直接控制着磨削力和砂轮耐用度。对于金刚石、立方氮化硼砂轮；由于价格比一般砂轮高约一千倍，也应考虑在磨削时的磨损量问题[1]。

用立方氮化硼砂轮切入平面磨削热处理后的轴承钢时，磨削比可比用氧化铝砂轮时大20～200 倍[43]。一般说来，立方氮化硼砂轮的速度可用得较高，在同等金属磨削率下，磨削力较小，单位功率消耗较小，加工粗糙度较小，磨削比可比氧化铝砂轮高100～1000倍[45]。

但粗磨时，应注意使立方氮化硼砂轮的廓形不受损害，以免工件合格率降低。

结合剂的类型也影响着砂轮的磨损性能[29]。例如聚氨脂树脂结合剂的砂轮的特点是该结合剂会把磨粒包得很牢固，使磨粒正常地磨损而不会过早地掉落下来。

工件材料磨除量与砂轮磨损量之比称为磨削比 G。工件材料磨除量、砂轮磨损量与砂轮磨削时间 t 的关系如图 12 - 44 所示[1]。

由图 12 - 44 可知：新修整好的砂轮开始磨削后的一段时间，金属磨除量 V_w 和砂轮磨损量 V_s 均有一个非稳定阶段，然后过渡到稳定阶段。在稳定阶段，磨削比 G 与时间 t 无关，仅为磨削条件的函数，即

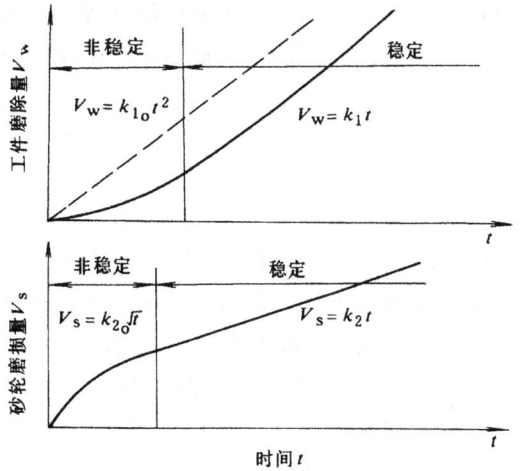

图 12 - 44　工件磨除量、砂轮磨损量与磨削时间的关系

$$G = \frac{V_w}{V_s} = \frac{k_1 t}{k_2 t} = \frac{k_1}{k_2} = 常数；k_1、k_2 为决定于磨削、修整条件的常数。$$

如果连续磨削时间很长，而且非稳定阶段又很短，则 G 仅为单位时间磨除量、砂轮特性及工件材料特性等的函数。

如果磨削过程是非稳定阶段和稳定阶段交替进行，则要重视非稳定磨削阶段。在非稳定阶段，G 是磨削时间的函数，即

$$G = \frac{V_w}{V_s} = \frac{k_{1_0} t^2}{k_{2_0} \sqrt{t}} = f(t)，k_{1_0}，k_{2_0} 为常数$$

一般非稳定阶段处于砂轮单位宽度磨削量 $V'_w = 200 \text{mm}^3 / \text{mm}$ 之前[1]。由修整条件决定的砂轮初始粗糙度对非稳定阶段有影响，初始粗糙度愈粗，砂轮在此阶段的磨损愈快；砂轮初始粗糙度的大小对稳定阶段没有什么影响。

较软的颗粒（例如 25% 或 40% ZrO_2）制造的砂轮的金属磨削率比硬颗粒制造的砂轮为低[44]。

砂轮的边角磨损和径向磨损的测量方法如图 12 - 45 所示[1]：

磨削时仅使工件与部分砂轮面接触，并用砂轮磨削 0.05～0.1mm 厚度的薄片，来复映砂轮磨损的情况；然后以未磨削工件的砂轮面处作为基准，用轮廓仪来测量复映片。实践证

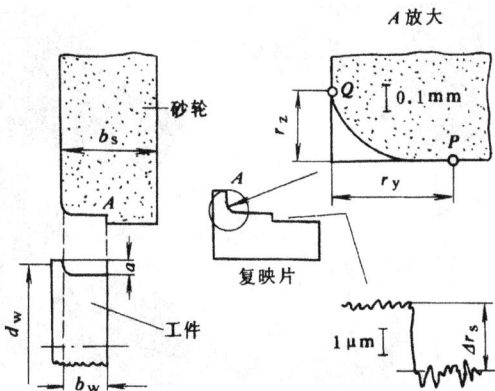

图 12 - 45　砂轮边角和径向磨损的测量

明：边角磨损不是圆角，而是接近于椭圆的转角，即 $r_y > r_z$，而且磨损时间愈长，r_y 愈大于 r_z。

用直边砂轮磨削直槽时，边角磨损影响加工精度。因此，对边角磨损量有一定的限制，这就关系到砂轮的耐用度。

砂轮到达砂轮耐用度的判据是：砂轮磨损量大至一定程度、工件发生颤振、工件表面粗糙度突然增大或工件表面发生烧伤等。砂轮磨损量是最主要的耐用度判据。

外圆磨削时，磨削用量与砂轮耐用度 T（以分钟计）的实验关系式如下[12]：

$$T = \frac{C_T d_w^{0.6}}{v_w^{1.82} f_a^{1.82} a_p^{1.1}} \quad \text{min} \tag{12-27}$$

式中轴向进给 f_a ＝（0.3～0.6）b_s，b_s 为砂轮宽度。磨削深度（背吃刀量）a_p ＝ 0.005～0.05mm/双程。常数 C_T 对未淬硬钢为 2550，对淬硬钢为 2260，对铸铁为 2870。磨削钢时以工件表面发生烧伤作为耐用度判据，磨削铸铁时以工件表面出现晶亮面作为判据。

上式说明 d_w 增加时，T 增加；v_w、f_a、或 a_p 增加时，T 降低。近年来有些研究指出[28]：工件系统刚度增加 50% 时，在用切入磨削法磨削 34CrNiMo6 时，砂轮耐用度增加 6 倍；砂轮速度增加时，由于当量磨削厚度减薄，耐用度增加；砂轮宽度增加时，由于接触面积增加，耐用度降低。

各种磨削方式的常用砂轮耐用度的参考数值是[12]：纵向进给外圆磨 30～40min，横向（切入）进给外圆磨 30min，台阶轴外圆磨 20min；纵向进给无心磨 60min，横向进给无心磨 30min；内圆磨 10min；用砂轮周边纵向进给平面磨 25min，用砂轮周边横向进给平面磨 10min；成形磨 10min。

三、砂轮的糊塞

磨削时，砂轮表面也可能产生糊塞或粘屑等现象。用刚玉或碳化硅砂轮磨削钛合金时，砂轮表面粘屑状态如图 12-46 所示。

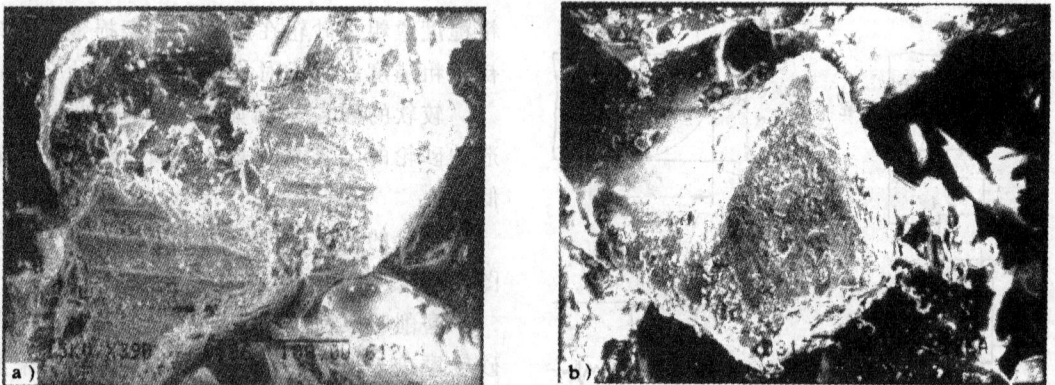

图 12-46　砂轮表面粘屑形貌
a) ZA46HV 砂轮　b) GC46HB 砂轮

砂轮堵塞的原因[38]可能是由于磨屑与磨粒间发生化学反应，磨屑在气孔内机械地聚集或堵塞粒与磨屑间的压焊作用。聚氨酯树脂结合剂砂轮较不易糊塞，因该结合剂将受到工件材料的摩擦而磨损[29]。

第八节　砂轮的修整[⊖]

砂轮修整的目的是用修整工具把砂轮工作表面修整成所要求的型廓和锐度。

一、砂轮的修整方法[1]

砂轮的修整方法和条件对砂轮表面形貌和砂轮切削能力有很大影响。改变砂轮的修整方法，可以改变磨削力的大小和砂轮的磨损状态，也可改变砂轮切削性能以适应粗磨或精磨。

第一类修整工具是本身不作旋转运动的。单颗金刚石、单排金刚石、多排金刚石、金刚石圆刀片和金刚石修整轮属于这一类。这类中目前用得最多的是前两种。单颗金刚石笔的修整过程如图 12－47 所示。单颗和单排金刚石修整工具的修整深度 a_d 一般用 $0.005\sim$ $0.1mm$，轴向进给 f_a 可用 $0.05\sim0.4mm$。

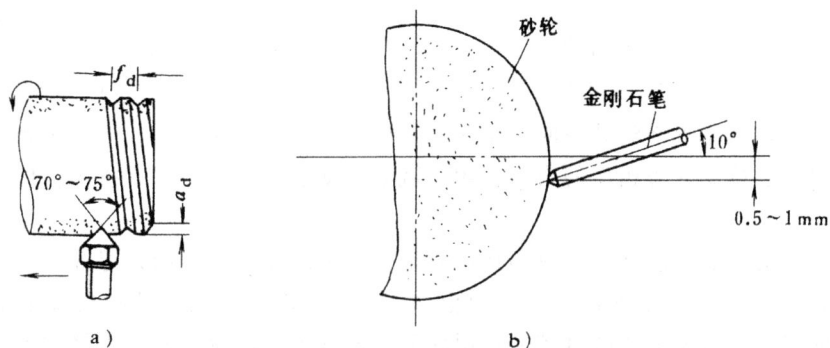

图 12－47　用金刚石笔修整砂轮

金刚石的几何形状会影响修整过程的稳定性。有一试验表明[41]：对顶角为 143°35′ 的金刚笔来说，前角为 $-75°\sim-84°$ 时，属于稳定区；前角为 $-68°\sim-75°$ 时为临界区；前角为 $-54°\sim-68°$ 时为不稳定区。

第二类修整工具是本身作回转运动的，有时还作直线运动。这就是金刚石修整滚轮。此时金刚石颗粒分布在一个面上而不在一条线上。滚轮修整时，对机床结构和刚度有较严格要求。金刚石滚轮的修整形式如图 12－48 所示。

近年来，图 12－48b 的修整形式发展较快，用它来代替单颗或单排金刚石修整，修整时间 t_{sd} 可以缩短很多，零件加工费用可降低不少。

成形砂轮的修整方式有两种[1]，如图 12－49 所示。前一种方式实现起来较简单，但滚轮价格每个约 1～3 万美元，多用于加工零件的批量大时。后一种方式用的机床较复杂，常用数控、液压仿形等控制，修整时间也较长，但适应性较强，宜用于小批量生产。国际上由于工件批量有逐年下降趋势，厂家常喜欢采用后一种方式。这种滚轮每个为 2～3 千美元，较为便宜。

第三类修整工具是钢的或硬质合金的挤压轮[1]。用一个挤压轮时，砂轮与挤压轮没有相

⊖　在学时不够时，本节可只讲第一部分。第二第三部分可省略。

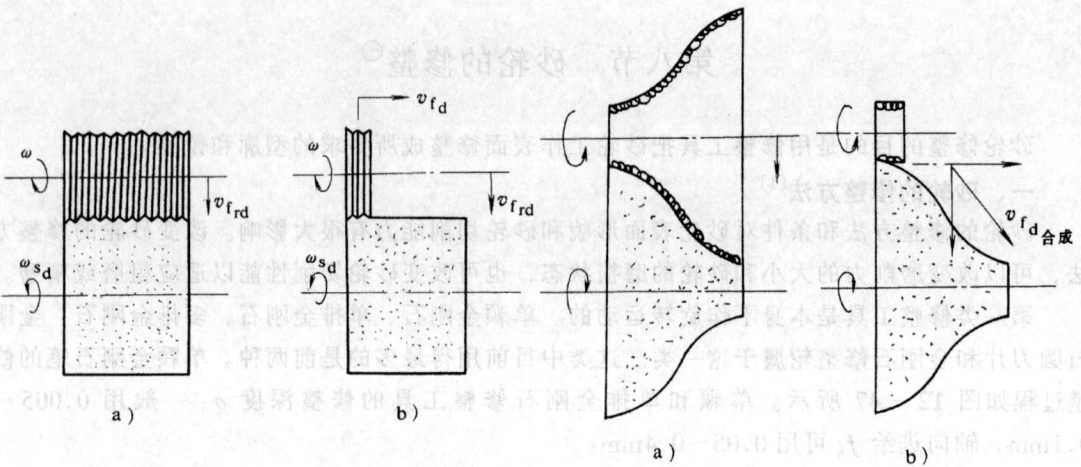

图 12-48 金刚石滚轮的修整形式
a) 三个调节量 b) 四个调节量

图 12-49 成形砂轮的修整
a) 滚轮形状与工件形状相同 b) 用滚轮作仿形修整

对速度。用两个挤压轮来修整砂轮时，挤压轮和砂轮之间有相对速度，但大小相等而方向相反。此时砂轮上磨粒受两边相反的力的作用，就易松动脱落，这叫双重挤压；但只能对平形砂轮使用。

此外，还有仿形挤压修整轮和成形挤压修整轮（钢或硬质合金制）等等。

实验研究证明[21]：用小砂轮来修整砂轮时，砂轮表面的磨粒尖端将出现不少较大一些的平面，切削刃的平均顶尖宽度将较大；用此种砂轮磨削工件时，磨削力将较大，可能为挤压法修整出砂轮磨削时的三倍，但加工不平度较佳。用钢滚子挤压法修整出的砂轮，其表面较粗糙，切削刃较尖锐；用它磨削工件时，径向磨削力较小，工件较不易烧伤，但加工不平度则较粗。用单颗金刚石笔修整的砂轮，其表面状态介于上述两者之间；加工工件时，磨削力和加工不平度也介于上述两者之间。

用金刚石滚轮来修整砂轮，着重要得到相应于工件表面形貌的砂轮表面形貌。

近年来，正在试验磨削和修整同时进行的方法；这种方法只能使用滚轮。其单位时间磨除率可比用单颗金刚石笔修整出的砂轮大 6~15 倍，又能使砂轮在磨削时连续保持锋利[1]。

在缓进给磨削镍基合金时[36]，如在磨削中对砂轮进行连续修整，金属磨削率可提高三倍，加工表面粗糙度也可减小，而砂轮的消耗则可能增加二倍，故对提高生产率有潜力。

二、修整用量对砂轮磨削效能的影响*

修整后的砂轮有效粗糙度是否适当，是修整得好坏的一个判据。进行较大纵向进给和较大切入深度的粗修整时，砂轮表面将得出较开放的结构，磨削效率将较高，但加工不平度将较粗。反之，在纵向进给和切入深度较小即进行细修整时，砂轮表面将得出较封闭的结构，磨削效率较低，但加工不平度则较精细。

粗修整时较厉害的颗粒碎裂和结合剂撕开，将给出较尖锐的磨粒和较少数目的有效切削刃，在磨削时砂轮初期磨损将较厉害，但后来就比较稳定。细修整在许多磨粒上将得出零度的后角和留下较大的磨粒磨损平面，但磨削开始阶段砂轮较稳定，磨粒在碎裂前能经受较长时间的磨损。如果磨粒碎裂得不够，砂轮表面有可能会很快磨光打滑。

在修整砂轮时，机床纵向进给 f_d 要求均匀一致，否则往往造成砂轮有效粗糙度、修整力和磨削时砂轮磨耗不一致，有可能造成工件烧伤。一般磨床是液压传动的，油量和油温随时间和负荷而变化。修整砂轮时要随时测量温度的变化，使其固定在一个数值上。也可另用机械传动机构来驱动单颗金刚石或单排金刚石的纵向进给，并使它固定在一个进给速度上。

砂轮有效粗糙度 R_{ts} 随纵向修整进给 f_d 的增加而急剧增大（如图 12-50 所示），但随着磨削时间或磨除量的增加，R_{ts} 渐趋一致[1]。这是由于砂轮磨损起了主要影响。随着金刚石的逐渐磨损，修整后的砂轮有效粗糙度将下降，以致锋锐度显得不够。故金刚石磨损到一定量后，就不能再使用了。

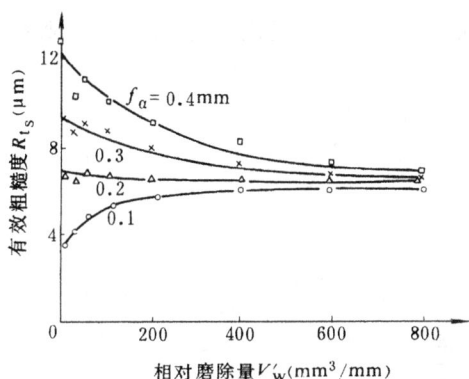

图 12-50　纵向修整进给与砂轮有效粗糙度的关系
$Z' = 1 mm^3 / (mm \cdot s)$

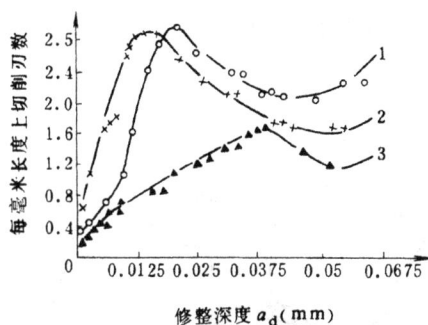

图 12-51　修整深度与磨粒切削刃数的关系
1—挤压法修整，0.25mm/r　2—金刚石修整，
0.25mm/r　3—挤压法修整，1.0mm/r

关于修整切入深度 a_d 对砂轮耐用度的影响，试验指出[22]：如果修整深度太浅，则磨削时磨粒温度将很快超过一个临界值，而使磨粒磨损加快，并将产生工件烧伤。如果修整深度适当，则可使结合剂对磨粒的结合力稍为降低，磨削时磨粒在温度将近临界值时就将被拔脱出来，砂轮可继续维持切削，耐用度可较高。如果修整深度过大，磨削时磨粒被拔脱现象将过早地出现，也使砂轮耐用度降低。有人试验过[22]，在修整切入深度太小，只为 0.005mm 时，砂轮只能磨工件 90 个行程，就须重新修整；当修整切入深度适当，即为 0.025mm 时，则砂轮可磨工件达 1150 个行程。另一试验表明[7]：修整切入深度有一个相应于修出的磨粒切削刃数较多时的合理数值，如图 12-51 所示。该图表明：修整进给太大，例如 1.0mm/r 时，将使砂轮表面单位长度上的切削刃数相对减少。修整深度太小时，砂轮的糊塞层不能去掉；修整深度太大时，则结合剂脱裂率将增加；这些都不利于使砂轮表面露出较多的有效切削刃来。

经过不切入的附加修整的砂轮，在磨削时工件上将有较高的热负荷，但加工表面不平度可较低，而磨削费用则较高。

修整砂轮时，砂轮速度提高，砂轮的粗糙度将增加。金刚石笔的安装角增加时，砂轮的粗糙度将降低。

用金刚石滚轮修整砂轮时，滚轮线速度与砂轮线速度之比 q_d 是一个重要参数[1]。磨床设计时，应使 q_d 能够变化，即滚轮和砂轮线速度应该能够调节。实测表明：当 q_d 由 -1 变至 0，再变至 +1 时，砂轮表面粗糙度 R_{ts} 在 5～15μm 之间变化。q_d = 0.2～0.8 时，R_{ts} 变化较小。

在修整时，给金刚石笔以 50Hz，0.5mm 振幅的低频振动，得到的是粗修整；其磨削效率较普通修整的砂轮可提高一倍。使截棱锥形的修整工具作 200Hz，0.03～0.06mm 振幅的高频振动，砂轮的加工粗糙度可大为减小。超声波修整在砂轮磨粒上给出许多小平面，能修整出合乎要求的砂轮来[22]。

三、砂轮硬度和磨料粒度对砂轮修整效果的影响[8]

修整砂轮时，磨粒本身可能碎裂，也可能沿结合剂连结处脱落，如图 12-52 所示[8]。

用金刚石笔修整韧性较好一些的磨粒（如烧结刚玉、锆刚玉磨粒）时，在磨粒尖端往往修整出了较平直的切削刃；在修整较易碎的磨粒（如普通刚玉、白色刚玉磨粒）时，则容易修整出较尖锐的微刃来。

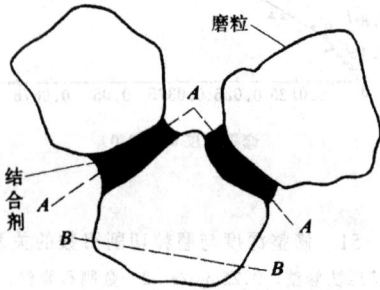

图 12-52 磨粒的碎裂与脱落
AA：结合剂处脱裂　BB：磨粒碎裂

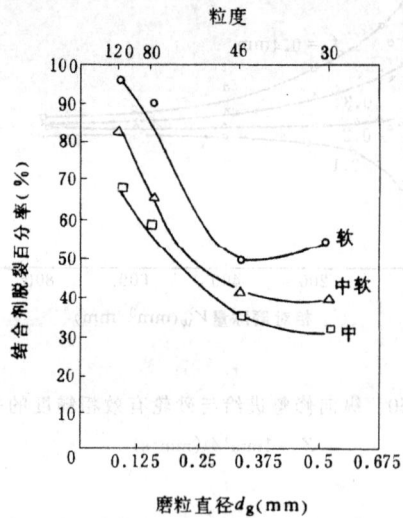

图 12-53 结合剂脱落与磨粒直径的关系

关于修整砂轮时，砂轮硬度及磨料粒度对结合剂脱裂百分率及砂轮表面有效磨粒数的影响，人们进行过一些试验[8]。试验条件为：单尖金刚石笔，用其平端以 f_d = 0.75mm/r，a_d = 0.025mm，v_s = 30m/s 修整直径为 200mm 的砂轮。砂轮磨料为单晶刚玉，粒度为 30，46，80，120。所有砂轮的磨粒体积百分率均为 48%，结合剂体积百分率为 3%～9%，砂轮硬度为软、中软、中等三级。

试验说明：结合剂脱裂百分率（占修整总脱落量的重量百分比）与磨粒直径 d_g 的关系如图 12-53[8] 所示。

结合剂脱落百分率大时，说明修整时磨粒碎裂量较少。由图 12-53 可知：在磨粒直径较小和砂轮较软时，结合剂脱裂百分率较大。软级的粒度 120 的砂轮，结合剂脱裂百分率达 95%，此时磨粒的碎裂量很小，修整下来的磨粒颗粒大小几乎与原来尺寸相同。

砂轮表面单位面积上的有效磨粒数如图 12-54 所示[8]。由图可知：砂轮粒度较细（磨粒直径较小）和硬度较高时，单位表面积上的有效磨粒数较多。对中等硬度、粒度 120 的砂轮来说，有效磨粒数为 1440 颗/厘米^2。软级硬度、粒度 30 的砂轮的有效磨粒数只有 64 颗/厘米^2。

如果设想砂轮内部完全为磨粒所充满，则砂轮任意剖面上单位面积内的磨粒数称为最大可能磨粒数。图 12-55 示出了单位面积有效磨粒数与单位面积最大可能磨粒数之比，与磨粒直径及砂轮硬度等级的关系[8]。图 12-56 示出了这一比值与结合剂脱裂百分率的关系。

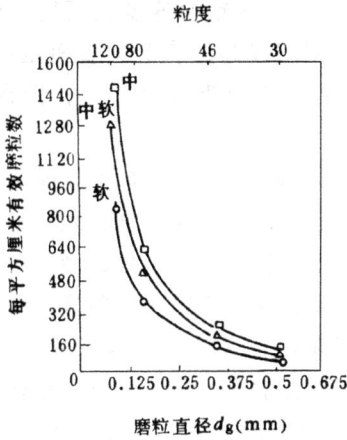

图 12-54　有效磨粒数与磨粒直径的关系

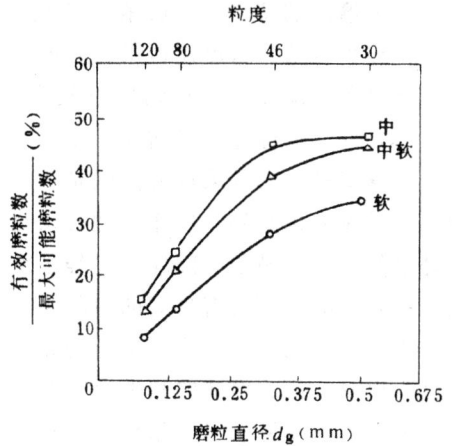

图 12-55　有效磨粒百分比与 d_g 的关系

由图 12-55 可知：有效磨粒数的百分比大致在 10%～50% 之间。在磨粒直径较大、砂轮硬度较高时，有效磨粒数百分比较大。

由图 12-56 可知：结合剂脱裂百分率较高时，有效磨粒数的百分比较小。这是因为此时砂轮上脱裂下来的碎块较大，使砂轮表面粗糙度较大，这样就使得砂轮表面的有效磨粒数减少。

有人进行了砂轮硬度和粒度对修整出的砂轮表面粗糙度 R_{ts} 的影响的试验[1]，认为粒度号较大即颗粒较细时，R_{ts} 减小；砂轮硬度对砂轮表面粗糙度的影响不如粒度的影响大。这一结论与前一实验结果大致相符合。

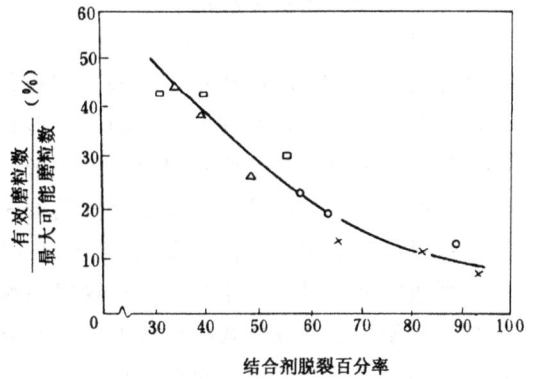

图 12-56　有效磨粒百分比与结合剂脱裂的关系
□粒度 30　△粒度 46
○粒度 80　×粒度 120

第九节　高效率磨削

近 30 年来，磨削加工技术有了很大发展，磨削已开始成为能与车、铣、刨等相匹敌的加工方法。现就国内外加工效率较显著的磨削作一些分析，并藉以探索提高磨削加工质量及效率的途径。

一、高速磨削

普通磨削时，砂轮线速度常在 30～35m/s 左右。v_s 高于 45m/s 的磨削称为高速磨削（High Speed Grinding）。在 70 年代初期和中期，提高砂轮线速度曾经成为磨削领域的主导趋势。目前试验速度已达 200～250m/s，80～125m/s 已用于生产。但过去各国和我国实践证明[15]，经济的磨削速度是 50～60m/s。实用上超过 80m/s 的不多。立方氮化硼砂轮的应用，使高速磨削有了新的发展。国外美、英、意、德国厂家已把 45m/s、60m/s 列入磨床系列，前苏联的自动、半自动外圆磨床系列也已采用 50m/s。我国 1977 年，已推广 50m/s 高速磨削于 17 个省市，1980 年完成了 125m/s 高速砂轮的研制及工艺试验[15]。

高速磨削的特点是：1. 在一定的单位时间磨除量下，当砂轮线速度提高时，磨粒的当量切削厚度变薄，这就使得①磨粒的负荷减轻，砂轮耐用度提高；②磨削表面粗糙度减小；③法向磨削力减小，工件精度可较高。2. 如果砂轮磨粒切削厚度保持一定，则在 v_s 提高时，单位时间磨除量可以增加，生产率得以提高。

高速磨削时必须采取的措施是：①砂轮主轴转速必须随 v_s 的提高而相应提高，砂轮传动系统功率必须足够，机床刚性必须足够，并注意减小振动；②砂轮强度必须足够，保证在高速旋转下不会破裂；除应经过静平衡试验外，最好采用砂轮动平衡装置；砂轮必须有适当的防护罩；③必须具有良好的冷却条件，有效的排屑装置，并注意防止切削液飞溅。

近年来，利用磁力承受负荷的磁浮轴承已进入实用阶段，主轴转速因而可以极大提高；在磨料磨具方面，电镀的超硬磨料磨具，允许的线速度可达普通的 5~6 倍；此外，砂轮自动平衡技术也不断改善，已出现主轴转速 10000r/min 的磨削加工中心；德国已有 250m/s 的高速缓进给磨床；阿亨工业大学已进行 500m/s 的高速磨削试验[46]。

二、缓进给大切深磨削

缓进给大切深磨削（Creep‐feed Grinding），又称深磨，或蠕动磨削[5]。它是以较大的切削深度（可达 30mm 或更多一些）和很低的工作台进给（3~300mm/min）磨削工件，经一次或数次通过即可磨到所要求的尺寸形状精度，适于磨削高硬度高韧性材料如耐热合金、不锈钢、高速钢等的型面和沟槽。近年来，德国、英、美、日、瑞士发展了一系列专用缓进给成形磨床，对老产品也补充了缓进给磨削功能[15]。直流马达和滚动丝杆的普遍使用更促进了缓进给的实用化。国内自 1975 年起开展了缓进给磨削研究，取得了明显成效。

缓进给磨削时，砂轮与工件边缘仅接触一次或数次，受冲击机会较一般往复磨削少，可延长砂轮耐用度并保持其成形精度。全深成形磨削后再进行一定的往复磨削，可把全深成形粗磨与小热负荷精磨结合起来，提高磨削精度。

深切缓进给磨削的特点是砂轮与工件接触弧长度大，切屑较长，磨削热较难散出，应避免工件表面烧伤现象。深磨时，工件（工作台）进给速度很低，这就相对地使得砂轮径向进给速度较低和径向磨损量较小。这对粗、精磨复杂廓形的工件，是一个很大的优点[3]。

缓进给磨削时的砂轮切削深度比普通磨削时约大 1000 倍，其磨削力将比普通磨削时增加 2~10 倍（在同样的金属磨削率下）。

工件速度低的缺点是易引起表面烧伤。蠕动磨削镍铬合金工件的研究指出[8]：烧伤深度可达 2mm，裂纹处深度可达 1mm，化学反应、硬度变软和侧向变形均可能发生。这可能是由于接触弧长度很大，磨削液进入接触区去较为困难，当磨削液冲过砂轮与工件接触过的表面时，表面可能受到淬火作用而产生裂纹和变形。

磨削接触弧周围产生的热量与该处的法向切入进给量成线性关系[19]，如果深磨时最大法向切入进给量或磨削区的功率负荷峰值超过一个临界值，即将发生磨削烧伤。从正常磨削转变到发生烧伤，将伴随着工件表面温度的急剧增加，在磨削区则大约将从 130℃ 增加到超过 1000℃。

烧伤的出现可用单位接触面积上单位时间内流进工件表面的能流的大小来说明[35]，磨削轴承钢时，此一能流有一试验认为约为 7~8J/（$mm^2 \cdot s$）

解决深磨时烧伤现象的办法是采用软级或超软级、粗颗粒、大气孔砂轮及充分的冷却液，使冷却液透过砂轮孔穴流进磨削接触区去。

缓进给深磨用磨床应有足够大的功率和无级调速装置，砂轮轴的刚性应加强，工作台进给系统应采用滚动丝杆螺母机构。

为了克服缓进深磨容易产生工件烧伤的缺点，为了在磨削用量选择上避开工件高温区，对于一些较细小的工件的加工如钻头沟、转子槽、棘轮等的加工，在提高砂轮线速度、采用大切深的同时，在大大提高了机床刚度和机床功率的情况下，也可提高工件进给速度，这就是近年发展的"高速深切快进磨削法"[33]，但从经济效益来考虑，该技术仅适宜于大批量生产。高速深切快进磨削法与缓进给磨削法的工艺差别如下表所示：

磨 削 方 法	缓 进 给 磨 削	高速深切快进磨削
砂轮线速度 v_s	$30\sim45$m/s	$60\sim120$m/s
工件进给速度 v_w	$10\sim100$mm/min	$1000\sim2500$mm/min
切削深度（背吃刀量）a_p	$\leqslant30$mm	$\leqslant30$mm
砂　　轮[①]	白刚玉，陶瓷结合剂	白刚玉，树脂结合剂
磨 削 液	水基溶液	油[②]

① 砂轮也可采用金属或树脂结合剂的 CBN 砂轮。

② 磨削时工件和砂轮接触区完全泡在压力油中。

三、砂带磨削[15]

砂带过去用于粗磨或抛光，现在砂带磨削（Belt Grinding）已成为一种很有发展前途的加工方法。砂带与砂轮的产量比，近年来美国为 49:51；德国为 45.1:54.9，这些比例足以说明砂带磨削的重要性。

砂带磨床由砂带、接触轮、张紧轮、支承辊或工作台等基本部件组成，其主要部分如图 12-57。它的机械效率为 96%，在机床中处于领先地位。接触轮（图 12-58）的作用在于控制砂带磨粒对工件的接触压力和切削角度[16]。接触轮一般用钢或铸铁做芯，在其上浇注一层硬橡

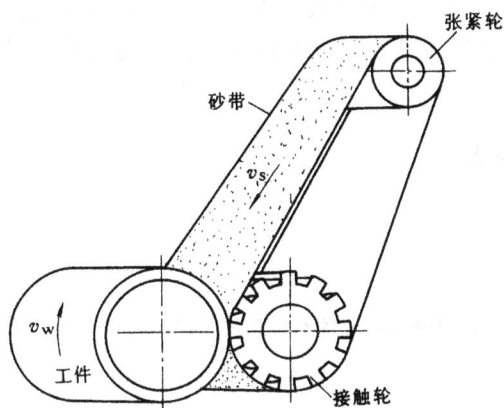

图 12-57　砂带磨削示意图　　　　　图 12-58　接触轮

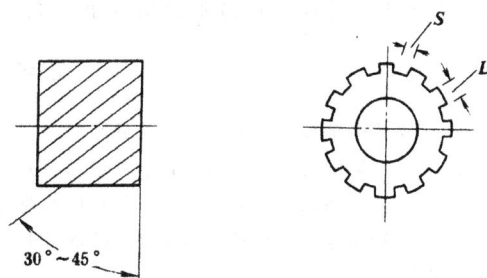

胶制成。橡胶愈硬，金属磨除率愈高；如轮面较软，则磨削粗糙度较小。接触轮上齿槽与轮

端间的齿倾角为 30°~45°，齿顶宽度 L 与凹槽宽度 S 之比以 1:(0.3~0.5) 为好。齿顶支承着砂带上的磨粒，使其产生切削作用，凹槽上的砂带部分则可容纳磨屑。张紧轮为铁或钢制的滚轮，起张紧砂带的作用；张紧力大时，磨削效率较高。支承轮为钢制，经过渗碳处理，用来使工件实现粗、精进给。对于宽砂带和高精度砂带磨床，还设有一种砂带横向振荡装置，使砂带在两极限位置间往复摆动，这就使砂带上磨粒除切向切削工件外，还有横向切削作用，并可使磨削负荷和磨粒磨损比较均匀，也可提高工件尺寸精度和减小表面粗糙度。

砂带是在柔软的基体上用粘结剂均匀地粘上一层磨粒而成（如图 12-59）。每颗磨粒在高压静电场的作用下直立在基体上，并以均匀的间隔排列。制造砂带的磨料多为氧化铝、碳化硅或氧化锆，也可采用金刚石或立方氮化硼。基体的材料是布或纸，粘结剂可用动物胶或合成树脂胶。

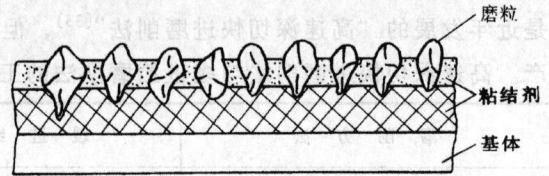

图 12-59 砂带及其磨粒

砂带磨削适用面极广，用来粗磨钢锭、钢板，磨削难加工材料和难加工型面，特别是磨削大尺寸薄板、长径比大的外圆和内孔（直径 25mm 以上）、薄壁件和复杂型面更为优越。它与砂轮磨粒的空间随机分布不同，大量磨粒在加工时能同时发生切削作用，加工效率可比砂轮磨削高 5~20 倍。它能保证恒速工作，不需修整，对工件热影响小，能保证高精度和小的粗糙度。砂带磨时在加工表面上将产生较小的拉应力。例如砂轮磨 GH37 合金时，表面粗糙度 $R_a 3.2\mu m$ 和 $R_a 0.1\mu m$ 的表面上的拉应力分别为 370 和 100MPa，而砂带磨时，则分别为 180 和 20MPa。但砂带磨削有占用空间大和噪声高等缺点；在接触轮齿倾角太小，例如 0°~20°时，噪声特别高。

今后随着磨削速度的提高（例如美国已试验过 100m/s 的砂带磨），机床功率的增加（例如高达 200kW），磨削宽度的扩大（例如 4.9m），砂带寿命的延长（例如由 2~4h 增加至 8~12h）和自动化程度的提高，例如数控、数显和适控砂带磨床的出现，砂带磨削将会有更大的发展。

除高效率磨削方法的发展外，在磨床方面，70 年代以来，数控磨床得到发展，磨床已可按输入的各种信息进行全自动的精密加工如模具、夹具等的复杂表面加工。可以按需要配用 2 维、3 维或 4 维以上的微机系统。通用型磨床也逐渐进行功能柔性化。为了提高磨床动作的准确性，已在向亚微米级精度下功夫。

思考题与练习题

1. 试比较磨削和单刃刀具切削的异同。
2. 为什么磨削的单位切削能高于其他切削方式？
3. 砂轮的正确选择对提高加工质量有何重要关系？
4. 试比较同等砂轮直径及同等径向进给量下外圆、平面、内圆磨削的接触弧长度、接触时间及其对砂轮磨耗的影响。
5. 分析砂轮修整对提高加工表面质量的重要性。
6. 磨削烧伤的产生原因及其解决办法的分析。
7. 试分析提高磨削效率的途径。
8. 对磨削过程进行控制应考虑哪些问题？

9. 试分析减小磨削加工表面粗糙度的措施。

10. 试分析研究砂轮表面形貌与深入认识磨削过程的关系。

参 考 文 献

1 Salje E. 有关磨削的几个问题。中国机械加工学会磨削学组，机械部磨料磨具磨削研究所整理，1981 年 9 月

2 华中工学院机制教研室. 机械制造工艺上册（一）金属切削基础部分，武汉：华中工学院印，1977 年 5 月。

3 陈日曜编，国外磨削研究动向综述. 国外科技动态第 1 期，华中工学院 .1979 年

4 Malkin S. and Anderson R B. Thermal aspects of grinding Trans. of ASME Series B，1973

5 Powell，J W Howes T D. 缓进给磨削发生烧伤时热流量的研究 .19th Int.MTDR Conf. 1978

6 Torrance A A. 磨削引起的金相变化. 19th Int. MTDR Conf.1978

7 Shaw M.C. New Developments in Grinding.1972

8 Malkin S.and Anderson R B.Active edges and dressing particles in grinding, 1972

9 Komanduri R，Shaw.M.C.Attritious wear of silicon ca：bide Trans of ASME Series B, Vol.98, No.4，1976

10 Matsuo T.et al, Relationship between the wear property of single abrasive grains and the grinding performance of wheels Annals of the CIRP Vol.23/1 1974

11 Boothroyd G.Fundamentals of metal machining and machine tools Scripta Book Company，Washington，D.C.1975

12 Ящерицын П И, Еременко М.Л, Жцгалко Н.И. Основы Резания Материалов и Режущий Инструмент. МИНСК ВЫШЭИШАЯ ШКОЛА, 1981

13 陈日曜，诸兴华，刘镇昌 .砂轮孔穴在缓进给磨削中的作用 .磨料磨具与磨削第 2 期。1983 年

14 Saljé，E. 精密磨削中的一些重要关系，磨削过程的适应控制及磨削机理，上海机床厂磨床研究所印，1976 年 12 月

15 钱惟圭，采用高效磨削提高劳动生产率. 磨料磨具与磨削. 第 1 期，1983 年。

16 Tönshoff H K. 砂带磨削过程中接触轮产生的噪声与振动机床译丛，第 2 期 1983 年

17 （日）臼井英治著，切削磨削加工学. 高希正，刘德忠译. 北京：机械工业出版社，1982。

18 Malkin S.and Cook，N. H. The Wear of Grinding Wheels, Part I. Attritious Wear Trans of ASME 93B 1971.P.1120～1128

19 Shafto G R.Creep feed grinding Ph.D Thesis，Univ. of Bristol，1975

20 Hideo Tsuwa and Heiji Yasui, Micro－structure of dressed abrasive cutting edges.New Developments in Grinding，1972

21 Kaliszer H.et al, Effect of dressing upon the grinding performance An nals of the CIRP Vol.25/2/1976，P.541～544

22 Pacitti V.and Rubenstein C.The influence of the dressing depth of cut on the performance of a single point diamond dressed alumina grinding wheel Int.J.MTDR Vol.12 No.4，1972

23 Snoeys R.Peters J.The significance of Chip Thickness in Grinding Annals of the CIRP, Vol.23/2, 1974, P.227～237

24 Wetton A G A Review of Published Fundamental Research of the Grinding of Metals The Machine Tool Industry Research Association，Dec.1970

25 Zohdi M.E.Statistical analysis, estimation and optimization of surface finish in the grinding process Trans of

ASME "B", Vol.96, No.1, 1974

26 Vansaun J B The Role of Plow-deposits in the Wear of Abrasive Grits by Superficial Fracture. Wear Vol.29, 1974, P.231~245

27 Malkin S. Review of Material Processing Literature 1971~1972, Part Ⅱ, Grinding, Trans. of ASME "B", Vol.98, No.1, 1976, P.11

28 Peters J. et al, Evaluation of some factors influencing tool life in plunge grinding Annals of CIRP Vol.26/1/ 1977, P.161~164

29 Okada S. Grindability of metals using various abrasive grains Annals of the CIRP Vol.23/1/1974, P.83~84

30 Kannappan S. Malkin S. et al. Effects of grain size and operating parameters on the mechanics of grinding Trans. of ASME "B" Vol.94, No.3.1972

31 Nakayama K. et al. Peculiarity in the Grinding of Hardened Steel Annals of the CIRP Vol.23/1/1974, P.89 ~90

32 Komanduri R. Some aspects of machining with negative rake tool simulating grinding Int. J. of MTDR Vol.11, 1971, P.223

33 张树声等. 高速深切快进磨削新工艺 磨床与磨削第 4 期, 1983 年

34 殷玲. 工程陶瓷磨削机理及技术的研究, 华中理工大学博士论文, 1990 年 10 月

35 Ohishi S. et al. The design and development of creep feed grinding machine and wheel and their optimal utilization in view of workpiece burning proceeding of MTDR Conference 1979, P.375~382

36 Pearee T R A. et al The application of continuous dressing in creep feed grinding, Proc. of MTDR Conf. 1979, P.383~390.

37 Trmal G J In process control of size of a ground component, proc. of MTDR Conf. 1979, P.405~411

38 König W. et al. Phenomenon of wheel loading mechanism in grinding. Annals of CIRP Vol.29/1/1980, P.201.

39 Maris, et al. Analysis of Plunge grinding operations Annals of CIRP Vol.24/1/1975, P.225~230

40 König W. et al. Properties of cutting edge related to chip formation in grinding Annals of CIRP Vol.24/1/ 1975. P.231~235

41 Fletcher N P. et al. The influence of diamond geometry on the stability of the grinding wheel dressing process Proc. of 19th MTDR Conf. 1978, P.607~614

42 Powell J W. et al, A study of the heat flux at which burn occurs in creep feed grinding Proc. of 19th MTDR Conf. 1978, P.629~636

43 Bhattacharyya S K. et al, Grindability Study of CBN wheels. Proc. of 19th MTDR Conf. 1978, P645~653

44 Matsuo T. et al. Relationship between the wear property of single abrasive grains and the grinding Performance of wheols Annals of CIRP Vol.23/1/1974, P.85~86

45 Lindsay R P. Factors affecting Borazon (CBN) grinding systems Annals of the CIRP Vol.23/1/1974, P.87~88

46 Jhonson G A. EG 超砥粒特别讲演会 テキスト, 1988

47 王长琼·工程陶瓷精密加工机理及表面质量研究·武昌：华中理工大学硕士论文, 1991